"大 国 三 农"系 列 教 材
科学出版社"十四五"普通高等教育本科规划教材
食 品 科 学 与 工 程 类 系 列 教 材

食品营养学

主　编　范志红（中国农业大学）
副主编　王　凌（华中农业大学）
　　　　　王　敏（西北农林科技大学）
参　编　（按汉语拼音顺序排列）
　　　　　陈　然（中粮营养健康研究院）
　　　　　郭晓晖（中国农业大学）
　　　　　刘　兰（北京营养师协会）
　　　　　吕晨艳（中国农业大学）
　　　　　田　颖（扬州大学）
　　　　　王晓玉（中国农业大学）
　　　　　王英丽（内蒙古农业大学）
　　　　　薛　勇（中国农业大学）
　　　　　朱瑞欣（中国农业大学）
主　审　陈君石（中国工程院院士）

科 学 出 版 社
北 京

内 容 简 介

本书分为绪论和正文的 4 部分 18 章。其主要内容涵盖了以下各方面：能量、营养素和非营养素保健成分相关的基础知识，谷薯类、豆类、坚果、蔬菜、水果、肉类、动物性水产品、乳类、蛋类和调味品等各类食物的营养价值及健康作用，食物营养标签，膳食结构和膳食指南，以及孕妇、乳母、婴幼儿、老年人和各类慢性疾病人群的营养膳食。通过创新编排体系，本书还纳入了营养素参考摄入量、食物营养价值理解要点、食物系统、营养配餐与合理烹饪等重要概念，力图帮助读者全面理解食物营养问题。

本书可供食品科学与工程、食品质量与安全、食品营养与健康、烹饪营养及其他相关专业的本科生作为教材，也可作为相关从业人员和爱好者的重要参考书籍。

图书在版编目（CIP）数据

食品营养学 / 范志红主编. -- 北京 ：科学出版社，2024. 9. --（“大国三农”系列教材）（科学出版社“十四五”普通高等教育本科规划教材）（食品科学与工程类系列教材）. -- ISBN 978-7-03-079475-8

Ⅰ. TS201.4

中国国家版本馆 CIP 数据核字第 2024SL2498 号

责任编辑：席 慧 王玉时 / 责任校对：严 娜
责任印制：赵 博 / 封面设计：智子文化

科学出版社出版
北京东黄城根北街 16 号
邮政编码：100717
http：// www.sciencep.com
北京华宇信诺印刷有限公司印刷
科学出版社发行 各地新华书店经销
*
2024 年 9 月第 一 版 开本：787×1092 1/16
2025 年 1 月第二次印刷 印张：17 1/2
字数：471 000

定价：69.80 元

（如有印装质量问题，我社负责调换）

前　言

本教材尽可能用最短的篇幅提供全面的食品营养相关知识，适合食品相关专业学生、食品从业者、烹饪行业、医学保健和健康管理领域的专业人员阅读。同时，它也适合广大营养学爱好者用来系统性地学习营养知识，增进对食物、营养和健康问题的理解，提高相关能力。

在逻辑上，本教材试图以食品-健康的关系贯穿始终。从营养素的功能和食品来源、各类食品的营养特性、加工烹调中的营养变化、食品营养标签，到由食品组合成的膳食结构，乃至各类疾病患者的食物选择和营养食谱，突出了食品和营养的专业特色。

在结构上，本教材包括绪论和 4 部分 18 章，在每一部分之前加上了与该部分内容相关的“预备知识”，力图使读者对每一部分的内容有整体和宏观层面的思考，而不是迷失在具体的知识细节当中。在各章后面还加入了“本章热点问题”“本章深度思考”和“本章课程活动”，使读者能综合所学知识，加强对知识的理解深度，并在课程活动中培养相关服务社会能力和就业能力。

在文字上，本教材尽量做到简洁、亲切和条理清晰，追求阅读舒适感。

本教材致力于传播科学精神，启发读者用所学知识思考生活中和行业内的相关问题，既为读者解疑释惑，又促进对知识的理解和应用能力。在各章的正文中，还提供了“案例”“特别关注”“知识链接”和“课中思考”等板块，希望读者能借此提升学习兴趣、领悟科学精神、拓宽思考角度。同时，本教材尝试将思政内容有机融合于课程内容当中。全书内容紧密结合党的二十大精神和健康中国战略，将食品-营养-健康放在食物系统和社会发展的宏大视角中，将国民健康改善的发展目标和低碳减排的环保目标有机结合，使读者更清晰地认识到改善国民营养和完善膳食结构的重要意义。

本教材由 7 所（家）大学和相关机构联合编写。绪论和第 13 章由范志红编写；第 1 章和第 2 章由王凌编写；第 3 章和第 4 章由王晓玉编写；第 5 章由吕晨艳编写；第 6 章和第 15 章由田颖编写；第 7 章和第 8 章由薛勇编写；第 9 章和第 10 章由王敏编写；第 11 章和第 12 章由王英丽编写；第 14 章由陈然编写；第 16 章由刘兰编写；第 17 章由郭晓晖编写，第 18 章由郭晓晖和吕晨艳共同编写。预备知识由范志红和朱瑞欣撰写，刘岸书和卢雪娇两位硕士生参加了资料收集工作。部分热点问题、特别关注、课程活动和深度思考由范志红撰写。全书由范志红统稿并做文字润色。

本教材得到了陈君石院士的指导，对书稿提出了很多宝贵意见，在此谨致谢忱。科学出版社的席慧编辑在全书编写过程中给予督促鼓励并提出修改建议，在此一并致谢。

由于教材篇幅和作者表达能力的限制，以及资料收集全面性的局限，书中难免有不当和疏漏之处；同时，对于教材使用者的实际需求也可能无法充分满足。希望在教材出版之后能得到同行专家和广大读者的建议和指正，以便在下一次印刷或下一版时进行补充和更正。

编　者

2024 年 3 月于北京

《食品营养学》教学课件索取单

凡使用本书作为授课教材的高校主讲教师，可获赠教学课件一份。欢迎通过以下两种方式之一与我们联系。

1. 关注微信公众号“科学 EDU”索取教学课件

扫码关注 →“样书课件”→“科学教育平台”

2. 填写以下表格，扫描或拍照后发送至联系人邮箱

<table>
<tr><td>姓名：</td><td>职称：</td><td>职务：</td></tr>
<tr><td>手机：</td><td>邮箱：</td><td>学校及院系：</td></tr>
<tr><td>本门课程名称：</td><td colspan="2">本门课程每年选课人数：</td></tr>
<tr><td colspan="3">您对本书的评价及修改建议：
最新食品专业
教材目录</td></tr>
</table>

联系人：林梦阳　编辑　　电话：010-64030233　　邮箱：linmengyang@mail.sciencep.com

目　录

第2部分 各类食物的营养价值

第3部分 膳食结构和膳食指南

第4部分 各类人群的食物营养

绪　论

营养（nutrition）这个词汇，其字面意思是谋求生命所需的养分。作为科学词汇，营养是指人体摄取食物后，经过消化吸收和生化代谢，利用食物中的有益成分，用于满足人体生命活动和生长发育需求的过程。

食物中含有人体所需的能量和营养成分，所以在人类文明的进程中，获取食物、处理食物、分配食物始终都是最重要的活动之一。所谓"民以食为天"，"仓廪实而知礼节，衣食足而知荣辱"，都说明了供应充足食物对人类生存和发展的重要意义。

0.1　营养学的发展历程

在与食物相处的漫长岁月里，人类逐渐了解了食物与健康之间的关系，并总结出了原始的营养知识。我国早在大约3千年前的周朝就已经设立了为周王管理饮食的"食医"岗位，中医典籍和养生书籍中也纳入了大量日常合理膳食和疾病饮食治疗的建议，如"夏气热，当食菽以寒之""补肝明目""先饥而食、先渴而饮"等。《黄帝内经·素问》中所提出的"五谷为养、五果为助、五畜为益、五菜为充"，是世界上最早的膳食结构描述，也是最早的平衡膳食建议。

随着科学的发展，化学和生物化学研究逐渐发现了各种食材中的蛋白质、脂肪、碳水化合物、有机酸等基本成分，也阐明了生命代谢的基本规律，给现代营养学提供了科学基础。从19世纪中叶到20世纪上叶，人类逐渐确认了人体所需的基本营养成分，包括13种维生素和20多种矿物质。人们逐渐认识到，脚气病、坏血病、癞皮病、佝偻病、夜盲症、眼干燥症、缺铁性贫血等多种疾病是由营养素缺乏所致，并可以通过营养改善和合理补充营养素治愈。

此后，随着疾病谱的变化，在发达国家和富裕地区当中，严重的营养缺乏症逐渐变得罕见，而糖尿病、高血压、冠心病、痛风等非传染性慢性疾病逐渐成为了最主要的公共健康问题，营养学的工作重点也更多地转移到食物、营养与健康的关系上，植物性食物中的多种非营养素健康成分成为关注焦点。同时，营养界认识到，与某一种食物或食物成分相比，膳食整体与健康的关系更加值得关注。

营养代谢相关研究在向分子水平发展的同时，也在向国家、地区、社区营养改善的宏观方向发展。为了了解一定区域、不同人群的营养状况和膳食变化，必须开展营养调查、营养监测、营养评估、营养干预等方面的研究，以便为发现营养问题、制定营养政策和制订营养干预行动计划提供依据。

0.2 食物、营养与国家发展

在 1948 年发表的《世界人权宣言》首次确认充足食物权是一项基本人权："充足食物权是一项人类权利。每一个妇女、男子和儿童拥有以有尊严的方式吃饱饭的权利。"

这个食物权意味着每个人不仅有获得食物的权利，而且有获得营养合理食物的权利，因为营养不良会增加传染性疾病的死亡风险，而不健康饮食是非传染性疾病所导致死亡的主要风险因素之一。饥饿和营养不良影响着发展中国家的发展，而在容易获得食物的高收入国家，也仍有大量民众难以获得营养质量较高的食物。在发展中国家，食物不足造成的瘦弱和营养不合理造成的超重肥胖往往同时存在，被称为营养不良的"双重负担"，制约着民众的福祉和社会的发展。

解决粮食安全问题，保障国民营养，是解决饥饿和营养不良根源性问题的关键，但目前世界上仍有超过 8 亿人无法获取足够的营养食物。我国政府经过多年努力，实现了全民脱贫，使原来处于绝对贫困状态的居民得到了更好的营养供应，这是我国不断改善人权状况的实证。

在党的二十大报告中，"健康中国"建设和国民健康问题已经上升为国家战略，充分体现出我国党和政府以人为本、为人民的幸福感而努力的执政理念。我国在世界卫生大会上提出，要把健康融入所有公共政策，保障国民全生命周期的健康。按照"健康中国"行动计划，我国不仅要提供高质量的医疗保健服务，而且将大力加强营养工作，努力创造健康生活环境，让每一个人都能够享用健康的饮食，这是预防多种慢性疾病和应对老龄化社会的重要举措。

改善营养不仅是一种国民福祉，而且也是社会经济发展的基础。国际上的营养实践表明，营养素缺乏造成的劳动能力低下和感染性疾病高发是制约许多发展中国家发展的重要因素，而营养不合理造成的慢性疾病高发也给富裕地区社会经济造成沉重负担。投资营养改善行动有助于帮助各国实现可持续发展目标，并促进经济发展。

0.3 营养学的研究领域和信息传播

现代营养学（nutrition）是研究食物、营养与健康的关系，探寻人体饮食健康基本规律和营养改善措施的一门学科。根据研究领域的细分，营养学中包括了以食物为主要研究对象的食品营养学，应用流行病学的原理和方法研究膳食和营养因素与某些疾病关系的临床营养学，以国家、地区和社区营养管理为主要目标的公共营养学，以各类疾病的流行病为主要研究对象的营养流行病学，以营养素代谢的分子机理研究为主的分子营养学，以及以各类人群的营养需求和管理为目标的人群营养学，等等。人群营养学又分为以老年人群的营养需求为研究对象的老年营养学，以孕妇、乳母和婴儿为研究对象的妇幼营养学，以运动员和健身人群为研究对象的运动营养学，等等。

现代营养学建立在循证（evidence-based）基础上。通过规范的程序，对营养学和相关学科研究结果进行收集、梳理和客观评估，得出给公众的膳食指导意见、营养改善措施和营养相关政策。这些政策覆盖了与国民营养相关的社会生活各个方面，包括农业规划、食物生产、食品加工储藏、农产品和食品进出口、流通零售、餐饮行业、医疗保健等。

与其他学科研究不同，营养学的研究成果如果仅仅停留在学术信息水平上，并不能实现其改善国民健康的目标。营养学研究必须转化为政府机构、食品产业和普通公众能够理解的信息，才能够起到改变政策、引导产业和促进公众健康的效果。故而，营养学是一门实践性极强的学科，也是一门需要高度科学传播能力的学科。

然而，正因为营养学信息的高度专业性和高度应用性，极易被媒体和公众误解。很多商业营销信息往往打着营养科学的幌子误导大众，一些媒体为了吸引眼球也往往抛出耸人听闻的伪科学信息。营养学相关专业人士必须以科学精神和理性思维解读科学研究，理解营养信息，并站在公正立场上，努力向大众传播准确的营养信息。

0.4 食品工作者的营养使命

食品营养研究覆盖了农产品生产、食品储藏加工和餐饮服务等宽阔领域，它们都是保证营养供应和提高营养质量的重要环节。

研究表明，人类的饮食行为受到环境因素的强烈影响，食物环境在很大程度上决定了人们的饮食行为。居住和工作环境中的食物获取方便程度、新鲜天然食物的丰富程度、高营养价值食物的价格和便利性、低营养价值食物的获取方便性等，构成了居民所处的营养环境（nutrition environment）。

全社会日益认识到，遏制糖尿病、心血管疾病、癌症等疾病高发的态势，必须做到预防为主，关口提前。如果汽车加错了油或无法正常充电，造成故障频发、使用寿命缩短，那么修建多少个加油站或充电桩都不能解决问题。同理，仅仅多建医院、增加医生人数、增加医疗设备，并不能解决慢性疾病发病率增长的问题。如果大多数居民的饮食质量低、营养不合理，就无法逆转慢性疾病蔓延的趋势，给社会经济带来沉重负担。

只有改善国家、地区和社区的营养环境，为国民提供数量充足、品种多样、营养优质的食物，而且让获取健康食物变得更容易，让处理健康食物变得更简单，同时让获取低营养价值食物的难度更大，才能更好地保障大众的健康水平。

为了实现这个目标，医疗行业和健康管理行业人士，以及农业、食品、餐饮等行业的从业者，都应学习营养知识，努力生产、研发、设计和供应高营养质量的食物，在自己的工作岗位上不忘初心，履行改善国民健康水平的社会责任。

第1部分　能量和营养素

预备知识　营养素参考摄入量

1. 营养素的概念

营养素（nutrient）是指具有特定生理作用，能够维持机体生长、发育、活动、繁殖及正常代谢所需的物质。食物中含有多种营养素，包括碳水化合物、脂肪、蛋白质、维生素和矿物质等，人体通过消化吸收过程获取食物中的营养素。其中，产能营养素在人体中进行代谢、提供能量，满足维持生命活动和工作学习的需要；部分营养素参与营养素构成和修补身体组织；很多营养素在生化代谢和生理功能调节中起到重要作用。

必需营养素是人体维持生命、正常生长和功能所必需的，但不能由机体合成，或机体合成不能满足机体需要，必须从食物中获得的营养成分。可以从必需营养素转化而来，对提高机体的健康水平具有良好促进作用的营养成分为非必需营养素。此外，食物中还有一些成分可能在某些情况下有益健康，但不属于营养素，如一些植物化学物（phytochemicals），被归为有益健康的非营养素食物成分。

2. 营养素摄入量的意义

由于营养素是维持人体生命活动的决定性因素，合理的营养素摄入量既要为人体提供充足的各种营养素，也要防止营养素摄入过量产生的不良健康作用。

在制定膳食营养素摄入量时，需要考虑到几个层次的目标：第一层次是预防营养素缺乏症；第二层次是保证人体处于良好的健康状态，能够精力充沛地完成各项活动；第三层次是保证体内有一定水平的营养素储备量，以满足机体在特殊情况下的需要；第四层次是纳入预防及降低慢性病风险的考虑，因为营养素摄入量与慢性非传染性疾病的发生发展之间存在一定的相关性。

由于不同年龄、性别、体力活动水平及生理状态人群的营养需求不同，膳食营养素的合理摄入量有所差异。各国营养学家在对相关研究证据和测定数据进行梳理、评价和汇总的基础上，制定适合本国或本地区居民的营养素摄入量参考标准。这些研究包括对营养素和部分健康相关食物成分的化学结构和性质、消化吸收、生化代谢、生理作用、过量危害、食物来源、烹调加工损失等诸多方面的探索。

《中国居民DRIs》

目前我国正在使用的是2023年修订版《中国居民膳食营养素参考摄入量》（以下简称《中国居民DRIs》），其中各类人群的膳食营养素参考摄入量数据见二维码。

3. 膳食营养素参考摄入量的相关概念

膳食营养素参考摄入量（dietary reference intake，DRI）建立在营养素摄入与健康相关的高质量研究基础上。它提出了健康人日常膳食的营养素摄入参考值，可以用来作为健康人日常的膳食营养目标，对设计营养食谱、开发营养食品、制作营养标签、评估饮食质量、实施营养监测、制定营养政策等诸多方面都具有重要意义。

目前2023版《中国居民DRIs》在能量、蛋白质、脂类、碳水化合物之外，还将16种矿物元素、14种维生素及类维生素、水、膳食纤维和15种非营养素健康相关成分等纳入营养素摄入参考值。营养成分的参考值并不是由一个数字构成的，而是包括了以下多个相关概念。

（1）平均需要量

平均需要量（estimated average requirement，EAR）是指某一特定性别、年龄及生理状况群体中个体对某营养素需要量的平均值。不同性别、不同年龄、不同怀孕哺乳状况、不同体力活动量的人对于营养素的需求都有很大差异。例如，育龄女性对铁的需要量大于成年男性，发育期少年的钙需要量大于成年人。因此，在确定平均需要量时，往往按照性别、年龄、生理状况等划分为不同的群体。

在同一群体，由于个体的遗传和代谢差异，对营养素的需要量也不同，但只要样本足够大，个体的营养素生理需要量通常呈现正态分布。如确认某群体的营养素需求符合正态分布，则按照该群体的EAR水平摄入某种营养素，能够满足该群体中50%个体的需要量，但不能满足另外50%个体对该营养素的需要，故不能作为群体的推荐值。

EAR是制定膳食营养素推荐摄入量的基础，可用于判断群体或个体某种营养素摄入量不足的可能性。由于某些营养素的研究尚缺乏足够的个体需要量资料，因此，并非所有的营养素都能够制定其EAR。

（2）推荐摄入量

推荐摄入量（recommended nutrient intake，RNI）是在研究确定的群体EAR基础上再加两个标准差计算所得，是可以满足某一特定性别、年龄及生理状况群体中绝大多数健康个体（97%～98%）需要量的某种营养素摄入水平。对于某些身高、体重不在正常范围内的少数个体来说，可能需要按照每公斤体重的营养素需要量，对其RNI进行适当调整。

RNI是绝大多数人平均每日摄入营养素数量的目标值，也是制作营养食谱时的营养素供应目标值。长期摄入这个数量的营养素，可以满足良好的健康状态，并维持身体的适当营养储备，而不会出现任何过量危害。

需要注意的是，营养素的推荐摄入量和能量推荐摄入量确定方法不同。某个群体的能量推荐摄入量，直接等同于该群体的能量EAR，所以能量的推荐摄入量用另外一个术语，即能量需要量（estimated energy requirement，EER）来表示。制定EER时，同样需要考虑性别、年龄、体重、身高和身体活动水平的差异。在儿童、孕妇和乳母中，EER不仅要维持人体的能量平衡，还应满足儿童正常生长发育、胎儿生长和乳汁分泌所需要的能量。

（3）适宜摄入量

如果某种营养素的研究资料不足，无法得到EAR，从而无法推算出RNI。此时，可以用适宜摄入量（adequate intake，AI）暂时作为营养素参考值。AI是通过观察或试验获得的健康群体某种营养素的摄入量。

AI和RNI都可以作为个体每日摄入该营养素的目标值，但因为制定AI的科学依据不够充足，其确定性远不如RNI，数值可能高于或低于RNI。因此，在使用AI作为膳食摄入目标值时，应当比使用RNI更加谨慎。目前有很多维生素和矿物质的参考摄入量只有AI数值，如维生素E、维生素K、泛酸、铬等。

（4）可耐受最高摄入量

可耐受最高摄入量（tolerable upper intake level，UL）是营养素或食物成分的每日摄入量的安全上限，通常会大大高于推荐摄入量或适宜摄入量的水平。它是一个健康人群中几乎所有个体都不会产生毒副作用的最高摄入水平，但也未必有益。对大多数营养素而言，健康个体的营养素摄入量超过RNI或AI水平并不会产生更多益处。如果摄入量超过UL值，则超过的程度越大，产生过量危害的风险也随之增大。

值得注意的是，目前有些营养素还没有相应的UL值，是因为其研究资料尚不充足，并不表示过多摄入这些营养素没有危害。

（5）宏量营养素可接受范围

宏量营养素可接受范围（acceptable macronutrient distribution range，AMDR）是指碳水化合物、蛋白质和脂肪理想的摄入量范围，常用这三种营养素摄入量分别占总能量摄入量的百分比来表示。

碳水化合物、蛋白质和脂肪均为产能营养素，其摄入总量及其在能量供应中所占比例是膳食结构的标志，与肥胖、糖尿病和心血管疾病等非传染性慢性病的风险密切相关。因此，为三大产能营养素设定合理、安全的供能比例范围是非常必要的，该范围一方面要满足人体对这三种营养素的需要，另一方面又要有利于降低多种慢性病的发生风险。目前我国所推荐的AMDR是：蛋白质占10%～20%，脂肪占20%～30%，碳水化合物占50%～65%。

（6）降低膳食相关非传染性慢性病风险的建议摄入量

降低膳食相关非传染性慢性病风险的建议摄入量（proposed intakes for preventing non-communicable chronic diseases，PI-NCD，简称PI）是以非传染性慢性病的一级预防为目标，提出的必需营养素的每日摄入量。对慢性疾病的一级预防也称为病因预防，是在疾病尚未发生时，针对相关危险因素采取措施，从而预防或推迟疾病的发生。与膳食摄入量相关的非传染性慢性病包括肥胖、糖尿病、高血压、血脂异常、脑卒中及某些癌症等。

2023版《中国居民DRIs》中，为钠、钾和维生素C三种营养素制定了建议摄入量。根据营养素的不同，PI值可以高于或低于RNI值或AI值，可以成为建议摄入的上限或下限值。例如，钠的PI值高于AI值，为了预防高血压等相关疾病，钠的每日摄入量应低于其PI值。而对钾和维生素C来说，PI值高于RNI或AI值，此时摄入量达到或高于PI值，有助于预防慢性疾病。

（7）特定建议值

营养素之外的某些膳食成分，其中多数为植物化学物，具有调节人体生理功能、预防慢性疾病的生理学作用。特定建议值（specific proposed level，SPL）是以降低成年人膳食相关非传染性疾病为目标，提出的营养素之外的其他膳食成分（other dietary components）的每日摄入量水平。个体每日膳食中这些食物成分的摄入量达到该水平时，可能有利于降低某些慢性疾病的发生风险或死亡率。2023版《中国居民DRIs》提出了大豆异黄酮、原花青素、番茄红素、叶黄素、植物甾醇等15种健康相关膳食成分的特定建议值。

总的来说，如果一个人的平均每日营养素摄入量长期低于所属群体的EAR，则发生营养不足的风险较大；如果摄入量处于EAR和RNI之间，营养素摄入可能充足，也可能不足；如果摄入量高于RNI但低于UL，那么营养供应是充足的；如果摄入量高于UL，那么由于营养素摄入过量引起副作用的风险会随之增加。

AMDR、PI-NCD和SPL都是基于非传染性慢性病的预防而提出的，AMDR主要针对的是宏量营养素理想的摄入量范围；PI-NCD针对的是必需（微量）营养素的摄入量；SPL则主要指食物中的非营养素特定健康成分的摄入量。

关键解读

主要参考文献

范志红. 2022. 食物营养与配餐. 2版. 北京：中国农业大学出版社

杨月欣，葛可佑. 2019. 中国营养科学全书. 2版. 北京：人民卫生出版社

中国营养学会. 2023. 中国居民膳食营养素参考摄入量（2023版）. 北京：人民卫生出版社

第1章 能　量

本章学习目标

1. 了解能量对人体的重要意义。
2. 熟悉各营养素的供能特点。
3. 熟悉人体膳食能量的来源和影响因素。
4. 熟悉人体能量消耗的途径和影响因素。
5. 了解有关膳食能量和营养素供能比例的推荐建议。

本章课件

来自食物的能量，是人类维持基本生命活动，完成生长、发育、孕育过程，以及日常从事体力、脑力活动所需的能源，也影响体重和体成分（body composition）的变化。除特定生理时期（女性孕育、生产、哺乳）、特定状态（疾病、病后恢复）、特定需求（健美等运动）外，成年人在大部分时段应维持体重基本恒定、能量摄入与支出相平衡的状态，保持健康的体重。

1.1　人体的能量摄入和能量消耗

1.1.1　人体的能量来源

人体需要的能量主要来自食物中的碳水化合物、脂肪和蛋白质，称为三大产能营养素。此外，乙醇也是能量的密集来源。维生素和矿物质等微量营养素并不提供能量。

食物中所含的能量可以粗略地用其中所含的可消化碳水化合物、脂肪和蛋白质的数量及其各自的能量系数来进行计算。所谓能量系数，是指每克供能物质在体内彻底氧化所产生的能量值，这个系数既考虑了营养素在体内氧化产生的能量值，也考虑了营养素的平均消化率。三大产能营养素的能量系数和供能特点等如表 1.1 所示。

表 1.1　三大产能营养素的特点

营养素	能量系数	供能特点	代谢终产物	食物热效应
碳水化合物	17kJ/g（4kcal/g）	最重要、最高效、最经济的供能物质	二氧化碳和水	5%～6%
脂肪	37kJ/g（9kcal/g）	含能量最高的供能物质，但需要碳水化合物的帮助才能充分氧化供能	二氧化碳和水	4%～5%
蛋白质	17kJ/g（4kcal/g）	摄入过多或碳水化合物不足时用来供能，是热效应最高的供能物质	二氧化碳、水和尿素	25%～30%

在实际生活中，人体对食物中营养素的消化吸收往往并不完全，未消化吸收的食物残渣从大肠排出，会损失 2%～10%的摄入能量。即便食物的产能营养素含量完全相同，但由于其膳食纤维含量不同，妨碍消化吸收的成分不同，物理质构状态和烹饪方法不同，每个人的消化吸收能力

不同，由食物所得到的真实能量也不同。

特别关注：其他食物成分的能量值如何计算和标示？

乙醇的能量系数为 29kJ（7kcal）/g。各种膳食纤维，包括抗性淀粉、抗性糊精、低聚糖等，在肠道中的可发酵程度不同，所产生的能量也有差异，按我国食品营养标准法规 GB 28050—2011 的规定，可按 8kJ（2kcal）/g 计算。柠檬酸、苹果酸、酒石酸等有机酸的能量系数为 13kJ（3.1kcal）/g。除赤藓糖醇外，其他糖醇的能量系数为 10kJ/g。

食物的能量密度（energy density）是食物能够提供的能量与其重量之比，通常用每 100g 食物所含的能量（kJ 或 kcal）来表示。每 100g 所含能量大于或等于 941kJ（225kcal）的食物被认为是高能量密度食物。由于食物中的水不含有能量，水分含量高的食物通常能量密度较低，如蔬菜、水果、牛乳等。由于脂肪是能量系数最高的营养素，故脂肪含量很高的食物通常是高能量密度食物，如烹调油、油炸食品、曲奇、酥点等。

特别关注：空能量食物

一些食物富含能量，而蛋白质、维生素、矿物质等营养素含量均很低，被称为“空能量（empty energy）”食物，如甜饮料、糖果、粉条、油炸的淀粉类食品、富含饱和脂肪的烹调油等。减肥时应注意避免经常食用这些食物。

1.1.2 人体能量摄入的调控

人体的摄食调节是一个复杂的过程。人体需要补充能量和营养素时，信号通过神经系统和内分泌系统传递给大脑，产生饥饿感。另一方面，食物的形象、气味和内容也会诱发食欲，促进大脑产生进食信号。

1.1.2.1 神经激素调节与饱感

人在感觉到饥饿的时候，食欲会非常强烈，但吃到满足状态后会自动停止进食，这种感觉称为饱足感（satiation）。进食后的一段时间内，身体不会产生再次进食的愿望，这种感觉称为饱腹感（satiety）。

与进食相关激素的主要靶点是下丘脑控制食欲的神经中枢，分为饱腹中枢和饥饿中枢两部分，分别产生厌食肽（anorectic peptide）和促食欲素（orexin），从而产生饱腹感或饥饿感。

胰岛素（insulin）、胆囊收缩素（cholecystokinin，CCK）、脂肪产生的瘦素（leptin）、脂联素（adiponectin）和一些胃肠产生的肽类激素如胃促生长素（ghrelin）、胰高血糖素样肽-1（glucagon-like peptide-1, GLP-1）、胰多肽（pancreatic polypeptide，PP）等均与食欲和饱饿感相关，并通过和神经肽的相互作用而调控食物摄入。

1.1.2.2 食物成分与饱腹效应

食物成分对饱腹效应有很大影响。按同样含能量来比较，蛋白质的饱腹效应最强，碳水化合物次之，脂肪最弱。脂肪和糖还可通过增强食物美味而增加食欲，从而增加过量进食的风险。蔬菜等膳食纤维含量高的食物可以增加饱腹效应。

液体和固体食物对食欲的影响不同。对于以碳水化合物为主的食物来说，液体食物比固体食物通过胃的速度要快很多，吃流质食物所需要的时间也比吃固体食物的要少，因此液体食物不利于控制食欲。以饮料形式摄入的糖饱腹效应最低，而慢消化的淀粉食物饱腹效应较高。

比较食物的饱腹感时，必须在提供同等能量的基础上进行对比。按同样摄入能量比较，完整的、未经精制加工的天然食物，如全谷物、苹果、蒸土豆等，通常比以精制谷物为主、添加脂肪和糖的高度加工食品如曲奇、牛角面包等有更长时间的饱腹感和更少的饥饿感。摄取足够的蛋白质，多吃蔬菜、水果、豆类、全谷类等富含膳食纤维（尤其是可溶性纤维）的食物，对控制食欲很有帮助。

1.1.2.3 其他因素对进食调控的影响

进餐行为对食欲控制有显著影响。增加食物的口腔处理如咀嚼行为会带来更强的饱感。进食速度快会增加摄入过量食物的风险，而降低对饱感的感知能力。细嚼慢咽能给身体和大脑充足时间释放抵抗饥饿的激素，并传达饱腹感的信号。和专心进餐相比，进餐时分心（如玩电脑游戏）使人饱感的感知能力下降，而且在下一餐中可能比以往摄入更多食物。

充足的睡眠是稳定食欲的一个重要因素，它有助于降低胃促生长素（增加食欲的激素）水平，并升高瘦素水平。睡眠不足使人对食量的感知能力下降，易造成食欲控制紊乱。过度的心理压力也会增加过量进食的风险，可能是由于压力相关激素水平的增高而促进饥饿感。

此外，减肥或增重的需求，厌食症或暴食症等进食障碍（eating disorder），饮食习惯等，都是影响食物摄入的重要因素。对食物的认知和信念，食品营销、食品包装、食物的分量和价格，以及社交需求、从众心理等一些社会文化心理因素也会影响人对食物的摄入行为。

1.1.3 人体的能量消耗

人体总的能量消耗可归因于三个主要组成部分：基础代谢、身体活动和食物热效应。适应过冷或过热环境时的体温调节也会消耗一部分能量。

1.1.3.1 基础代谢

基础代谢（basal metabolism，BM）是维持人体最基本生命活动所必需的能量消耗。其意义是维持体温、心跳、呼吸、血液循环、各组织器官和细胞的基本功能。个体的基础代谢耗能是在空腹 12～14h、睡醒静卧、环境温度 18～25℃的条件下测定的能量消耗数量。基础代谢率（basal metabolism rate，BMR）则是指单位时间内人体基础代谢所消耗的能量，其表示方法一般为每平方米体表面积每小时的能量消耗。基础代谢耗能的数量具有较大的个体差异，通常占人体每日消耗总能量的 60%～70%。

由于基础代谢率的测定较为复杂，常用静息代谢率（resting metabolic rate，RMR）来近似评价。静息代谢率是指日常生活中平静不动时维持基本生理活动所需的热量。它的测定不要求提前禁食和平静休息 12h，所以静息代谢率比基础代谢率的测定数值大约高 10%。

1.1.3.2 身体活动

身体活动是除基础代谢外构成人体总能量消耗的主要部分，通常情况下占人体总能量消耗的 15%～30%。这部分能量消耗主要取决于身体活动的强度、持续时间和动作的熟练程度。身体活动的能量消耗分为两部分，一部分是非运动性热消耗，另一部分是运动热消耗。

非运动性热消耗（non-exercise activity thermogenesis，NEAT）是指除了主动锻炼以外的日常生活所消耗的能量，如上下班通勤、逛街、买菜、做饭、洗衣服、陪孩子玩，甚至紧张时抖腿所消耗的热量。

运动热消耗则是指人体主动运动锻炼如跑步、健身、游泳、瑜伽时所消耗的热量，主要取决于运动的时间、强度和从事运动者的体重。

1.1.3.3 食物热效应

食物热效应（thermic effect of food，TEF），或食物诱导产热（diet-induced thermogenesis，DIT），此前也称为食物特殊动力作用（specific dynamic action，SDA）。它是指人体摄食后引起的额外的能量消耗。其可能原因是摄食及此后过程中营养素的消化、吸收、转化、合成所消耗的能量，最终以体热形式释放出来。进食后身体感觉到温暖，就是食物热效应的体现。

能量消耗可通过直接量热法或间接量热法进行评估。用双重同位素标记的水（$^{2}H_2{}^{18}O$）进行体能量消耗测定的方法被认为是确定总能量消耗的“金标准”。总能量消耗量可应用“要因加算法”，根据基础代谢率（BMR）和体力活动水平（physical activity level，PAL）来计算，公式为

$$总能量消耗量=0.95\times BMR\times PAL$$

$$PAL=24h中的总能量消耗\div 24h中的BMR$$

在实际应用中，可根据不同生活状态大致评估PAL。不同年龄人群的PAL范围如表1.2所示。

表1.2 各人群体力活动水平分级表

年龄/岁	体力活动水平		
	轻（Ⅰ）	中（Ⅱ）	重（Ⅲ）
6～7	1.35	1.55	1.75
8～9	1.40	1.60	1.80
10～14	1.45	1.65	1.85
15～17	1.55	1.75	1.95
18～79	1.50	1.75	2.00
80～	1.45	1.70	—

注：0～6岁儿童体力活动不分级；6～17岁为儿童、青少年，18岁及以上为成年人

资料来源：WS/T 578.1—2017

1.1.4 影响能量消耗的因素

影响到基础代谢率、身体活动和食物热效应的各因素都会影响能量消耗。其中身体活动是每日能量消耗中可变性最大、最关键的调节因素，但代谢能力和食物热效应也有一定影响。

1.1.4.1 影响基础代谢率的因素

影响代谢率的因素可归为内因（如身高、体重、年龄、性别、身体成分、某些激素水平和怀孕哺乳等特殊生理状态）和外因（如环境温度、某些药物和食物成分等）两方面。

基础代谢率通常随身高、体重和肌肉量的增加而上升。代谢旺盛的器官组织越多，则消耗能量越多。肌肉、脏器等组织比脂肪组织消耗的能量多，故和体脂率高的人相比，同体重而体脂率较低的人基础代谢率更高。

基础代谢率随年龄增加而下降。未成年人有生长发育需求，按单位体重比较的基础代谢率较

成年人高。30 岁之后基础代谢率开始下降，而在 60 岁以后下降速度加快。

在相同年龄和体重时，女性的肌肉量比男性少，故基础代谢率通常低于男性。和孕前女性相比，妊娠和哺乳会带来基础代谢率的上升。

激素调控对代谢率有显著影响。儿茶酚胺、甲状腺激素等激素水平上升会提高代谢速率，反之甲状腺功能减退状态可明显降低基础代谢率。

从环境因素来说，炎热、寒冷条件都会引起基础代谢率上升。应激、创伤、发热和感染性疾病等也会引起基础代谢率升高。

1.1.4.2 影响食物热效应的因素

影响食物热效应的因素主要包括两方面，即进食量和食物能量营养素构成。进食量越大，消化吸收等过程的绝对耗能数量就越多，但在正常混合膳食情况下，一般不会超过摄入食物总能量的 10%。在三大宏量营养素中，以蛋白质的热效应最大，相当于其自身所含能量的 25%～30%，碳水化合物次之（5%～6%），脂肪最低（4%～5%）（表 1.1）。正常情况下，混合食物的热效应大致相当于基础代谢的 10%。如果膳食中缺乏富含蛋白质的食物，或食物总能量供应不足，均可造成食物热效应偏低。

1.2 人体的能量平衡

健康人可以自动调节食物能量摄入，使其与身体的能量需求相平衡，从而在较长时间内保持体重的基本稳定。但如果因主观或客观因素造成身体食物摄入调节机制发生紊乱，有可能造成能量平衡的偏移，从而出现身体成分的改变，进而影响到身体健康和疾病预防。

1.2.1 能量平衡的状态

健康成年人在大部分情况下处于能量摄入和能量消耗基本平衡的状态，表现为体重和体成分基本保持稳定。

未成年人在生长发育过程中均应处在能量正平衡状态，即在人体维持生存的生理活动之外，还需要获取生长发育所需的能量，用来实现肌肉、骨骼、脏器的生长，以及脂肪组织的合理增长。在患病恢复期、创伤恢复期，以及运动增肌等过程中，人体也需要处于能量正平衡，以便修复组织器官，增加肌肉储备。

食物摄入与能量消耗之间的长期不平衡会引起体成分的改变。长期能量负平衡往往伴随着人体的营养不良，有可能出现蛋白质-能量营养不良（protein-energy malnutrition）。未成年人体重过低会引起生长滞缓和发育不良问题，甚至影响智力发育。成年人体重过低则可能出现工作劳动能力下降、骨量丢失、胃肠功能紊乱、贫血、抗病力低下、女性月经不调和闭经、抑郁症等多种病理表现。

能量摄入超过人体需求时，过多能量以脂肪形式贮存，会导致体脂增加，体重上升。长期能量正平衡增加超重肥胖风险。肥胖会显著增加心血管疾病、糖尿病、高血压、骨关节炎、脂肪肝、不孕不育及一些癌症（乳腺癌、结肠癌、肾癌等）等多种疾病的风险。

在能量摄入不足时，人体动用身体储备的脂肪，造成体脂减少，甚至身体蛋白质分解，引起体重下降。但短期内的小幅度体重变化不一定能直接用能量平衡来解释，因为身体水分对体重也有影响。

1.2.2 能量摄入的代谢适应

机体存在代谢适应（metabolic adaptation）机制，即能量摄入变化时，机体通过调控能量消耗而使能量平衡达到一种新的稳定状态。

由于这种机制的存在，食物摄入量较大的个体可通过自动提升体能、增加体力活动意愿、增加身体散热等方式，升高能量消耗而维持体重不变。

反之，当食物减少引起体重下降时，机体可能降低某些非生存必需功能（如月经、毛发生长等）的供能量，减少某些激素（如甲状腺激素）合成，减缓心率等，称为适应性产热（adaptive thermogenesis）。在能量供应不足时，人体也可能通过降低身体活动意愿的方式减少运动热消耗和非运动性热消耗，还可以通过提高运动效率（运动时消耗更少的能量即可完成同样强度的动作）使机体运动时的耗能减少。

1.2.3 体重与能量平衡

体重为能量平衡的常用观察指标，也是反映健康状况的重要指标。判断体重状态的最常用指标是标准体重和体质指数（body mass index，BMI）。

1.2.3.1 标准体重和体质指数

标准体重(或称理想体重)=身高(cm)−105。低于标准体重 10%为轻度能量缺乏；低于 10%～20%为中度缺乏；低于 30%为严重缺乏；低于 40%以上则可能危及生命。

体质指数（BMI）=体重/身高^2，其中体重以千克计，身高以米计。

WHO 规定 BMI 在 18.5～24.9 为正常，25～29.9 为超重，≥30 为肥胖。然而，因为人种和体型带来的慢性疾病风险差异，2000 年亚太营养会议提出，亚洲人应以 BMI=23 为超重切点，即 BMI 在 18.5～22.9 之间为健康，23～24.9 之间为超重，≥25 为肥胖。

基于我国的研究数据，健康成年人（18～64 岁）的健康 BMI 应在 18.5～23.9 之间，<18.5 为体重过低，24～27.9 为超重，≥28 为肥胖。由于老年人的身高逐渐下降，65 岁以上老年人的适宜 BMI 范围应上调至 20.0～26.9 之间。

1.2.3.2 体脂率

严格来说，肥胖与否的判定标准不是体重本身，而是体脂肪含量，即体脂率（body fat rate）。

$$\text{体脂率（\%）}=（\text{脂肪重量/总体重}）\times 100\%$$

在人体脂肪中，除了脂肪组织中的脂肪，还有一部分是必需脂肪，即与骨髓、中枢神经系统、内脏和细胞膜组成相关的脂肪，在女性中还包括乳房和骨盆部位的脂肪，为正常生命活动所必需。男性约有 3%体脂为必需脂肪，女性约有 12%体脂为必需脂肪。基于美国运动医学会指南，不同年龄段的体脂率合理范围如表 1.3 所示。目前我国以男性体脂率超过 25%、女性超过 30%为判定成年人肥胖的辅助标准。

表 1.3　按年龄和性别推荐的体脂率

年龄/岁	20～29	30～39	40～49	50～59	60～
女性	16%～24%	17%～25%	19%～28%	22%～31%	22%～33%
男性	7%～17%	12%～21%	14%～23%	16%～24%	17%～25%

表格引自：https://www.vumc.org/health-wellness/news-resource-articles/body-fat-percentage

1.2.3.3　体脂肪分布

体脂肪分布在不同区域，对健康的影响差异很大。躯干部脂肪或腹部脂肪，与疾病风险关联度最高，可以用腰围、腰臀比和腰围身高比来简单评价。

腰围（waist circumference，WC）是反映腹部脂肪最直观的指标，也是 WHO 推荐用于评估向心性肥胖的首选指标，其诊断向心性肥胖的标准为：男性腰围＞94cm，女性腰围＞80cm。我国以成年男性腰围≥85cm、女性≥80cm 作为向心性肥胖的警示切点。

腰臀比（waist-hip ratio，WHR）：由于腰围相同的人可能有不同的体型，因此，腰围和臀围的比值是衡量向心性肥胖的更好指标。腰臀比增大指示向心性肥胖风险上升，腰臀比下降表明内脏脂肪减少。

腰围身高比（waist-to-height ratio，WHtR）又称腰身指数，或向心性肥胖指数（index of central obesity，ICO）。WHtR 适用于不同身高、年龄的人群，且没有性别差异，是评价向心性肥胖的理想指标，同时也可作为预测单纯肥胖人群代谢综合征发病风险的指标。目前国内外相对公认的标准是：腰围身高比＞0.5 为向心性肥胖。

1.3　有关能量的食物建议

1.3.1　能量的参考摄入量

人体的能量供应应当满足身体基本生命需求、生长发育、组织修复和体力活动的需要。按照我国 2023 版《中国居民 DRIs》标准，18～29 岁轻体力活动成年人的能量推荐摄入量（RNI）为男性 9.00MJ（2150kcal）/d，女性 7.11MJ（1700kcal）/d。

婴幼儿、儿童、青少年需额外增加生长发育所需能量。孕妇需增加子宫、胎盘、胎儿、乳房和体脂储备所需能量。乳母需增加合成分泌乳汁所需能量。术后和疾病恢复期的病人需要有额外的能量供应用来修复组织器官。

在 30 岁之后，随年龄增长，在同等体力活动水平基础上，能量供应标准逐渐下降。例如，和 30 岁以下轻体力活动成年男性相比，30～49 岁、50～64 岁、65～74 岁和 75 岁及以上男性的能量推荐值分别降至 8.58MJ（2050kcal）/d、8.16MJ（1950kcal）/d、7.95MJ（1900kcal）/d 和 7.53MJ（1800kcal）/d。

体力活动增加时，能量供应也应随之增加。故从事中高强度体力活动的工作者，以及经常进行较大强度体育锻炼的人，应当比体力活动量较少的人额外增加能量供应，否则可能因为能量和其他营养素入不敷出而损害健康。

超重肥胖者需要在营养平衡的基础上控制总能量，减少高能量密度食物，增加高饱腹感食物的比例，以便逐渐分解多余的脂肪组织。有关体重控制的内容详见第 18 章 18.5 部分。

1.3.2 能量的食物来源

在植物性食物中，粮谷类和根茎类含大量的碳水化合物，是我国居民膳食能量的主要来源，也是人类最经济、最重要的能量来源。水果中含有较多可溶性糖。摄入较多粮谷类和根茎类食物，或摄入大量水果，则碳水化合物供能比例会有所上升。

大豆和坚果油籽类食物如花生、核桃等含有丰富的脂肪和植物性蛋白质，是膳食能量辅助来源之一。烹调油是能量的密集来源。摄入较多的坚果、油籽、烹调油和动物脂肪时，则膳食脂肪供能比例会有所上升。

动物性食品含有较多的脂肪和蛋白质，也是膳食能量的重要构成部分。摄入少油烹调的鱼、瘦肉、蛋类等动物性食材，则膳食蛋白质供能比例会有所上升。

除马铃薯、鲜山药、藕、鲜百合等少数含淀粉蔬菜之外，蔬菜类食材对膳食能量的贡献较少。

随着我国经济发展，食物供应日益丰富，谷类食物所提供的能量占膳食总能量的比例逐渐下降，表现为碳水化合物供能比例从 1982 年的 71.2%下降到 2015～2017 年的 51.5%。与此同时，来自于烹调油和动物性食品的能量快速增加，表现为脂肪占总能量的比例从 1982 年的 17.4%上升到 2015～2017 年的 34.6%。然而，来自于谷类食物的碳水化合物仍然是我国居民的主要能量来源。

1.3.3 能量的营养素来源建议

碳水化合物、脂肪和蛋白质除各自的生理功能之外，也是膳食能量的来源。膳食供能比例是指由膳食所提供的宏量营养素摄入种类、比例构成和数量，它是膳食模式（dietary pattern）的重要指征（表 1.4）。适量的、比例恰当的能量和宏量营养素摄入量，对维持机体健康、预防慢性病非常重要。有关膳食模式，请参考第 15 章的内容。

表 1.4 部分膳食模式中的宏量营养素供能比例 （单位：%）

供能比	中国平衡膳食宝塔	地中海膳食	西方膳食模式	低碳水饮食	生酮饮食	高蛋白饮食
碳水化合物	50～65	45～65	25	＜40	10	＜30
蛋白质	10～20	10～35	30～40	LCHF：20～30 LCHP：30～60	10～30	25～35
脂肪	20～30	25～35	35～45	LCHF：30～60 LCHP：20～30	60～80	20～35

注：LCHF 为低碳水高脂饮食；LCHP 为低碳水高蛋白饮食

数据来源：中国营养学会，2022

流行病学研究发现，碳水化合物供能百分比在 50%～55%范围时，全因死亡风险最低。和供能比例处于这个范围的人群相比，碳水化合物供能比例＜40%或＞70%时，都有更高的死亡风险。有跨学科研究发现，对未成年者来说，充足的蛋白质供应非常重要；但到中年之后，蛋白质供能比例/碳水化合物供能比例的比值较低，可以通过降低中年死亡率来延长寿命。

根据 2023 版《中国居民 DRIs》的建议，健康成年人的膳食宏量营养素可接受范围为：碳水化合物供能占 50%～65%，脂肪供能占 20%～30%，蛋白质供能占 10%～20%，其中添加糖应低于 10%。

本章热点问题：体成分与减肥

在体重构成当中，除了体脂肪之外，还包括骨骼、肌肉、内脏器官和体液等其他组成要素，它们的组成比例称为体成分（body composition）。研究发现，体重超标与疾病风险和死亡率之间的联系主要取决于体内脂肪积累的程度，而充足的肌肉和强健的骨骼是有利于健康的。故而，关注体成分比关注体重本身更为重要。

目前使用的体成分概念有两种划分方式。一种为二分模型，即将体重划分为脂肪体重和去脂体重，后者也称瘦体重（lean body mass，LBM），主要由肌肉、皮肤和骨骼等组织的重量构成。另一种是四分模型，包括脂肪量、去脂肪量、骨矿物质和水分。体成分可以用皮褶厚度、生物电阻抗、密度法（水下称重、空气置换）、双能X射线吸收法（dual-energy X-ray absorptiometry，DEXA）、CT和MRI等方法来测定，其基本原理是基于脂肪和非脂成分在电解质含量、传导电流的能力和X射线密度等方面的差异。

保持适宜的瘦体重对维持健康具有重要的意义。在适宜体重的基础上，损失10% 瘦体重即与免疫功能下降相关，使感染风险增加，死亡风险增加10%。损失20% 瘦体重时，除上述风险以外，还会带来体力明显下降、伤口愈合能力下降等问题，死亡风险增加30%。损失30% 瘦体重时，身体更为虚弱，伤口愈合能力进一步降低，压疮风险和感染风险增加，死亡风险增加50%。损失40% 瘦体重则与通常由肺部感染引起的死亡100%相关。

体成分的影响因素很多，包括性别、年龄、种族、遗传、身高及营养状况等。如果不努力健身，则25岁以后，体重增加通常是由于体内脂肪增加所致，女性的增长比男性更为显著。

随着年龄的增长，除了脂肪增加，脂肪分布也会发生变化，躯干部位的脂肪含量增加，腰围、腰臀比和腰围身高比上升。中年以后，即使保持体重不变，也会出现体脂含量增加和肌肉量减少的趋势，在50岁以后肌肉量的下降更为显著，每年减少1%～2%。肌肉量下降导致全身水分的减少，在女性中更为明显。随着年龄的增长，还会出现器官的萎缩及骨量的减少，使瘦体重降低。故而，在体脂肪含量不变的前提下，体脂率也呈现随年龄增加而上升的趋势。

需要理解的是，减重不完全等于减肥。减肥的目标是减少体脂肪含量，并不是减少瘦体重。一些用错误减肥饮食方法所减去的体重，可能很大部分来自于瘦体组织的损耗，如脱水和肌肉流失。反之，有效的减肥措施不一定能迅速带来明显的减重效果。例如，在减肥期间结合运动训练，会增加肌肉组织的重量。由于肌肉组织的比重大于脂肪组织，故而减脂增肌的综合效应会削弱减重效果。评价减肥效果不能单纯以体重变化为标准，而应检测体脂率、腰围、腰臀比等指标的变化，或观察身材线条的变化。

本章深度思考

1. 剩米饭经过一天冷藏，其中部分淀粉会发生老化回生。如不再次加热到糊化温度以上，其淀粉消化率会有所下降。此时米饭本身所含的蛋白质、脂肪、碳水化合物测定数值并未发生变化，但吃米饭之后，人体得到的实际能量会不会有变化？为什么？

2. 为什么用“少吃多运动”方法减肥的人，开始能减轻体重，一段时间之后体重就不再继续下降了？与能量消耗的变化有什么关系？

3. 市面上有很多号称“低能量”“零卡路里”“无糖”“低脂”等主打瘦身概念的食品，它们一定是营养价值很高的食品吗？一定有利于减肥瘦身吗？应当如何教育有减肥需求的消费者合理选择食物？

本章课程活动

1. 去超市选择 3 大类食物，每类食物各选 5 种产品，记录食品包装上的营养成分表，比较它们的能量高低。仔细分析为什么同类食物会出现所含能量的差异。

2. 记录自己或家人所吃的零食、饮料、冷饮等包装食品。记录其包装上的能量数据，计算一天当中从这些食物中吃进去了多少能量。

3. 看一下超市的烹调油和食糖的包装袋，了解它们所含的能量。购买一个食物秤，记录家里 3 天中所吃的油和糖的量，算一算从中吃进去了多少能量。

关键解读

本章参考文献

李铎. 2011. 食品营养学. 北京：化学工业出版社

中国超重/肥胖医学营养治疗专家共识编写委员会. 2016. 中国超重/肥胖医学营养治疗专家共识. 中华糖尿病杂志，8（9）：525-540

中国营养学会. 2022. 中国居民膳食指南. 北京：人民卫生出版社

中国营养学会. 2022. 中国居民膳食指南科学研究报告（2021）. 北京：人民卫生出版社

中国营养学会. 2023. 中国居民膳食营养素参考摄入量. 北京：人民卫生出版社

Gropper S S，Smith J L，Carr T P. 2021. Advanced Nutrition and Human Metabolism. 8th ed. Stanford：Cengage Learning

Kleinman R A，Kleinman D R. 2020. Effects of intermittent fasting on health，aging，and disease. The New England Journal of Medicine，30；382（18）：1772

Ludwig D S，Aronne L J，Astrup A，et al. 2021. The carbohydrate-insulin model：a physiological perspective on the obesity pandemic. American Journal of clinical Nutrition，114（6）：1873-1885

Senior A M，Nakagawa S，Raubenheimer D，et al. 2020. Global association between macronutrient supply and age-specific mortality. Proc Natl Acad Sci USA，117（48）：30824-30835

第 2 章　碳水化合物

本章学习目标

本章课件

1. 了解食品中有哪些可消化和不可消化碳水化合物。
2. 掌握可消化碳水化合物的主要生理功能。
3. 熟悉不可消化碳水化合物的健康作用。
4. 了解碳水化合物摄入与餐后血糖上升的关系。
5. 了解对各类碳水化合物摄入的相关建议。

在 19 世纪早期，人们发现木材、淀粉和亚麻等物质主要由含有碳、氢、氧原子的分子组成，其结构式为$(CH_2O)_n$，与水分子中的氢氧比例相同，因此把这一类物质称为碳水化合物（carbohydrate）。碳水化合物由单糖聚合而成，根据聚合度的不同，分为单糖、双糖（二糖）、寡糖（低聚糖，由 3～9 个单糖聚合而成）和多糖（超过 10 个单糖聚合而成）。

碳水化合物是人类能量的主要来源。从世界范围来看，碳水化合物提供人体所需能量的 40%～80%；我国居民碳水化合物供能占比有所下降，约为总能量的 53%。依据生理功能，碳水化合物可以分为可消化碳水化合物与不可消化的碳水化合物两类。

除作为能量来源以外，碳水化合物在肠道的健康功能中也发挥着至关重要的作用，因此有学者提出以"血糖化/血糖生成"（glycemic）碳水化合物和"非血糖化/非血糖生成"（non-glycemic）碳水化合物这两个概念来概括这种差异。

2.1　可消化碳水化合物

可消化碳水化合物指能够在消化道被分解成小分子成分、透过肠黏膜进入血液的碳水化合物。其中包括所有的单糖，如葡萄糖（glucose）、果糖（fructose）、半乳糖（galactose）等（半乳糖很少以单糖的形式存在，通常与其他单糖结合形成更大的分子）；也包括部分双糖，如蔗糖（sucrose）、乳糖（lactose）、麦芽糖（maltose）等；还包括多糖中的淀粉（starch）、糖原（glycogen）、糊精（dextrin）等。

2.1.1　碳水化合物的消化吸收

碳水化合物在口腔中开始消化过程，但食物在口腔内一般仅停留 15～20s，唾液淀粉酶对其作用有限。胃中的低 pH 阻止了唾液淀粉酶的作用，小肠是碳水化合物食物的主要消化场所。故而，碳水化合物的营养特性主要取决于其在小肠中消化和吸收的速率和程度。

小肠中碳水化合物的主要水解酶是来自胰液的α-淀粉酶，它属于内切酶，作用于α-1, 4-糖苷键，将淀粉分解成麦芽糖、麦芽三糖、α-临界糊精、异麦芽糖等。以上淀粉水解产物和蔗糖、乳糖等双糖在存在于肠黏膜上皮细胞刷状缘的α-葡萄糖苷酶、α-临界糊精酶、蔗糖酶和乳糖酶等的作用下，进一步水解成为葡萄糖及少量的果糖和半乳糖，被小肠黏膜上皮细胞吸收，通过小肠壁的毛细血管经门静脉进入肝脏。吸收后的单糖60%以上在肝内代谢，其余进入人体循环，供全身组织利用，为机体提供能量。

2.1.2 可消化碳水化合物的生理功能

1. 维持血糖浓度，并为机体提供能量

在非饥饿情况下，葡萄糖是人体的主要能量来源。人体所有组织细胞都含有直接利用葡萄糖产能的酶类，特别是神经细胞和成熟红细胞只能利用葡萄糖供能，所以人体的血糖浓度必须维持在一个稳定范围内。

2. 合成肝糖原、肌糖原和脂肪

如果摄入的葡萄糖暂时超过身体供能所需，则多余的糖一部分在胰岛素的作用下合成糖原，分别以肝糖原和肌糖原的形式储存在肝脏和肌肉中。肝糖原在机体需要时分解成葡萄糖进入血液循环供能，但其储备数量较少，一般来说，人体以糖原形式储藏的能量仅占体内储存总能量的1%～3%。在禁食24h之后，肝糖原基本耗尽。肌糖原一般只能供肌肉自身使用。多余的碳水化合物也可转化为脂肪，成为身体的能量储备。

3. 构成机体的重要物质

碳水化合物也是构成机体的重要物质。糖蛋白和糖脂是细胞膜的重要成分，糖蛋白参与抗体、酶、激素的组成，遗传物质DNA和RNA上也含有大量的核糖。细胞膜表面、抗体分子中和蛋白质外围的一些含糖结构往往起到分子识别和细胞黏附等重要作用。

4. 节约蛋白质作用

当碳水化合物不足时，机体会分解脂肪和蛋白质提供能量，同时还会有部分氨基酸发生糖异生（gluconeogenesis）作用以维持血糖稳定。蛋白质过多分解供能可能造成身体组织修复和更新能力下降，造成肌肉流失，并增加肾脏负担。因此，摄入足够数量的可消化碳水化合物能够节约蛋白质，使其最大限度地用于维护人体组织器官和生长发育。

5. 抗生酮作用

体内脂肪被动员加速分解时，如果没有充分的碳水化合物，则会产生过多的中间代谢产物酮体（ketone body）。血液中酮体浓度达到一定水平后可能对人体产生毒害，出现酮症和酸中毒。有充足碳水化合物存在时，脂肪可以彻底氧化分解，生成二氧化碳和水，并放出其所含的所有能量。这种作用称为抗生酮作用（antiketogenesis）。（有关酮体的形成，请参考“生物化学”课程中的相关内容。）

6. 在肝脏解毒过程中发挥作用

肝糖原充足可以增强肝脏对一些有害物质的解毒作用。碳水化合物在体内代谢时会产生葡萄糖醛酸，在体内与有害物质结合后，促进其排出机体，是人体解毒途径之一。

2.2 不可消化碳水化合物

不可消化碳水化合物是指在小肠内不能够被分解的碳水化合物，到达结肠后能够在一些细菌的作用下发酵分解，产生短链脂肪酸等代谢产物。其包括膳食纤维和功能性碳水化合物。

2.2.1　膳食纤维

膳食纤维的概念由 Hipsplay 于 1953 年提出："膳食纤维指人体内不能被消化的植物细胞壁，成分包括纤维素、半纤维素和木质素"。狭义的膳食纤维定义为：植物性食品中一类不能被人体消化酶所消化，也不能被小肠吸收，但是能够被结肠内的某些微生物部分酵解和利用，以多糖为主的高分子物质的总称。广义的膳食纤维包括所有的不可消化碳水化合物，如非淀粉多糖（non-starch polysaccharide，NSP）、抗性淀粉、抗性低聚糖及其他与膳食纤维多糖，尤其是木质素相关的非消化性微量组分等。

按照我国 GB/Z 21922—2008《食品营养成分基本术语》和 2021 年发布的《中国营养学会 膳食纤维专家共识》，膳食纤维的最新定义为：植物中天然存在的、从植物中提取或直接合成的聚合度≥3 的、可食用的、不能被人体小肠消化吸收的、对人体有健康意义的碳水化合物的聚合物。

食品中膳食纤维的来源包括几方面：一是天然存在于植物中的膳食纤维；二是通过物理、化学、酶反应等方式从植物中提取获得的膳食纤维；三是通过合成方式获得的膳食纤维。后两类的膳食纤维需要提供科学证据，证明对人体有至少一方面的健康意义，才能得到认可。

膳食纤维的分类有很多方式，按照来源可以分为植物性、动物性、微生物、海藻多糖、合成类等。按照成分和结构分为非淀粉多糖、抗性淀粉、抗性低聚糖、木质素等。目前科学界最广泛接受的分类是根据溶解性、黏性及发酵特性将其分为两个基本类型：可溶性膳食纤维（soluble dietary fiber，SDF）和不溶性膳食纤维（insoluble dietary fiber，IDF）。

可溶性膳食纤维是指不被人体消化道的酶消化，但能够溶于温水或热水，且其水溶性成分能够被 4 倍体积的乙醇再沉淀的纤维，主要是细胞壁内的储存物质和分泌物，包括树胶、果胶、葡聚糖、瓜尔豆胶、羧甲基纤维素等；不溶性膳食纤维是指不被人体消化酶消化，而且不溶于热水的纤维，主要是细胞壁的组成成分，包括纤维素、半纤维素、木质素和壳聚糖等。

> **知识链接：碳水化合物**
>
> 请复习"食品化学"课程有关碳水化合物的相关内容，包括单糖、低聚糖、多糖、糖醇，以及多种非淀粉多糖的结构和性质特点。

> **特别关注：FODMAP 与肠易激综合征**
>
> Monash 大学的研究人员提出了"小肠中吸收不良的可发酵性短链碳水化合物"的概念。所谓 FODMAP（fermentable oligosaccharides，disaccharides，monosaccharides and polyols）包括低聚糖（如果寡糖、低聚半乳糖）、双糖（如乳糖）、单糖（果糖）和多元醇（糖醇）。
>
> 这些碳水化合物存在于许多食物中。例如，大蒜、洋葱、黑麦和小麦中含有果寡糖，豆类和坚果中含有低聚半乳糖，乳制品中含有乳糖，许多水果中含有果糖，一些水果（牛油果、黑莓、苹果）和蔬菜（花菜、蘑菇）中存在多元醇。一种食物中可能含有多种 FODMAP。
>
> 这些碳水化合物在结肠中被部分发酵，降解成短链脂肪酸和乳酸，同时产生气体。对敏感人群来说，摄入高 FODMAP 食物可能引发肠易激综合征。

2.2.2　膳食纤维的生理作用

膳食纤维不能在小肠中消化吸收，进入结肠后，有的能够在大肠中被肠道细菌全部或部分发酵，也有的不能被发酵，最后成为粪便的一部分被排出体外。膳食纤维在结肠内被微生物发酵降解后，产生乙酸、丙酸、丁酸等短链脂肪酸，可部分为人体利用，故膳食纤维仍可为人体带来少量的能量。膳食纤维在人体中具有多方面的健康功能，特别是对胃肠健康和慢性疾病预防十分重要。

1. 帮助正常排便

膳食纤维均具有高持水力，吸附水分子后有利于增加粪便含水量及体积，对肠壁产生良性刺激，使肠道活动增加，促进肠道内容物排出，有利于预防便秘。

2. 维持肠道菌群平衡

可发酵膳食纤维为肠道微生物提供了发酵底物，有利于维持肠道的正常菌群多样性及平衡。发酵产生的有机酸可降低肠道 pH，诱导有益菌增殖，抑制有害菌的过度繁殖。发酵产生的丁酸可以作为结肠细胞的能量来源，并调节肠道细胞的生长分化。

3. 提升食物饱腹感

膳食纤维作为低能量或无能量的填充物质，使人体需要对食物进行更多的咀嚼，并延缓胃的排空速度，还能起到稀释食物能量和增大食物体积的作用，从而有利于提升食物的饱腹感，帮助控制食量，延缓消化吸收速度，减小餐后血糖的上升幅度，或帮助改善胰岛素敏感性。

4. 帮助清除重金属、污染物和胆固醇类物质

膳食纤维能够吸附、螯合肠道内有毒物质（内源性毒素）和有毒化学物质（外源性毒素）等。通过阳离子交换作用，膳食纤维结构中的羧基、羟基、氨基等侧链能够产生类似弱酸性阳离子交换树脂的作用，可与阳离子进行交换，促进重金属离子和一部分污染物质排出体外。

5. 帮助调节血脂

膳食纤维可以降低人体在肠道中对胆汁酸等胆固醇类物质的重吸收，阻断胆固醇类物质的“肝-肠循环”，降低对膳食中脂肪的吸收利用率，同时也通过结肠发酵所产生的短链脂肪酸发挥血脂调节作用。

2.2.3 功能性碳水化合物及其生理作用

在增强机体免疫力、降低血脂、调节肠道菌群等多方面具有生理功效的碳水化合物称为功能性碳水化合物。其包括膳食纤维、活性多糖、功能性低聚糖、功能性单糖等。

活性多糖是指具有免疫调节、抗肿瘤、抗氧化活性等特殊生理功能的多糖，广泛存在于植物、动物、藻类和微生物（细菌和真菌）中，见表 2.1。多糖的溶解度、分子量、黏度等性质均会影响其生理功能。

表 2.1 功能性多糖的来源和作用总结

分类	举例	功能
植物多糖	存在于植物的各器官中，如茶多糖、枸杞多糖、银杏叶多糖等	抑制肿瘤、调节免疫、延缓衰老、抗疲劳、降血糖等
动物多糖	如糖原、壳聚糖、透明质酸等	增强免疫、抗肿瘤、降血脂、排出肠道毒素、降低重金属对人的危害、抗辐射、防龋齿等
藻类（地衣）多糖	如螺旋藻多糖、褐藻多糖等	抗血栓形成、抗肿瘤、调节免疫等
真菌多糖	从真菌子实体、菌丝体、发酵液中分离得到，如香菇多糖、灵芝多糖、云芝多糖、银耳多糖、虫草多糖、茯苓多糖、金针菇多糖、木耳多糖等	调节免疫、延缓衰老，抗肿瘤、降血脂、降血糖、抗血栓形成、抗感染、增强造血功能等

功能性低聚糖是由 3～9 个单糖通过 α-1,6-糖苷键连接形成的直链或支链的低度聚合糖。

人体消化道没有水解这类物质（除异麦芽酮糖外）的酶，因而它们不被消化吸收而直接进入结肠，不产生热量。迄今为止，已知的功能性低聚糖有 1000 多种，包括低聚异麦芽糖、低聚半乳糖、低聚果糖、低聚乳果糖、乳酮糖、大豆低聚糖、低聚木糖、异麦芽酮糖、耦合果糖、低聚龙胆糖等。其中除了低聚龙胆糖无甜味、反而具有柔和的提神苦味外，其余均带有不同程度的甜味，一般甜度相当于蔗糖的 30%～60%，可作为功能性甜味剂用来替代或部分替代食品中的蔗糖。

功能性低聚糖的直接生理功能包括：用作低能量值和低血糖反应的甜味剂、发挥可溶性膳食纤维作用和促进肠道中有益菌群如双歧杆菌增殖等。

功能性低聚糖的间接生理功能包括：抑制肠道有害菌和病原菌、促进营养素吸收利用、合成多种 B 族维生素、调节免疫功能和抗肿瘤作用等。如双歧杆菌发酵低聚糖产生的短链脂肪酸（乙酸：乳酸＝3：2）和抗生素能够抑制志贺菌、沙门菌、金黄色葡萄球菌、大肠杆菌等有害菌，并抑制肠道有害菌产生的有害酶类和有毒物质代谢。

课中思考：应如何看待果糖的功能作用？

功能性单糖仅 D-果糖一种。果糖被认为是功能性单糖的原因有三个方面：一是它的甜度大，因而等甜度下的能量值低；二是它的代谢途径与胰岛素无关；三是它不易被口腔微生物利用而造成龋齿。目前并未发现从适量水果中摄入的果糖有健康危害，然而，正因为果糖具有美好的清甜味道，近年来替代蔗糖被广泛用于给食物增甜，人们通过饮料、甜食和加工食品极易摄入过量的果糖。大量果糖不仅促进肝脏脂肪合成，降低胰岛素敏感性，容易导致肥胖，而且增加内源性尿酸，增加痛风风险。

2.3　碳水化合物的食物来源

2.3.1　可消化碳水化合物的食物来源

在联合国粮食及农业组织（Food and Agriculture Organization of the United Nations）和世界卫生组织（World Health Organization，WHO）的定义中，碳水化合物也可以称为糖类，两者是等同的。但是人们常用“糖”（sugar）作为有甜味且含有能量的单糖、双糖和糖醇的总称，它们属于简单碳水化合物（simple carbohydrates），而寡糖和包括淀粉的多糖属于复杂碳水化合物（complex carbohydrates）。可消化碳水化合物包括了各种可消化的糖和淀粉，它们都可以给人体带来能量，并引起幅度不同的血糖上升。

特别关注：游离糖和添加糖

为了从健康角度更好地理解糖的影响，WHO 提出了游离糖（free sugars）的概念，即“并非存在于天然食物细胞内的糖”，认为游离糖仅提供“空热量”（empty calories）而没有其他营养价值。后来美国心脏病协会将游离糖改名为添加糖（added sugars），即在食品制备和生产、烹饪过程中为了增加甜味等目的而人为加入的糖和糖浆。2022 版《中国居民膳食指南》在提出有关糖的摄入量建议时，采用的是添加糖概念。

蜂蜜、水果和蔬菜中天然含有一定量的葡萄糖、果糖、蔗糖等成分。然而，食品中的甜味更多地来源于添加糖或糖浆制品，如白糖、红糖、淀粉糖浆、葡萄糖浆、果葡糖浆等。绝大多数甜味加工食品都富含添加糖，如速冲的糊粉状食品、糕点、饼干、饮料、冷饮、糖果、果脯、果酱等食品常含有大量添加糖。

乳及乳制品中含有乳糖。动物肝脏及肌肉中含有微量的糖原，但在膳食中几可忽略。

淀粉是膳食中可消化碳水化合物的最主要来源，它是由多个葡萄糖分子聚合而成的多糖。植物通过光合作用合成淀粉，淀粉以淀粉粒的形式存储在种子或根茎当中。大米、小麦（面粉）、玉米、小米等谷物种子，马铃薯、甘薯、山药等薯类，红小豆、绿豆、芸豆等淀粉豆类，栗子、银杏等坚果，以及莲藕、菱角等水生植物，都是淀粉的天然来源。

2.3.2 不可消化碳水化合物的食物来源

膳食纤维（dietary fiber）广泛存在于植物性食材中，包括全谷、杂豆、薯类、坚果油籽、蔬菜、水果和菌类。燕麦和大麦中富含β-葡聚糖（β-glucan），苹果、柑橘、胡萝卜和南瓜等蔬果中富含果胶（pectin），全麦粉、糙米、玉米、甘薯等谷薯类食物富含纤维素。天然食物中既含有可溶性膳食纤维，也含有不可溶性膳食纤维，只是其比例不同。谷物加工越精细，则膳食纤维含量越少。

很多食品中含有功能性低聚糖，如洋葱、大蒜、芦笋、菊苣根（雪莲果）和洋蓟块茎等蔬菜中含有低聚果糖（fructo-oligosaccharide），甜菜中含有棉籽糖（raffinose），豆类种子中普遍含有棉籽糖、水苏糖（stachyose）和毛蕊花糖（verbascose）等低聚糖，它们都属于常见的益生元。

课中思考：膳食纤维健康意义的时代变迁

在革命战争时期，红军吃红米饭、南瓜汤，八路军吃小米加野菜，全谷杂粮和大量蔬菜提供了充足的膳食纤维。在生活水平较困难时期，人们较多关注的是膳食纤维过多所带来的负面影响，如降低食物的消化率，降低铁、锌等微量元素的吸收利用率等。

随着生活水平的提高，国民的膳食纤维摄入量普遍不足，人们更多关注的是膳食纤维预防疾病的作用。据我国营养与健康调查结果，2015 年国民人均摄入膳食纤维仅为 10.4g，远远低于世界卫生组织和《中国居民膳食指南》所推荐的 25～30g。缺乏富含膳食纤维的全谷、杂豆和蔬菜、水果，已经成为慢性病高发的危险因素之一。

2.4 碳水化合物与血糖稳定

2.4.1 淀粉的消化组分

淀粉等碳水化合物在人体中被消化为单糖之后才能被吸收利用。淀粉的消化分为三个阶段：①在口腔中，唾液淀粉酶将少量淀粉分解成糊精、麦芽糖和葡萄糖；②大部分淀粉在十二指肠中被胰淀粉酶水解为麦芽糖、极限糊精和少量葡萄糖；③麦芽糖和极限糊精被小肠黏膜绒毛细胞分泌的葡萄糖淀粉酶和麦芽糖酶最终水解为葡萄糖，并以主动运输方式吸收入血液。少量未消化的淀粉进入结肠，几乎全部被肠道微生物发酵为短链脂肪酸。

淀粉的消化在很大程度上决定着含淀粉食物的血糖反应，与人体健康关系密切。影响淀粉消化的因素包括淀粉结构、伴随组分、物理加工、化学改性和酶处理等（表 2.2）。

表 2.2　影响淀粉消化性的因素

因素分类	影响因素举例
淀粉结构	淀粉来源，颗粒结构，层状结构，晶型，分支度和支链长度等
伴随组分	蛋白质，脂类，纤维素，β-葡聚糖，多酚类物质等
物理加工	湿热处理，干热处理，微波处理，挤压处理，超高压处理等
化学改性	氧化，乙酰化，羟丙基化，磷酸化，交联化等
酶处理	α-淀粉酶，β-淀粉酶，普鲁兰酶，异淀粉酶等

资料来源：任欣等，2021

在体外模拟肠道消化的试验条件下，依据淀粉的生物可利用性，可将淀粉分为以下 3 类。

（1）易消化淀粉（ready digestible starch，RDS）

易消化淀粉在 20min 内就可以被酶解为葡萄糖。人体摄入易消化淀粉后血糖上升非常迅速，可引起较大的餐后血糖波动。长期以大量易消化淀粉食物为主食，可能导致胰岛素抵抗和 2 型糖尿病风险增加。

（2）慢消化淀粉（slowly digestible starch，SDS）

慢消化淀粉指能在小肠中被完全消化吸收，但消化速度较慢（20～120min）的淀粉组分。摄入慢消化淀粉后，葡萄糖持续缓慢释放，有利于维持餐后血糖稳态，预防胰岛素抵抗。

（3）抗性淀粉（resistant starch，RS）

抗性淀粉指在 120min 内不能被酶解为葡萄糖的淀粉组分。人体摄入抗性淀粉之后，其通常不能被小肠中的淀粉酶消化，不会升高血糖水平。进入结肠后，它可以 100%被发酵。因此，抗性淀粉可以被视为一种膳食纤维。但和其他膳食纤维相比，它的发酵速度较慢，在肠道中产生的气体更少，所产生的以丁酸为主的短链脂肪酸可以被结肠细菌用作能量，起到改善肠道健康的作用。从天然食物中摄入抗性淀粉，还有利于增加饱腹感和降低胆固醇水平。

国际食品法典委员会（Codex Alimentarius Commission，CAC）对抗性淀粉的解释是，如果食品中天然存在抗性淀粉，则可以将其归类为膳食纤维；但如果食物中含有的抗性淀粉是人工制取产品，如物理合成、酶合成或化学合成，则需要提供其有益生理作用的科学证据，方能将其视为膳食纤维。

2.4.2　血糖生成指数和血糖负荷

血糖生成指数（glycemic index，GI）能够反映碳水化合物食物引起人体餐后血糖反应的特性。GI 定义为：在食用含 50 g 可利用碳水化合物的食物后，在一定时间内（一般为 2h）体内血糖应答水平与参比食物所引起的血糖应答水平的比值。通常以含 50g 可利用碳水化合物的葡萄糖或白面包作为参比食物，其 GI 为 100。具体测定方法可参见我国相关团体标准（《WS/T 652—2019 食物血糖生成指数测定方法》）。

GI 的计算公式为

$$血糖生成指数=\frac{试验餐后2h血浆葡萄糖曲线下的面积}{等量葡萄糖餐后2h血浆葡萄糖曲线下的面积}\times 100$$

根据 GI 的大小可将含碳水化合物食品分为不同等级。GI≤55 的食物被认为是低 GI 食物，在 56～69 之间的为中 GI 食物，≥70 的为高 GI 食物。高 GI 食物进入人体后消化快、吸收完全，使葡萄糖迅速进入血液，血糖峰值高，胰岛素快速升高，导致血糖下降速度也快，血糖波动剧烈；低 GI 食物在消化道内停留时间长，葡萄糖释放缓慢，进入血液后峰值低，下降速度慢，引起的餐后血糖反应较小，需要的胰岛素也相应较少，从而避免血糖剧烈波动。

食物中碳水化合物的类型和其他化学成分，以及食物的物理状态和加工制作过程等因素都会影响食物的 GI。前者包括碳水化合物种类、淀粉结构与含量、蛋白质含量、脂肪含量、有机酸含量、多酚类物质含量等；后者包括食物的质构特性、颗粒大小、蒸煮时间和温度，以及挤压、冷却、脱水、韧化等工艺处理的影响。使食物易于消化吸收的加工工艺会升高 GI。由于具体品种和加工工艺不同，血糖实验的受试者不同，同一种食品可能有多个不同的 GI 数据。

特别关注：糯性食物均为高 GI 食物

天然淀粉是由直链淀粉和支链淀粉组成的混合物。不同来源和品种的淀粉中，两种分子的含量和比例不同。支链淀粉由于接触表面积大，更容易消化，直链淀粉消化相对较慢。

糯米、糯玉米、黏小米、黏大黄米等黏糯品种，其淀粉中的支链淀粉比例极高，甚至可高达 99%以上。煮成柔软的粥、饭并趁热吃时，消化速度很快，餐后血糖反应很高，因此即便属于杂粮，也具有很高的血糖指数。然而，糯性食物冷却后会产生一定的韧性，打成糕之后韧性更强，影响消化酶的充分作用，故不适合消化能力弱的人食用。

人体对食物的血糖反应不仅受 GI 影响，还受食物中碳水化合物的含量影响。血糖负荷（glycemic load，GL）这一概念将摄入碳水化合物的数量和质量结合起来，对实际提供的食物或总体膳食模式的血糖效应进行定量测定，从而可全面反映膳食碳水化合物使血糖升高的能力，并弥补 GI 不能真实反映单位重量膳食的血糖效应的缺陷。食物的 GL 越高，预计其引起的血糖升高和胰岛素变化越大。

血糖负荷的计算公式为

$$GL/100g\ 食物=GI\times 可利用碳水化合物\%$$

在中国成年人的膳食中，约 92%的血糖负荷来源于粮谷类（大米 57.7%，小麦面粉 30%，杂粮 4%）。在研究 GL 与健康的关系时，有必要同时考虑能量摄入水平，中国居民膳食 GL/418.4kJ（100kcal）的推荐合理范围是 80～120。

另外，针对在食品营养评价时 GI 只反映影响血糖应答的所有机制，无法反映食物在食用后的不同时间里的血糖应答情况，即不同时间段里的消化程度。Englyst 等又提出，可以用快吸收利用葡萄糖（rapidly available glucose，RAG）和慢吸收利用葡萄糖（slowly available glucose，SAG）作为评价碳水化合物质量的指标。

2.5 有关碳水化合物的食物建议

2.5.1 碳水化合物的参考摄入量

按照 2023 版《中国居民 DRIs》的建议，除 2 岁以下的婴幼儿外，碳水化合物应提供 50%～

65%的膳食能量，每日应摄入可利用碳水化合物至少 120g。提倡摄入以谷类为主的多糖食物，限制添加糖，以保障人体得到充足的能量和营养素。

有关成年人的膳食纤维的合理摄入范围，各国建议范围在 20～40g/d，2023 版《中国居民 DRIs》建议为 25～30g/d。美国供给量专家委员会对水溶性膳食纤维和非水溶性膳食纤维推荐的比例是：水溶性膳食纤维为 25%～35%，非水溶性膳食纤维为 70%～75%。

抗性淀粉的摄入量以每天摄入 20g 较为理想，超过每天 40g 则可能会引起消化不适问题，但这个数据主要是针对人工制取的抗性淀粉产品，来自全谷物的抗性淀粉摄入量目前尚未制定限制范围。

功能性低聚糖广泛存在于植物性食物中，其达到相应健康效应的最小有效剂量通常为 2g/d 左右（乳糖、大豆低聚糖、低聚半乳糖均为 2g/d，低聚果糖为 3g/d，低聚木糖为 0.7g/d，低聚异麦芽糖为 10g/d），但一般日常膳食往往达不到最好有效剂量。低聚糖过量摄入时会产生胃肠胀气和腹泻等不良反应。因此功能性低聚糖合理摄入量的研究也日益受到关注。

2.5.2　碳水化合物的食物来源建议

膳食中的可消化碳水化合物来自淀粉和可消化小分子糖，含淀粉食物是我国膳食中最重要的碳水化合物食物来源。含淀粉食物包括粮谷类（淀粉含量为 70%～80%）、薯类和根茎类（16%～25%），以及淀粉豆类（50%～60%）。这些天然食物除含淀粉外，还含有蛋白质、维生素、矿物质和较多的膳食纤维，是优质碳水化合物的食物来源。

除全谷物、各种豆类和薯类之外，蔬菜、水果、坚果油籽类和菌藻类也是膳食纤维的来源。精白米面食物中的膳食纤维含量很低，动物性食物的可食部分不含有膳食纤维。因此，各国膳食指南建议增加加工程度较低的谷物和豆类食物，以及薯类食物，以便降低血糖反应，获得更多不溶性和可溶性膳食纤维，并丰富维生素和抗氧化物质的来源。

目前我国居民膳食中摄入的淀粉主要来源于精制的米面制品，全谷物、薯类和淀粉豆类比例较低，使膳食血糖生成指数和血糖负荷水平较高，膳食纤维摄入严重不足，不利于多种慢性疾病的预防。我国膳食指南推荐每日摄入谷物 200～300g，其中全谷和淀粉豆类 50～150g，薯类 50～100g。

WHO 和我国膳食指南均建议限制膳食中的添加糖摄入量，成年人和儿童应降至摄入总能量的 10%以下，并且鼓励降至摄入总能量的 5%以下。按每日摄入 2000kcal 能量的标准，则一日添加糖摄入量应低于 50g，最好低于 25g。添加糖的范围包括蔗糖（包括白砂糖、绵白糖、冰糖、黄糖、红糖等）、各种糖浆、蜂蜜等。

水果中含有可消化的小分子糖，同时含有纤维素和果胶。蔬菜中也含有少量的小分子糖。天然状态蔬菜和水果中所含的糖不在限制添加糖的范围当中，但果汁中的糖也在限制之列。

部分蔬菜、水果、豆类和坚果是低聚糖的食物来源。部分食物如饮料、糖果、糕点、乳制品、冰淇淋及调味料中也可能添加用微生物酶转化或水解法制得的功能性低聚糖，它们也可以成为功能性碳水化合物的来源。

知识链接：

有关谷类、薯类和淀粉豆类的营养价值，请参考第 8 章和第 9 章。

有关健康摄入主食的建议，请参考第 16 章的《中国居民膳食指南》相关内容。

本章热点问题：血糖生成指数的认识误区

近年来，食物的血糖生成指数（GI）已经被应用于控血糖和控体重的日常措施当中。市面上也有很多食物在食品标签上标注了 GI，宣称是“低 GI 食品”。然而，大众甚至一些健康行业人士对 GI 仍存在不少理解误区。

误区一：GI 反映的是餐后 2h 的血糖水平。

以时间为横坐标，餐后每个时间点的血糖为纵坐标，绘出餐后 120min 内的血糖曲线（先上升后下降），以这个曲线下的面积反映食物引起的餐后血糖反应。GI 是比较曲线下面积的大小，而非某个时间点的血糖测定值。

误区二：GI 就是食物餐后血糖曲线下面积的大小。

GI 不是餐后血糖曲线下面积的绝对数值，而是与进食相当量的参比食物之后的血糖曲线下面积相比较，以葡萄糖的 GI 为 100。如果参比食物变了，那么 GI 的数据也会发生变化。有些 GI 数据是用葡萄糖为参比食物做的，也有少数是用白面包，甚至白米饭为参比食物做的。

误区三：GI 是用同样重量的食物来进行比较的。

GI 比较的是同样数量（50g）可利用碳水化合物的食物餐后血糖曲线下面积，而非简单比较同样总重量的食物。例如，约 67g 的大米中含有 50g 碳水化合物，而超过 400g 的某种苹果才含有 50g 碳水化合物。所以，做实验的时候，要分别用 400g 苹果和 67g 大米煮成的白米饭来做餐后血糖实验，以同样的参比食物（如葡萄糖）算出 GI，然后对两者的数值进行比较。

误区四：食物的 GI 是固定不变的。

食物加工及烹调方式会影响其 GI，如速食处理后的可以直接以热水冲泡进食的燕麦片，GI 高于需要煮食的生燕麦片；而同样是速食燕麦片，冷水冲泡比沸水冲泡的 GI 低。

误区五：GI 是在健康人当中测算的数据，对糖尿病患者没有参考意义。

GI 是在健康人当中测算的，因为糖尿病患者的餐后血糖数值差异太大，难以稳定。实际上 GI 并不是为了反映某个人的餐后血糖变化，而是为了反映食物的性质，评价它可能带来的血糖反应。所以，虽然不是在糖尿病患者中进行的实验，但仍然对他们选择食物有重要的参考作用。

误区六：需要控血糖的患者在吃任何食物时都要考虑 GI。

GI 被用来评价和比较含碳水化合物食物的血糖反应。如果食物中碳水化合物含量很低，则无须考虑 GI 的问题。例如，肉类、坚果、蘑菇和绿叶菜并不是可消化碳水化合物的有效来源，故无须考虑 GI。但马铃薯、山药、莲藕等食物含有较多淀粉，故其 GI 也需要纳入膳食考虑。

误区七：只要选择低 GI 食物即可获得健康收益。

充分的证据显示，富含膳食纤维的膳食及富含全谷物的膳食可以降低死亡风险、降低糖尿病、心脑血管疾病及癌症的发病风险。然而有研究表明，仅用中低 GI 食物来替代高 GI 食物，降低膳食整体的 GI，并不能显著降低全因死亡和慢性疾病风险。这可能是因为，低 GI 食品并不一定是营养价值高的食品。例如，苕粉（甘薯制成的粉条）的 GI 仅为 35，炸薯条的 GI 也只有 60，但它们的营养价值很低，对预防肥胖和慢性疾病毫无益处。故不能用 GI 作为选择食物的唯一指标。

本章深度思考

1. 添加糖和谷物、薯类都是碳水化合物的来源，为什么各国营养界只推荐严格控制添加糖，而没有推荐少吃谷物和薯类呢?

2. 近年来的新研究表明，餐前摄入抗性淀粉有利于减轻脂肪肝、降低体重，以及改善胰岛素敏感性。从本章所学知识出发，结合相关课程内容，你认为抗性淀粉可能通过哪些机制起到这些健康作用?

3. 富含淀粉的谷类食物是促进餐后血糖上升的主要因素。从 20 世纪 80 年代到现在，我国成年居民平均每日摄入的碳水化合物总量持续下降，从 1982 年的 466g/d 到 2020 年的 252g/d。然而，居民肥胖率和糖尿病患病率持续上升。你认为这可能是由于哪些因素导致的？

本章课程活动

1. 在超市中找到饮料货架，仔细阅读每一种饮料食品标签上的碳水化合物含量，看看饮用一瓶饮料能给一日膳食带来多少可利用碳水化合物。再看看配料表，思考这些碳水化合物都是什么类型，来自哪种配料。

2. 在超市的粮食货架上，找到各种小包装的谷物，查看其营养成分表，了解每一种谷物或豆子中含有多少碳水化合物。

3. 在超市中找到 3 种提供 GI 的食品，思考这些产品为什么要宣称 GI 数据，它们的配料表和同类产品有何差别。

本章参考文献

关键解读

李铎. 2011. 食品营养学. 北京：化学工业出版社

任欣，张一，方圆，等. 2021. 影响淀粉消化的内外因素. 中国食品学报，21（12）：283-292

中国营养学会. 2022. 中国居民膳食指南. 北京：人民卫生出版社

中国营养学会. 2022. 中国居民膳食指南科学研究报告（2021）. 北京：人民卫生出版社

中国营养学会营养与保健食品分会，中国营养学会益生菌益生元与健康分会. 2022. 膳食纤维专家共识（2021）. 营养学报，44（1）：1-5

中华人民共和国国家卫生健康委员会疾病预防控制局. 2021. 中国居民营养与慢性病状况报告（2020）. 北京：人民卫生出版社

Bello-Perez L A，Flores-Silva P C，Agama-Acevedo E，et al. 2020. Starch digestibility：past，present，and future. Journal of the Science of Food and Agriculture，100（14）：5009-5016

Reynolds A, Mann J, Cummings J, et al. 2019. Carbohydrate quality and human health: a series of systematic reviews and meta-analyses. Lancet，393（10170）：434-445

Staudacher H M，Whelan K. 2017. The low FODMAP diet：recent advances in understanding its mechanisms and efficacy in IBS. Gut，66（8）：1517-1527

第3章 脂 类

本章学习目标

1. 了解脂类物质和脂肪酸的分类和消化吸收。
2. 掌握脂类物质在人体中的生理功能。
3. 熟悉膳食中各种脂类成分的食物来源。
4. 了解脂类物质和慢性疾病预防的关系。
5. 掌握脂类物质在膳食中的推荐数量和比例。

本章课件

食物中不溶于水而能够溶于疏水溶剂的物质，被归类为脂类。脂类是对食物的口感、风味、能量贡献很大的一类成分，同时也影响着食物的营养价值。

3.1 脂类和脂肪酸

3.1.1 脂类物质的分类

脂类（lipids）主要包括中性脂肪和类脂。在食品中的脂类物质，中性脂肪占95%以上。

3.1.1.1 中性脂肪

中性脂肪（neutral fat）又称为脂肪或油脂，其中常温下呈液态者称为油，而呈现固态者称为脂肪。中性脂肪的化学成分是由一分子甘油和三分子脂肪酸酯化而成的三酰甘油，或称甘油三酯。仅一个羟基与脂肪酸结合则称为单酰甘油酯（单甘油酯），两个羟基与脂肪酸结合则称为二酰甘油酯（二甘油酯）。人体内的脂肪大部分分布于皮下、腹腔等处的脂肪组织内，或心脏、肾脏等脏器的包膜内，被称为“贮存脂”；少部分存在于内脏和组织的内部。

3.1.1.2 类脂

类脂泛指一些化学性质类似脂肪的化学物质，包括磷脂、糖脂类和固醇类等，也包括脂溶性维生素、脂溶性色素和脂蛋白，有着非常重要的生物学意义。

（1）磷脂（phospholipid）

磷脂是一类同时具有磷酸基团、脂肪酸和氮的物质。根据磷酸基团上所连接成分的不同，磷脂可以分为甘油磷脂和鞘磷脂，其中甘油磷脂又分为卵磷脂、脑磷脂、磷脂酰肌醇、磷脂酰丝氨酸、磷脂酰甘油等多种类型。

甘油磷脂在亲水和疏水溶剂中都有较大的溶解度，是一种具有乳化性的物质。磷脂是生物膜的主要成分，也是脂蛋白的重要组成部分。磷脂的缺少会造成细胞膜结构受损，并影响脂肪的消化吸收、脂肪的转运和不饱和脂肪酸的贮存等。人体可以用必需脂肪酸、甘油和含氮物为原料合成各种磷脂。

鞘磷脂（sphingomyelin）是一类含磷酸、脂肪酸、胆碱和鞘氨醇的物质，其分子中不含有甘油。其中脂肪酸的羧基与鞘氨醇的氨基以酰胺键相连，形成神经酰胺；而神经酰胺中鞘氨醇的羟基与甘油磷酸以酯键相连时，即形成鞘磷脂。如果是一种糖分子（半乳糖或葡萄糖）连接到神经酰胺的末端羟基上，则形成脑苷脂。鞘磷脂在神经系统的髓鞘中最为丰富，其中含量最高的是神经鞘磷脂（sphingomyelin）。

（2）胆固醇（cholesterol）

胆固醇是最常见的一种动物固醇，是细胞膜的重要组成成分，也是脂蛋白的组成成分。胆固醇普遍存在于人体各组织中，在脑和神经组织中含量最高。体内90%的胆固醇存在于细胞中，能增强细胞膜的坚韧性，同时参与合成肾上腺素、胆汁酸、甾体激素、维生素D等重要物质。胆固醇本身是一种营养物质，但胆固醇代谢紊乱与血脂异常和动脉粥样硬化等病理过程有关。

人体内约1/3的胆固醇来自食物，称为外源性胆固醇；约2/3的胆固醇是在肝脏中合成的，也称为内源性胆固醇。成年人每天可合成1000～1500mg的胆固醇。

（3）糖脂（glycolipid）

糖脂是指含有一种或多种糖基的脂类，通常分子中含有糖链结构、脂肪酸和神经鞘氨醇。按照其中醇成分的不同，糖脂可分成鞘糖脂、甘油糖脂和类固醇产生的糖脂。脑苷脂、神经节苷脂等糖脂是神经系统中的重要成分，存在于细胞膜上的鞘糖脂与细胞识别和细胞增殖调控等重要作用有密切关系。

（4）脂蛋白（lipoprotein）

脂蛋白是脂类和蛋白质的结合物，其基本构造是以不同浓度的甘油三酯为核心，周边覆盖着一层磷脂、胆固醇和蛋白质分子，其中不同脂蛋白中蛋白质和脂肪的比例不同。按照其密度由大至小，可把脂蛋白细分为高密度脂蛋白（high-density lipoprotein，HDL）、中密度脂蛋白（intermediate-density lipoprotein，IDL）、低密度脂蛋白（low-density lipoprotein，LDL）、极低密度脂蛋白（very-low-density lipoprotein，VLDL）和乳糜微粒（chylomicron，CM）。

血浆LDL水平过高可导致动脉粥样硬化风险增加，这是由于过量LDL可通过毛细血管内皮进入血管壁内，在皮下滞留的LDL被修饰为氧化型LDL（ox-LDL），巨噬细胞在吞噬大量ox-LDL后形成泡沫细胞，进而引发血管炎症反应和动脉粥样硬化斑块的发生。而HDL则将血管中的胆固醇运到肝脏降解，降低血胆固醇水平，从而起到改善动脉粥样硬化的作用。

3.1.2 脂肪酸的分类

脂肪酸根据饱和程度、碳链长短及空间结构，有不同的分类方法。

（1）根据饱和程度和双键位置分类

脂肪酸按饱和度水平可分成：不含双键的饱和脂肪酸（saturated fatty acid，SFA），分子中含有一个双键的单不饱和脂肪酸（monounsaturated fatty acid，MUFA），以及分子中含有2个或以上双键的多不饱和脂肪酸（polyunsaturated fatty acid，PUFA）。

在不饱和脂肪酸中，按其距羧基端最远的不饱和双键所在碳原子数的差异，又可分为ω-3、ω-6、ω-7和ω-9（或称*n*-3、*n*-6、*n*-7和*n*-9）系列。其中ω-3系列的α-亚麻酸（18∶3），和ω-6系列的亚油酸（18∶2）为必需脂肪酸（essential fatty acid），即为人类生存所必需、但人体无法合成、仅可以从饮食中摄取的脂肪酸。食物脂肪中的必需脂肪酸含量及比例，是其营养价值评价的重要指标。

（2）根据碳链长短分类

脂肪酸依碳链长短可分为长链脂肪酸（14～24 碳）、中链脂肪酸（8～12 碳）和短链脂肪酸（低于 6 碳）。大多食用油脂和人体内贮存脂肪由长链脂肪酸组成。中、短链脂肪酸所形成的甘油三酯可直接进入小肠黏膜细胞，细胞中的脂肪酶可直接将其分解成脂肪酸，然后经由肝门静脉进入肝脏。

（3）根据空间结构分类

含有不饱和双键的脂肪酸按空间结构分为顺式脂肪酸和反式脂肪酸。

天然食物脂肪酸中的双键多为顺式结构，但牛、羊、骆驼来源食物的脂肪中天然含有少量反式结构的脂肪酸（表 3.1）。这是由于反刍动物瘤胃中的丁酸弧菌可作用于饲料中的亚油酸和 α-亚麻酸等多不饱和脂肪酸，发生酶促氢化反应形成 11-反-油酸和 9-反-棕榈油酸。其中 11-反-油酸含量最高，它又可转化为共轭亚油酸（conjugated linoleic acid，CLA）。

表 3.1　部分乳制品中天然反式脂肪酸的含量　（单位：mg/g）

食物	牛肉	羊肉	鲜乳	乳粉	酸乳
含量	0.88	5.32	0.85	1.38	0.19

数据来源：牛仙等，2021

脂肪在部分氢化处理或高温加热过程中可形成反式脂肪酸，其结构与天然反式脂肪酸有所不同，以 9-反-油酸为主。反式脂肪酸虽然属于不饱和脂肪酸，但熔点远高于顺式脂肪酸，室温下呈现固态或半固态。

知识链接：脂肪和脂肪酸

请找到“食品化学”课程的教材，复习脂肪和脂肪酸的相关知识。

三酰甘油的结构是什么？短链、中链和长链脂肪酸分别有哪些？饱和、单不饱和及多不饱和脂肪酸分别是哪些？ω-3 和 ω-6 脂肪酸各有哪些？各类脂肪酸的食物来源是什么？

3.2　脂类的消化吸收和代谢

3.2.1　脂类的消化

三酰甘油的消化从口腔和胃中开始，但主要在小肠上段完成。在位于舌头下面的浆液腺释放的舌脂肪酶和胃中的胃脂肪酶的作用下，少量被部分水解的脂质以小脂滴的形式进入十二指肠。在小肠中，消化脂类的酶包括胰脏分泌的胰脂肪酶、磷脂酶 A2 和辅脂酶，以及小肠液分泌的肠脂肪酶等。

受激素胆囊收缩素（cholecystokinin，CCK）的刺激，肝脏合成的胆汁从胆囊释放进入小肠，对三酰甘油起到乳化作用。胰腺分泌的碳酸氢盐可为胰脂肪酶发挥活力提供适当的 pH。胰脂肪酶的主要水解产物为 2-单酰基甘油和游离脂肪酸。三酰甘油的部分分解产物（单酰甘油和二酰甘油）本身也是极好的乳化剂。这些乳化剂的共同作用，加上肠道蠕动的作用，使脂肪形成乳化微滴，这种表面积较大的乳化微滴更易被脂肪酶作用。少量三酰甘油被肠脂肪酶水解成甘油和脂肪酸。磷脂酶将磷脂水解为溶血磷脂。未消化的脂类物质则与胆汁和膳食纤维一起进入大肠，从粪便中排出。

进入小肠的胆固醇主要有两个来源：从食物摄入的胆固醇，以及肝脏分泌的胆汁。胆汁中的胆固醇呈游离状态，而饮食来源的胆固醇则呈酯化状态。酯化状态的胆固醇先要经消化液内胆固醇酯酶的分解，成为游离胆固醇后才能进入乳化微团，在小肠上端被吸收。胆汁和三酰甘油水解产物一起被吸收。

3.2.2 脂类的吸收

脂类的吸收，是指包括将消化后的脂质混合物在肠腔进行转运，并穿过刷状缘进入小肠细胞，最后进入血液循环的整个过程。正常人膳食中脂类物质的吸收率为90%以上。

脂类物质水解产生的乳化微团中所含的消化产物包括游离长链脂肪酸、2-单酰基甘油、溶血磷脂、游离胆固醇、植物固醇及脂溶性维生素等。由于胆汁盐和磷脂等成分的乳化作用，这些微团可以穿透小肠细胞所在的静止水层相，其大小足以与刷状缘的微绒毛相互作用，因此其脂质成分可进入肠细胞。

脂质被吸收之后，短链和中链脂肪酸可以直接进入门静脉后运送到肝脏；而长链脂肪酸在小肠黏膜细胞中通过酯化作用重新合成三酰甘油。在进入小肠黏膜细胞之后重新合成为磷脂。游离胆固醇也在小肠黏膜细胞中重新转化为胆固醇酯。它们与载脂蛋白共同组装成乳糜微粒，进入淋巴系统，最后释放到血液循环中。

豆固醇、β-谷固醇等植物固醇可通过竞争性抑制方式降低胆固醇的消化吸收率；可溶性膳食纤维通过吸附作用降低胆固醇的吸收率，使一部分食物胆固醇和胆汁盐进入大肠中被排出；但食品中的三酰甘油和脂肪酸能促进胆固醇的消化吸收。

> **特别关注：中链脂肪酸和“脂肪泻”**
>
> 由于中链脂肪酸易于消化吸收，对胆汁的需求较小，可以直接进入肝脏，分解供能速度较快，它具有特殊的营养意义。一些对长链脂肪酸消化不良的人，其无法消化的脂肪成分会进入大肠，刺激大肠过度运动，造成“脂肪泻”，并因此导致营养不良。在膳食中使用中链脂肪酸替代部分长链脂肪酸，可以减轻病情，帮助患者从脂肪中获得足够的能量。但中链脂肪酸中不含有必需脂肪酸，故不能完全替代长链脂肪酸。

3.2.3 脂类的代谢

3.2.3.1 脂类的合成代谢

机体可将摄入的碳水化合物、脂肪等物质转化并贮存到脂肪组织中。肝脏、脂肪组织和小肠都是脂类合成的重要部位，其中以肝脏合成脂肪的能力最强。三酰甘油合成后和载脂蛋白、磷脂、胆固醇等结合生成脂蛋白复合体，进入血液转运至肝外组织。但如果合成的三酰甘油不能及时被转运出去，那么三酰甘油就会在肝脏积聚，最后导致脂肪肝而危害健康。

3.2.3.2 脂类的分解代谢

脂肪组织中的大量三酰甘油是人体的主要能量储存物质。除红细胞和脑组织之外，人体绝大多数组织都可以通过分解脂肪来获得能源，特别是肝脏和肌肉组织分解脂肪的能力较强。当机体需要能量时，在激素敏感性三酰甘油脂肪酶（hormone-sensitive triglyceride lipase，HSL）的催化作用下，脂肪组织中的三酰甘油被分解成游离脂肪酸和甘油，和白蛋白结合后进入血浆中，被运送到机体需要能量的细胞中，最终氧化分解供能。该过程又称为脂肪动员。

进入正常循环中的甘油被运输至肝脏、肾脏、小肠等组织中，在甘油激酶的作用下转化为3-磷酸甘油，再通过糖酵解过程参与碳水化合物代谢。

> **知识链接：脂肪酸的有氧氧化**
>
> 请找到“生物化学”课程的教材，复习脂肪酸代谢和能量代谢的相关知识。
>
> 脂肪酸在细胞内是如何活化动员的？脂肪酸的 β-氧化途径有哪些酶和辅酶参与？脂肪酸分解产物是如何进入三羧酸循环的？1分子的18碳脂肪酸进行有氧氧化，最终可生成多少分子的ATP？这和葡萄糖的氧化供能有何差异？

3.3 脂类的生理功能

脂类是人体不可或缺的营养物质，在体内发挥重要作用。

3.3.1 供给与储存能量

脂肪的能量系数约为碳水化合物和蛋白质的2.25倍，是能量的密集来源。在多数人的日常膳食中，总能量的20%～35%是由脂肪供给的。食物不足时，储备脂肪可被动员出来分解供能。1g脂肪在人体完全氧化后可放出大约37.7kJ（9kcal）的能量。当体内摄入能量过高时，不论是蛋白质、脂肪还是碳水化合物，都会以脂肪的形式贮存下来。

3.3.2 构成机体成分

脂类是人体的重要组成物质，特别是磷脂和胆固醇，是构成各种生物膜的重要成分。通过调整磷脂中脂肪酸类型和胆固醇含量，可以改变生物膜的流动度。膜上很多酶蛋白均与脂质结合存在从而发挥作用。

3.3.3 保温隔热、保护脏器、滋润皮肤

脂肪是良好的隔热体，能抑制人体内热量的散失，在低温状态中帮助维持体温。脂肪组织是人体脏器、关节、神经组织之间的间隔层，起到支撑、衬垫和保护作用，可避免和缓冲由于振动等因素对脏器、细胞、关节的损伤。

3.3.4 合成激素及内分泌作用

类脂参与体内多种生物活性物质的合成。胆固醇是机体内合成胆汁酸和类固醇激素的主要物质基础。磷脂和胆固醇是大脑和神经组织的重要结构成分；糖脂和蛋白质结合产生的糖蛋白在蛋白质识别、信息传导方面有重要功能。此外，脂肪组织中可产生瘦素、肿瘤坏死因子、白细胞介素-6、白细胞介素-8、纤维蛋白溶酶原活性因子抑制物等生物活性因子，它们参与了机体的新陈

代谢、免疫调节、生长等生理过程。

3.3.5 促进脂溶性维生素的吸收利用

脂肪是脂溶性维生素的溶解媒介，且摄入脂肪能促进胆汁分泌，因此，饮食中适量脂肪的存在能够促进对脂溶性维生素的吸收。饮食中缺少脂肪，或脂类消化吸收障碍时，就会导致人体脂溶性维生素吸收不足而发生缺乏的症状。

3.3.6 供给必需脂肪酸

亚油酸和α-亚麻酸两种必需脂肪酸（essential fatty acid，EFA）是人体必需营养素，是细胞膜中磷脂的重要组成成分，也是一系列生理活性物质的制造原料。例如，必需脂肪酸是合成前列腺素、血栓素和白三烯的前体，参与调节人体的炎症反应、免疫功能、血管收缩和凝血状态。必需脂肪酸中的 α-亚麻酸可在体内生成 ω-3 系列的长碳链脂肪酸衍生物，如二十碳五烯酸（eicosapentaenoic acid，EPA）和二十二碳六烯酸（docosahexaenoic acid，DHA）等，对大脑发育、视觉功能发育和心血管疾病预防均有重要作用。缺乏必需脂肪酸会影响生长发育、皮肤健康和认知功能，增加心血管疾病风险。

3.4 脂类的食物来源

3.4.1 各类脂肪酸的来源

人体的膳食脂肪酸大部分来自动物性食物和植物种子。脂肪的饱和程度和熔点有密切关系，室温下呈固态或半固态的脂肪通常饱和脂肪酸比例较高，而常温下呈现液态的油脂通常不饱和脂肪酸比例较高（表 3.2）。

表 3.2 部分常用食用油脂中主要脂肪酸的组成 （单位：%）

食用油	棕榈酸	硬脂酸	油酸	11-十八碳烯酸[1]	亚油酸	α-亚麻酸	花生四烯酸	芥酸
大豆油	17.10	3.48	27.80	1.12	45.30	3.53	0.16	—
芝麻油	7.86	5.25	39.10	0.81	45.50	0.26	0.12	—
橄榄油	12.60	2.40	70.90	2.25	9.82	0.52	0.23	—
菜籽油[2]	3.79	0.07	48.30	2.00	16.60	6.03	4.98	15.10
玉米油	13.60	1.82	31.40	0.71	60.00	0.84	0.16	—
花生油	12.20	3.74	42.70	0.53	34.90	0.06	1.55	—
葵花油	6.07	5.33	25.50	0.58	60.30	0.09	0.09	1.35
牛　油	23.70	40.90	16.50	5.65	2.48	0.30	—	3.12
羊　油	20.90	38.70	17.70	6.67	1.57	0.92	—	2.12
鸡　油	27.40	6.41	41.40	1.82	15.00	0.53	—	0.49

注：一代表未测定；1 代表 11-十八碳烯酸是油酸的异构体，同属于单不饱和脂肪酸；2 代表菜籽油在同一文献数据中有 5 个样品，此处仅列出其中油酸含量最高的品种

数据来源：魏永生等，2012

猪油、奶油等动物油脂和部分植物性油脂是饱和脂肪酸的密集来源，其中猪、牛、羊的脂肪中含 40%～60%的饱和脂肪酸，以棕榈酸和硬脂酸为主；可可脂中富含硬脂酸，棕榈油中富含棕榈酸，而椰子油中含有 80%以上的月桂酸。

大部分坚果油籽和室温下呈现液态的植物油是不饱和脂肪酸的密集来源。动物脂肪中含有 30%～50%的单不饱和脂肪酸，而橄榄油、茶籽油、杏仁油、高油酸花生油、低芥酸菜籽油、高油酸葵花籽油等含有 55%～75%的单不饱和脂肪酸。

红花籽油、葵花籽油、玉米油、大豆油、核桃油、小麦胚芽油等植物油脂中含有 50%～70%的 ω-6 不饱和脂肪酸，主要是亚油酸。

ω-3 不饱和脂肪酸有两个来源，包括来自于鱼类的 EPA 和 DHA，以及来自于植物性食品的 α-亚麻酸（表 3.3）。亚麻籽等麻类种子、紫苏籽、牡丹籽等是 α-亚麻酸的密集来源，含量可达 30%～60%。大豆、核桃、松子含有 6%～13%的 α-亚麻酸，绿叶蔬菜和海藻植物中也含有少量 α-亚麻酸。

表 3.3 四种植物油中的各类必需脂肪酸所占比例

类别	核桃油	大豆油	玉米油	芝麻油
ω-3 脂肪酸/%	10.92	7.94	0.24	0.18
ω-6 脂肪酸/%	51.34	47.28	31.47	39.82
总必需脂肪酸/%	62.26	55.22	31.71	40.00
总脂肪酸/%	69.20	78.11	48.83	73.96
必需脂肪酸占脂肪酸比例/%	90.00	70.70	64.90	54.10
ω-6/ω-3	4.70	6.00	132.20	215.90

数据来源：金春爱等，2022

经过人工部分氢化的植物油、长时间加热的植物油，以及过度氧化的油脂，都可能含有反式脂肪酸。部分氢化植物油产品常用于人造奶油、起酥类糕点、面包、派、高脂肪加工零食、甜奶茶和煎炸食品中，购买时需要认真查看包装上的食物成分表，了解其中反式脂肪酸的含量。

3.4.2 其他脂类物质的来源

3.4.2.1 磷脂的主要来源

在动物性食品中，磷脂主要存在于蛋黄、脑、肝脏、肾脏、瘦肉等部位，其中以禽蛋含磷脂比例最高，可达 2%～4%；动物肌肉中的磷脂含量为 0.5%～1.0%。坚果和油籽中也富含磷脂，其中大豆和豆制品中的磷脂是植物性磷脂的最丰富来源。粗榨植物油中含有磷脂，但油脂精炼过程中会去除磷脂，因此日常烹调使用的精炼植物油并不是磷脂的来源。

乳制品是鞘磷脂的主要来源。例如，乳酪中的鞘磷脂含量为 1326μmol/kg，牛乳中的鞘磷脂含量为 160μmol/kg，鸡肉中的鞘磷脂含量为 530μmol/kg。肉、鱼、蛋和蔬菜也含有鞘脂，但蔬菜中的鞘脂类很难被人体所吸收。

3.4.2.2 胆固醇的主要来源

胆固醇不广泛分布于动物性食品中，但不存在于植物性食品中。胆固醇含量最高的食物是动物脑和动物脊髓，然后是蛋黄、动物内脏、某些软体动物（如蜗牛、蛤蜊、鱿鱼等），而瘦肉和多数鱼类中含量较低，乳类中含量最低。由于人类肝脏可以大量合成胆固醇，故对于健康人来说，即便完全不从食物中摄入胆固醇，也不会出现胆固醇缺乏的现象。食物中的胆固醇摄入量对人体胆固醇合成有调节作用，食物摄入量增加时，肝脏合成胆固醇的数量有减少趋势。

3.5 脂类与健康

3.5.1 脂肪摄入与健康

随着生活水平的日益提高，中国居民饮食中动物性食品的总量逐年上升，烹调油用量也持续增加，进而导致脂肪摄取过度。由于脂肪的能量系数高，又可改善食物口感，过多摄入烹调油极易导致能量摄入水平上升，促进肥胖，并与心血管疾病、高血压及部分癌症的发生率增加相关联。因此控制精炼油脂的摄入量，已成为很多国家和地区预防慢性疾病的举措之一。

特别关注：我国烹调油脂摄入量的变迁

据我国历次全国营养与健康调查的数据，从1982年到2015年，我国居民的油脂摄入量呈现持续上升的态势。1982、1992、2002、2012和2015年，我国人均油脂摄入量分别是每日18.2g、29.5g、41.6g、44.1g和43.2g，这里包括了植物油和动物油两个来源的烹调油。43.2g的数值，比《中国居民膳食指南（2022）》中推荐的25g多出72.8%。

膳食中的烹调油既来自烹炒煎炸的荤素菜肴，也来自需要加入油脂的各种点心、小吃和包子、饺子等面点，以及饼干、曲奇、薯片、锅巴、甜点、奶茶等需要添加油脂原料的加工食品。

3.5.2 脂肪酸摄入与健康

除了脂肪摄入总量，各种脂肪酸的摄入比例也是影响健康的营养研究关注点。

过多的长链饱和脂肪酸会引起血小板聚积，促使血栓产生，不利于预防心脑血管疾病。在我国膳食中，饱和脂肪酸主要来源于两方面：一是膳食中的动物性食品，如牛羊肉、猪肉和高脂肪含量的乳制品；二是一些高脂肪含量的面点和加工食品。为了获得良好的口感，这些加工食品往往需要大量加入高饱和度的油脂产品，如棕榈仁油、棕榈油、椰子油、部分氢化植物油和动物油。减少食用这些食物有利于降低饱和脂肪酸的摄入量。

必需脂肪酸虽为人体维持生命所需，但过量摄入多不饱和脂肪酸可能导致体内脂质过氧化风险上升。同时，ω-3和ω-6两类脂肪酸的比例需要保持协调。过多的ω-6脂肪酸与炎症反应过高、血栓形成风险增大相关联，而适度增加ω-3脂肪酸如EPA和DHA不仅对促进脑部发育有益，同时还可以降低血浆胆固醇和甘油三酯、抗血小板凝集并舒张血管，从而预防心血管疾病的发生。植物来源的α-亚麻酸可以在人体内转换成EPA和DHA，但效率很低。因此，经常摄入富含EPA和DHA含量较高的鱼类食物是有益的。然而摄入过量也会产生副作用，如婴幼儿过度摄入DHA会导致神经系统过于兴奋。

加工过程中产生的反式脂肪酸有促进炎症反应、损伤血管内皮功能的作用，从而增加心血管健康疾病的风险，故应严格控制其摄入量。然而，存在于反刍动物的肉类和乳制品中的部分天然反式脂肪酸并没有同样的危害，甚至部分研究提示其可能有抗炎、抗肥胖、抗动脉粥样硬化和免疫调节等作用。

3.5.3 胆固醇摄入与健康

此前研究表明，对于心脑血管疾病高危人群来说，长期摄入过量的胆固醇可能提高心血管疾病死亡风险，但膳食胆固醇摄入量对心血管疾病和全因死亡风险的影响尚存争议。

膳食中影响人体血胆固醇水平的因素很多，仅仅调整胆固醇水平不一定能够产生决定性的作用，还要考虑膳食结构整体和多种生理活性成分的影响。帮助降低血胆固醇水平的食物成分主要包括：活性多糖、功能性低聚糖、抗性淀粉和糖醇、膳食纤维、磷脂、植物甾醇、中链脂肪酸、EPA 和 DHA 等多不饱和脂肪酸。

如前所述，胆固醇是机体合成胆汁酸、维生素 D 和多种重要激素的主要原料，是人体细胞结构所必需的营养成分。因此，如无医嘱，在中国居民膳食指南所推荐的食物摄入范围之内，不应盲目控制胆固醇摄入。

3.6 有关脂类摄入的食物建议

3.6.1 脂类的参考摄入量

脂肪是膳食能量的重要来源。由于个体的能量需求不同，脂肪摄入的膳食推荐无法用准确的数字表示，而是一个在总能量中的比例（%E）范围，简称为脂肪供能比。

各国营养权威机构对膳食中脂肪供能比的推荐范围略有差异。如美国的推荐范围为 20%～35%，而按 2023 版《中国居民 DRIs》，一般成年人和老年人每天从脂肪摄入的能量应占总能量的 20%～30%。这是因为，随着我国居民食物供应丰富和经济水平提升，脂肪供能比持续上升，肥胖和慢性疾病的发病率也随之升高。我国的研究证据不支持将轻体力活动成年人膳食中的脂肪供能比提升到 35%。但是，如果体力活动量达到中等体力活动或重体力活动水平，脂肪供能比可适当上移。婴幼儿膳食中的脂肪供给比建议值高于成年人。

知识链接：

有关各能量营养素在总能量中所占比例及供能特点，请学习第 1 章的相关内容。

有关各类人群的营养素摄入要点，请学习第 17 章的相关内容。

3.6.2 脂肪酸比例的参考值

在同样的脂肪供应数量前提下，还应考虑各类脂肪酸是否平衡的问题。世界卫生组织建议成年人膳食中饱和脂肪酸比例不超过总能量摄入的 10%，未成年人不超过 8%。美国心脏学会（American Heart Association，AHA）提出的《2021 年改善心血管健康的饮食指南》也建议将饱和脂肪酸摄入量控制在总能量的 10%以内。日本推荐成年人膳食中饱和脂肪酸摄入量不超过总能量的 7%。中国居民膳食饱和脂肪酸适宜摄入量的建议目前和世界卫生组织保持一致。

亚油酸和α-亚麻酸两种必需脂肪酸的适宜摄入量是建立在预防缺乏症状的水平上的。研究证据表明，ω-6 系列必需脂肪酸摄入量不少于总能量的 3%、ω-3 系列多不饱和脂肪酸摄入量不小于总能量的 0.5%，即可防止发生必需脂肪酸缺乏症。

按 2023 版《中国居民 DRIs》，成年人和学龄儿童、少年的 ω-6 必需脂肪酸摄入可接受范围是总能量供应的 2.5%～9.0%，适宜摄入量为总能量的 4%；ω-3 必需脂肪酸摄入可接受范围是总能量供应的 0.5%～2.0%，α-亚麻酸的适宜摄入量为总能量的 0.6%。这意味着需要适度控制富含亚油酸的烹调油摄入量。为了保证胎儿和婴儿的脑神经系统发育，对孕妇、乳母专门提出 EPA 和 DHA 的适宜摄入范围为总能量的 0.25%～2.0%。健康成年人膳食中的 ω-3 系列与 ω-6 系列多不饱和脂肪酸摄入比例以 1∶（4～6）比较合理。

在满足对饱和脂肪酸和两类多不饱和脂肪酸的摄入建议前提下，其余脂肪酸来自单不饱和脂肪酸。因此，单不饱和脂肪酸的比例应超过脂肪酸总量的 1/3。

对成年人来说，反式脂肪酸摄入量应控制在每日总能量的 1%以下。在《食品安全国家标准　婴儿配方食品》（GB 10765—2021）、《食品安全国家标准　较大婴儿配方食品》（GB 10766—2021）和《食品安全国家标准　幼儿配方食品》（GB 10767—2021）中明确规定，婴幼儿食品中的反式脂肪酸最高含量应低于总脂肪酸含量的 3 %。

本章热点问题：烹调油是否需要换着吃

近年来的研究提示，当考虑心脏病和肿瘤等慢性病变的风险时，所摄食的脂肪类型关系到各类脂肪酸的比例，与脂肪含量同样关键，甚至可能更重要。

一般来说，在脂肪供给量相同的情况下，富含不饱和脂肪酸或多不饱和脂肪酸的脂肪，比主要由饱和脂肪酸构成的油脂更有益于身体健康。然而，不饱和脂肪酸中也有单不饱和与多不饱和之差异，多不饱和脂肪酸中还需要兼顾 ω-3 和 ω-6 的比例。摄入过量的多不饱和脂肪酸，会使对人体健康不利的氧化产物增加，对机体产生潜在危害。

精炼烹调油的脂肪含量通常在 99.9%以上，是人体脂肪的重要来源，也是调整膳食中脂肪酸摄入量及比例的重要食物。为了达到膳食整体的脂肪酸平衡，应当使烹调油的脂肪酸比例与其他食物合理互补，和食用者的生理状况相一致。烹调油脂之间的替换，主要意义在于避免脂肪酸比例失调的问题。如果在脂肪酸组成高度类似的油脂之间进行替换，则会失去健康意义。因此，需要基于油脂的脂肪酸比例对烹调油进行分组。

富含饱和脂肪酸的油脂：猪油、牛油、羊油、奶油、棕榈油、椰子油等。

富含单不饱和脂肪酸的油脂：橄榄油、茶籽油、高油酸花生油、低芥酸菜籽油、高油酸葵花籽油、杏仁油、牛油果油等。

富含 ω-6 多不饱和脂肪酸（亚油酸）的油脂：红花籽油、玉米油、葵花籽油、葡萄籽油等。

富含 ω-3 多不饱和脂肪酸（α-亚麻酸）的油脂：亚麻籽油、紫苏籽油等。

含少量饱和脂肪酸，单不饱和脂肪酸和多不饱和脂肪酸比例较为接近，且多不饱和脂肪酸以亚油酸为主的油脂：稻米油、传统花生油、芝麻油、棉籽油。

富含必需脂肪酸，且 ω-6 和 ω-3 脂肪酸比例较为合理的油脂：大豆油、核桃油、沙棘籽油等。

对于红肉类食物摄入量较多、鱼类和坚果油籽也摄入不足的人来说，从动物性食品中摄入的饱和脂肪酸和单不饱和脂肪酸较多，而多不饱和脂肪酸相对不足，必需脂肪酸也摄入较少。此时就不适合再使用奶油、猪油等富含饱和脂肪酸的油脂品种，而应选择富含多不饱和脂肪酸的烹调油品种，并配合富含α-亚麻酸的油脂，或配合含有EPA和DHA的水产食物，以便达到ω-6和ω-3必需脂肪酸的平衡。

对于很少摄入肉类和鱼类的人来说，饱和脂肪酸摄入量较少，而膳食中的多不饱和脂肪酸往往比例较高。如果日常主要使用富含亚油酸的玉米油、葵花籽油等，可能加剧脂肪酸不平衡和脂肪过氧化问题。此时不必全部使用不饱和度高的油脂，可以使用少量奶油和动物油。同时应注意摄入含α-亚麻酸的油脂，以便平衡ω-6和ω-3必需脂肪酸的比例。

血脂异常者和一些慢性疾病患者需要根据病情和医嘱调整脂肪酸摄入比例，如增加单不饱和脂肪酸的比例，或提升ω-3必需脂肪酸的比例，此时应注意相应改变烹调油选择。

本章深度思考

1. 脂肪、脂肪酸、磷脂、胆固醇之间是什么关系？它们的消化、吸收和生理功能有什么共性和不同？

2. 在减肥期间，膳食脂肪摄入量是否越少越好？为什么？

3. 脂肪酸的平衡对营养平衡和疾病预防有何重要意义？如何通过调整膳食内容和改变油脂选择来改善饱和脂肪酸、单不饱和脂肪酸和多不饱和脂肪酸的平衡，以及ω-3和ω-6这两类脂肪酸的平衡？

本章课程活动

1. 在超市中找到烹调油货架，仔细阅读每一种烹调油食品标签上的脂肪含量和脂肪酸比例。讨论这种烹调油以哪一类脂肪酸为主，饱和脂肪酸：单不饱和脂肪酸和多不饱和脂肪酸都是什么比例，ω-3和ω-6脂肪酸的比例是多少。

2. 在超市的糕点货架上，找到各种饼干、曲奇、派、蛋糕等食物，查看其营养成分表，了解每一种产品中脂肪的含量是多少。再细看产品的配料表，了解这些脂肪的主要来源是哪些配料，这些配料的脂肪酸比例有什么特点。

3. 在超市中找到3种标注反式脂肪酸含量的食品，了解其反式脂肪酸含量及配料来源。如果含量为零，思考这些产品为什么能够合法标注反式脂肪酸含量为零。

4. 访问一位患有慢性疾病的长辈亲友，了解他三天内所进食的含脂肪食物，以及日常使用的烹调油品种，由此评估他膳食中脂肪酸比例是否平衡，并提出调整方案。

本章参考文献

关键解读

何志谦. 2008. 人类营养学. 3版. 北京：人民卫生出版社

金春爱，王荣灿，王馨翊，等. 2022. 核桃油与常用植物油中37种脂肪酸和角鲨烯含量比较. 食品工业

科技，43（12）：261-267

牛仙，邓泽元，李静. 2021. 我国居民反刍动物反式脂肪酸摄入量的调查. 中国油脂，46（5）：103-108

王禹. 2015. 我国城镇居民食物消费和营养状况分析. 中国食物与营养，21（1）：42-46

魏永生，郑敏燕，耿薇，等. 2012. 常用动、植物食用油中脂肪酸组成的分析. 食品科学，33（16）：188-193

张泽生. 2016. 食品营养学. 3 版. 北京：中国轻工业出版社

中国营养学会. 2022. 中国居民膳食指南（2022）. 北京：人民卫生出版社

周才琼. 2019. 食品营养学. 2 版. 北京：高等教育出版社

中国医疗保健国际交流促进会营养与代谢管理分会，中国营养学会临床营养分会，中华医学会糖尿病学分会，等. 2021. 中国超重/肥胖医学营养治疗指南（2021）. 中国医学前沿杂志（电子版），13（11）：1-55

中国营养学会肥胖防控分会，中国营养学会临床营养分会，中华预防医学会行为健康分会，等. 2022. 中国居民肥胖防治专家共识. 中华流行病学杂志，43（5）：609-626

Gropper S S，Smith J L，Carr T P. 2021. Advanced Nutrition and Human Metabolism. 8th ed. Stanford：Cengage Learning

第 4 章　蛋白质和氨基酸

本章学习目标

1. 掌握蛋白质摄入对人体的营养意义。
2. 熟悉食物来源蛋白质的营养质量评价指标。
3. 熟悉蛋白质营养状况、氮平衡及其影响因素。
4. 熟悉影响蛋白质吸收利用的因素。
5. 熟悉膳食蛋白质摄入的相关推荐建议。

本章课件

蛋白质（protein）是最为人们熟知的一大类营养素，也是各种生物体中最重要的构成物质和生命基础。食物蛋白质由氨基酸构成，氨基酸之间以肽键相连，形成复杂的空间结构。

4.1　食物中的含氮物质

4.1.1　食物中的蛋白质

食物中最重要的含氮物质就是蛋白质。按照食物来源，蛋白质通常可分为动物性蛋白质和植物性蛋白质。动物性蛋白质来自膳食中的畜肉、禽肉、鱼类和贝类、蛋类、乳类等食物；植物性蛋白质则主要来自于粮谷类、干豆类，坚果和油籽也是植物性蛋白质的来源。蔬菜和水果的蛋白质含量较低。

在现代饮食中，一些食物中可能会添加分离、提取、浓缩的蛋白质，如大豆蛋白和乳清蛋白。一些加工食物中可能同时含有动物性蛋白质和植物性蛋白质，还出现了用植物性原料模拟动物性蛋白质的“植物基”蛋白质产品。

4.1.2　食物中的非蛋白质含氮物质

在动植物食品中，除了蛋白质还有许多其他的含氮物质，如某些游离氨基酸、尿素、尿酸、肌酸、肌酐、嘌呤、嘧啶、低级胺、生物碱等。这些化合物虽然并非蛋白质，其中却含有氮元素，通称为非蛋白质含氮物质。人体在获得食物中的蛋白质之后，可以在体内合成所需的非蛋白质含氮物质。

在畜牧领域，饲料中的非蛋白质含氮物质可以为瘤胃微生物提供合成菌体蛋白质所需要的氮，让饲料中的蛋白质发挥更好的营养作用。乳制品中也存在丰富的非蛋白质含氮物质，如羊乳中非蛋白质含氮物质含量在 6%～9%，包括游离氨基酸、尿素、肌酸、肌酐、氨氮、尿酸等化合物，其中牛磺酸和肉碱对新生儿的生长发育具有重要的作用。羊乳中牛磺酸的含量（14μmol/100mL）明显高于牛乳中的含量（1μmol/100mL），但低于母乳中牛磺酸的含量（30μmol/100mL）。

4.2 食物蛋白质的消化吸收

4.2.1 蛋白质的消化

蛋白质在胃中开始消化过程。胃黏膜分泌的胃蛋白酶原被胃酸激活，产生少量的肽和氨基酸。如果胃酸分泌不足，则胃蛋白酶的活性会受到影响。例如，在萎缩性胃炎患者中，胃的 pH 可能高于胃蛋白酶活性最适宜的 1.8～3.5。

蛋白质的消化主要在小肠中进行。胰腺分泌的蛋白酶是蛋白质消化的主要力量，包括胰蛋白酶、糜蛋白酶、弹性蛋白酶、羧肽酶等。它们可以把蛋白质水解为游离氨基酸和一些小肽。小肠产生的肽酶又可分解小肽为氨基酸。

4.2.2 蛋白质的吸收

消化产生的氨基酸在小肠中被吸收。一些由 2～3 个氨基酸组成的小肽也可以被人体直接吸收。初生婴儿可以直接从肠道吸收母乳中的大分子蛋白质，如抗体等。而成年人几乎不能直接吸收大分子蛋白质。如果食物中的外源性大分子蛋白质进入人体，有可能引起免疫反应，成为致病原因。

4.3 蛋白质的生理功能

蛋白质是人体的重要成分，大约占人体质量的 18%。蛋白质在促进人体生长发育、调节各项生理功能、转运重要营养物质等方面发挥主要作用。

4.3.1 构成和修复人体组织

蛋白质是构成人体所有组织和细胞的重要成分。神经、肌肉、内脏、血液等的主要成分均为蛋白质；骨骼和牙齿以胶原蛋白为基质；毛发和指甲的主要成分是角蛋白；细胞膜和细胞内所有细胞微结构都含有蛋白质。由于人体组织处于动态的更新过程当中，充足和稳定的蛋白质摄入对人体组织器官的维护和损伤的修复至关重要。对未成年人来说，完成生长发育过程本身就需要大量蛋白质来支持。

4.3.2 构成体内的多种生理活性物质

蛋白质是机体内多种生物活性物质的主要组成成分或必需原料，包括消化吸收所需的各种消化酶和催化生化反应的各种酶类、抗体和多种免疫因子、部分重要激素、凝血因子、核蛋白等。多种神经递质是氨基酸或氨基酸衍生物，也来自于蛋白质的消化产物。

4.3.3　参与体内物质的运输和储存

体内很多重要物质的运输和转运离不开蛋白质。例如，细胞膜表面的运载蛋白可作为物质跨膜出入的载体；血红蛋白是人体运输氧气的载体；铁蛋白是铁元素转运和储备的载体；血液中的脂蛋白是脂类物质转运的载体等。

4.3.4　帮助维持机体内环境的稳定

人体内的 pH 和渗透压等内环境参数需要长期保持稳定。血液中的蛋白质是维持渗透压的重要因素，血液蛋白质含量下降可造成水肿。蛋白质分子上的电荷可在不同 pH 下发生变化，起到重要的缓冲作用，帮助体液 pH 的稳定。

4.3.5　维持机体的免疫功能

当致病菌、病毒等病原体入侵时，会激活机体的细胞免疫和体液免疫功能。机体内的免疫相关分子，包括抗体、补体、炎症相关细胞因子等，均为蛋白质类物质，合成此类物质需要充足的蛋白质供应支持。一旦身体缺乏蛋白质，骨髓、脾脏、肝脏、胸腺及淋巴等免疫相关的组织器官就会明显萎缩，产生白细胞、抗体和补体的能力降低，从而降低人体对疾病的免疫力，增加感染疾病的风险。

4.3.6　人体的能量来源之一

在蛋白质摄入量超过人体生理需要时，或在能量供应严重不足，特别是碳水化合物严重不足时，蛋白质可以作为能量底物氧化供能。蛋白质被水解成氨基酸后，经过脱氨基作用，可以直接或间接地进入三羧酸循环氧化分解，以保持体温稳定，维持正常的生理活动。然而，供能只是蛋白质的次要功能，碳水化合物和脂类是更重要的供能物质，特别是有充足碳水化合物供应时，能够节约蛋白质，使其免于分解供能。

4.3.7　特殊氨基酸的生理作用

除了构成蛋白质之外，一些特殊氨基酸还具有其他重要的生理意义。例如，γ-氨基丁酸能够缓解血压升高；牛磺酸对中枢神经系统和视觉系统发育发挥作用；精氨酸是体内形成一氧化氮（NO）的底物，可刺激血管舒张，改善血液循环，还可活化巨噬细胞和中性粒细胞，有一定免疫调节作用。

> **知识链接：**
>
> 请复习“生物化学”课程中有关蛋白质结构与功能的内容，蛋白质合成、分解的内容，以及氨基酸代谢的内容。

4.4 食物蛋白质的质量

几乎每一种天然来源的动植物食品都含有蛋白质，而每一种食物蛋白质的氨基酸组成各不相同。由于食物中的蛋白质含量和氨基酸比例存在差异，同时人体消化吸收和利用各种蛋白质的能力不同，所以其营养价值也有所不同。

4.4.1 氨基酸的分类和模式

氨基酸是组成蛋白质的基本单位，在自然界中氨基酸有300多种，而构成人体绝大多数蛋白质的氨基酸仅有20种。这些氨基酸可分为必需氨基酸、条件必需氨基酸和非必需氨基酸3类。

（1）人体常见氨基酸的分类

必需氨基酸（essential amino acid，EAA）是指机体自身无法合成，或合成速度不能满足需要，必须从饮食中获取的氨基酸。成年人的必需氨基酸共有8种，分别是赖氨酸、亮氨酸、异亮氨酸、甲硫氨酸、苯丙氨酸、苏氨酸、色氨酸和缬氨酸。对婴幼儿而言，组氨酸也是必需氨基酸。食物蛋白质中的必需氨基酸比例越接近机体蛋白质组成，身体利用效率越高，则营养价值越高。

条件必需氨基酸（conditional essential amino acid）亦称半必需氨基酸，包括半胱氨酸和酪氨酸，它们可分别由甲硫氨酸和苯丙氨酸转化而来。当膳食中能供给充分的半胱氨酸和酪氨酸时，就可降低对甲硫氨酸和苯丙氨酸的消耗。

非必需氨基酸（nonessential amino acid）是指在有氮素供应的情况下，机体能够自行合成的氨基酸，不一定必须从食物中获得。

（2）氨基酸模式（amino acid pattern）

人体蛋白质和每一种食物蛋白质所含的必需氨基酸有一定比例，称为氨基酸模式。通常根据蛋白质中的必需氨基酸含量，以含量最低的色氨酸作为1来计算各种必需氨基酸的含量比值。人体氨基酸模式和部分食物的氨基酸模式比较见表4.1。

表4.1 人体和几种常见食物蛋白质的氨基酸模式

氨基酸	人体	全鸡蛋	牛乳	牛肉	大豆	小麦粉	稻米
异亮氨酸	5.0	3.2	3.4	4.4	4.3	3.8	4.0
亮氨酸	9.8	5.1	6.8	6.8	5.7	6.4	6.3
赖氨酸	7.5	4.1	5.6	7.2	4.9	1.8	2.3
甲硫氨酸+半胱氨酸	3.7	3.4	2.4	3.2	1.2	2.8	2.8
苯丙氨酸+酪氨酸	6.3	5.5	7.3	6.2	3.2	7.2	7.2
苏氨酸	3.8	2.8	3.1	3.6	2.8	2.5	2.5
缬氨酸	6.5	3.9	4.6	4.6	3.2	3.8	3.8
色氨酸	1.0	1.0	1.0	1.0	1.0	1.0	1.0

数据来源：杨月欣和葛可佑，2019

（3）限制氨基酸（limiting amino acid，LAA）

限制氨基酸是指食物蛋白质中某种必需氨基酸的数量与人类氨基酸模式相比相对不足的氨基酸。由于食物蛋白质中某些必需氨基酸的不足，会降低机体蛋白质合成的效率，从而限制该蛋白质的营养价值。限制氨基酸中含量最低的称为第一限制氨基酸，其他以此类推，依次称为第二、第三限制氨基酸等。

例如，谷类的第一限制氨基酸是赖氨酸，其次是甲硫氨酸和苯丙氨酸；大豆、花生、牛乳、肉类等的第一限制氨基酸是含硫氨基酸（包括甲硫氨酸和半胱氨酸），其次是苯丙氨酸；小麦、大麦、燕麦和大米的第二限制氨基酸为苏氨酸，玉米的第二限制氨基酸为色氨酸。

一旦体内的某种必需氨基酸供应不足，就不能产生足够的蛋白质供应人体各细胞，而其他过剩的氨基酸就会被代谢降解而浪费。故而某种食物蛋白质的生物利用率是由其限制氨基酸决定的。

4.4.2　食物蛋白质质量评价

食物中蛋白质营养价值的高低会受到蛋白质含量、氨基酸组成与消化吸收率等各种因素的影响，故应从“量”与“质”两种角度全面判断。“量”是指食物中蛋白质的含量，而“质”是指食物蛋白质在人体中消化吸收和利用的程度及必需氨基酸的模式。

（1）食物中的蛋白质含量

食物中蛋白质的含量决定了为人体提供氮元素的能力。如果蛋白质含量太低，即便氨基酸模式较好，对满足机体蛋白质需求的贡献也是很有限的。

测定食物的蛋白质含量传统采用凯氏定氮法，该法检测的是某种食物蛋白质或混合物中的总氮含量。此方法的理论基础是：各种食物蛋白质的含氮量都非常接近食物总质量的 16%。因此，假设食物中的氮全部来源于蛋白质，则粗蛋白质含量＝含氮量（%）×6.25。

必须注意的是，食物中的总氮量包括游离氨基酸、嘌呤、嘧啶、维生素、肌酸、肌酐等非蛋白质含氮物质中的氮含量。由于不同食物中的含氮物质比例有所不同，每种食物中的蛋白质换算系数也并不一定都是6.25，而是略有差别。

（2）蛋白质的消化率

蛋白质消化率（digestibility）表示食物蛋白质可被人体消化酶分解的程度。蛋白质消化率越高，被人类吸收利用的概率就越大，营养价值也越高。影响蛋白质消化率的因素很多，主要与食物来源和人的消化功能等因素相关。可以用蛋白质中被消化吸收的氮元素量与其含氮总量的比例来表示食物蛋白质的消化率，包括表观消化率（AD）与真消化率（TD）。在实际应用中，表观消化率通常不考虑粪代谢氮，以便简化试验方法，提升代谢试验的安全性。

$$\text{消化率}=\frac{\text{氮吸收量}}{\text{氮摄入量}}\times 100\%$$

$$\text{表观消化率}=\frac{\text{氮摄入量}-\text{粪氮排出量}}{\text{氮摄入量}}\times 100\%$$

$$\text{真消化率}=\frac{\text{氮摄入量}-(\text{粪氮排出量}-\text{粪代谢氮量})}{\text{氮摄入量}}\times 100\%$$

粪氮代表食物中不能被消化吸收，从大肠中排出的氮；而粪代谢氮是指当受试人完全不吃含蛋白质食物时所测出的粪便中含氮量。包括脱落的肠黏膜细胞、死亡的肠道微生物及少量的消化酶等，都是粪便中代谢氮的主要来源。

（3）蛋白质的利用率

蛋白质消化后在人体中被利用的程度叫作蛋白质利用率。衡量蛋白质利用率的多个指标能够从不同角度反映蛋白质在生物体中被利用的情况。

蛋白质的生物学价值（biological value，BV），简称生物价，指人体的氮储留量和氮吸收量的比值，能反映食物蛋白质吸收后被机体利用的程度。BV 越高，表明食物蛋白质被机体利用的程度越高，其最大值为 100。

$$蛋白质的生物价=\frac{氮储留量}{氮吸收量}\times 100\%=\frac{食物氮-（粪氮-粪代谢氮）-（尿氮-尿内源氮）}{食物氮-（粪氮-粪代谢氮）}\times 100\%$$

人体在无氮饮食的情况下，尿液中所含的氮为尿内源氮，其来自体内组织蛋白质的分解。如果忽略粪代谢氮和尿内源性氮，则计算结果为表观生物价。

蛋白质净利用率（net protein utilization，NPU）是指在特定情况下机体储留的氮占摄入氮的比例。蛋白质净利用率的概念将蛋白质的消化率和生物价结合起来，能综合反映食物蛋白质消化吸收后被机体所利用的程度。

$$蛋白质净利用率=消化率\times 生物价=\frac{储留氮}{摄入氮}\times 100\%$$

蛋白质功效比值（protein efficiency ratio，PER）是用实验动物体重的增加和所摄食的蛋白质质量之比来表示蛋白质用于生长的效率，通常被描述为实验动物平均每摄入 1g 蛋白质所增加的体重克数。实验动物通常选用已断乳的雄性大鼠，用含有 10%受试蛋白质的饲料喂养动物 28d。为了方便检测结果之间交叉对比，常用经标定后的酪蛋白（PER 为 2.5）作为参考蛋白质，在相同条件下设对照组进行检测。

$$蛋白质功效比值=\frac{动物体重增加克数(g)}{摄入食物蛋白质克数(g)}$$

$$校正功效比值=\frac{实验组功效比值}{参考酪蛋白的实测功效比值}\times 2.5$$

（4）氨基酸评分

氨基酸评分（amino acid score，AAS）是通过分析食物的氨基酸组成，评价蛋白质营养价值的方法，也叫蛋白质化学评分，由食物蛋白质中必需氨基酸的模式决定。它不但适用于单一蛋白质，也适用于混合进食的几种蛋白质。通常以生物价较高的鸡蛋蛋白质作为参考蛋白质。

$$氨基酸评分=\frac{1g受试蛋白质中该种必需氨基酸的毫克数(mg)}{理想模式或参考蛋白质中每克氮（或蛋白质）中某种必需氨基酸量(mg)}\times 100\%$$

由于 AAS 标准忽略了蛋白质消化率，因此在 20 世纪 90 年代早期，FAO/WHO 相关专家委员会正式公布及推荐经消化率修正的氨基酸评分（protein digestibility corrected amino acid score，PDCAAS），其计算方法为

$$经消化率修正的氨基酸评分=氨基酸评分\times 真消化率$$

表 4.2 中提供了几种食物蛋白质的 PDCAAS。

表 4.2 几种食物蛋白质经消化率修正的氨基酸评分

食物蛋白	经消化率修正的氨基酸评分	食物蛋白	经消化率修正的氨基酸评分
酪蛋白	1.00	斑豆	0.63
鸡蛋	1.00	燕麦粉	0.57
大豆分离蛋白	0.99	花生粉	0.52
牛肉	0.92	小扁豆	0.52
豌豆粉	0.69	全麦	0.40
菜豆	0.68	面筋	0.25

4.4.3 食物蛋白质营养互补

在两种或两种以上的食物蛋白质按不同配比混合食用时，其中某种食物蛋白质中缺少的必需

氨基酸可由其他食物蛋白质加以补足，各食物蛋白质中相对不足的氨基酸“取长补短”，使其比例更接近于人类需求的模式，进而提高蛋白质的营养价值。这个现象称为蛋白质的互补作用（the complementary action of protein）。

蛋白质的互补作用在膳食营养供应中具有很大的实际意义。在将动物性食物和植物性食物混用时，往往比与植物性食物之间的互补作用效果更好。单个氨基酸吸收入血液后，约在 4h 内抵达组织器官，合成人体蛋白质。如果此时互补蛋白质的氨基酸一起到达，才能充分发挥作用。故两种来源的互补蛋白质应尽量共同食用，因为互补作用会随着时间间隔的延长而逐步减弱，8h 后完全消失。

4.5　蛋白质与健康

人体摄入蛋白质的数量应与身体需求相适应。一方面，缺少蛋白质会导致疲倦、贫血、免疫力下降、病情恢复迟缓和发育迟缓等，严重时会出现营养不良性水肿；另一方面，摄入过量的蛋白质会加重肾脏的负担。摄入过多动物性蛋白质会导致含硫氨基酸摄入过多，尿钙排出量增加，不利于预防骨质疏松。

4.5.1　氮平衡

氮平衡（nitrogen balance，NB）指机体摄入氮与排出氮之间的数量关系，反映机体蛋白质分解代谢和合成代谢的动态平衡状况。由于蛋白质是人体中各种含氮化合物的主要来源，所以通过计算摄入食物与排出食物中的含氮量，就能够大致掌握机体的蛋白质需求和食物供给之间的平衡状况。

氮平衡公式如下：

$$B=I-(U+F+S)$$

式中，B 表示氮平衡；I 表示食物的摄入氮量；U 表示尿氮量；F 表示粪氮量；S 表示皮肤等的氮损失。上述数据可以用凯氏定氮法测定。

人体氮平衡的三种情况为零氮平衡、正氮平衡和负氮平衡。

（1）零氮平衡（zero nitrogen balance）

此时 $B=0$，即摄入氮量与排出氮量相等。健康成年人都应该保持在零氮平衡，且摄入量比平衡值富余 5%最好。

（2）正氮平衡（positive nitrogen balance）

此时 $B>0$，即摄入氮量多于排出氮量。幼儿、孕妇、疾病康复时期及体育锻炼和劳动中需要增强肌力活动时等，都应该维持适量的正氮平衡，以适应机体对蛋白质的额外需求，以便合成新的组织。

（3）负氮平衡（negative nitrogen balance）

此时 $B<0$，即摄入氮量少于排出氮量。人在饥饿、食物摄入不足、运动量过大、患感染性疾病或衰老时通常属于这种状态，即蛋白质摄取较少，而机体蛋白质合成速度降低，或分解代谢加速，氮排出量大于摄入量，机体蛋白质含量下降。长期负氮平衡可能导致蛋白质营养不良，对未成年人来说还会影响生长发育。因此要尽可能注意避免或改善负氮平衡。

4.5.2　蛋白质营养不良

蛋白质缺乏可引起肌肉衰减、体重减轻、贫血、免疫机能降低、应激水平降低、损伤修复能力下降、生长发育延缓等多方面健康问题。人体蛋白质损失量达到约 20%时，生命活动就会终止。

因为生长发育需要处于正氮平衡状态，未成年人对膳食蛋白质缺乏比成年人更为敏感。蛋白质严重缺乏时，婴幼儿可能发生蛋白质-能量营养不良（protein-energy malnutrition，PEM）。据 WHO 统计，目前世界上约有五百万儿童患有 PEM，以不发达国家的贫困地区和饥荒时期最为高发。

按症状，PEM 通常可分为消瘦型（marasmus）、水肿型（kwashiorkor）及混合型。消瘦型以能量严重不足为主，表现为身体消瘦、皮下脂肪逐渐减轻、肌肤干枯或松弛、体弱无力等，患儿往往由于感染其他病症而致死。水肿型患者的能量摄入基本满足，但蛋白质却严重不足，出现全身水肿。患儿主要表现为腹部和腿部水肿、虚弱、神情冷淡、毛发无色泽易脱落、生长发育滞慢、易感染等；此外，还有牙齿生长延迟、牙釉质龋坏及因贫血导致牙床和黏膜苍白等症状。混合型是指身体同时缺乏蛋白质与能量，产生以上两型的混合症状。

儿童蛋白质缺乏较轻时，往往会出现体重降低和生长发育迟缓等问题；而成年人蛋白质摄入不足时，会出现体力减退、浮肿、抵抗力变弱、疾病康复缓慢等。

造成蛋白质缺乏症的因素有几个方面：一是膳食中的蛋白质和/或能量供应不足；二是疾病和老龄造成消化吸收效率降低；三是由于疾病引起蛋白质合成下降；四是由于蛋白质损失或分解过甚，如外伤、手术、甲状腺功能亢进等可加快组织蛋白质的分解破坏。

治疗蛋白质缺乏症时，应力求查明病因，有针对性地消除蛋白质损失过多或消化吸收不良问题，同时供应足够的能量和优质蛋白质，并补充维生素和矿物质，以便全面而迅速地改善病人的营养水平。在消化及吸收机能减退或咀嚼、吞咽障碍情况下，也可食用半流食、流食，使用医学用蛋白质营养产品等。

特别关注：我国少年儿童的蛋白质摄入状况

随着我国居民生活水平的提升，最近 30 年来，蛋白质的摄入量和优质蛋白质比例逐渐增加，因为蛋白质营养不良而造成发育迟缓的少年儿童比例大幅度下降，孩子们明显比父母辈长得更高了。

然而，未成年人的营养不足或营养失调问题仍然存在，并呈现明显的地区差异。据 2016～2017 年我国 6～11 岁人群营养调查数据，全国少年儿童的平均蛋白质摄入量为 50g/d，其中男孩为 50.9g/d，女孩为 49.1g/d；城市儿童蛋白质摄入量明显大于乡村儿童；全国东部区域的总蛋白质摄入量明显大于中部和西部区域，其中东部区域城市儿童的总蛋白质摄入量最大，为 60.5g/d，较全国蛋白质摄入量最低的中西部乡村区域的 43.5g/d 高了约 17g/d。蛋白质摄入量达到推荐摄入量（RNI）的受访者比例为五成，其中城市满足率为 63.0%，乡村满足率为 42.9%，其中以女孩的不满足率最大，为 34.7%。数据表明，农村儿童的蛋白质摄入不足问题依然需要重视。

资料来源：朴玮等，2021

4.6 有关蛋白质的食物建议

蛋白质摄入的缺乏和过量均会影响健康。在经济社会发展水平较低时，优质蛋白质摄入不足曾是主要营养问题。随着我国居民生活水平的日益提高，如何合理摄取蛋白质显得尤为重要。

4.6.1　蛋白质的参考摄入量

在正常新陈代谢中，成年人平均每日需要更新超过 300g 的身体蛋白质，其中机体代谢分解产生的氨基酸约占 75%，其余 25%需要从食物中进行补充。在日常生活条件下，健康成年人每日需要摄入 60～80g 蛋白质。

对健康成年人蛋白质需要量的测量是在氮平衡的基础上进行的，其中婴儿的数值是以母乳为基础进行推算的。基于我国饮食习惯、膳食结构及各年龄段人口的蛋白质代谢特征，我国各年龄健康人群的膳食蛋白质推荐摄入量（RNI）参见 2023 版《中国居民 DRIs》。一旦满足并超过 RNI 水平，即可视为该个体并无摄取不足的风险。

在一些特殊情况下，膳食蛋白质的摄入量应当适当增加。

1）孕期、哺乳期妇女应在同年龄、同体力活动强度的基础上增加蛋白质摄入，以满足胎儿生长或泌乳的蛋白质需求。

2）老年人由于消化吸收能力下降、肌肉量衰减，身体蛋白质往往处于负氮平衡状态。2023 版《中国居民 DRIs》中，65 岁及以上老年人的蛋白质 RNI 比年轻成年人增加了 7g/d。

3）在疾病康复、外伤恢复、大量失血、强烈应激、训练增肌等情况下，机体需要更多蛋白质以修复或增加身体组织，故应在 RNI 之外额外增加蛋白质的摄入量。疾病、伤害和情绪压力均可带来强烈应激，造成身体蛋白质分解加速、蛋白质利用率下降。患病和受伤后氮排泄量也会增多，如不注意补充蛋白质则容易造成负氮平衡。

4）如果日常膳食中严重缺乏动物性食品和大豆食品，优质蛋白质比例较低，则由于蛋白质的生物利用率不足，应适度增加蛋白质摄入总量。此外，在减肥时总能量摄入减少，为了预防身体蛋白质分解，可以适当提升蛋白质摄入量。

4.6.2　食物蛋白质生物利用的影响因素

人体对食物蛋白质的利用率也受到多方面的因素影响。摄入同样数量的蛋白质，并不等于获得同样的蛋白质营养效果。

（1）氨基酸组成的影响

膳食中必需氨基酸的比例越符合人体需要，食物蛋白质利用率越高。如果食物中的必需氨基酸比例不合理，或大量服用某种或几种氨基酸，可能导致氨基酸整体的比例失调，生物利用率下降。例如，过多的亮氨酸可能限制异亮氨酸和缬氨酸的利用。如果半必需氨基酸的总量过少，也会消耗相应的必需氨基酸，影响其生物利用率。反之，如果在膳食中额外补充某种限制性氨基酸，可能使蛋白质的整体利用率上升。例如，在动物性蛋白质供应不足的地区，在谷类食物中加入赖氨酸或大豆蛋白，可以有效提升蛋白质的生物价值。

（2）蛋白质消化率的影响

天然形态的植物性蛋白质通常被细胞壁所包裹，其消化吸收率通常低于动物性蛋白质。但合理的食品加工可以除去或破坏植物的细胞结构，因此能够提升蛋白质的消化率。在食品和保健品加工时，还可以通过发酵和蛋白酶水解的方式，使大分子蛋白质降解为更容易消化吸收的低分子量蛋白质、肽和氨基酸。将食物蛋白质烹调得足够柔软，可以使其更容易被老人和体弱者消化。此外，人体的胃肠功能也影响到蛋白质的消化率，使用消化酶和助消化药物可以提升一些胃肠疾病患者对蛋白质的消化吸收效率。

（3）膳食能量摄入的影响

在不需要减轻体重的前提下，食物要能供给充足的能量，特别是来自碳水化合物的能量。在能量供应充分的前提下，蛋白质在体内的利用价值主要由身体对蛋白质的需求和食物蛋白质的质量两方面决定。因为碳水化合物有节约蛋白质作用。一旦能量供给不足，机体会将部分膳食来源的蛋白质用作能源，无法用于构建和修复人体组织。

（4）维生素和矿物质摄入的影响

矿物质和维生素等微量营养素严重供应不足时，也会造成膳食蛋白质的利用率下降。例如，维生素 B_6 与蛋白质和氨基酸代谢密切相关；泛酸作为酰基转移酶的辅酶参与蛋白质的代谢；碘缺乏时甲状腺激素水平下降，身体蛋白质代谢减慢，等等。

（5）食品加工对蛋白质结构的影响

食品加工过程中过度加热和添加成分会影响氨基酸的有效性。例如，食品加热中发生美拉德反应可能造成赖氨酸的损失；长时间加热还可能造成含硫氨基酸的降解；加热过程中形成异肽键也可能降低蛋白质的消化率。

4.6.3 有关蛋白质摄入的食物搭配建议

目前我国大多数居民的蛋白质摄入量已经超过或接近推荐摄入量，但在满足蛋白质摄入的同时，既需要考虑到美食和多样化的需求，也要考虑到预防慢性疾病的需求，还要考虑到减少资源消耗和避免过多碳排放的要求，从膳食整体上考虑食物搭配可遵循如下建议。

1）摄入优质蛋白质食品时，宜动物性蛋白质来源与植物性蛋白质来源并重。膳食中优质蛋白质的主要来源是畜禽肉类、水产品、禽蛋类、乳类等动物性食品，也包括大豆、豆浆（豆奶）和豆制品等植物性蛋白质食品。动物性蛋白质和植物性蛋白质的摄入比例为 3∶7 较为合适。

特别关注：植物基食品

植物基食品（plant-based food）是不含动物性蛋白质成分，但具有类似动物性食品的品质特征，能满足目标消费者营养需求的新品类。它以豆类等植物性食材为原料，为膳食提供可以和动物性蛋白质相媲美的优质蛋白质，做到营养丰富、质构拟真、风味优良、色泽相似。如和牛乳口感相似、蛋白质含量相当的豆奶，用大豆蛋白和其他植物配料制作的植物酸奶和植物乳酪，和肉类一样含有易吸收铁元素的人造肉，等等。这类食品的出现，为因各种原因不能大量食用动物食品的人群提供了方便而美味的优质蛋白质来源。

资料来源：中国食品科学技术学会植物基食品分会，2022

2）合理搭配各类食品，通过互补作用增加食物蛋白质的营养价值。例如，将 1/3 的大豆蛋白质或动物性蛋白质与 2/3 的谷类蛋白质混合食用时，其氨基酸可以相互补充，显著提高蛋白质的生物价。

3）将优质蛋白质食物合理、均匀地分配在各餐中，以便增加蛋白质的利用率。要避免一次性摄入过多，大大超过身体的需求量，造成蛋白质的浪费；同时也要避免有些餐次蛋白质摄入过少，不利于维持和增加肌肉。

特别关注：增加未成年人优质蛋白质摄入的社会措施

最近 30 年以来，为改善儿童少年的优质蛋白质供应，我国先后实施了多个营养改善项目。1996 年开始了“大豆行动计划”，给试点农村中小学校提供豆奶和豆奶机。2000 年开始启动

"学生饮用奶计划"，给学龄儿童提供课间饮用的牛奶。2011 年底公布"农村义务教育学生营养改善计划"后，学生奶逐步从城市学校推广进入乡村学校。到 2016 年，学生奶已惠及全国 2000 多万中小学生。

2012 年，教育部等 15 个部门印发了《农村义务教育学生营养改善计划实施细则》等 5 个配套文件，并对在校学生提供营养午餐补贴，以确保农村地区的学生营养餐计划能有效实施。近年来还有多个以改善乡村山区儿童营养为目标的公益项目，如"春苗营养计划""为 5 加油""九阳希望厨房""卡夫卡厨房"及"免费午餐"等。

这些国家政策和公益项目为我国改善儿童少年的营养情况做出了重要贡献，特别是使贫困地区儿童的优质蛋白质摄入量得到有效提升。

本章热点问题：蛋白质摄入与肌肉健康

随着国民对健康生活的不断追求，如何健身增肌、如何增肌减脂，已经成为大众关注的热点话题。由于蛋白质占肌肉干重组成的 70%～80%，因此蛋白质供应对维持和增加肌肉必不可少。然而，有关可用于构建瘦体组织的最大蛋白质摄入量，以及运动人士每日应当增加多少蛋白质摄入量，一直存在争议。

对于体重正常、无增肌需求的健康成年人来说，每日适宜的蛋白质摄入量范围为每千克体重 0.8～1.2g。有研究发现，可以用于合成人体组织的蛋白质摄入量最高约为 1.5g/kg，超过这个摄入量时，多余的蛋白质将被转化为脂肪储存，或脱去氨基被氧化分解供能。故有增肌需求的人可将蛋白质摄入量提升到每千克体重 1.2～1.5g 的水平上。对于一个体重 60kg 的成年人来说，这个蛋白质摄入量范围为每日 72～90g。

从一餐角度来说，有研究发现当健康年轻人摄入 20～25g 蛋白质时，可支持新的肌肉合成。如果高于此量，蛋白质将会脱去氨基被氧化供能或合成其他物质。和晚餐蛋白质过高、早餐较低的不均匀摄入方式相比，在三餐均匀摄入蛋白质时，合成肌肉的利用效率更高。

在长时间高强度耐力运动，如马拉松等长跑训练当中，如果不能及时补充足够的能量和碳水化合物，有可能会出现身体蛋白质氧化供能，从而引起肌肉蛋白质流失的情况。但反之，如果仅仅摄入大量蛋白质，而不进行力量训练，则无法刺激肌肉的生长，过多摄入的蛋白质将作为能量被消耗，或转化为脂肪。

由于蛋白质食物的饱腹感较高，胃排空较慢，因此在高强度训练之前，以及训练过程中，并不推荐摄入大量蛋白质。及时补充水分、碳水化合物和电解质才是保证运动能力的最重要营养措施。但在运动结束之后，及时补充碳水化合物和蛋白质的混合物最有利于促进肌肉的恢复和增长。例如，脱脂牛乳中既含有优质蛋白质，又含有碳水化合物，同时还能补充水分，有利于在大量运动后及时补充水分，并预防肌肉损伤。

特别需要注意的是，有效增肌需要三个因素，即运动刺激、额外蛋白质和额外碳水化合物供应。同时，维持一个肌肉更发达的身体，也需要更多的蛋白质和能量供应，并持续进行锻炼。例如，身体每增加 1kg 肌肉，就需要每天多摄入 4.5g 蛋白质和 90g 碳水化合物来维持它。仅仅多摄入蛋白质食物，而不摄入足够的碳水化合物，或整体能量供应不足，是不利于合成肌肉蛋白质的。

在减肥期间，很多人在减少主食摄入的同时增加有氧运动，虽然每日摄入的蛋白质总量似乎和以前一样，但因为碳水化合物摄入量大大下降，极易因为能量不足而造成身体肌肉的流失。如果维持碳水化合物的正常摄入量，适度摄入慢消化碳水化合物，同时增加蛋白质摄入量，而适度减少脂肪摄入量，则可以更好地实现增肌减脂的目标。

在各种食物蛋白质中，乳清蛋白是最好的增肌蛋白质来源。它属于高生物价的优质蛋白质，易于消化吸收，而且含有较高比例的支链氨基酸。然而，乳类的酪蛋白、禽蛋、瘦肉和大豆蛋白也是优质蛋白质的重要来源。豆奶和豆制品可以部分替代牛乳和肉类在增肌膳食中的作用。素食的运动员可以利用蛋白质营养互补作用来改善蛋白质的生物利用率。例如，以合理的比例混合食用玉米和大豆，可以弥补大豆蛋白质中含硫氨基酸和色氨酸的不足，同时也弥补玉米蛋白质中赖氨酸和异亮氨酸的不足。

对于运动员以外的一般运动爱好者来说，每日增加 10～15g 食物蛋白质（相当于 50～70g 鸡胸肉或 1 个鸡蛋+1 杯牛乳），已经足以满足增肌需求。很多运动爱好者摄入了过多的蛋白质却不能有效增肌，限制因素往往是力量训练的强度不足或碳水化合物摄入量不足。

本章深度思考

1. 人体在哪些情况下要特别注意避免负氮平衡？此时可以通过哪些食物来补充蛋白质？

2. 在补充蛋白质的同时，还需要注意哪些问题，才能有效保证蛋白质的利用效率？

3. 植物性蛋白质和动物性蛋白质有何差异？它们有优劣之分吗？人类如何能以最小的环境资源代价来满足膳食蛋白质的供应？

本章课程活动

1. 在超市的营养品和保健品货架上，查看每种产品的营养成分表，了解每一种产品中蛋白质的含量是多少，而蛋白质以外的主要成分又是什么。再细看产品的配料表，了解这些蛋白质的主要来源是哪些配料。

2. 在超市中找到早餐谷物或糊粉类产品的货架，仔细阅读每一种产品食品标签上的蛋白质含量和脂肪含量。找出蛋白质含量最高和最低的产品，思考每一份产品能为早餐提供多少蛋白质。

3. 访问 3 名亲友，了解他们一日膳食中蛋白质的来源是哪些食物，数量是否充足，三餐中的蛋白质摄入数量是否均衡。

4. 如果有人请你帮忙为家里消化能力差、咀嚼能力差的老年亲友选择 3 种他们能够接受的食品，帮助他们在日常生活中补充蛋白质，你会如何选择呢？请提出建议和理由。

关键解读

本章参考文献

安宁，刘晓松，孙茹，等. 2010. 乳清蛋白对增肌运动效果的影响. 体育世界（学术版），（5）：38-40

朴玮，于冬梅，琚腊红，等. 2021. 2016—2017 年中国 6～11 岁儿童能量和宏量营养素摄入情况. 卫生研究，50（3）：389-394

王镜岩. 2002. 生物化学. 3 版. （上册）. 北京：高等教育出版社

杨月欣，葛可佑. 2019. 中国营养科学全书. 2 版. 北京：人民卫生出版社

张忠，李凤林，余蕾. 2017. 食品营养学. 北京：中国纺织出版社

张泽生. 2016. 食品营养学. 3 版. 北京：中国轻工业出版社

赵振羽，韩娟. 2019. 儿童营养需求和营养改善干预现状及进展. 中国食物与营养，25（10）：10-13

中国食品科技学会植物基食品分会. 2022. 植物基食品的科学共识（2022 年版）. 中国食品学报，22（10）：450-457

中国营养学会. 2022. 中国居民膳食指南（2022）. 北京：人民卫生出版社

中国营养学会. 2023. 中国居民膳食营养素参考摄入量（2023）. 北京：人民卫生出版社

Benardot D. 2019. 高级运动营养学. 2 版. 周帆扬等译. 北京：北京科学技术出版社

Schoenfeld B J，Aragon A A. 2018. How much protein can the body use in a single meal for muscle-building? Implications for daily protein distribution. Journal of the International Society of Sports Nutrition，15：10

第5章 维 生 素

本章学习目标

1. 掌握脂溶性维生素和水溶性维生素的差异。
2. 了解各种维生素的吸收途径及影响吸收的因素。
3. 掌握各种维生素的生理功能及缺乏时可能引起的健康问题。
4. 熟悉各种维生素的食物来源。
5. 了解维生素的稳定性及食物烹调加工的可能影响。

本章课件

维生素（vitamin）是维持正常生理活动所必需的一类低分子量有机化合物，其生理需求量远低于能量营养素，通常以毫克或微克计。它们既不是构成体内各种组织的原料，也不向机体提供能量，但与人体代谢反应密切相关。很多维生素是人体生化反应的辅酶，如由核黄素（维生素 B_2）进一步形成的黄素腺嘌呤二核苷酸（flavin adenine dinucleotide，FAD）参与柠檬酸循环，为机体能量代谢所必需的辅酶。

在自然界中，维生素通常以本体或能被机体利用的前体形式存在。绝大多数维生素在体内无法合成，或合成量较少，仅有少数维生素可通过前体物质在体内转化，或由肠道微生物产生后被人体吸收。如维生素 K 和生物素可部分由肠道细菌合成，维生素 D_3 可通过皮下组织中的 7-脱氢胆固醇转化而成。

维生素的命名方式有三种。一是根据其发现的先后顺序命名，如维生素 A 最早被发现，故以字母 A 命名。其后被发现的 B 族维生素，起初被认为是一种维生素，之后被证实为多种维生素的混合物，便在字母 B 的右下方标以 1、2、3 等进行区别，如维生素 B_1、维生素 B_2、维生素 B_6、维生素 B_{12} 等。二是按其生理功能命名，如维生素 A 又称抗眼干燥症维生素，维生素 C 又称抗坏血酸等。三是根据其化学结构进行命名，如硫胺素（维生素 B_1）、胆钙化醇（维生素 D_3）等。特别是在部分维生素在命名排序上有争议时，使用化学结构名可以避免误解，如尼克酸（烟酸）和泛酸，在不同国家中分别被叫作维生素 B_5 和维生素 B_3，以及维生素 B_3 和维生素 B_5。本书主要根据第一种命名方式的排序，对各种维生素进行具体详细的介绍。

部分维生素由多种具有相似性的一组化学物质组成，如叶酸和维生素 E。维生素的化学结构不同，在食品中的存在形式不同，其稳定性和生物有效性也有所差异。在食品加工、储藏和烹调过程中，其中的维生素因其性质不同会有不同程度的损失。维生素的生物有效性会受到维生素存在形式、消化吸收程度、食物成分干扰、烹调方法差异及人体的营养素状况等的影响，往往难以准确测定。

根据溶解性质的差异可将维生素分为脂溶性和水溶性两大类。脂溶性维生素是指不溶于水而溶于有机溶剂及脂肪的一系列维生素，包括维生素 A、维生素 D、维生素 E 和维生素 K。它们在食物中常与脂肪共存，吸收过程需要脂肪的帮助，吸收后易贮存于体内，尤其是肝脏，蓄积过多时可产生毒性作用。水溶性维生素包括 8 种 B 族维生素和维生素 C。它们易溶于水，吸收后直接入血。摄入过多时，多余的水溶性维生素会随着尿液排出体外，在体内储备量较小，不易出现过量中毒问题。

多数维生素的摄入量有合理范围，摄入过多或过少可能会导致营养缺乏症或毒性作用。有关各类人群维生素摄入量的建议可参考 2023 版《中国居民 DRIs》，或阅览第一部分预备知识的数字资源。

5.1 脂溶性维生素

5.1.1 维生素 A

维生素 A 是指含视黄醇（retinol）结构并具有其生物活性的一类物质，包括维生素 A、维生素 A 原及其代谢产物。维生素 A 在体内有三种活性形式：视黄醇、视黄醛（retinal）和视黄酸（retinoic acid）。视黄醇和视黄醛之间可以相互转化，但视黄酸不能转化成其他两种形式。

视黄醇为淡黄色晶体，其结构见图 5.1。视黄醇分子上的双键有顺式和反式两种构型变化。维生素 A 包括维生素 A_1（视黄醇）和 A_2（3-脱氢视黄醇）。A_1 主要存在于哺乳动物和海鱼中，而维生素 A_2 主要存在于淡水鱼中，其生物活性低于维生素 A_1。视黄酰棕榈酸酯是视黄醇的主要储存形式。植物性食物不含有维生素 A，但含有维生素 A 原，包括β-胡萝卜素、α-胡萝卜素、γ-胡萝卜素和隐黄素等，可以在人体中转化为维生素 A。

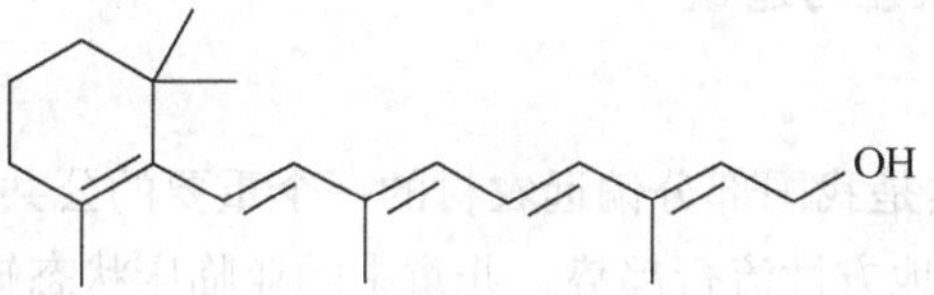

图 5.1 视黄醇的结构式

维生素 A 及其衍生物含有共轭双键结构，易受氧化损失。在油脂酸败过程中，其所含的维生素 A 也会受到严重破坏。食物中的磷脂、维生素 E、维生素 C 和其他抗氧化剂可以提高维生素 A 的稳定性。胡萝卜素在烹调过程中较为稳定，蒸煮加热有助于提高胡萝卜素的吸收率，油炸和长时间炖煮会使其损失。

植物性食物中的类胡萝卜素和动物性食品中的维生素 A 常与蛋白质形成复合物而存在，需要经蛋白酶水解将其从食物中释放出来，随后在小肠中胰脂酶和肠脂酶作用下，释放出游离的视黄醇和类胡萝卜素，它们再与膳食中的脂肪形成微粒，被小肠黏膜细胞主动吸收。膳食中视黄醇的吸收率为 70%～90%，而类胡萝卜素的吸收率为 20%～50%。小肠黏膜细胞所吸收的视黄醇重新酯化成视黄酰棕榈酸酯，并与蛋白质结合形成复合物，运送至肝脏储存。

5.1.1.1 维生素 A 的生理功能

维生素 A 在人体中具有广泛且重要的生理功能，主要包括维护视觉功能、促进细胞增殖分化，并为正常免疫功能所必需。

（1）维持正常视力

维持视觉功能的维生素 A 活性形式是视黄醛，弱光下的感光物质视紫红质（rhodopsin）由 11-顺式视黄醛和视蛋白组成。在光线的照射下，11-顺式视黄醛被异构化为全反式视黄醛，并与视蛋白分离，感光物质被漂白。视蛋白构象因此发生改变，引起细胞膜产生电信号，传递给视神经细胞。此时感光细胞超极化，引起神经冲动，传入大脑形成影像，这一过程称为光适应。经酶的作用，全反式视黄醛被还原成全反式视黄醇，再转化为11-顺式视黄醛，在暗光下与视蛋白结合，再次生成视紫红质，从而恢复对光的敏感性，这一过程称为暗适应。缺乏维生素A会导致暗适应过程延长，乃至夜盲症。

（2）维持皮肤和黏膜的健康

维生素A参与上皮和黏膜组织的形成，也在糖蛋白合成过程中占据重要地位，从而影响细胞膜表面的功能，如细胞连接、受体识别等功能都与细胞表面的糖蛋白密切相关。

（3）维持正常的免疫功能

维生素A以视黄酸的形式发挥作用，与细胞核内的特异性受体结合而促进免疫细胞功能。除此之外，维生素A还为上皮细胞的完整性所必需，而上皮细胞的完整性是抵御外来致病因子的重要前提。

（4）维持正常的生长发育和生殖功能

维生素A的活性形式视黄酸在细胞分化中具有重要作用。有实验表明，幼年动物体内的维生素A消耗殆尽后，其生长发育就会停止。因此，充足的维生素A对处于生长发育关键时期的婴幼儿具有重要意义。此外，维生素A可促进蛋白质的合成，缺乏维生素A会引起女性排卵减少、男性精子发育不良。维生素A还与骨骼形成有关，是破骨细胞功能的必需因子。

5.1.1.2 维生素A的缺乏与过量

（1）维生素A的缺乏

维生素A缺乏至今仍然是我国部分偏远农村的一个重要的公共卫生问题，甚至在非洲和亚洲许多发展中国家和地区呈地方性流行趋势，儿童中的亚临床状态缺乏现象相当普遍。

缺乏维生素A最早的症状是暗适应能力下降，严重时可导致夜盲症。维生素A缺乏还可引起眼干燥症，因此维生素A又称抗眼干燥症维生素。在儿童中，维生素A极度缺乏的最重要临床诊断体征为结膜毕脱氏斑，继续发展下去可能出现角膜溃疡、穿孔乃至失明。

除了引起眼部疾病之外，维生素A缺乏还可能产生其他后果，包括胚胎发育改变，精子产量减少，免疫功能受损，骨形成障碍，儿童生长发育迟缓，以及呼吸道、消化道、尿道、皮肤和眼上皮黏膜的角化等。缺乏维生素A时，患呼吸道感染性疾病死亡的风险增加。

（2）维生素A的过量与毒性

作为脂溶性维生素，维生素A可在体内蓄积，但由于除肝脏外的天然食物中维生素A含量较低，正常膳食条件下不会出现维生素A过量问题。只有在过量摄入维生素A补充剂、鱼肝油或长期摄入大量肝脏的情况下才会发生。过量摄入维生素A可能会导致皮肤干燥、脱发和关节疼痛，甚至出现骨质疏松症。怀孕期间，特别是孕早期，服用大量维生素A会增加胚胎畸形的风险。维生素A的可耐受最高摄入量为3000μgRAE/d。

食物中的维生素A含量通常用微克视黄醇当量（μgRE）或视黄醇活性当量（μgRAE）来表示，综合了维生素A和胡萝卜素两种来源。视黄醇当量与视黄醇活性当量的应用与比较见表5.1。2023版《中国居民DRIs》中，18～49岁健康成年男性和女性的维生素A推荐量分别是770μgRAE/d和660μgRAE/d。

表 5.1 视黄醇当量与视黄醇活性当量的比较

视黄醇当量（RE）	视黄醇活性当量（RAE）
1 个视黄醇当量（μgRE）	1 个视黄醇活性当量（μgRAE）
=1μg 全反式视黄醇	=1μg 全反式视黄醇
=2μg 溶于油剂的纯品全反式 β-胡萝卜素	=2μg 溶于油剂的纯品全反式 β-胡萝卜素
=6μg 膳食全反式 β-胡萝卜素	=12μg 膳食全反式 β-胡萝卜素
=12μg 其他膳食维生素 A 原类胡萝卜素	=24μg 其他膳食维生素 A 原类胡萝卜素

资料来源：孙长颢，2017

虽然过量摄入维生素 A 会产生毒性作用，但大量摄入类胡萝卜素却通常不会产生毒性。研究表明，每天摄入 30mg 的 β-胡萝卜素，也只会使皮肤变黄，并没有明显的毒副作用。在停止摄入富含胡萝卜素的食物后，皮肤的黄色会逐渐消退。这是因为随着膳食中和体内的类胡萝卜素含量增加，吸收率会相应下降，且类胡萝卜素在体内转化为维生素 A 的速率较慢。

特别关注：生活富裕了，国人的维生素 A 营养状况仍不如人意

《中国居民营养与健康状况研究》显示，近 30 年来，我国居民维生素 A 的膳食供应量并未随着居民收入增加而增长，膳食中富含胡萝卜素的蔬菜和水果摄入量仍然偏低。2015～2017 年我国居民平均每日摄入 432.9μgRE，其中城市居民摄入量为 486.7μgRE，农村居民摄入量为 395.4μgRE，与男性 800μgRE、女性 700μgRE 的推荐值还有很大差距。

据《中国居民营养与慢性病状况报告（2020 年）》，我国 6～17 岁儿童中维生素 A 边缘缺乏率为 14.7%，其中城市为 10.9%，农村为 18.1%。孕妇维生素 A 边缘缺乏率为 8.7%，其中城市和农村分别为 7.5%和 10.5%。

这提示我们，经济发展并不能自动改善营养状况。在收入水平提升、食物供应丰富之后，必须进行主动的健康教育，才能在膳食结构转型期让国民形成良好的饮食习惯，避免超重肥胖和微量营养素缺乏共存这种“双重负担”，有效提升国民的生命健康质量。大学生也应积极参与大众健康教育活动，把相关知识告诉自己的亲朋好友、社区居民和父老乡亲。

此外，在信息社会中，长时间使用电脑和手机，屏幕闪烁变换的光线，会更多地消耗维生素 A，增加眼干燥症风险。目前我国眼干燥症患者年龄逐渐年轻化，是一个值得注意的问题。在“健康中国行动”文件中，对学生的视力健康提出了改善目标。作为健康知识丰富的大学生，应当遵循健康生活方式，摄入充足的橙黄色和深绿色蔬菜水果，并自觉控制手机和电子屏幕的使用时间，主动预防因为维生素 A 缺乏造成的健康问题。

资料来源：中国营养学会，2022

5.1.1.3 食物来源

食物中的维生素 A 来源主要有两类：一是来自动物性食物的维生素 A，多数以酯的形式存在于动物肝脏、鱼肝油、鱼卵、奶油、全脂乳制品和蛋黄中；二是来自植物性食物中的类胡萝卜素（主要是 β-胡萝卜素），特别是深绿色蔬菜（如冬寒菜、菠菜、莴笋叶和西兰花等）、橙黄色蔬菜（如胡萝卜、南瓜和红心甘薯等）及橙黄色水果（哈密瓜、杏、桃子）。

5.1.2 维生素 D

维生素 D 又称抗佝偻病维生素、骨化醇，含环戊烷氢烯菲环结构，为类甾醇衍生物。其以

维生素 D_2 即麦角钙化醇（ergocalciferol）和维生素 D_3 即骨钙化醇（cholecalciferol）最为常见（结构见图 5.2）。酵母菌或麦角中的麦角固醇在紫外线的作用下可转化成维生素 D_2；人体皮下组织中的 7-脱氢胆固醇在紫外线作用下可转化成维生素 D_3。但衣物遮盖、涂抹防晒霜和遮阳用具可严重妨碍人体皮肤合成维生素 D_3。

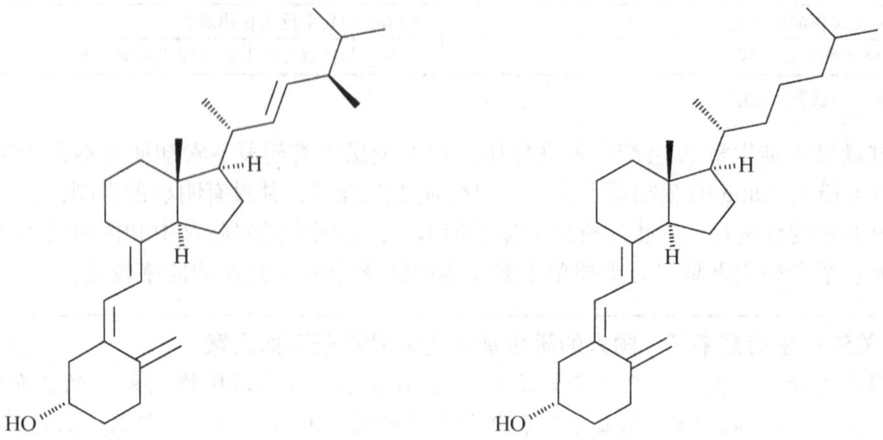

图 5.2 维生素 D_2 和 D_3 的结构式

除皮肤合成途径外，人体还可以从膳食中获取维生素 D。常见的烹饪方式不会引起维生素 D 的明显损失，但食物脂肪发生氧化酸败会引起维生素 D 的损失。

食物中的维生素 D 需要和脂肪一起在小肠中被吸收。在体内，维生素 D_3 在转运蛋白的介导作用下进入肝脏，后经羟基化生成具有弱活性的 25-羟-维生素 D_3，随后随血液进入肾脏羟化转化为高活性形式 1, 25-二羟-维生素 D_3。肝脏和肾脏的功能损伤会导致维生素 D 无法活化，难以发挥生物学作用。目前，血浆中 25-羟-维生素 D_3 的水平是评价机体维生素 D 营养状况的主要指标。

5.1.2.1 维生素 D 的生理功能

活性维生素 D 的主要功能是调节钙和磷的代谢，对骨骼健康至关重要，也在维持血钙平衡方面发挥重要作用。在血钙降低时，1, 25-二羟-维生素 D_3 水平升高，甲状旁腺激素水平升高，促进肠道吸收膳食中的钙，并加强肾脏对钙的重吸收作用，以提升血钙水平；血钙过高时，它使降钙素分泌增加，甲状旁腺激素水平降低，尿液中的钙和磷排出量增加。

除此之外，维生素 D 对免疫、心血管和内分泌系统的正常功能也十分重要。近年来的研究发现，1, 25-二羟-维生素 D_3 可调节多种免疫细胞的功能。动物实验表明，缺乏维生素 D 会使动物的抗感染能力受到影响，且会增加患自身免疫疾病的风险。流行病学调查发现维生素 D 的营养水平可能与肥胖、糖尿病、脑卒中的风险相关，也与新冠病毒感染等感染性疾病的患病风险和死亡风险相关。正常的维生素 D 水平可能有利于预防癌症、免疫系统疾病、糖尿病和抑郁症等。

5.1.2.2 维生素 D 的缺乏与过量

缺乏维生素 D 使肠道对钙和磷的吸收减少，肾小管对钙和磷的重吸收作用减弱，骨骼不能正常钙化，可导致未成年人骨骼发育异常，儿童罹患佝偻病；也可导致成年人四肢酸痛，骨骼脱钙变软，因压力而产生变形，出现骨质软化症。

成年人长时间维生素 D 摄入不足也可能导致骨质疏松症。特别是中老年妇女，由于卵巢功能的变化，雌性激素分泌减少，骨钙流失加快。如维生素 D 水平低下，其更容易出现背痛、身高降低、脊柱弯曲等症状，严重可导致骨折。

摄入过量的维生素 D 会造成血清钙水平过高，钙异常沉积于软组织，从而导致骨质流失、肾结石及心脏和肾脏等器官的钙化。严重的维生素 D 中毒可导致死亡。膳食摄入维生素 D 不可能达到中毒剂量，日光照射皮肤也不会引起维生素 D 中毒，但摄入过多维生素 D 补充剂有可能造成中毒。

我国健康成年人的维生素 D 推荐摄入量为 10μg/d，可耐受最高摄入量为 50μg/d。

5.1.2.3 食物来源

膳食维生素 D 的来源与维生素 A 类似，主要来源于鱼肝油、肝、肾、全脂乳、黄油、蛋黄、富含脂肪的鱼等。香菇等菌类食物含有维生素 D_2 的前体，即麦角固醇。在紫外线照射下麦角固醇可以转变成麦角钙化醇，即维生素 D_2。其他蔬菜、谷物和水果几乎没有维生素 D 活性。在脱脂牛乳、低脂酸乳、豆浆、植物奶等食物中强化维生素 D，有利于预防维生素 D 的缺乏。

日光照射是人体获得维生素 D 的主要来源。在没有防晒霜和遮阳物的状态下，在夏季裸露臂腿皮肤的情况下，每天 10～20min 的室外活动就可以满足身体对维生素 D 的需要。

5.1.3 维生素 E

维生素 E 是一系列化学结构上含有酚羟基的物质，对小鼠等动物具有抗不育作用，故又称生育酚（tocopherol）。维生素 E 类化合物包括母生育酚和三烯生育酚（tocotrienol），取代基位置及旋光构型的不同会导致其生物活性的差异，其中以 α-生育酚的生物活性最高。

膳食中的维生素 E 与脂肪一起在小肠中被吸收，进入乳糜微粒，经淋巴系统进入肝脏。膳食中脂肪摄入过少会影响维生素 E 的吸收。因此，在补充维生素 E 时应同时摄入其他含脂肪食物，或者在用餐后立即服用补充剂。

人体中的维生素 E 主要由脂蛋白进行转运。大部分维生素 E 以非酯化的形式存在于脂肪细胞中，少量储存在肝脏、肺脏、心脏、肌肉、肾上腺和大脑。脂肪组织中维生素 E 的储存总量随维生素 E 摄入剂量的增加而增加，而其他组织的维生素 E 含量基本不变。在正常饮食情况下，体内维生素 E 的储存量可供数月使用。

5.1.3.1 维生素 E 的生理功能

维生素 E 是细胞中最重要的脂溶性抗氧化剂，可以与维生素 C 等抗氧化成分及抗氧化酶如超氧化物歧化酶、谷胱甘肽过氧化物酶一起构成体内抗氧化系统，保护生物膜及蛋白质免受活性氧和其他自由基的损伤。维生素 E 对维持红细胞的正常功能是必需的。当血浆中维生素 E 水平过低时，红细胞膜易受到自由基损伤发生破裂，进而出现溶血现象。

机体中充足的维生素 E 有利于改善皮肤弹性，减少皮肤表面脂褐质的形成。维生素 E 还可以调节细胞信号转导和基因表达，对保护中枢神经系统也有一定帮助。有研究发现，从食物中摄入较多的维生素 E 与较低的心血管疾病的发病风险有关。然而，大规模的干预研究中并没有发现大剂量的维生素 E 可以有效降低心血管疾病的风险及心血管疾病死亡率。

5.1.3.2 缺乏与过量

维生素 E 在人体中的缺乏与过量现象并不常见。在低体重的早产儿、血 β-脂蛋白缺乏症和脂肪吸收障碍的患者中可能出现维生素缺乏。长期食用缺乏维生素 E 的饮食后，可能出现视网膜退行性变化、溶血性贫血、肌无力等症状。

相对于其他脂溶性维生素，维生素 E 的毒性较低，但摄入大剂量维生素 E 后（800mg/d 以上）可能出现中毒症状，如视觉模糊、腹泻及维生素 K 的吸收和利用障碍。

维生素 E 的活性可用 α-生育酚当量（α-tocopherol equivalent，α-TE）来表示，1mg α-TE 相当于 1mg RRR-α-生育酚的活性。我国成年人膳食维生素 E 的适宜摄入量为 14mg α-TE/d。成年人的 UL 为 700mg α-TE/d。

5.1.3.3 食物来源

人类所需要的维生素 E 大多来自于植物来源的烹调油、豆类、坚果、油籽和全谷物。花生、瓜子等零食和芝麻酱、沙拉酱等调味品可以提供维生素 E，肝脏、蛋黄也是维生素 E 的来源。但肉类、水果、蔬菜和精白谷物中的维生素 E 含量甚低。有些油脂中 γ-生育酚多于 α-生育酚。

在加工、储存和制备过程中，食物的维生素 E 常因为脂肪氧化而受到破坏，但维生素 E 在蒸、煮、炒等烹调处理中损失不大，只有油炸时会造成明显损失。

5.1.4 维生素 K

维生素 K 是一类具有凝血作用的、含有 2-甲基-1, 4-萘醌衍生物的总称，又称为凝血维生素。天然的维生素 K 有两种，分别是维生素 K_1 和维生素 K_2。维生素 K_1 常存在于绿叶植物中，即叶绿醌（phylloquinone）或叶绿基甲萘醌；维生素 K_2 存在于发酵食品中，即聚异戊烯甲基萘醌（menaquinone），可由许多微生物合成，包括人类和动物的肠道微生物。其异戊烯基的聚合度有所不同。维生素 K_1 和 K_2 的结构如图 5.3 所示。

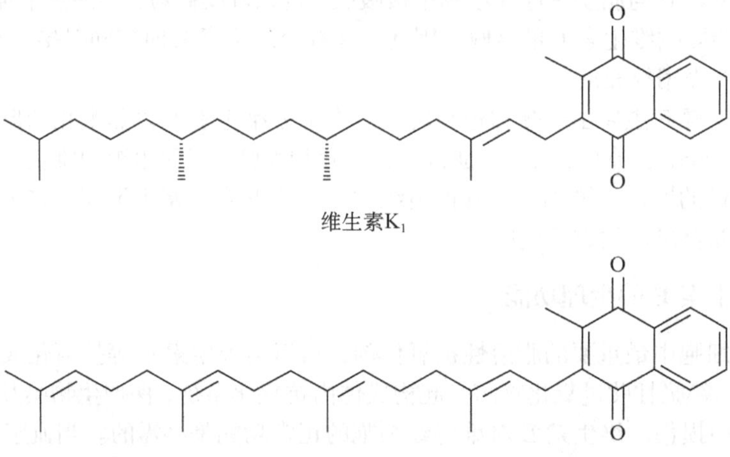

维生素K_1

维生素K_2

图 5.3 维生素 K_1 和 K_2 的结构式

与其他的脂溶性维生素类似，食物中的维生素 K 和膳食脂肪在胆汁的帮助下一起在小肠被吸收，后经淋巴入血。维生素 K 主要储存在肝脏的生物膜中，在体内可以被重复利用。维生素 K 在一般的食品烹调和加工中损失较少。

5.1.4.1 维生素 K 的生理功能

维生素 K 的主要生理功能之一是维持正常的凝血功能。它促进肝内凝血酶原前体转变为凝血酶原，进而形成有活性的凝血酶。当机体内维生素K缺乏时，凝血时间延长，乃至出现凝血障碍。

维生素K的另一个作用是作为γ-羧化酶的辅酶，帮助蛋白质氨基酸侧链上的谷氨酸转化为γ-羧基谷氨酸。体内一些重要的蛋白质属于维生素K依赖蛋白质，它们需要维生素K帮助进行γ-羧化之后，才能获得生物活性。例如，将钙元素沉积到骨胶原基质上需要骨钙素（osteocalcin）这种蛋白质，而维生素K不足时，这种蛋白质无法充分γ-羧化，生物活性降低，会造成骨细胞钙化障碍，从而增加人体的骨折风险。维生素K也通过类似的机制参与维持心血管健康，帮助预防血管钙化。

同时，维生素K和β-胡萝卜素、维生素E一样具有清除自由基的作用，保护食品中其他成分（如脂类）不被氧化，并减少肉制品在腌制过程中亚硝胺的生成，因而具有良好的抗氧化性能。

5.1.4.2 缺乏与过量

由于很多天然食物中含有维生素K，人体肠道细菌也可以合成部分维生素K，故而成年人中严重缺乏维生素K的现象并不多见。

但对一些新生儿来说，由于其肠道菌群不含可以合成维生素K的菌种，加上血液中的凝血酶原水平较低，有可能因缺乏维生素K引起新生儿出血病。出生时注射或服用维生素K制剂可有效解决此问题。哺乳母亲服用维生素K也可以有效帮助婴儿预防缺乏症状。目前未见维生素K摄入过量造成毒性作用的证据，故未制定UL。

5.1.4.3 食物来源

我国成年人的维生素K适宜摄入量（AI）为80μg/d。维生素K在食物中的良好来源有肝脏、大豆油和菜籽油等部分食用油脂、深绿色叶菜和豆制品等，蛋黄、全脂乳和部分坚果油籽中也含有少量维生素K，但在精白米面、肉、鱼、浅色蔬果中含量较少。对我国居民来说，绿色蔬菜、豆制品、大豆油和菜籽油是维生素K的主要来源（表5.2），但对于西方国家居民来说，因摄入绿叶蔬菜和豆制品较少，乳制品和肉类是其维生素K的重要食物来源。

表5.2 部分食物中维生素K不同组分的含量（μg/100g食部）

食物	叶绿醌	MK-4	MK-7	食物	叶绿醌	MK-4	MK-7
糙米	0.3	ND	ND	全脂牛乳	1	2	ND
精白米	0.1	ND	ND	蛋黄	7	64	ND
卤水豆腐	12	0.04	ND	蛋白	ND	1	ND
纳豆	45	2	939	橄榄油	63	0.4	ND
牛肉	0.6	15	ND	大豆油	234	ND	ND
猪肉	ND	6	ND	菜籽油	92	ND	3
鸡腿肉	ND	27	ND	咖喱粉	93	ND	ND
鲭鱼	1	1	ND	绿茶粉	3049	ND	ND

注：MK-4指异戊烯基聚合度为4的维生素K_2；MK-7指异戊烯基聚合度为7的维生素K_2；ND代表未检出

资料来源：Kamao et al.，2007

5.2 水溶性维生素

水溶性维生素是指可溶于水的一类维生素，包括B族维生素（维生素B_1、维生素B_2、烟酸、

维生素 B_6、泛酸、生物素、叶酸和维生素 B_{12} 等）和维生素 C。

水溶性维生素不需要脂肪来帮助吸收。它们一般不具有蓄积性，在机体摄入饱和后，容易通过尿液排出，故很少发生过量中毒。反之，若组织中的维生素被耗竭，则摄入的维生素就会被大量利用，使从尿液中排出维生素的量减少。故而可以用尿负荷法测定水溶性维生素的营养状况。一次摄入大量水溶性维生素之后，一定时间内在尿液内排出的量越大，则表明维生素的营养状况越好。

大多数水溶性维生素常作为辅酶或辅基参与机体的生化代谢，尤其是在碳水化合物、脂类和蛋白质的代谢中发挥重要作用。

5.2.1 维生素 B_1

维生素 B_1 的化学名称为硫胺素（thiamine），是由一个含氨基的嘧啶环和一个噻唑环构成的化合物。在机体中，硫胺素在硫胺素激酶的催化作用下转变为硫胺素焦磷酸（thiamine pyrophosphate），其结构式如图 5.4 所示。硫胺素在酸性条件下耐热性较好，在碱性溶液条件下对热极不稳定，Cu^{2+}可加快其被破坏。

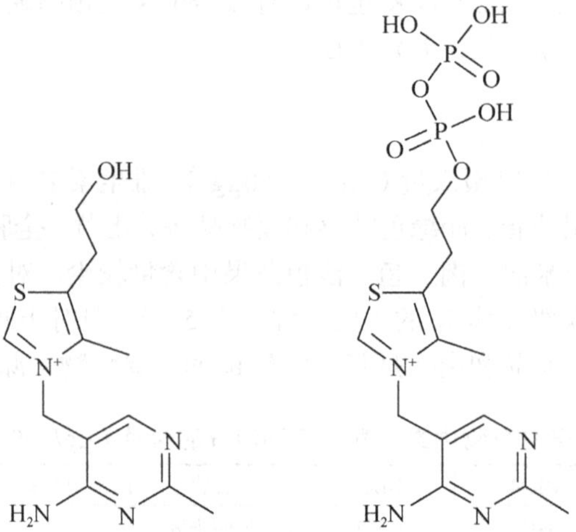

硫胺素　　　　硫胺素焦磷酸

图 5.4　维生素 B_1 及其活性形式的结构式

5.2.1.1 维生素 B_1 的生理功能

硫胺素在碳水化合物代谢中起到重要作用，是体内 α-酮酸脱氢酶体系和转酮醇酶的辅酶，为人体能量产生途径所必需，同时还参与支链氨基酸和脂肪酸的代谢，参与合成多种神经递质和类固醇激素等重要的生物活性化合物。神经系统对维生素 B_1 的依赖性较强，这是因为神经系统的功能强烈地依靠葡萄糖提供能量；同时维生素 B_1 对消化系统功能具有重要作用，有助于维持肠道的正常蠕动。

5.2.1.2 缺乏与过量

维生素 B_1 主要在空肠和回肠被吸收。膳食中叶酸缺乏、大量饮茶和饮酒，以及钠离子不足时，会降低维生素 B_1 的吸收率。人体内的维生素 B_1 有超过一半分布在肌肉中，心脏、肝脏、肾脏和脑等内脏也含有较多维生素 B_1。

维生素 B_1 的严重缺乏症常被称为脚气病（beriberi）。成年人脚气病分为干性脚气病、湿性脚气病和混合型脚气病。干性脚气病表现为多发性周围神经炎，以身体乏力、情绪沮丧、肢端麻木、肌肉酸痛及跟腱和膝跳反射异常为主要症状。湿性脚气病则以水肿和心脏功能障碍为主，后者表现为心悸气短、心动过速乃至心力衰竭。混合型脚气病则两方面症状兼而有之。婴儿脚气病多发于 6 月龄以下婴儿，由于母亲膳食中维生素 B_1 严重不足，引起乳汁中维生素 B_1 缺乏而致病。

维生素 B_1 极易从尿液中排出，在体内储备数量少，需要及时从膳食中补充。我国膳食中维生素 B_1 不足情况常见，而服用维生素 B_1 补充剂中毒的情况极为罕见。

5.2.1.3 维生素 B1 的食物来源

我国轻体力活动成年人膳食维生素 B_1 的推荐摄入量为成年男性 1.4mg/d、女性 1.2mg/d。孕妇及乳母的供给量需适当增加，体力活动强度较大者应按能量消耗比例相应增加摄入量。

维生素 B_1 含量丰富的食物有全谷、豆类、猪肉、动物内脏、坚果、油籽等。日常膳食中维生素 B_1 的最主要来源是粮谷类主食，但谷物的精加工常使大部分维生素 B_1 损失于糠麸之中。同时，烹饪加工过程如煮粥加碱、制作面条时加入食用碱、制作油炸面食等，也常造成维生素 B_1 的较大损失。摄入糖果、甜饮料、纯淀粉食物等碳水化合物含量高而维生素 B_1 含量极低的食物会增加维生素 B_1 的消耗。

中国居民营养与健康状况研究显示，我国老年人维生素 B_1、维生素 B_2 和叶酸摄入不足的比例均高于 80 %。因此，老年人尤应注意摄入充足的富含维生素 B_1 的食物。减肥人士主食摄入量减少，极易造成维生素 B_1 摄入量下降，也应特别注意摄入富含维生素 B_1 的食物。

特别关注：全谷杂粮有利于充沛体力和积极情绪

维生素 B_1 不足会造成体力低下和情绪沮丧。在革命战争时代，没有大鱼大肉，没有维生素片，战士们却能日行百里山路，情绪积极乐观，部分原因是以全谷杂粮为主食，只要能够吃饱，就不会缺乏维生素 B_1。

按我国食物成分表数据，小米中的维生素 B_1 的含量是特级粳米（目前日常所吃的精白大米）的 4 倍左右。如果成年男性一日摄入 500g 小米煮成的小米饭，则可获得 1.65mg 的维生素 B_1，超过了 1.4mg 的维生素 B_1 推荐摄入量。同样，红籼米和黑粳米作为全谷物，其中的维生素 B_1 也分别是特级粳米的 2 倍和 4 倍。所以，成年人合理食用全谷杂粮，都可以从主食中获得充足的维生素 B_1 供应。

在富裕社会中食用大量精白米面、甜食饮料和油炸食物，其中维生素 B_1 含量甚微。有些年轻人每天感觉疲乏无力、无精打采、肌肉酸痛、情绪沮丧、心慌气短，不排除和维生素 B_1 不足有关的可能性。增加全谷杂粮的摄入量，减少甜食甜饮料，预防维生素 B_1 缺乏，对改善外周神经系统功能有所帮助。

从维生素 B_1 不足造成的营养缺乏症可以看出，合理饮食可以有效改善国民的工作能力和情绪状态。学习营养课程的大学生应当肩负起自己的使命，积极健康饮食，同时也要把营养知识传播给更多的人，提高他们的生命质量。

5.2.2 维生素 B_2

维生素 B_2 的化学名称为核黄素（riboflavin），是 7, 8-二甲基异咯嗪环与一分子核糖醇构成的黄色物质，其结构式如图 5.5 所示。

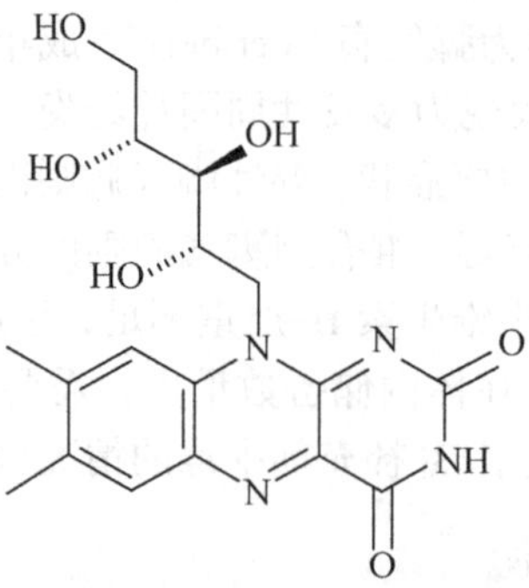

图 5.5 维生素 B_2 的化学结构

维生素 B_2 在食品加工、脱水和日常烹调中较为稳定，除油炸等高温处理之外，热处理后的保存率可高达 90%以上。然而，维生素 B_2 在碱性环境中对热不稳定，对光和紫外线极为敏感，日光照射会造成溶解状态的维生素 B_2 快速分解。

食物中的核黄素往往以与蛋白质结合的形式存在，需要在蛋白酶和磷酸酶的作用下游离下来，进而在小肠上段被吸收。

5.2.2.1 维生素 B2 的生理功能

核黄素是能量代谢、脂质代谢、药物代谢、外源物质代谢、细胞信号转导和蛋白质折叠的重要辅助因子。核黄素在机体内通常以黄素单核苷酸（flavin mononucleotide，FMN）和黄素腺嘌呤二核苷酸（flavin adenine dinucleotide，FAD）两种形式的辅酶参与体内三羧酸循环和氧化磷酸化过程。此外，在色氨酸转化为烟酸的过程中，以及维生素 B_6 不同形式的转换中，维生素 B_2 也发挥了重要作用。

5.2.2.2 缺乏与过量

体内维生素 B_2 缺乏可引起多种症状，最初的表现为疲倦乏力、口腔疼痛、眼睛灼热感、怕光、结膜充血等。维生素 B_2 缺乏症常表现在面部五官及皮肤，如“口腔生殖系统综合征”与维生素 B_2 缺乏有关，症状包括口角炎、舌炎、脂溢性皮炎等，继而出现阴囊皮炎。

维生素 B_2 极易从尿液中排出，服用维生素 B_2 补充剂后尿液呈现鲜亮的黄色。目前尚未发现过多摄入维生素 B_2 造成的毒性反应，故未制定 UL。

维生素 B_2 缺乏的原因可能来自两方面，即食物摄入不足和身体需求量增加。大量摄入酒精、咖啡因等成分，摄入过多的矿物质，罹患肠道疾病，以及胰腺、肝脏、胆囊功能障碍等，都会影响维生素 B_2 的吸收利用率。此外，现代生活中工作压力增加、过度疲劳等情况均会使机体对维生素 B_2 的需要量增加。

5.2.2.3 食物来源

我国轻体力活动成年人的膳食维生素 B_2 推荐摄入量为男性 1.4mg/d，女性 1.2mg/d。维生素 B_2 的可靠食物来源有牛乳及乳制品、绿叶蔬菜、动物内脏、蛋黄、酵母和蘑菇等。发酵食品（酸乳、乳酪、豆豉等）中通常较其未发酵原料含有更多的维生素 B_2。

粮谷类食物虽然是维生素 B_2 的重要来源，但精制加工的过程中维生素 B_2 的损失较大，如精米的维生素 B_2 存留率仅为 11%。加碱烹调、蔬菜焯水、捞蒸米饭、面食煮后弃汤等烹调处理也会造成菜肴和主食中维生素 B_2 的大量损失。馒头、面包等酵母发酵食品有利于保持和提升维生

素 B_2 营养价值。

5.2.3 烟酸（尼克酸）

烟酸（nicotinic acid）也被翻译为尼克酸，被称为维生素 B_3，又称维生素 PP，是吡啶-3-甲酸及其衍生物的总称，常以烟酰胺（尼克酰胺）（nicotinamide）形式出现。烟酸和烟酰胺合在一起被称为抗癞皮病因子，其结构式如图 5.6 所示。它对热、酸、碱、光照均较稳定，但因其易溶于水，在食品加工原料的清洗、热烫等过程中，烟酸会因为溶水而流失。

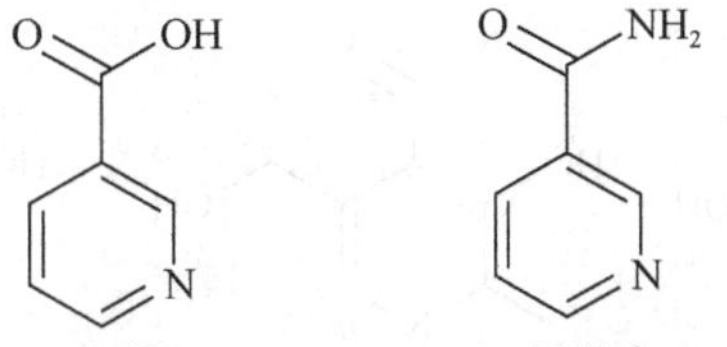

图 5.6 烟酸和烟酰胺的化学结构

5.2.3.1 烟酸的生理功能

在机体中，烟酸以辅酶Ⅰ（CoⅠ）和辅酶Ⅱ（CoⅡ）为活性形式，在生物氧化还原反应中作为脱氢酶的辅酶，起着传递氢的作用。同时，烟酰胺还具有降低血清甘油三酯、总胆固醇、LDL 和升高 HDL 的作用，有利于改善心血管功能。

5.2.3.2 缺乏与过量

烟酸缺乏会引起糙皮病（pellagra），它的病症表现为“3D 症状”：皮炎（dermatitis）、痴呆（dementia）和腹泻（diarrhea）。这种疾病在百年前非常流行，长期以玉米为主食而且缺乏其他食物，或长期酗酒的人较易患上此病。皮炎症状主要出现于身体暴露部位，有水疱、皮肤破裂和色素沉着；消化系统则出现口角炎、肠炎、腹泻；神经系统表现为烦躁、抑郁、健忘、四肢感觉异常等。但随着现代人食物来源的丰富化，典型的糙皮病目前已较为罕见。

目前尚未有日常食物中食用烟酸过量引起中毒的报道，烟酸毒性的报道多见于服用烟酸补充剂、烟酸强化食品及临床大剂量治疗产生的副反应，包括恶心、皮肤潮红、皮疹、疲劳和肝损伤。

5.2.3.3 烟酸当量和食物来源

烟酸广泛存在于食物中。植物性食物存在的主要形式是烟酸，动物性食物中则以烟酰胺为主。在动物体内，色氨酸可转化成烟酸，烟酸又可转化为烟酸酰胺。约 60mg 色氨酸可转化为 1mg 烟酸，故评估膳食摄入量时以烟酸当量（NE）作为单位，即烟酸当量（mg）＝烟酸（mg）+1/60 色氨酸（mg）。

富含色氨酸的食物通常也富含烟酸。烟酸的良好膳食来源是动物内脏、瘦肉、酵母、全谷、豆类、蛋、乳等。由于谷物的皮层和胚芽中烟酸含量较高，增加全谷物可以有效增加其供应。牛乳中虽然烟酸含量不高，但色氨酸含量高，故也可以成为烟酸的膳食来源。若根据营养素密度进行评价，蔬菜和菌类也是烟酸的较好来源。谷类食品中烟酸大部分存在于其种皮内，因此加工对谷物中的烟酸含量影响较大。

2023 版《中国居民 DRIs》中，膳食烟酸摄入量（RNI）为 18～49 岁成年男性 15mg NE/d，女性为 12mg NE/d；人体可耐受的最高摄入量（UL）为 35mg NE/d。

5.2.4 维生素 B_6

维生素 B_6 又称为吡哆醇，包括吡哆醇（pyridoxine）、吡哆醛（pyridoxal）、吡哆胺（pyridoxamine）三种衍生物，它们均有维生素 B_6 活性且可以在体内相互转化，其结构如图 5.7 所示。维生素 B_6 在体内的活性形式为磷酸吡哆醛（pyridoxal phosphate，PLP）。

维生素 B_6 主要在空肠通过被动运输进行吸收。在食物中，维生素 B_6 多以 5′-磷酸盐的形式存在，此形式的吸收速率较慢；水解为非磷酸化的维生素 B_6 后吸收速率较快。在血浆中转运时，维生素 B_6 与白蛋白结合；在红细胞中，维生素 B_6 与血红蛋白结合而运输。

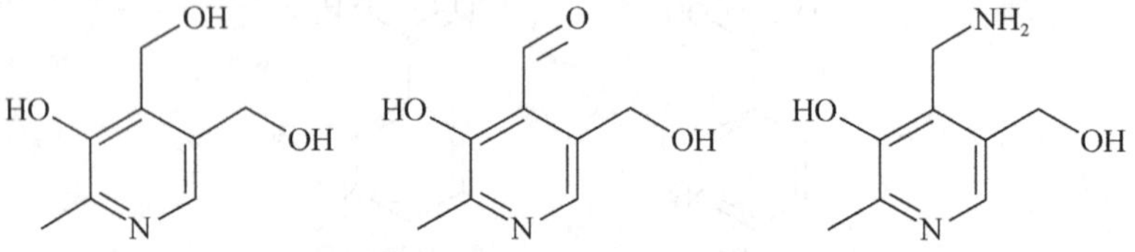

吡哆醇　　吡哆醛　　吡哆胺

图 5.7　维生素 B_6 三种形式的化学结构

5.2.4.1　维生素 B_6 的生理功能

维生素 B_6 是氨基酸代谢的重要辅酶，参与氨基酸代谢中的转氨、脱羧反应，帮助合成非必需氨基酸。维生素 B_6 也参与神经递质、糖原、神经细胞鞘脂、血红素和类固醇激素、色氨酸转化为烟酸等多种重要生化过程。此外，维生素 B_6 还帮助维护血浆中同型半胱氨酸的正常水平。

5.2.4.2　缺乏与过量

维生素 B_6 的缺乏表现为一些皮肤和神经系统的症状，如虚弱、易怒、抑郁、失眠、舌炎、口炎和免疫功能受损。缺乏维生素 B_6 会使神经递质代谢途径发生紊乱，造成认知功能障碍。维生素 B_6 缺乏时，很多重要物质的合成受阻，引起贫血、脂溢性皮炎、血脂代谢异常等问题。

由于人体肠道细菌能合成部分维生素 B_6，所以维生素 B_6 的严重缺乏现象并不多见，其缺乏可能是由于使用某些非甾体抗炎药物、怀孕、酗酒和某些自身免疫性疾病造成的。目前还未有过量摄入维生素 B_6 而引起毒性反应的报告。

5.2.4.3　食物来源

2023 版《中国居民 DRIs》中，膳食维生素 B_6 的推荐摄入量为 18～49 岁成年人 1.4mg/d，50 岁以上人群为 1.6mg/d。18～49 岁成年人可耐受最高摄入量为 60mg/d。维生素 B_6 广泛存在于各种食物中，在肉、蛋、乳、谷胚、豆类和绿叶蔬菜中含量丰富。其中，谷物中主要含有的是吡哆醇，吸收率不及动物产品中的吡哆醛和吡哆胺。适当摄入未精制的全谷类食品可以获得更多的维生素 B_6。

5.2.5 泛酸

泛酸（pantothenic acid）即维生素 B_5，也称遍多酸，广泛存在于生物体，是辅酶 A 的重要组成部分。在食品加工和储藏过程中，特别是低水分活度下，泛酸具有良好的稳定性，随着温度的升高和水分流失程度的增大，泛酸损失 30%～80%。食物中的泛酸以辅酶 A 和酰基载体蛋白的形式存在，在肠道内分解为泛酸后被吸收。吸收后的泛酸通过血液经载体运输进入细胞，从而分布在全身各个组织。

5.2.5.1　泛酸的生理功能

泛酸的主要生理活性形式是辅酶 A 和酰基载体蛋白，它们作为酰基载体参与碳水化合物、脂质和蛋白质的代谢，在能量代谢和合成反应中起着关键作用。有研究发现，辅酶 A 有助于脑细胞的结构和功能、神经递质的合成和类固醇激素的产生。

5.2.5.2　缺乏与过量

由于泛酸参与蛋白质、脂肪和碳水化合物代谢，缺乏它会引起机体代谢障碍，包括脂肪合成减少和能量产生不足。有研究发现，严重营养不良的患者会出现食欲不振、消化不良、疲倦乏力、情绪抑郁，偶有足部感觉异常、四肢麻木、失眠和虚弱等现象。

由于泛酸广泛存在于食品中，且人体的肠道菌群可以合成泛酸以供人体利用，因此泛酸的单独缺乏症状较为少见。

5.2.5.3　食物来源

2023 版《中国居民 DRIs》中，膳食泛酸的适宜摄入量为成年人 5mg/d，孕妇 6mg/d，乳母 7mg/d。泛酸几乎存在于所有的植物和动物食品中，其最佳来源为鸡蛋、肝脏、鲑鱼和酵母等。谷物种子的泛酸含量较为丰富，但在精制加工成为精白米面之后，其含量大幅度下降。

5.2.6　生物素

生物素（biotin）即维生素 B_7，又称维生素 H。在食物中，生物素多以与蛋白质结合的形式存在，需要在肠道蛋白酶作用下形成游离的生物素，在小肠中被吸收。一般烹调中损失不大，强碱和氧化剂可使其受到破坏。

5.2.6.1　生物素的生理功能

生物素是羧化酶的辅酶，在三羧酸循环、糖异生作用和脂肪酸的合成中起重要作用。作为药物，生物素可降低血糖水平、维持正常的 DNA 合成机能和免疫功能等，但尚不清楚这些是否与其辅酶功能有关。

5.2.6.2　缺乏与过量

生物素缺乏表现为头发（毛发变细、失去光泽、脱发）、皮肤（皮肤干燥、皮疹）和神经系统的损害（食欲减退、精神沮丧、肌肉酸痛、嗜睡等）。机体一般不易缺乏生物素，但长期生食鸡蛋可导致生物素缺乏，这是因为生鸡蛋清中含有一种抗生物素蛋白（avidin），与生物素结合后可使其失去活性，但这种拮抗作用在加热到鸡蛋凝固后可以消除。长期使用抗生素或酗酒也可能因为抑制肠道菌群生长从而造成生物素缺乏症。目前尚未有过量摄入生物素而引起的不良反应报告。

5.2.6.3　食物来源

2023 版《中国居民 DRIs》中，成年人膳食生物素的适宜摄入量为 40μg/d。生物素广泛存在于天然动植物食品中，其中乳类、蛋类、酵母、肝脏和绿叶蔬菜中含量相对丰富，但精制谷物中含量较低，且生物利用率较低。

5.2.7　叶酸

叶酸（folic acid）又称维生素 B_9，广泛存在于生物界，因在植物绿叶中含量丰富而得名。叶酸分子由 6-甲基蝶呤、对氨基苯甲酸与 L-谷氨酸连接而成，如图 5.8 所示，主要包括叶酸、二氢叶酸、四氢叶酸及其多种一碳加成产物。

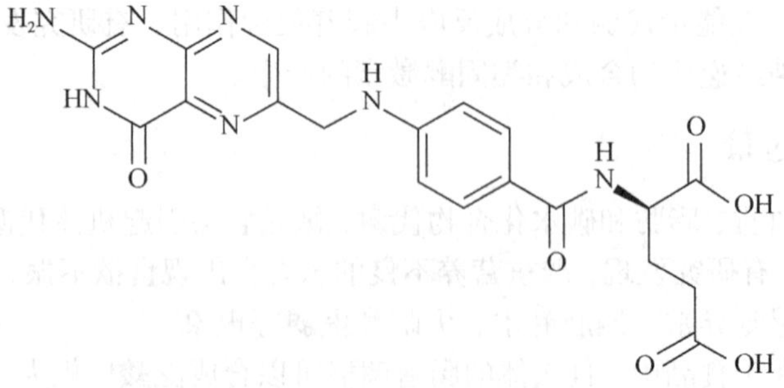

图 5.8 叶酸的化学结构式（单谷氨酸）

叶酸类物质的化学性质较不稳定。它在酸性溶液中不稳定，加热或光照时易分解破坏，在焯烫时还有溶水损失。植物性食物中的叶酸常以与多个谷氨酸结合的形式存在，不易被吸收利用，需要在小肠 γ-谷氨酸酰基水解酶作用下，将其水解为单谷氨酸叶酸，并进行甲基化才能被吸收。

5.2.7.1 叶酸的生理功能

叶酸在体内的主要形式是 5-甲基四氢叶酸，作为一碳单位的载体参与代谢。叶酸携带甲酰基、亚甲基和甲基等一碳单位，参与嘌呤、DNA、RNA 等前体物质嘧啶核苷酸的合成，在细胞修复、增殖和分化过程中发挥作用；参与血红素和其他多种重要含氮物质的合成，影响造血功能；参与神经递质的正常合成，从而影响认知功能。

叶酸在参与氨基酸代谢时同维生素 B_6 和维生素 B_{12} 之间存在着重要的相互关系，三者均参与将同型半胱氨酸转化成甲硫氨酸的生化过程，防止血液中同型半胱氨酸积累，有利于降低心脑血管疾病的发病风险。

（1）叶酸的缺乏症状

叶酸缺乏导致 DNA 和 RNA 合成受损，从而减少细胞分裂。叶酸缺乏在更新速度快的细胞和组织中表现最为明显，如红细胞、消化道上皮细胞和参与胚胎发育的细胞。典型的叶酸缺乏症表现为巨幼红细胞贫血，因 DNA 合成障碍，红细胞不能及时分裂所致。其主要症状为头晕乏力、脸色苍白、食欲下降、消化不良等。在显微镜下可见红细胞中出现不正常的巨幼细胞类型。孕前和孕早期叶酸摄入不足会引起胎儿的神经管畸形如脊柱裂、脑瘫、中枢神经系统障碍等。通常推荐备孕期女性提前补充叶酸来预防神经管畸形。除此之外，缺乏叶酸可引起 DNA 低甲基化，增加癌症的风险。

导致叶酸缺乏的常见原因包括几方面：富含叶酸的食物摄入不足；烹调加工过程中叶酸损失较大；人体对叶酸的生理需求量增加（如怀孕、伤病等）；妨碍叶酸吸收的因素和肠道营养吸收障碍（如炎症性肠病和乳糜泻）或代谢的遗传疾病引起的吸收率下降；服用某些药物。维生素 C 和葡萄糖可促进叶酸的吸收利用，而过度饮酒、大量饮用浓茶和咖啡、缺锌的情况会降低叶酸的吸收利用率。

（2）过量摄入叶酸的危害

通过食物摄入叶酸时不存在因摄取过量而中毒的问题，但长期大量摄入合成叶酸增补剂可能导致毒副作用，包括影响锌的吸收、诱发婴儿哮喘和干扰某些药物效果的问题。过量的叶酸摄入还会干扰维生素 B_{12} 缺乏的诊断，可能使叶酸和维生素 B_{12} 共同缺乏导致的巨幼红细胞贫血症患者产生严重的神经损伤。因此叶酸的总摄入量不应超过 1mg/d。

5.2.7.2　叶酸当量和食物来源

通常人体每日摄入叶酸的量维持在 3μg/kg 即可保证体内有适当的叶酸储备。但是由于食物叶酸的生物利用率仅为 50%，合成叶酸在与食物混合摄取后的生物利用率为 85%，其较来源于食物中的叶酸利用率高出 1.7 倍。因此，常用叶酸当量（DEF）计算叶酸摄入量，其计算公式为：叶酸当量（DEF）＝膳食叶酸（μg）+1.7×叶酸补充剂（μg）。

2023 版《中国居民 DRIs》中，膳食叶酸的推荐摄入量为成年人 400μg DEF/d，孕妇 600μg DEF/d，乳母 550μg DEF/d。成年人叶酸的可耐受最高摄入量为 1000μg DEF/d。

食物中的叶酸主要以二氢叶酸为主，绿色蔬菜和豆类是叶酸的主要来源。叶酸的良好食物来源还包括肝脏、肾脏、牛肉、蛋黄和酵母。此外，全谷物、浅色蔬菜和部分水果中也含有少量叶酸。孕妇、乳母等叶酸需求量增加的特殊人群若难以通过食物摄取足够的叶酸，建议适量增补叶酸补充剂。

5.2.8　维生素 B_{12}

维生素 B_{12} 又称钴胺素（cobalamine），是一系列含钴元素的类钴啉化合物，也是唯一一个含有金属元素的维生素（图 5.9）。

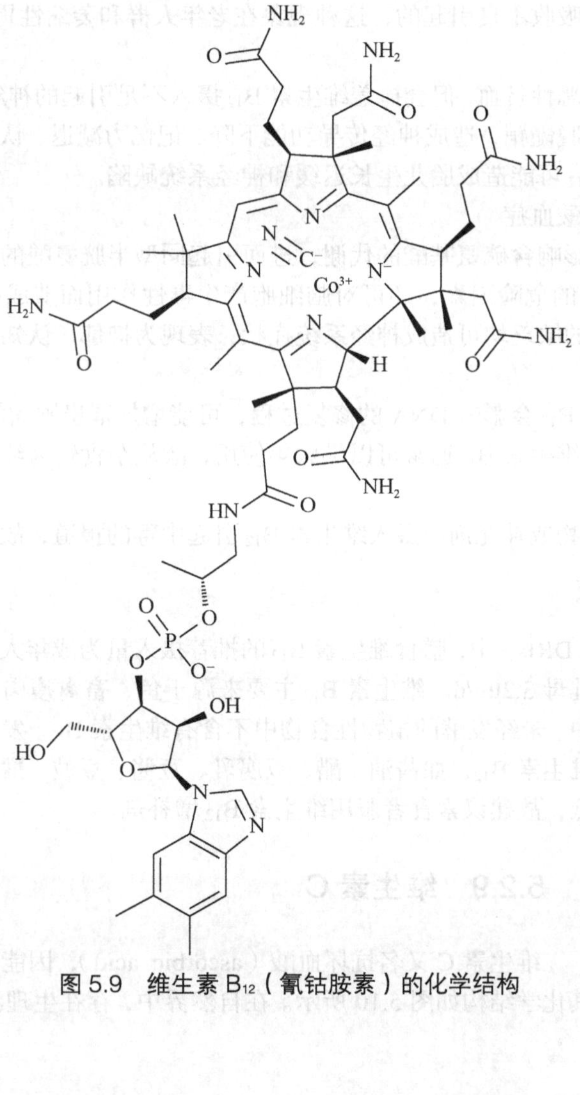

图 5.9　维生素 B_{12}（氰钴胺素）的化学结构

食物中维生素 B_{12} 主要以与蛋白质结合的形式存在。摄入食物后，在胃酸和胃蛋白酶的作用下，维生素 B_{12} 从食物中游离出来，并与胃部黏膜细胞分泌的一种糖蛋白（内因子）结合，运送到小肠后被回肠部位的维生素 B_{12}-内因子特异性受体吸收。在体内维生素 B_{12} 的贮存量为 2～4mg，其中约 60%储存在肝脏，30 %储存于肌肉中。

5.2.8.1 维生素 B_{12} 的生理功能

维生素 B_{12} 在体内以甲基钴胺素和腺苷基钴胺素两种辅酶形式存在。维生素 B_{12} 与叶酸在 DNA 合成和含硫氨基酸的代谢中共同起到重要的作用，亦有助于维持正常的同型半胱氨酸水平，进而预防心血管疾病。维生素 B_{12} 还参与血红素的合成，参与造血，预防恶性贫血。维生素 B_{12} 是神经鞘维护所必需的因子，被称为营养神经的维生素。

5.2.8.2 缺乏与过量

缺乏维生素 B_{12} 在非纯素食的健康个体中并不常见，其缺乏症状与叶酸缺乏较为相似。

（1）巨幼红细胞贫血

维生素 B_{12} 参与叶酸的活化，维生素 B_{12} 摄入不足会直接影响亚甲基四氢叶酸的形成，引起红细胞中 DNA 合成障碍，诱发巨幼红细胞贫血。维生素 B_{12} 缺乏所引起的恶性贫血往往是由胃内因子分泌不足导致的吸收不良引起的，这种现象在老年人群和萎缩性胃炎患者中较为常见。

（2）神经系统损害

补充叶酸可以缓解恶性贫血，但会掩盖维生素 B_{12} 摄入不足引起的神经纤维变性。维生素 B_{12} 的长期缺乏会导致神经脱髓鞘，造成神经传导功能下降、记忆力减退、认知能力下降、抑郁等问题。孕期缺乏维生素 B_{12} 可能造成胎儿生长迟缓和神经系统缺陷。

（3）高同型半胱氨酸血症

维生素 B_{12} 缺乏会影响含硫氨基酸的代谢，进而引起同型半胱氨酸的积累。高同型半胱氨酸血症不仅是心血管疾病的危险因素，还可对脑细胞产生毒性作用而造成神经系统损害。维生素 B_6、叶酸和维生素 B_{12} 的缺乏均可造成神经系统症状，表现为抑郁、认知能力下降、痴呆和自主神经功能障碍。

此外，缺乏维生素 B_{12} 会影响 DNA 的修复过程，可能增加罹患肿瘤的风险。

杂食者体内储存的维生素 B_{12} 通常可以供数年使用，故从杂食转为纯素食之后往往若干年后才出现缺乏症状。

目前尚未发现从食物或补充剂中摄入维生素 B_{12} 引起中毒的报道，故未确定 UL。

5.2.8.3 食物来源

2023 版《中国居民 DRIs》中，膳食维生素 B_{12} 的推荐摄入量为成年人 2.4μg/d，孕妇 2.9μg/d、乳母 3.2μg/d。维生素 B_{12} 主要来源于鱼、畜禽瘦肉、蛋、乳等动物性食物中。未经发酵的植物性食物中不含有维生素 B_{12}。发酵食物和菌类食物含有维生素 B_{12}，如酱油、醋、豆腐乳、豆酱、豆豉、醪糟，但其吸收利用率较低，故建议素食者服用维生素 B_{12} 增补剂。

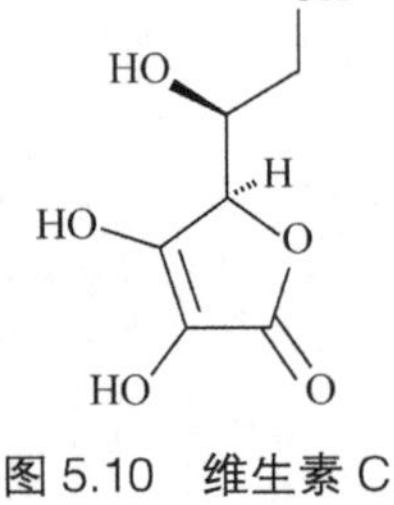

图 5.10 维生素 C 的化学结构

5.2.9 维生素 C

维生素 C 又名抗坏血酸（ascorbic acid），因能够治疗坏血病而得名，其化学结构如图 5.10 所示。在自然界中，存在生理活性的一般是 L-维生素

C。食物中的维生素 C 有还原型和氧化型，两者之间在体内可通过氧化还原反应相互转变，均有生物活性。

维生素 C 易因受热和氧化而损失，在酸性条件下耐热性较好，在加碱处理时损失较大。植物组织中存在的氧化酶（如抗坏血酸氧化酶、多酚氧化酶、过氧化物酶、细胞色素氧化酶）可以破坏维生素 C，蔬菜和水果在储藏时，维生素 C 含量会有不同程度的下降，所以蔬菜和水果应尽可能保持新鲜。

5.2.9.1 维生素 C 的生理功能

维生素 C 是羟化酶的辅酶，参与氨基酸的羟基化反应。羟脯氨酸和羟赖氨酸是合成胶原蛋白的重要组成成分，对皮肤、血管、筋腱、骨胶原等组织细胞的维持和修复具有关键作用。

维生素 C 通过参与白细胞的免疫活性、炎症反应过程和黏膜完整性来提升机体的抗感染能力。

维生素 C 是机体内的重要抗氧化物质，与体内的巯基酶、谷胱甘肽和活性维生素 E 协同，使机体组织免受氧化破坏。维生素 C 所具有的还原性可使食物中难以吸收的 Fe^{3+}还原为易于吸收的 Fe^{2+}，并保持血红蛋白血红素辅基中铁原子的还原状态。

除此之外，维生素 C 还参与类固醇的羟基化反应，与胆固醇转变成胆酸、肾上腺皮质激素等过程有关，并有利于降低血清胆固醇水平，预防动脉粥样硬化的发生。

5.2.9.2 缺乏与过量

缺乏维生素 C 时，由于羟化酶活性不足，机体无法正常修复血管壁的胶原蛋白，造成毛细血管脆性增加，皮肤毛囊出现出血点。长期缺乏维生素 C 会引起坏血病，其主要临床症状为疲乏无力、肌肉关节疼痛、毛囊充血、牙龈肿胀出血、牙龈萎缩，还可导致骨钙化不正常及伤口愈合缓慢等症状。

天然食物中的维生素 C 不会引起过量毒性作用，但大剂量摄入时可能带来不良反应。由于维生素 C 在人体内的代谢终产物是草酸，长期大量服用维生素 C 可出现草酸尿，进而增加泌尿系统结石的风险。一次性大量服用还可能对肠道造成刺激，产生腹泻等不适症状。

5.2.9.3 食物来源

人体每天摄入 20mg 维生素 C 即可预防坏血病。2023 版《中国居民 DRIs》中，膳食维生素 C 的推荐摄入量为 100mg/d，预防慢性疾病的建议摄入量为 200mg/d，可耐受最高摄入量为 2000mg/d。维生素 C 的主要来源为新鲜的水果、蔬菜和薯类，如柑橘类水果、十字花科蔬菜（西兰花、紫甘蓝和花椰菜等）、番茄、甜椒、山楂、草莓、猕猴桃等。

本章热点问题：维生素补充与疾病预防

据调查，目前中国居民癌症的发病率为 293.91/10 万，而中国居民心脑血管疾病死亡率为 364.6/10 万，每年约死亡 509.3 万人。越来越多的居民选择使用膳食补充剂来增加膳食中的维生素供应，希望达到预防慢性病的目的。

但是，维生素的补充真的可以预防癌症和心血管疾病吗？其实，无论补充单一品种的维生素，还是多种维生素复合制剂，对于预防慢性病的作用都是有限的。这里简单介绍部分维生素与疾病预防之间的研究结果。

（1）维生素A和胡萝卜素

有研究提示，维生素A摄入不足时，肺癌、胃癌等疾病的风险可能增加。但随机对照研究发现，补充维生素A与全因死亡率之间没有相关性。无论是单独补充β-胡萝卜素（30mg/d和20mg/d），还是与维生素A联合补充，都会引起抽烟人群中肺癌的发病率升高。但在这些研究中，补充量相当于25 000IU/d的维生素A，超过了成年人膳食维生素A的最高可耐受摄入量。

这提示人们，维生素摄入不足时可能引起营养缺乏的危害，不等于摄入过多时仍然有益。摄入过多的β-胡萝卜素等抗氧化成分，与其说会带来预防癌症的益处，不如说有引起不利的健康后果的风险。

（2）维生素E

对共计7.7万受试者跟踪3～10年的随机对照试验汇总分析发现，补充维生素E与全因死亡率及心脑血管疾病的发病风险无关。有两项临床研究发现，大量补充维生素E（111IU/d和200IU/d）的人群中，患出血性脑卒中的风险有所增加。

（3）维生素D

总结补充维生素D相关的随机对照人群研究发现，在持续6个月到7年的多项人体实验中，补充维生素D对全因死亡率没有显著影响。此外，也有研究发现维生素D的补充与癌症的发生和死亡并没有相关性。然而，维生素D对健康的实际影响可能还有赖于居民膳食中维生素D的水平和膳食质量。一项临床研究和两项队列研究发现摄入1000IU/d维生素D会增加居民患肾结石的风险。

（4）叶酸

对于备孕或怀孕的女性来说，每天应该补充400～800μg的叶酸，用以预防胎儿神经管畸形和出生缺陷。然而，对于健康成年人来说，补充叶酸与全因死亡率没有相关性。对同型半胱氨酸水平高的人群，或结直肠肿瘤患者来说，单独补充叶酸或与维生素B_{12}联合补充叶酸与癌症的高发有关。

（5）维生素C

两项随机对照人群研究发现补充维生素C对全因死亡率、心脑血管疾病的发生及死亡率没有影响。有研究发现，补充大量维生素C与肾结石的发生密切相关。

（6）复合维生素

随机对照研究发现复合维生素的补充与全因死亡率无关。此外，在一项为期3.6年的复合维生素补充的研究中发现，服用补充剂与全因死亡率无关。总之，没有足够的证据证明复合维生素的补充可以有效预防心脑血管疾病和癌症。

（7）这里存在几个重要问题需要理解

1）补充维生素的健康效应受到机体维生素水平的影响。如果人体确实存在缺乏症状，那么适当补充所缺的营养素，是会取得健康效益的。但一旦这种缺乏状态得以消除，额外补充超过人体需求的维生素，则未必有健康效益。

2）补充维生素的健康效应受到维生素摄入剂量的影响。维生素正如其他化学物质，在摄入过量之后都可能带来不良影响，特别是在超过UL之后，其风险就会更大。特别是一些抗氧化相关的维生素，从化学角度来说，剂量过大的抗氧化物质可能反而促进氧化反应发生，在人体氧化状态已经比较严重的时候，这种风险就可能更大。

3）从食品中获得膳食量的维生素有益，不等于从药物中获得大量维生素有益。近年来的研究越来越多地证实，食物的质构效应、不同食物成分的配合效应，可能对维生素和保健成分的健康作用产生巨大的影响。

4）不同种族、年龄、性别的人群，以及不同遗传特点、代谢能力的人，补充维生素后机体的反应可能会有很大差异，不可一概而论。在某些伤病状态下暂时大量补充某些维生素可能有利，但正常饮食的健康人长期大量补充同样的维生素就未必有益。

总之，尽管也没有足够的证据证明多种维生素和营养素补充剂有害，但是期待靠补充大量维生素来预防癌症和心脑血管疾病是不现实的。

如果发现自己因为各种原因已有营养素缺乏问题，可以按营养师的指导短时间内服用营养补充剂。然而，人们日常还是应当按照《中国居民膳食指南（2022）》的建议，合理搭配日常食物，从食物中获取充足而平衡的营养素；而不应忽视日常膳食，靠大量维生素补充剂来营造“自己很注意营养，很爱健康”的心理感觉。

本章深度思考

1. 各种 B 族维生素的需要量与哪些因素有关？它们是如何协同作用的？

2. 哪些维生素的保存率可能更多地受到烹调加工和储藏的影响？如果你是营养师，给用户设计营养食谱，可以采取哪些措施来保证膳食维生素的摄入量？

3. 现在市场上有很多种维生素补充产品和添加维生素的食品，有些人会购买多款产品同时食用。在选购和食用这些产品时，你会提醒他们需要注意哪些方面的问题？

本章课程活动

1. 根据各种维生素的食物来源，对自己 3 名亲友进行膳食评估，通过他们的饮食习惯，推测他们可能存在哪些维生素的摄入不足情况。

2. 根据各种维生素的缺乏症状，对自己 3 名亲友进行询问和观察，了解他们可能存在哪些维生素不足的临床症状。

3. 到药店找到至少 3 种维生素药品或增补产品。请评价：

（1）这些产品的维生素含量是多少？和日常食品当中的数量相比有何差异？

（2）各种维生素的建议服用量，占该维生素推荐摄入量的百分之多少？

（3）各种维生素服用多少时，会超过该维生素的 UL？

关键解读

本章参考文献

范志红. 2022. 食物营养与配餐. 2 版. 北京：中国农业大学出版社

孙长颢. 2017. 营养与食品卫生学. 8 版. 北京：人民卫生出版社

杨月欣. 2018. 中国食物成分表标准版（第 6 版　第一册）. 北京：北京大学医学出版社

杨月欣，葛可佑. 2019. 中国营养科学全书. 2 版. 北京：人民卫生出版社

中国营养学会. 2022. 中国居民膳食指南（2022）. 北京：人民卫生出版社

中国营养学会. 2022. 中国居民膳食指南科学研究报告（2021）. 北京：人民卫生出版社

中国营养学会. 2023. 中国居民膳食营养素参考摄入量（2023 版）. 北京：人民卫生出版社

Gaziano J M，Glynn R J，Christen W G，et al. 2009. Vitamins E and C in the prevention of prostate and total cancer in men：the Physicians' Health Study Ⅱ randomized controlled trial. JAMA，301（1）：52-62

Kamao M，Suhara Y，Tsugawa N，et al. 2007. Vitamin K content of foods and dietary vitamin K intake in Japanese young women. Journal of Nutritional Science & Vitaminology，53（6）：464-470

O'Connor E A，Evans C V，Ivlev I，et al. 2022. Vitamin and mineral supplements for the primary prevention of cardiovascular disease and cancer：updated evidence report and systematic review for the US Preventive Services Task Force. JAMA，327（23）：2334-2347

O'Connor E A，Evans C V，Ivlev I，et al. 2022. Vitamin，mineral，and multi vitamin supplements for the primary prevention of cardiovascular disease and cancer：A systematic evidence review for the US Preventive Services Task Force. Evidence Synthesis No.209. Agency for Healthcare Research and Quality. AHRQ publication 21-05278-EF-1

Sesso H D，Manson J E，Aragaki A K，et al. 2022. Effect of cocoa flavanol supplementation for prevention of cardiovascular disease events：the COSMOS randomized clinical trial. American Journal of Clinical Nutrition，115（6）：1490-1500

van Wijngaarden J P，Swart K M，Enneman A W，et al. 2014. Effect of daily vitaminB-12 and folic acid supplementation on fracture incidence in elderly individuals with an elevated plasma homocysteine concentration：B-PROOF，a randomized controlled trial. American Journal of Clinical Nutrition，100（6）：1578-1586

第 6 章　水和矿物质

本章学习目标

1. 熟悉水的生理功能及营养学意义，掌握正确饮水的方法及需要量。
2. 掌握各种矿物质的生理功能。
3. 掌握各矿物质缺乏和过量对机体的影响。
4. 熟悉各类矿物质的食物来源及参考摄入量。
5. 熟悉影响矿物质吸收和利用的因素。

本章课件

水（water）和矿物质（mineral）都是人体所需的无机物。其中水是人体需要量最大的一种营养成分，占人体体重的 60%～70%，是维持生命最迫切需要的营养成分。

人体需要的矿物质按需要量分为常量元素（macroelement）和微量元素（microelement）两类，其中常量元素包括钠、钾、钙、镁、磷、硫、氯等，微量元素包括铁、锌、铜、锰、钼、铬、碘、硒、氟等。

维生素（vitamin）可能在烹调加工中被破坏，而矿物质却不会。矿物质只会从一种存在形态变成另一种形态，其价态和螯合状态可能发生改变。如果排出体外的速度较慢，而摄入量超过排出量，那么摄入的矿物质就会一直在体内进行蓄积。反之，排出较多而摄入不足，可能会加剧体内矿物质的缺乏，如绝经后女性容易发生钙流失过多而骨质疏松（osteoporosis）的问题。

一部分矿物质极易被身体吸收，也会很快从尿中排出，如钾元素；另一部分矿物质则需要特殊的载体才能被吸收和转运，而且排出速度较慢，过量摄入可能会发生蓄积性中毒，如铁元素。

矿物质还有一个重要的特点，就是不同存在形式的生物利用率差异较大。部分矿物质的吸收率受到身体需要的影响，而且可能受到食物中多种促进或阻碍因素的影响。例如，植酸、草酸、单宁等都会强烈地影响植物性食品中矿物质的吸收率。因此，从食物中摄入的量并不一定等于能在体内发挥生理作用的量。

6.1　水 和 体 液

水是人体的重要构成成分，也是需要量最大的一种营养成分。性别、年龄和体成分对机体中的水分含量有显著影响。男性的水分含量高于女性，体脂率低者的水分含量高于体脂率高者。体内水分含量随年龄增长逐渐减少，年龄越小，含水量越高。新生儿含水量高达 80%，成年人体内水分含量占体重的 65%左右，老年人的含水量可低至 60%以下。

6.1.1 水的生理功能

（1）构成身体和体液的重要成分

水广泛分布在组织细胞内外，为保持细胞形状及构成人体体液所必需，是构成人体内环境的重要部分。细胞中至少含有70%的水，血液中有大约90%的水，肌肉中水占70%左右，骨骼也含有20%以上的水。

（2）参与消化吸收和废物排泄

水是体内重要的溶剂，是多种营养物质代谢的载体。一方面，在消化吸收、营养素转运等过程中，多种营养物质要溶解于水方能被人体吸收或转运，消化酶也需要在水的介质中发挥作用；另一方面，需要有水的帮助，才能使食物残渣和代谢废物顺利通过大小便、汗液等途径而排泄。人体每天约有50g固体成分从肾脏中排出，至少需要500mL水来溶解。

（3）参与体内生化反应和物质代谢

水作为溶剂参与体内物质的新陈代谢和生化反应，同时也是很多生化反应的原料和产物。酶和多种生物活性大分子只能在水相中形成生物活性的构型，甚至需要水分子的帮助才能维持天然结构。

恒定的体温环境是人体发挥正常生理功能的必要条件。水的比热和蒸发热大，且传导性好，对维持体温的恒定极为重要。通过体液的不断循环，水帮助维持身体的恒定温度。天气炎热时，人体可通过皮肤水分蒸发而散热。

（4）保持润滑作用

在身体需要活动的部位，水分起着润滑作用。例如，泪液可以减轻眼球与眼睑的摩擦；唾液和胃液等消化液能减少食物与消化道黏膜的摩擦，帮助食物的消化和吸收；关节内的关节液减少摩擦，有利于关节的活动。

6.1.2 食物来源

人体水分的来源有3个：饮水、食物中的水和内生水。通常每人每日饮水约1200mL，食物中含水约1000mL，内生水约300mL。人体每天从尿液、粪便、呼吸和汗液等途径排出的水分大约为2500mL，与摄入的水量相当。

饮水包括饮用的白水、汤羹、茶水、饮料等液体食物，对日常水的来源贡献较大。含水固体食物是水分的另一个重要来源，包括烹调后的主食、蔬菜、水果、肉类、蛋类、乳类等。例如，除富含淀粉（starch）的蔬菜以外，多数蔬菜中的水分含量在90%以上，水果多在80%以上，牛乳高达87%，新鲜肉类在70%左右，米饭在60%以上。内生水是体内生化代谢产生的水分，可被身体直接循环利用。

6.1.3 缺乏和过多

在感觉干渴的时候，人体已经失去了2%左右的水分。如果仍然不能及时补充，则会逐渐感觉疲乏、虚弱、头痛、烦躁，呼吸加快，甚至出现幻觉，最终死亡。在高温环境中水分散失过多，或剧烈运动大量出汗之后，如果无法及时补水，极易出现脱水情况。严重腹泻也会令人损失过多电解质和水分，必须及时补液。

健康人的体内水分保持在平衡状态，摄入水量增加时，排出数量也随之增加。故每日多喝两三杯水并不会带来健康损害。然而，短时间内大量饮用白水可能造成体液渗透压变化，故饮水时应遵循少量多次的原则。

6.1.4　参考摄入量

据2023版《中国居民DRIs》，在温和气候条件下，推荐轻体力活动水平的成年男性每天饮水1700mL，女性1500mL。建议不喝或少喝含糖饮料，主要通过白开水等满足人体对水分的需求。

此外，饮水量也要根据环境温度、身体活动量及身体状况进行适当调整。随着温度上升和身体活动的增加，饮水量也要随之增加。孕妇和乳母需要增加水分供应，某些疾病和服药状况也可能需要增加饮水量。

6.2　常量元素

常量元素也称宏量元素，是指体内含量大于人体体重0.01%的矿物质元素，包括钠、钾、钙、镁、磷、氯、硫7种元素，占人体矿物质总量的60%～80%。

6.2.1　钠

钠（sodium）是人体不可缺少的常量元素之一，以化合物的形式广泛存在于自然界中，人体主要的钠来源为食盐，同时钠广泛存在于其他各种食物和饮用水中。从食物和饮水中摄入的钠几乎在小肠上部被完全吸收。从肠道中吸收的钠除一部分来自外界摄入，还包括肠液中分泌的钠，总量在4400mg左右。被吸收的钠主要通过血液输送到胃液、血液、肠液及汗液中。经过粪便每日排出的钠不足10mg。

影响钠离子在肠道吸收的因素很多。促进因素为葡萄糖、血管紧张素Ⅱ（angiotensinⅡ），抑制因素为胰高血糖素（glucagon）、胆固醇等。

6.2.1.1　生理功能

（1）调节机体水分与渗透压

钠主要存在于细胞外液中，占细胞外液阳离子的90%左右，对维持体内水分和渗透压的恒定具有重要作用。细胞外液钠含量增高时，渗透压随之升高，人体会感到渴，从而增加水分摄取，使血容量上升，使渗透压回归。反之，钠丢失过多时，会使细胞外液钠含量降低、渗透压下降，使水进入细胞，细胞外液容量减小，身体总水分下降。

（2）维持机体酸碱平衡

在肾脏重吸收作用中，钠离子与氢离子进行交换，有利于体内酸性代谢产物的排出，从而保持体液酸碱度的恒定。

（3）增强神经肌肉的兴奋性

在Na^+-K^+-ATP酶的驱动下，钠离子主动从细胞内排出，以维持细胞内液和外液渗透压平衡，并维持神经冲动的传导和肌肉的收缩。钠含量增加时，神经肌肉的兴奋性上升。

（4）与多方面代谢功能有关

钠不足会影响 ATP 的生成和利用。此外，糖代谢和氧的利用也需要钠的参与。另有研究表明，钠可以提高甲状腺素（thyroxine，T4）水平，有利于提高能量代谢速率。

（5）与血压调节相关

膳食钠的摄入和血压相关。钠摄入过量时，会提高体液渗透压，使下丘脑饮水中枢产生渴觉而使人饮水增加，还能刺激抗利尿激素（antidiuretic hormone，ADH）的释放，使肾脏对水的重吸收增加，致使机体血容量增加，进而导致血压上升。除增加血容量外，高钠摄入还能提高交感神经的兴奋性，干扰血管内皮细胞合成舒张血管的物质，从而提高心排出量和外周血管阻力，导致血压升高，增加心血管疾病风险。

6.2.1.2　食物来源

钠普遍存在于食物中。我国居民膳食钠主要来源于烹饪过程中添加的食盐及其他调味品，其余来自腌制肉类、酱咸菜等加工食品。除了食盐和其他咸味调味品，鸡精、味精等增鲜剂，以及碳酸钠、碳酸氢钠等含钠食品添加剂，也是加工食物中钠的来源。

近年来，我国居民膳食中加工食品提供的钠占比呈上升趋势，应重视其对居民钠摄入的影响，指导居民读懂营养标签，在同类食品中选择钠含量较低的品种。

6.2.1.3　缺乏和过多

轻度的钠缺乏可导致疲乏无力、精神倦怠、情绪淡漠等神经肌肉兴奋性下降的情况，在夏天出汗较多而缺乏咸味食品补充时可能发生，补充后很快恢复正常。除非因饥饿、完全不摄入咸味食品、大量出汗、严重呕吐和腹泻等情况造成钠的过量流失，否则正常进食情况下不易出现钠的严重缺乏。相反，钠是膳食中最易过量的元素之一。

钠和钙在肾小管的重吸收过程中存在竞争作用，钠摄入量大时，尿钙排出量增加，故高钠饮食不利于钙的利用。同时，钠摄入过高也不利于预防和控制高血压等心脑血管疾病。

6.2.1.4　参考摄入量

目前有关各人群的钠需要量仍未有定论，尚未确定钠的推荐摄入量（RNI）。2023 版《中国居民 DRIs》中，18～64 岁成年人钠适宜摄入量（AI）为 1500mg/d，65 岁以上为 1400mg/d。预防非传染性慢性病的建议摄入量（PI-NCD）为不超过 2000mg/d。

中国居民膳食指南（2022）建议将每日食盐摄入量控制在 5g 以内。居民烹饪时应注意少放食盐和其他咸味调味品，并鼓励高血压患者或高危人群优先选择使用低钠盐。

特别关注：为什么红军战士不需要控盐？

在革命战争时代，限制盐的供应是反动政府围剿和限制红色根据地一个重要措施。钠是人体必需元素，特别是在较高的体力活动水平下，由于出汗会造成体内盐的丢失，需要从膳食中及时补充。而当时生活艰苦，菜肴总量很小，即便做得咸一些，摄入钠的总量也不会超过身体消耗量。所以，每天爬山打仗的战士们并不需要控盐。

但是，在目前的生活条件下，大部分人体力活动不足，运动出汗很少，夏天坐在空调屋里也几乎不出汗，钠损失比几十年前的高强度体力劳动者小得多。然而，膳食中却有丰富的咸鲜味菜肴，还有咸味零食、含钠食品添加剂，极易造成钠过量问题。

6.2.2　钾

人体内的钾（potassium）主要存在于细胞内，约占总量的 98%，其余存在于细胞外液中。钾在体内的分布与器官大小及其细胞的质量和数量有关，其中 70%储存于肌肉，10%在皮肤，红细胞内占 6%～7%，骨内占 6%，脑内占 4.5%，肝内占 4.0%。

人体摄入的钾主要在小肠吸收，吸收率为 85%左右。吸收的钾通过钠泵（Na^+-K^+-ATP 酶）交换入细胞内，使细胞内保持较高浓度的钾。

6.2.2.1　生理功能

（1）参与糖和蛋白质的代谢

适当浓度的钾离子可以维持细胞内酶系统的正常活性，包括糖原和蛋白质的合成所必需的酶类，与碳水化合物代谢和蛋白质合成密切相关。三磷酸腺苷（adenosine triphosphate，ATP）的合成也需要钾的参与。

（2）维持细胞渗透压和酸碱平衡

保持细胞内的钾离子数量稳定，对维持细胞内外的渗透压和酸碱平衡具有重要意义。当细胞失去钾离子时，细胞外液中钠离子和氢离子进入细胞内，引起细胞内酸中毒和细胞外碱中毒；反之，细胞外钾离子内移时，氢离子同时外移，会引起细胞内碱中毒和细胞外酸中毒。

（3）维持神经肌肉的正常功能

细胞内外钾浓度影响细胞膜的功能，从而影响神经肌肉的兴奋性。钾离子和钠离子联合作用可激活 Na^+-K^+-ATP 酶而产生能量，维持细胞内外钾钠离子浓度差梯度，产生膜电位。当血钾降低时，膜电位上升，细胞膜极化过度，应激性降低，发生松弛型瘫痪。当血钾过高时，膜电位降低，细胞不能复极化而丧失应激性，也可导致肌肉麻痹。严重的高钾血症（hyperkalemia）和低钾血症（hypokalemia）均会导致肌肉收缩无力。

（4）维持心肌的正常功能

细胞外液钾浓度的升高和降低均会减弱心肌的应激性和传导性。血钾过高会显著抑制心肌传导性，使心脏于舒张期停跳；血钾过低则使心脏于收缩期停跳，严重时会使心脏功能严重受损。

（5）降低血压

补充钾可以降低正常人和高血压患者的血压，高钾低钠饮食有利预防血压过高，这可能与促进尿钠排出、抑制肾素-血管紧张素系统（renin-angiotensin system，RAS）、放松交感神经系统（sympathetic nervous system，SNS）及影响周围血管阻力等因素有关。

6.2.2.2　食物来源

绝大多数天然食物都是钾的来源，尤其是豆类、蔬菜、水果和薯类。每 100g 干豆含钾 500～800mg，蔬菜、水果和薯类为 100～300mg/100g，鱼肉类和乳类为 150～300mg/100g。将部分主食换为薯类和豆类，并多吃蔬菜水果，可有效增加膳食钾的摄入量，改善膳食的钾钠比例。

6.2.2.3　缺乏和过量

缺钾时人体表现为肌肉无力、心律失常、胃肠道消化功能紊乱和肾脏功能障碍等。

人体缺乏钠的情况十分少见，而缺乏钾的情况却相对常见，除了钾摄入不足或吸收不良外，主要是由于钾的过度排出或丢失。如存在酸中毒现象的糖尿病人、脱水中暑者及严重呕吐和腹泻，以及某些药物的作用等，都会引起身体钾的大量损失。

6.2.2.4 参考摄入量

2023 版《中国居民 DRIs》中，成年人的钾适宜摄入量（AI）为 2000mg/d，预防非传染性慢性病的建议摄入量（PI-NCD）为 3600mg/d。如果肾功能正常，从天然食物中摄入的钾不会引起代谢异常，因此目前没有设定 UL。

6.2.3 钙

钙（calcium）是生物圈内分布最广泛的元素之一，成年人体内钙含量为体重的 1.5%～2.0%。钙在机体多种组织细胞和生物大分子水平上发挥着重要作用。我国居民的膳食中普遍存在不同程度的钙摄入不足情况，因此钙营养问题值得特别关注。

6.2.3.1 生理功能

（1）构成骨骼和牙齿

成年人体内约 99%的钙分布于骨骼和牙齿，骨骼中钙含量的多少与骨的矿物质密度和强度密切相关。骨钙一方面以羟基磷灰石［$Ca_{10}(PO_4)_6(OH)_2$］形式作为骨骼的结构成分存在，另一方面作为体内的钙储备池，维持血钙浓度的稳定。

（2）维持神经和肌肉的兴奋性

钙离子可以通过与蛋白质和各种阴离子基团结合，从而调节细胞受体的结合能力和离子通透性及参与神经信号传递、物质释放等，以维持神经肌肉的兴奋性、神经冲动的传导、心脏的搏动等。缺钙时神经和肌肉的兴奋性提高，亦不利于血压控制。

（3）促进细胞信息传递

钙离子作为细胞内重要的“第二信使”之一，在细胞受到刺激后，细胞质内的钙离子浓度升高，引起细胞内的系列反应，如基因的表达和调控、视觉形成过程、神经末梢递质的释放等。

（4）促进凝血

钙离子在凝血过程中具有重要作用，既参与内源性凝血途径，也参与外源性凝血途径。钙离子可使活化的凝血因子与磷脂表面形成复合物，从而促进血液凝固。

6.2.3.2 食物来源

乳及乳制品含钙量丰富且吸收率高，是膳食钙的良好来源。以石膏或卤水作为凝固剂的各种豆制品也是钙的良好来源。深绿色叶菜中钙含量比较丰富，但是其中有些品种含有较多草酸，会影响钙的吸收和利用，可采用焯烫等方法减少草酸的含量后再食用。硬水较软水的钙含量丰富，故在硬水地区，饮水也对膳食钙摄入有所贡献。

钙的吸收受到多种食物因素的影响。食物中的有机酸、维生素 C、维生素 D、乳糖、一些必需氨基酸和酪蛋白磷肽等成分有利于钙的吸收利用；而草酸、植酸、过多的磷、过多的膳食纤维和过多的脂肪酸等成分会降低钙的吸收利用率。充足的胃酸对保证食物中不溶性钙的吸收效率十分重要。

6.2.3.3 缺乏与过量

钙是我国居民膳食中容易缺乏的一种矿物质。历次的全国营养调查显示，我国居民的平均膳食钙摄入量仅为推荐摄入量的 50%左右。

膳食中的钙长期供应不足，对生长发育中的幼儿来说会造成佝偻病（rickets），对成长期青少年来说，则会使其骨密度峰值或总骨量达不到应有的高度。中年之后骨钙的负平衡可造成骨质减少，老年人骨质丢失速度加快，缺钙时更易患骨质疏松（osteoporosis）。此外，机体缺钙时神经递质释放受到影响，幼儿表现为昼惊夜啼、烦躁多动和多汗，中老年表现为神经衰弱和神经调节、适应能力下降等。

6.2.3.4　参考摄入量

2023 版《中国居民 DRIs》中，18 岁以上各年龄段成年人钙的推荐摄入量（RNI）为 800mg/d，可耐受最高摄入量（UL）为 2000mg/d。

6.2.4　镁

成年人体内镁（magnesium）总重量为 20～28g，其中骨骼内镁约占总量的 53%，肌肉内镁占 27%，软组织镁占 19%，少量存在于肝脏、肾脏、脑等组织。镁主要以阳离子的形式存在于各种细胞内，细胞外的镁只占体内总量的 1%。

6.2.4.1　生理功能

（1）激活多种酶的活性

镁是细胞新陈代谢中各种酶系统的重要活化剂，与 ATP 等形成复合物而激活许多重要酶，参与体内 300 多种酶促反应。镁参与的重要生理过程包括蛋白质与核酸的合成、碳水化合物及脂肪代谢、氧化磷酸化作用、膜的离子运转、神经冲动的产生和传导及肌肉收缩等。

（2）抑制钾、钙离子通道

镁可以封闭不同钾通道的外向电流，阻止钾的外流。当镁缺乏时，封闭作用受到阻滞。另外，镁作为钙的阻断剂，可以抑制钙通道。当镁浓度降低时，抑制作用减弱，钙进入细胞增多，可导致细胞钙超载。

（3）对激素的调节作用

血浆镁浓度增高会抑制甲状旁腺激素（parathyroid hormone，PTH）的分泌，而血浆镁浓度降低会兴奋甲状旁腺，促使少量的镁自组织释放至血液中。当镁水平极端低下时，可导致甲状旁腺功能低下，引起低血钙，经补充镁后可恢复。

（4）促进骨骼生长

镁在骨骼中的含量仅次于钙、磷，是维持骨细胞正常结构和功能的必需元素。镁与钙相互拮抗、相互促进，共同作用于骨骼，促进骨骼的形成。此外，镁具有稳定羟磷灰石晶体的作用，维持正常的骨量和骨的机械强度。缺镁可损害体内矿物质平衡，久而久之就会导致骨质疏松。

（5）调节胃肠道功能

硫酸镁溶液可以松弛奥迪括约肌，促进胆囊排空，达到利胆作用。碱性的镁盐可以中和胃酸。镁离子在肠道中吸收缓慢，可促进水分滞留，具有导泻作用，因此镁盐在临床上常被用作导泻剂。此外，低浓度的镁可减少肠壁张力和蠕动，具有解痉作用，并有对抗毒扁豆碱的作用。

6.2.4.2　食物来源

镁广泛地存在于食物中。由于叶绿素含有镁，因此绿叶蔬菜是膳食镁的重要来源。大豆及其制品、淀粉豆类、坚果和全谷物中的镁含量也很丰富，但精制米面含镁量极低。

氨基酸和乳糖会促进镁的吸收，而草酸、磷酸、植酸和膳食纤维会抑制镁的吸收。

6.2.4.3 缺乏与过量

镁的严重缺乏表现为手足抽搐，肌肉震颤，甚至出现幻觉和其他神经肌肉过度兴奋的症状。长期缺镁还可能与骨质疏松有关。但除某些疾病状态之外，严重缺镁的情况很少见，从天然食物中摄入镁也未发现会造成过量危害。

6.2.4.4 参考摄入量

2023 版《中国居民 DRIs》中，18～29 岁、30～64 岁人群膳食镁的 RNI 分别为 330mg 和 320mg。考虑到从食物和水中摄入的镁不会引起毒性作用，暂未制定镁的 UL。

其他常量元素的作用和食物来源见表 6.1。

表 6.1 其他常量元素的作用和食物来源

元素名称	主要作用	缺乏或过多	食物来源
氯	胃液成分；和钠一起维持电解质平衡	盐摄入充足时不发生缺乏	各种有咸味的食品
磷	骨骼的成分；生物膜磷脂中的成分；遗传物质的成分；维持酸碱平衡，在能量传递中起作用	蛋白质充足时不发生缺乏。缺乏时发生骨痛、肌肉无力等现象，过多时妨碍钙的利用	各种动物食品，大豆和豆制品，坚果类，可乐，含磷酸盐的饮料
硫	蛋白质氨基酸和某些维生素的成分	蛋白质充足时不发生缺乏	各种富含蛋白质的食物

6.3 微量元素

微量元素是指总含量小于人体体重 0.01%的矿物质元素。虽然微量元素在人体中的数量很少，但有些为人体结构所必需，有些为体内生理活动所必需，缺乏时会导致人体健康的严重损伤。

6.3.1 铁

铁（iron）是人体内含量最丰富的微量元素。体内铁主要以血红素的形式存在于血红蛋白、肌红蛋白和含铁酶类中，参与体内氧的转运和利用，称为功能性铁。其余以铁蛋白（ferritin）和含铁血黄素（hemosiderin）的形式存在于肝脏、脾脏、骨髓中，被称为储存铁。

6.3.1.1 生理功能

（1）参与体内氧的运送和组织呼吸过程

铁是血红蛋白、肌红蛋白、细胞色素及某些呼吸酶的组成成分，参与体内氧的转运和组织呼吸过程，对组织呼吸和能量代谢有重要意义。

（2）维持正常的造血功能

机体的铁大多存在于红细胞中，缺铁可影响红细胞内血红蛋白的合成，还可使红细胞的复制能力降低，寿命缩短。

（3）其他生理功能

铁参与维持正常的免疫功能，缺铁可降低白细胞的杀伤能力，使淋巴细胞功能受损，导致机体的感染性增加。另外，铁可催化 β-胡萝卜素转化为维生素 A 的反应，参与嘌呤与胶原蛋白的合成，并在脂类转运、抗脂质过氧化及肝脏解毒等重要生理过程中发挥作用。

6.3.1.2　食物来源

混合膳食中铁的平均吸收率为 10%～20%。动物性食物含有丰富且易吸收的血红素铁（heme iron），是铁的最佳食物来源，如动物内脏、动物全血、红色瘦肉等。植物性食物中的铁是非血红素铁（nonheme iron），同时存在植酸、草酸、单宁、某些膳食纤维、某些多酚类物质等多种妨碍铁利用的成分，铁的生物利用率较低。需要注意的是，蛋黄虽富含铁，但吸收利用率较低，仅为 3%；牛乳是一种贫铁食物，且过多的钙不利于提升铁的吸收率。

6.3.1.3　缺乏和过多

长期膳食铁供给不足，可引起缺铁性贫血，多见于婴幼儿、孕妇及乳母，使血红蛋白水平下降，面色、口唇、眼结膜苍白，疲劳乏力、头晕心悸，指甲薄脆甚至出现反甲。儿童和青少年贫血可引起身体发育受阻，学习能力下降；孕妇贫血可导致早产、死产、低出生体重儿，还可增加围生期母亲的死亡率。

世界卫生组织报告，全世界约 30%的人口存在铁缺乏，这是全球最为普遍的营养缺乏性疾病，也是我国儿童和育龄女性中的重要营养问题之一。

由于铁元素有催化氧化反应的能力，体内铁沉积过多可使自由基产生过多，并促进脂质过氧化，增加氧化压力，从而对多种疾病和癌症的预防不利，可增加糖尿病、心血管病、关节炎和某些癌症的风险。

6.3.1.4　参考摄入量

2023 版《中国居民 DRIs》中，成年人膳食铁的 RNI 为男性 12mg/d，育龄女性为 20mg/d，绝经后女性为 10mg/d；UL 为 42mg/d。

通过膳食摄入铁一般不会引起毒性反应，但长期过量服用铁剂或多次反复大量输血，会造成铁过量和铁中毒，因此补铁药物和补铁营养补充品需要在专业人员的指导下服用。

特别关注：多吃富含血红素铁的食物是有利还是有害？

这个问题的答案随着经济社会发展而变化，并因不同人群而有所差异。

富含血红素铁的食物是红肉、动物内脏等，这些食物同时也含有较高的蛋白质、脂肪、胆固醇乃至嘌呤等成分。

在几十年前，我国居民的主要营养问题是蛋白质不足，铁、锌等微量元素缺乏。当时人们体力活动量大，瘦弱者和贫血者多，心血管疾病和糖尿病风险小。这时红肉和动物内脏对营养平衡和促进健康是有益的。即便在目前，对于因经济拮据、饮食偏好、盲目减肥或有特殊信仰等原因摄入富含铁食物不足的人，甚至已经出现缺铁性贫血的人来说，仍然要鼓励他们多吃富铁的动物性食物。

但如果血红素铁摄入过量，可能升高炎症反应，对心脑血管疾病和糖尿病等慢性病的预防不利。对于日常铁营养状况良好的人来说，少量摄入这些高血红素铁食物即可。此前多年肉类吃得过多、又患有心血管疾病的人，更应限量摄入。

因此，我们要培养科学的思维逻辑，针对不同的人群，抓住主要矛盾，解决关键营养问题，而不是人云亦云，或一刀切地给食物贴上“健康”或“不健康”的标签。

6.3.2 锌

在微量元素中，锌（zinc）在人体中的含量仅次于铁。男性成年人体内锌的含量约为2.5g，女性为1.5g。锌广泛分布于各组织器官中，其中约60%存在于肌肉中，30%存在于骨骼中，以肝脏、肾脏、视网膜、前列腺等组织中含量较高。

6.3.2.1 生理功能

（1）多种酶的组成成分或酶的激活剂

体内有多种含锌酶，如超氧化物歧化酶、苹果酸脱氢酶、碱性磷酸酶等，这些酶在参与组织呼吸、能量代谢、抗氧化等过程中发挥重要作用。

（2）促进生长发育和组织修复

锌是维持RNA聚合酶、DNA聚合酶、反转录酶等活性所必需的微量元素。锌的缺乏可引起RNA、DNA及蛋白质的合成障碍，导致细胞分裂减少，组织的生长和修复受到阻遏。锌还参与性激素的代谢，对胎儿生长发育、促进性器官和性机能的发育均有重要调节作用。

（3）促进机体免疫功能

锌可促进淋巴细胞的有丝分裂，增加T细胞的数量和活力，调控免疫细胞因子的分泌。缺锌可引起胸腺萎缩、胸腺激素减少、T细胞功能受损、免疫力下降等问题。

（4）维持正常的味觉和食欲

锌与唾液蛋白结合形成味觉素，可增进食欲，缺锌可影响味觉和食欲，甚至发生异食癖。

（5）其他生理功能

锌可增强细胞膜的稳定性，参与胰岛素的合成和释放，参与甲状腺激素的作用，参与维生素A在视网膜的激活等。

6.3.2.2 食物来源

锌在食物中广泛存在，但含量差别极大，吸收利用率也不尽相同。贝壳类海产品、红肉类、动物内脏等动物性食物都是锌的良好来源。干果类、谷类胚芽和麦麸也富含锌，但因存在植酸和膳食纤维等干扰因素，吸收率低于动物性食物。蔬菜、水果和精白谷物的锌含量较低。

6.3.2.3 缺乏与过多

在孕期、哺乳期、青春期快速生长时，以及伤病恢复期，由于人们对锌的需求量上升，容易造成锌的相对缺乏。

锌的缺乏会引起儿童生长发育严重迟滞，造成身材矮小、男性性发育障碍等问题。由于胶原合成能力下降，细胞分裂受阻，组织修复缓慢，缺锌时伤口难以愈合。因免疫力低下，缺锌时易患感染性疾病。另一个常见缺锌症状是食欲不振、味觉异常，甚至出现异食癖。

6.3.2.4 参考摄入量

2023版《中国居民DRIs》中，健康成年人膳食锌的RNI为男性12.0mg/d，女性8.5mg/d；UL为40mg/d。

6.3.3 碘

成年人体内含碘（iodine）15～20mg，其中70%～80%存在于甲状腺组织内，肌肉、内脏、淋巴结、生殖器和脑组织中均含有少量碘。碘是合成甲状腺激素的主要原料，同时也调节甲状腺激素的合成和释放，其生理功能主要通过甲状腺激素的生理作用显示出来。

6.3.3.1　生理功能

（1）参与能量代谢

碘通过参与甲状腺激素的合成，促进生物氧化和能量释放，维持体温和基本生命活动。

（2）参与蛋白质、糖、脂肪的代谢

甲状腺激素能促进蛋白质的合成，对胚胎及出生后早期的生长发育十分重要，为正常智力发育所必需。甲状腺激素还促进肝糖原的分解和组织细胞对糖的利用；促进脂肪分解，调节血清中胆固醇和磷脂的浓度。

（3）其他生理功能

碘可激活体内许多重要的酶，如细胞色素酶系、琥珀酸氧化酶系等；调节组织中的水盐代谢，缺乏甲状腺激素可引起组织水盐潴留并发黏液性水肿；促进维生素的吸收和利用，如促进 β-胡萝卜素向维生素 A 转化。

6.3.3.2　食物来源

人体碘主要来自于食物，占全天总量的 80%～90%。食物中的碘含量随地球化学环境变化会出现较大差异，同时也受食物烹调加工方式的影响。海产品的碘含量高于陆地食物，海带、海藻、鱼虾及贝类都是常见的富碘食物。陆生动物性食物含碘量高于植物性食物，蛋、乳中碘含量相对较高，其次为肉类，淡水鱼的含碘量低于肉类。目前，加碘食盐已成为我国居民碘的重要膳食来源。

6.3.3.3　缺乏与过多

孕妇严重缺碘可影响胎儿神经、肌肉的发育，导致胚胎期和围生期的死亡率上升；胎儿与婴幼儿缺碘可引起生长发育迟缓、智力低下，严重者发生克汀病（呆小症）。

长期高碘摄入可导致高碘性甲状腺肿和碘性甲状腺功能亢进，也与甲状腺功能减退和桥本氏甲状腺炎等可能相关。妊娠期过量摄入碘会损伤胎儿的甲状腺功能，造成新生儿甲减。

6.3.3.4　参考摄入量

各地水源和土壤自然环境中含碘量差异很大，食物中含碘量有所差异。因各人的膳食结构不同，即使在同一地区，每个人的实际碘摄入量也有很大的差异。2023 版《中国居民 DRIs》中，成年人膳食碘的 RNI 为 120μg/d，UL 为 600μg/d。

6.3.4　硒

人体中的硒（selenium）总量为 14～21mg。硒存在于所有细胞与组织器官中，在肝脏、肾脏、胰腺、心脏、脾脏、牙釉质和指甲中浓度较高，肌肉、骨骼和血液中次之，脂肪组织最低。体内大部分硒主要以两种形式存在：一种是来自膳食的硒甲硫氨酸；另一种是硒蛋白中的硒半胱氨酸。

6.3.4.1　生理功能

（1）抗氧化功能

硒是谷胱甘肽过氧化物酶（glutathione peroxidase，GSH-Px）的组成成分，该酶具有抗氧化功能，可清除体内的脂质过氧化物，阻断活性氧和其他自由基对细胞的损伤，维持细胞的正常功能。

（2）保护心血管和心肌健康

硒缺乏可增强脂质过氧化反应，导致心肌纤维坏死、心肌小动脉和毛细血管损伤。

（3）解毒作用

硒与金属有较强的亲和力，能与体内的重金属如汞、镉、铅等结合成金属-硒-蛋白质复合物，使有毒金属排出体外而起到解毒作用。

（4）其他生理功能

硒还有增强免疫功能、促进生长、保护视觉器官、抗肿瘤等作用。

6.3.4.2 食物来源

食物中的硒含量随地域而异，特别是植物性食物的硒含量与地表土壤和水源中的硒水平有关。总体而言，动物内脏和海产品中含硒最为丰富，其次是肉类和种子类食物，果蔬食物中含量极少。

6.3.4.3 缺乏与过多

机体缺硒可引起以心肌损害为特征的克山病；但过量摄入硒元素也会产生毒性作用，包括脱发、指甲脱落、神经系统异常、肢端麻木、增加 2 型糖尿病的患病风险等。

6.3.4.4 参考摄入量

2023 版《中国居民 DRIs》中，成年人膳食硒的 RNI 为 60μg/d，UL 为 400μg/d。由于硒的生理剂量与中毒剂量范围较窄，食用多种富硒食品时，应注意摄入过量的可能性。

6.3.5 其他微量元素

其他微量元素的营养作用和食物来源等见表 6.2。

表 6.2 其他微量元素的营养作用和食物来源

元素名称	主要作用	缺乏或过多	食物来源
铜（copper）	参与运铁蛋白、红细胞和胶原蛋白的形成，维护神经系统的功能	缺乏时发生贫血和骨骼畸形，但蛋白质充足时不易发生缺乏	贝类，坚果类，动物内脏，谷胚和豆类
锰（manganese）	多种酶的激活剂或辅因子，对骨骼形成有帮助	缺乏情况罕见，可能引起骨骼生长不良	坚果，粗粮，绿叶蔬菜
铬（chromium）	是葡萄糖耐量因子的成分，帮助胰岛素充分发挥作用	胰岛素耐量下降，血胆固醇上升	内脏，肉类，粗粮，酵母
钼（molybdenum）	几种酶的辅因子	尚不了解	豆类，粗粮，动物内脏
氟（fluorine）	坚固牙齿和骨骼	过多导致氟病，表现为氟斑牙和氟骨症	鱼类，海产，茶叶，以及其他动物性食品

本章热点问题：碘盐与健康

中国是世界上碘缺乏病分布广泛、病情较严重的国家之一。20 世纪 90 年代初，全国大部分省、自治区、直辖市均存在不同程度的碘缺乏。由于胚胎期缺碘对中枢神经系统发育会造成严重影响，由此造成大量出生人口智力受损，甚至因克汀病而丧失劳动能力。

食盐加碘是一种持续、方便、经济、生活化的补碘措施。加碘食盐是用碘酸钾或碘化钾按一定比例与普通食盐混匀而成。因碘酸钾比碘化钾稳定，我国及世界上大部分国家采用碘酸钾代替碘化钾作为食盐的碘强化剂。

实施普遍食盐加碘干预措施后，不仅使我国基本上消除了碘缺乏病，而且极大地改善了人群碘营养不良的状况。对于一般人群来说，只要正常食用合格碘盐就能够保证碘营养，不需要再吃任何含碘保健品和碘强化食品。孕妇和哺乳母亲对碘的需求量较高，达到孕前人群的两倍左右，除非医嘱，否则日常烹调应使用碘盐。

然而，摄入过量碘也会扰乱人体甲状腺的正常功能而造成危害。我国河北、山东、山西等 11 个省市的部分居民生活在高水碘地区，部分居民因饮用高碘水而发生甲状腺疾病。因此，食盐加碘的量要适宜，各地须根据当地人群实际碘营养水平而确定添加量。从 2012 年起，我国实施了新的《食品安全国家标准　食用盐碘含量》（GB 26878—2011）标准，规定食用盐产品（加碘食盐）中碘含量的平均水平（以碘元素计）为 20～30mg/kg，允许波动范围为食用盐碘含量平均水平±30%，并全部停止高水碘地区的碘盐供给。

2018 年全国第三届碘与甲状腺疾病大会共识认为，当前我国居民整体处于碘营养适宜的状态，但部分地区敏感人群，如儿童和孕妇，还面临着碘缺乏的风险。考虑到我国多数地区的自然环境中碘水平较低，预防碘缺乏对人体的危害，避免克汀病等出生缺陷复发，仍然是一项长期工作。有关甲状腺癌发病率上升与食盐加碘有关的说法，在学术上有一定争议。

对于普通居民来说，在食用碘盐的同时，也应当考虑吃盐的数量合理。在同样的碘强化量时，摄入的盐越多，同时摄入的碘也就越多。同时，还要考虑到膳食中的海鱼、海鲜、海藻等高碘食物摄入量，它们也是碘元素的密集来源。

因为加碘食盐中的碘化物在潮湿、高温和酸性环境下容易发生化学反应转变为分子碘而挥发损失，所以在购买、保存和使用加碘食盐时应该注意以下问题。第一，应购买小包装和印有指定标识的加碘食盐，一次购买量不宜过多，存放时间不宜太长。第二，盐要密封存放，不要直接暴露在空气中。宜存放在阴凉、干燥、远离炉火的地方，最好避光保存。第三，菜品出锅时再放盐，既能避免其中的碘损失，又能在同样咸度的效果时减少用盐量。

本章深度思考

1. 在什么情况下人体容易缺水？可以通过哪些方式给身体补水？哪些不合理的补水方式可能带来健康问题？

2. 管理钠摄入量是健康饮食的重要问题。什么情况可能会造成钠摄入不足，可能造成什么危害？哪些吃法会造成钠摄入过量？哪些矿物质在一定程度上可以拮抗钠的升压作用？

3. 与未成年人生长发育密切相关的矿物质有哪些？它们是如何协同发挥作用的？

本章课程活动

1. 在超市中找出强化钙、铁、锌、硒的食品，从食品标签中了解这些矿物质元素在食品中的含量和存在形式，结合消化吸收率，分析这些食品预防矿物质缺乏的作用效果。

2. 在超市中找出除食盐以外的调味品，从食品标签中找出其钠的存在形式及含量，计算在烹饪某个具体菜肴时添加这些调味品，会加进多少钠。

3. 在药店找到营养品专柜，查看有多少种补钙、补铁、补锌的营养品。看看它们的配料表，是以什么化合物形式进行矿物质的补充，并评估它们的剂量是否合理，每片摄入多大的量，有没有过量风险，各类不同人群在购买使用时需要注意什么。

关键解读

本章参考文献

陈裕明. 2018. 钙营养状况评价方法及其在制订其推荐摄入量中的应用. 中国疾病预防控制中心达能营养中心：5

程义勇. 2019. 水的生理功能与水合状态. 达能营养中心第二十二届学术会议——饮水、水合状态与健康会议论文集：4-7

范志红. 2022. 食物营养与配餐. 2 版. 北京：中国农业大学出版社

方静，陈妍，巩瑞兰，等. 2023. 膳食钠钾摄入与高血压. 生理科学进展，54（3）：235-239

高春林. 2019. 镁缺乏与骨代谢异常. 中华实用儿科临床杂志，34（17）：1300-1303

马杰. 2022. 镁离子与心肌重构的相关机制研究进展.中国循环杂志，37（5）：538-542

孙长颢. 2017. 营养与食品卫生学. 8 版. 北京：人民卫生出版社

杨月欣，葛可佑. 2019. 中国营养科学全书. 2 版. 北京：人民卫生出版社

张继国，王惠君，杜文雯，等. 2022. 中国 15 个省份成年居民膳食钠的摄入状况. 中国食物与营养，269（1）：75-77

中国营养学会. 2023. 中国居民膳食营养素参考摄入量（2023 版）. 北京：人民卫生出版社

中华医学会地方病学分会，中国营养学会，中华医学会内分泌学分会. 2018. 中国居民补碘指南. 北京：人民卫生出版社

周双，李佳蓓，赵莉，等. 2023. Ca^{2+}与线粒体对于血小板功能影响的研究现状. 中国临床药理学杂志，39（16）：2418-2422

Aglago E K，Cross A J，Riboli E，et al. 2023. Dietary intake of total，heme and non-heme iron and the risk of colorectal cancer in a European prospective cohort study. British Journal of Cancer，128（8）：1529-1540

Filippini T，Malavolti M，Whelton P K，et al. 2022. Sodium intake and risk of hypertension：a Systematic review and dose-response meta-analysis of observational cohort studies. Current Hypertension Report，24（5）：133-144

Fiorentini D，Cappadone C，Farruggia G，et al. 2021. Magnesium：biochemistry，nutrition，detection，and social impact of diseases linked to its deficiency. nutrients，13（4）：1136

Peerapen P，Thongboonkerd V. 2023. Kidney stone prevention. Advances in Nutrition，14（3）：555-569

Watso J C. 2019. hydration status and cardiovascular function. Nutrients，11（8）：1866

第7章　非营养素健康相关成分

本章学习目标

1. 熟悉食物中几种主要多酚类物质的生物学作用和主要膳食来源。
2. 熟悉食物中几种主要胡萝卜素类物质的生物学作用和主要膳食来源。
3. 了解食物中主要植物固醇类物质的生物学作用和膳食来源。
4. 了解食物中有机硫化物的类别、生物学作用和膳食来源。
5. 了解膳食中的其他常见非营养素健康成分。

本章课件

食物中除了含有各大类营养素之外，还含有数量繁多的微量生理活性物质。它们虽然不是生长发育和组织更新所必需的成分，但对于调节人体代谢和预防慢性疾病具有重要意义。

很多植物来源的生理活性物质被通称为植物化学物（phytochemicals），它们往往属于植物次生代谢物的一部分。例如，从异戊二烯前提合成而来的萜烯类化合物中有多种生物活性物质，类胡萝卜素、植物甾醇和一些香气物质都属于萜类；又如类黄酮、酚酸、姜黄素等都属于酚类化合物。一些生理活性物质具有种属特殊性，如属于百合科的葱、蒜、洋葱等蔬菜和十字花科蔬菜各自含有特殊风味的有机硫化物。

7.1　酚类化合物

酚类化合物（phenolic compound）包括芳香烃苯环上一个—H被—OH取代后所生成的一大类含有酚羟基的化合物。植物来源的酚类化合物主要指多酚类，根据其结构特点可分为类黄酮类和非类黄酮类酚类化合物，主要存在于植物体的果肉、叶、皮、根和壳中。生物类黄酮（bioflavonoids）泛指由两个芳环通过中央三碳链连接而成的具有苯并吡喃基本结构的一系列化合物，基本碳架为$C_6—C_3—C_6$。生物类黄酮分为两大类：一类是多酚的单体，包括各种黄酮类化合物及其苷类；另一类是由单体聚合而成的低聚或多聚体。非类黄酮化合物包括简单酚类及酚酸类、醌类、二苯乙烯类和香豆素类等。

多酚类物质是优良的抗氧化剂，能通过供给氢自由基（H·）以消除O_2^-和OH·等自由基的活性，从而保护组织免受氧化作用的损害，往往具有改善免疫功能、抗癌、抗衰老、抗龋齿、抗菌和抑制胆固醇升高等作用。此外，多种类黄酮化合物具有抑制细菌和抗病毒功能，可提高抵抗传染病的能力。其中研究较多的健康相关酚类物质包括大豆异黄酮、槲皮素、花色苷、原花色苷、儿茶素、姜黄素等。

7.1.1　大豆异黄酮

大豆异黄酮属于类黄酮化合物，在大豆类食物中以糖苷形式存在。其苷元主要包括染料木黄酮（genistein）、大豆素（daidzein）、黄豆黄素（glycitein）等，具有弱雌激素活性，可改善女性绝经后的骨质疏松，降低乳腺癌的发病风险。此外，大豆异黄酮还有抗氧化作用，可改善内皮功能，有益于预防心血管疾病。大豆异黄酮的主要食物来源是黄大豆、黑大豆等大豆类原料及各种大豆制品，其含量见表 7.1。不同品种大豆中的大豆异黄酮含量差异较大。因大豆食物摄入量不同，居民膳食中的异黄酮的摄入量相差悬殊。每天较多摄入豆制品和豆浆的严格素食人群可达 100mg/d 以上，而很少摄入大豆食物的人可低于 1mg/d。

表 7.1　部分大豆食品的大豆异黄酮含量　（单位：mg/100g）

食品	黄大豆	全脂豆粉	脱脂豆粉	水提大豆蛋白	醇提大豆蛋白	豆浆
含量	128.3	171.9	131.2	102.1	12.5	9.7
食品	北豆腐	嫩豆腐	炸豆腐	味噌	纳豆	天培
含量	22.7	29.2	48.5	42.6	58.9	43.5

资料来源：Rochfort and Panozzo，2007

目前 2023 版《中国居民 DRIs》提出大豆类黄酮的特定建议值（SPL）为育龄期女性 55mg/d，围绝经期和绝经后女性 75mg/d，UL 为 120mg/d。

7.1.2　槲皮素

槲皮素（quercetin）属于黄酮醇类物质，广泛分布于蔬菜、水果和药用植物当中。槲皮素有较强的清除自由基作用和抗炎作用，在流行病学调查中表现出降低心血管疾病风险和部分肿瘤风险的作用。表 7.2 中给出了部分蔬菜中的槲皮素含量。

表 7.2　部分蔬菜中的槲皮素含量　（单位：mg/kg）

食品	紫洋葱	土豆	西兰花	山药	菠菜	豆角	菜花
含量	85.9	63.0	61.7	52.1	48.6	43.0	41.6
食品	胡萝卜	圆茄子	白萝卜	番茄	甜椒	油麦菜	黄瓜
含量	37.5	32.1	21.0	20.9	17.9	12.9	10.2

资料来源：韦京豫等，2009

槲皮素的芸香苷称为芦丁（rutin），亦称为维生素 P，具有抑制血小板聚集和增强血管壁弹性的作用，与维生素 C 共同防止人体组织的内出血，已被用作防治与毛细血管脆性和血栓形成相关疾病的补充药物。

我国尚未制定槲皮素的膳食摄入量建议值。

7.1.3　花色苷

花色苷（anthocyanin）是花青素（anthocyanidin）的类糖苷衍生物，其配基的共同基本结构是 2-苯基苯并吡喃。含有多个酚羟基的结构特点使它可以强力清除自由基，并诱导体内抗氧化酶系统活性上升，帮助身体应对氧化应激。

花色苷存在于红紫色、蓝紫色和紫黑色的水果、蔬菜、薯类和谷物种皮当中。目前发现它具有抗氧化、抗炎症、改善视力的作用，在流行病学研究中发现其有利于预防糖尿病和心脑血管病。人体实验证实，摄入花色苷可以降低多种炎症因子的释放，降低血液中超敏 C 反应蛋白的水平，改善视觉疲劳和暗适应能力。

目前我国花色苷的特定建议值（SPL）为 50mg/d，未提出 UL。

7.1.4　儿茶素

茶叶中富含多酚类物质，总称为茶多酚（tea polyphenol）。儿茶素（catechin）是茶叶中黄烷醇类多酚物质的总称，其中含量最高的成分是表没食子儿茶素没食子酸酯（epigallocatechin gallate，EGCG）。儿茶素具有抗氧化、降血压、降血胆固醇、抗脂肪肝和抗菌等作用。流行病学研究显示饮茶习惯对心血管疾病有保护作用，与糖尿病和部分癌症风险有负向关联，可能与儿茶素等成分有关。目前我国尚未制定儿茶素的膳食摄入量建议值。

7.1.5　姜黄素

姜黄素（curcumin）存在于姜黄等姜科姜黄属植物中，具有抗氧化、抗炎症、抑制肿瘤细胞增殖等作用，并可能具有改善炎性肠道疾病和对抗认知退化的功效。目前我国尚未制定姜黄素的膳食摄入量建议值。

7.2　类胡萝卜素

类胡萝卜素（carotenoids）是植物中广泛分布的一类脂溶性多烯色素，属四萜类化合物。已知的类胡萝卜素达 600 多种，按组成和溶解性质可分为胡萝卜素类（复烯烃类）和叶黄素类（复烯醇类）。

类胡萝卜素是一类天然抗氧化剂，可有效淬灭单线态氧、清除过氧化自由基，抑制脂质过氧化的发生，从而保护人体组织细胞。在多项流行病学研究中，从天然食物中摄入类胡萝卜素的数量与心脑血管疾病风险和部分癌症风险呈现负相关。

7.2.1　胡萝卜素类

胡萝卜素类（carotene）包括 α-胡萝卜素、β-胡萝卜素、γ-胡萝卜素、δ-胡萝卜素、ξ-胡萝卜素及番茄红素（lycopene）等，其分子中只有碳氢元素。其中又可分为无环化合物（如番茄红素）、单环化合物（如 γ-胡萝卜素），以及双环化合物（如 α-胡萝卜素和 β-胡萝卜素）。

各种胡萝卜素类物质均为天然抗氧化剂，其中番茄红素的体内抗氧化能力是 β-胡萝卜素的 2 倍以上。同时，从食物中摄入胡萝卜素类物质有利于降低癌症风险。多项流行病学研究发现血液中的番茄红素浓度与前列腺癌、肺癌、食管癌、胃癌等癌症的发病率呈负相关。体外研究发现胡萝卜素类物质对癌细胞增殖有抑制作用。

胡萝卜素类物质对保护正常免疫功能有帮助。β-胡萝卜素可预防应激诱发的胸腺萎缩和淋巴细胞下降，增强对异体移植物的排斥反应，促进 T 淋巴细胞、B 淋巴细胞增殖，维持巨噬细胞抗原受体的功能。番茄红素可保护多种免疫细胞免受氧化损伤，对非特异性免疫有促进作用。

胡萝卜素及番茄红素可通过阻断低密度脂蛋白的氧化而对心脑血管疾病产生保护作用。此外还有报道提示，番茄红素可能有改善皮肤过敏症状和抗辐射、促进绝经后女性的骨胶原合成、帮助预防老年认知障碍等有益作用。

胡萝卜素含量较高的食物是黄色、橙黄色和橙红色的蔬果食物，如胡萝卜、南瓜、芒果、柑橘、黄桃、黄杏、红心甘薯等，也存在于深绿色蔬菜当中。番茄红素则主要存在于橙红色和红色的蔬果食物当中，如番茄、西瓜、葡萄柚、血橙、番石榴等。其果肉的红色越浓厚，则番茄红素含量越高。

7.2.2 叶黄素类

叶黄素类（xanthophyll）是胡萝卜素的加氧衍生物或环氧衍生物，食品中常见的叶黄素类物质包括叶黄素（lutein）、玉米黄素（zeaxanthin）、隐藻黄素（cryptoxanthin）和虾青素（astaxanthin）等。它们都是有效的抗氧化物质，能够淬灭单线态氧、清除自由基。

叶黄素和玉米黄素是人体视网膜黄斑中的主要色素，它们可吸收有害的蓝紫光，对预防白内障和预防老年性视网膜黄斑病变有重要作用。虾青素可通过激活 T 淋巴细胞的应答来降低幽门螺杆菌对胃的附着和感染，还有增强机体能量代谢和降血糖作用。

从食物中摄入叶黄素类物质可抑制低密度脂蛋白胆固醇的氧化，延缓血管中的粥样硬化斑块形成，有利于降低心血管疾病风险。流行病学观察发现摄入富含叶黄素的食物与糖尿病风险降低相关联。近年来还有研究报道提示，大脑组织中的叶黄素水平与认知功能有正向关联，当富含叶黄素的深绿色蔬菜摄入量较高时，老年认知退化风险较低。此外，膳食叶黄素摄入量较高可能有利于降低乳腺、肝脏、结肠等部位的癌症风险。

叶黄素广泛存在于黄橙色果蔬、谷物及花朵当中，如黄色玉米、柑橘类、木瓜等均富含叶黄素。由于叶黄素参与光合作用体系，深绿色叶菜如菠菜、羽衣甘蓝等也是叶黄素的重要膳食来源。由于蛋黄中所含的叶黄素生物利用率远高于植物性食物，在蛋鸡饲料中添加富含叶黄素的万寿菊提取物，可以使蛋黄成为叶黄素的良好膳食来源。

目前 2023 版《中国居民 DRIs》提出，番茄红素和叶黄素的特定建议值（SPL）分别为 15mg/d 和 10mg/d，UL 分别为 70mg/d 和 60mg/d。

7.3 植物甾醇

植物甾醇（phytosterol）又称为植物固醇，是植物体中存在的一种以环戊烷全氢菲为基本骨架的三萜化合物，包括谷固醇（sitosterol）、豆甾醇（stigmasterol）、菜油甾醇（campesterol）及其相应的甾醇酯等。与其他植物甾醇相比，β-谷固醇生理作用和保健作用的研究更为深入。

植物甾醇具有和胆固醇类似的化学结构，可以与胆固醇竞争在肠道中的吸收通道，从而帮助维持体内胆固醇平衡。研究证实补充植物甾醇具有降低低密度脂蛋白胆固醇和总胆固醇水平的作用，有利于预防心血管疾病。此外，β-谷固醇还显示出抗病毒、抗炎症、免疫调节等作用。有动物实验提示植物甾醇可抑制肿瘤细胞生长。β-谷固醇对子宫内物质代谢有类似于雌激素的作用，可降低性腺组织合成类固醇激素的能力。

植物甾醇广泛存在于多种含脂肪的植物性食品中，如植物油、坚果、含油种子和谷胚中。植物甾醇和植物甾醇酯的建议值分别为 0.8g/d 和 1.3g/d，UL 分别为 2.4g/d 和 3.9g/d。

7.4　有机硫化物

有机硫化合物（organosulfur compound）是一系列具有生物活性的含硫化合物的总称，包括异硫氰酸酯、烯丙基硫化合物、硫辛酸及牛磺酸等。

7.4.1　异硫氰酸酯类

异硫氰酸酯（isothiocyanate）是硫代葡萄糖苷的一大类水解产物，如莱菔硫烷、吲哚-3-甲醇等，通常以糖苷形式存在于十字花科蔬菜中，如白菜、卷心菜、西兰花、花椰菜、芥菜和萝卜等，称为硫代葡萄糖苷（glucosinolate），简称为硫苷或硫甙。

异硫氰酸酯的主要功能包括抗癌、抗氧化和免疫调节等作用。体外试验表明异硫氰酸酯等是Ⅱ相酶的强诱导剂，可抑制有丝分裂，诱导人类肿瘤细胞凋亡。大部分流行病学研究表明，摄入十字花科蔬菜可降低肺癌、乳腺癌、胃癌、食管癌、前列腺癌等多种癌症的发病风险。但在缺碘条件下，它可引起动物的甲状腺肿，妨碍未成年动物的生长发育。

吲哚-3-甲醇是硫代葡萄糖苷的水解产物之一，可抑制致癌物与 DNA 的结合而保护细胞免受氧化损伤，具有抗癌作用；可诱导Ⅰ相酶和Ⅱ相酶等药物代谢酶的活性，增加谷胱甘肽酶的活性；还可发挥抗激素样活性而抑制某些雌激素依赖性的肿瘤。然而，在起到抗氧化作用的同时，过多的硫代葡萄糖苷也可能促使细胞内谷胱甘肽耗竭，从而导致活性氧积累，反而加重细胞内的氧化损伤。

我国对异硫氰酸酯的建议值为 30mg/d，UL 尚未制定。

7.4.2　烯丙基硫化合物

烯丙基硫化合物（allyl sulfur compound）是大蒜、葱、洋葱等葱属蔬菜中的主要活性成分和风味成分。大蒜主要活性成分为二烯丙基硫代磺酸酯、二烯丙基二硫化合物、S-烯丙基甲基硫代磺酸酯、甲基烯丙基二硫化合物、二烯丙基硫醚等，均来自 γ-谷氨酰半胱氨酸。洋葱的含硫化合物主要为烷基半胱氨酸硫氧化物。在细胞受伤时，这些含硫化合物在蒜氨酸酶的作用下，水解产生 α-亚氨基丙酸和 *S*-烷基半胱氨酸次磺酸，并最终形成含 50 多种含硫化合物的混合物，产生特有的刺激性味道。

烯丙基硫化合物可通过对Ⅰ相酶、Ⅱ相酶和抗氧化酶的选择性诱导作用来抑制致癌物的活性，达到抗癌作用；可与亚硝酸盐生成硫代亚硝酸酯类化合物，阻断亚硝胺合成，抑制亚硝胺的吸收；可使细胞中环磷腺苷（cAMP）水平升高而抑制肿瘤细胞的生长；可激活巨噬细胞，刺激体内产生抗癌干扰素，增强机体免疫力；还具有杀菌、消炎、降低胆固醇水平、预防血栓和冠心病等多种效应。

7.4.3　硫辛酸

硫辛酸（lipoic acid）又称 α-硫辛酸，化学名为 1, 2-二硫戊环-3-戊酸。其食物来源包括肝脏、酵母、红肉、菠菜、花椰菜等。机体也能合成自身所需要的硫辛酸。

硫辛酸在体内作为一种辅酶，与焦磷酸硫胺素一起，共同将碳水化合物代谢中的丙酮酸转化为乙酰 CoA，在细胞的新陈代谢和细胞内能量产生方面起重要作用，还可通过吸附螯合金属离子和帮助抗氧化剂还原再生等机制发挥解毒作用和抗氧化作用。硫辛酸可增加心肌对葡萄糖和氧的摄取和利用，降低炎症水平，减少动脉粥样硬化。近年来发现，硫辛酸可通过增强葡萄糖代谢而维护血糖水平，并能帮助预防糖尿病神经病变等并发症。

其他非营养素健康相关成分包括皂苷类（saponins）、肉碱（carnitine）、泛醌（coenzyme Q）、γ-氨基丁酸（γ-aminobutyric acid）、牛磺酸（taurine）、二十八烷醇（octacosanol）、叶绿素（chlorophyll）等，其主要作用和食物来源见表 7.3。

表 7.3 其他非营养素健康成分的作用和食物来源

类别	结构特点	主要作用	食物来源
皂苷类	甾类或三萜类化合物的低聚配糖体的总称	抗菌、抗病毒、抗氧化、免疫调节、抗血栓、控血糖和抗肿瘤等	多种中药材、蔬菜、水果和豆类
肉碱	β-OH-γ-三甲胺丁酸	将脂肪酸运载通过线粒体膜，从而完成脂肪酸的生物氧化过程	肉类和鱼类。牛羊肉和肝脏中含量较高
泛醌	脂溶性醌类化合物	呼吸链电子传递过程中的重要物质，可清除多种自由基	动物内脏、瘦肉、海鱼、坚果、油籽、酵母等
γ-氨基丁酸	γ-氨基丁酸	重要的抑制性神经递质，可增加大脑血流量，减轻焦虑和紧张，预防失眠	山药、土豆、龙眼、菠菜、糙米、谷胚、坚果、油籽和动物肝脏等
牛磺酸	2-氨基乙磺酸	促进脂类物质吸收利用；帮助脑组织和视网膜的正常发育；抗氧化作用；增强心肌收缩力和抗缺氧能力等	动物性食品，特别是红肉鱼和一些贝类
二十八烷醇	高级脂肪醇	增强耐力、精力和体力；改善缺氧，强化心脏功能等	蜂蜡、糠蜡、虫蜡、果蜡等
叶绿素	含镁卟啉衍生物	强烈的抑制突变作用，抑制致癌物的致癌作用，抗变态反应，促进伤口愈合等	各种深绿色叶菜

本章热点问题：抗氧化剂与疾病预防

“抗氧化”通常和“防癌”“抗衰老”“有益心脑血管疾病”等功能一起出现，那么抗氧化剂保健品与疾病预防究竟有什么关系呢？

氧自由基是引发心血管疾病和癌症的关键因素之一。所谓自由基，是一类性质活泼的具有非偶电子的基团或原子。人体代谢过程会产生自由基，当体内自由基过量并失控时，这些自由基就会进一步对细胞和机体造成损害，从而导致心脏病、阿尔茨海默病及肿瘤等疾病。研究表明，选择合适的抗氧化剂，如维生素 C、维生素 E、多酚类物质等，对预防或改善冠心病、高血压、心力衰竭等疾病有一定效果。但是并没有足够的证据表明抗氧化剂能够预防癌症。盲目服用抗氧化剂还会增加破坏免疫平衡的风险。

实际上，抗氧化剂的作用与剂量、给药方式有着直接的关系。例如，按照 DRIs 中所限定的剂量，口服维生素 C、番茄红素胶囊、姜黄素胶囊等，经胃肠吸收和人体代谢后，并不能达到有效改善疾病状态的效果。同时，抗氧化剂经口服后，其效果可能受到胃肠功能和肠道菌群的影响而发生变化，因此其健康效果是因人而异的。

同时，抗氧化剂本身在大量使用时，还可能影响到膳食营养平衡。例如，一些多酚类抗氧化物质可螯合多种金属离子，影响铁、锌等重要微量元素的吸收；还会与蛋白质发生相互作用而降低消化酶的活性。又如，超量摄入维生素 C 可能造成胃肠不适、腹泻、体内草酸水平上升等问题。所以，对于体内抗氧化能力正常的人来说，长期大量摄入可能不利于健康。特别是原本有贫血、缺锌、消化吸收不良问题的人，更不宜盲目大量服用抗氧化补充品。

各种天然植物性食物是抗氧化剂的主要来源。与其迷信外源性的抗氧化剂补充品，不如完善自己的饮食结构，达到营养平衡，通过各类食物的多样化来保证人体摄入各种植物化学成分，包括抗氧化成分。服用抗氧化剂补充品时，应当咨询营养科医生和注册营养师等有专业资质的人员，在评估身体状况和膳食结构的前提下合理补充，而不能跟风盲目补充。

本章深度思考

1. 非营养素食物保健成分是每个人都需要的吗？从它们的作用来说，什么类型的人可能适合多吃，哪些类型的人需要少吃？

2. 现在市面上有很多食物保健成分的补充剂。服用这些补充剂可以替代多样化的三餐饮食吗？

3. 有些植物化学物并未制订 UL 值，是否说明它们更为安全，补充数量无须限制？

本章课程活动

1. 访问自己的长辈亲友，了解他们正在服用或正打算服用哪些非营养素保健成分。

2. 在网络购物平台上搜索各种非营养保健成分，了解目前市场上有哪些品种，每一粒或每一片的含量分别是多少。

3. 查询中英文期刊，阅读一篇有关非营养素健康相关成分的综述。

本章参考文献

关键解读

谷雨，毛敏. 2017. 植物固醇的研究现状. 河北医药，39（16）：2514-2516，2519

李颜，姜敏杰，梁强，等. 2023. 菜籽油植物甾醇生理功能及影响因素. 四川农业科技，（7）：90-93

马雯，刘玉环，阮榕生，等. 2012. 膳食多酚类化合物的研究进展. 中国酿造，31（4）：11-14

任建敏. 2022. 食物抗氧化剂预防 ROS/RNS 氧化损伤疾病研究进展. 重庆工商大学学报（自然科学版），39（6）：22-29

孙远明. 2019. 食品营养学. 3 版. 北京：中国农业大学出版社

韦京豫，徐静，郭长江，等. 2009. 北京市售30种蔬菜中类黄酮物质含量分析. 中国食品卫生杂志，21（5）：416

许飞，陈林军，聂志妍，等. 2020. 膳食营养素在 2 型糖尿病中降血糖作用及其机制的研究进展. 生物学杂志，37（3）：96-101

中国营养学会. 2023. 中国居民膳食营养素参考摄入量（2023）. 北京：人民卫生出版社

周才琼，周玉林. 2017. 食品营养学. 3 版. 北京：中国质检出版社

George S，Abrahamse H. 2020. Redox potential of antioxidants in cancer progression and prevention. Antioxidants，9（11）：1156

Jomova K，Raptova R，Alomar S Y，et al. 2023. Reactive oxygen species，toxicity，oxidative stress，and antioxidants：Chronic diseases and aging. Archives of Toxicology，97（10）：2499-2574

Lu Y，Zhang M，Huang D. 2022. Dietary organosulfur-containing compounds and their health-promotion mechanisms. Annual Review of Food Science and Technology，13：287-313

Meléndez-Martínez A J. 2019. An overview of carotenoids，apocarotenoids，and vitamin A in agro-food，nutrition，health，and disease. Molecular Nutrition and Food Research，63（15）：1801045

Nattagh-Eshtivani E，Barghchi H，Pahlavani N，et al. 2022. Biological and pharmacological effects and nutritional impact of phytosterols：A comprehensive review. Phytotherapy Research，36（1）：299-322

Neri-Numa I A，Arruda H S，Geraldi M V，et al. 2020. Natural prebiotic carbohydrates，carotenoids and flavonoids as ingredients in food systems. Current Opinion in Food Science，33：98-107

Rana A，Samtiya M，Dhewa T，et al. 2022. Health benefits of polyphenols：A concise review. Journal of Food Biochemistry，46（10）：e14264

Rochfort S，Panozzo J. 2007. Phytochemicals for health，the role of pulses. Journal of Agricaltural and Food Chemistry，55（20）：7981-7994

Tomas-Barberan F A，Andres-Lacueva C. 2012. Polyphenols and health：current state and progress. Journal of Agricultural and Food Chemistry，60（36）：8773-8775

第 2 部分　各类食物的营养价值

预备知识　食物营养价值的理解要点

食物（food）是人类赖以生存的物质基础，它具有一定的感官属性，同时含有为人类提供能量及生长发育、维护健康所必需的营养素。食物是含有一种以上营养素，不含有害、有毒物质，有可接受的感官特性，可供人类食用的天然物料或经加工后的物料。食品和食物的意义类似，但更加入了其作为一种人类产品的属性，以及作为商品被纳入管理的含义。

《中华人民共和国食品安全法》第一百五十条指出：食品，指各种供人食用或者饮用的成品和原料以及按照传统既是食品又是中药材的物品，但是不包括以治疗为目的的物品。对于人体来说，食物有三方面的功能——营养功能、感官功能和生理调节功能，其中营养功能是食物的基本功能，也是人类追求食物的内在生理动力所在。

对食物营养价值的评价应当包括两个方面：一是食物中所含的能量和营养素能满足人体需要的程度，即提供各种营养素的价值；二是在膳食整体中对维持或促进人体健康状态，特别是对预防慢性疾病的贡献，即生理调节作用或保健作用。由于很多非营养素成分也有生理调节作用，因此食物中能量和营养素的含量与其防病价值往往并不完全一致。

食物除了满足人的营养需要之外，尚有感官享受、社会、经济、文化、心理等方面的意义。食物的购买和选择取决于价格高低、口味嗜好、传统观念和心理需要等多种因素。食物的价格取决于原料成本、生产成本和营销成本，和营养价值没有绝对关联。

1. 食物营养价值的相对性

对食物的营养价值的评价具有相对性，不能以一种或两种营养素的含量来决定，而必须看它在膳食整体中对营养平衡的贡献。除了 6 个月内的婴儿可以单纯靠母乳健康生存之外，无论一种食物中某些营养素含量如何丰富，也不能代替由多种食品组成的营养平衡膳食。

（1）营养素数据的相对性

在评价食物营养价值时，通常按生物学来源，把食材分为不同类别和种类。在各地营养学权威机构所编纂的食物成分表中，会列出各类别食物中的能量和各营养素含量。从表中可见，不同种类食品的能量和营养素含量有所差异。

然而，食物成分表中所列出的食物成分数据只是一个代表值。即便是同一种食物，不同品种、不同部位、不同产地、不同年份、不同栽培方式、不同成熟程度之间，其营养素和健康相关成分的含量也有相当大的差别。因此，不能把食物成分表中的数据绝对化，认为它就是市场上某种食物中营养成分的绝对含量。

食物的营养价值也受储存、加工和烹调的影响。部分食物经过加工精制会损失原有的营养成分，也有些食物经过加工烹调提高了营养素的生物利用率，或经过营养强化、营养调配而改善了营养价值。

特别关注：食物营养强化

食物营养强化（food nutrition fortification）是指为了改善食物的营养价值，而特意在食品制作时添加某些营养素，或添加富含某些营养成分的天然食物。食品营养强化剂（food fortifier）

是指为增强营养成分而加入食品中的，天然的或人工合成的属于天然营养素范围的食品添加剂。这种做法涵盖了以下几种情况。

1）弥补天然食物的营养缺陷。例如，玉米、小米、小麦的蛋白质中赖氨酸含量较低，影响了蛋白质的生物利用率。故在动物性食物不足的地区，在这些粮食制品中强化赖氨酸，可以有效提升其营养价值。

2）弥补加工带来的营养损失。例如，小麦粒在加工成精白面粉之后，会损失其中70%以上的维生素B_1，以及大半其他维生素和矿物质。在以面食为主的地区，在面粉和面粉制品中强化多种B族维生素，可以有效预防多种B族维生素的缺乏症。

3）为某些特殊人群制作专用食品。例如，婴儿配方乳粉、婴幼儿辅食、医学用特殊用途食品、慢性疾病患者适用食品等往往需要在配方中添加多种营养素。

4）帮助某些特殊人群预防营养素缺乏症。例如，素食者因缺乏血红素铁摄入而容易罹患缺铁性贫血，故适合选择强化铁的酱油。又如，缺硒、缺碘地区居民可以通过食用加硒、加碘的食盐来避免克山病和缺碘性甲状腺肿。

5）应对饮食习惯改变带来的营养变化。例如，部分人为了减肥而选择脱脂乳，会降低维生素A和维生素D的摄入量，可在脱脂乳中强化这两种维生素。又如，部分人选择喝豆浆、燕麦乳等替代牛乳，但它们的钙含量比牛乳低得多，对其强化钙元素是有益的。

在相关标准修订时，增加了“大众食物强化”和“自主性食物强化”两个概念。大众食物强化指在公众广泛消费的特定食品中添加一种或多种微量营养素的行为，通常由政府部门组织和实施，如在乳类食物强化维生素A和维生素D，在植物油中强化维生素D，在食盐中强化碘，在米面食物中强化多种B族维生素等。自主性食物强化指在食品中由生产者自行决定添加一种或多种微量营养素和（或）其他营养成分的行为，其产品的消费范围往往相对小一些。

食品营养强化能够在不改变消费者饮食习惯的前提下，使其避免营养素缺乏问题，是一种实施成本较低而社会效益较大的营养改善措施。

（2）食物能量密度

食物的能量密度（energy density）可以用单位重量/容量中的能量值来表示，如每100g或100mL食物中所含的能量。反过来，也可以用含有418.4kJ（100kcal）的食物重量/容量来表示。

由于食物能量主要来自于碳水化合物、脂肪和蛋白质3种成分，水是不含有能量的，故而水分含量高的食物能量密度较低，而水分含量低的食物能量密度较高。另一方面，由于脂肪的能量系数最高，为9kcal/g，而蛋白质和碳水化合物为4kcal/g，故脂肪含量增高时，食物能量密度随之上升。

案例：选哪种零食最合适？

某减肥女性家里有3种加餐时可以吃的食物：某种饼干、干枣和盒装全脂乳。

饼干：脂肪含量32.0%，蛋白质含量6.7%，碳水化合物含量42.0%，能量2065kJ（494kcal），水分4%。

干枣：脂肪含量0.5%，蛋白质含量4.1%，碳水化合物含量71.9%，能量1295kJ（309kcal），水分16%。

牛乳：脂肪含量3.2%，蛋白质含量3.2%，碳水化合物含量4.6%，能量2065kJ（61kcal），水分87.5%。

按计划，她只准备从加餐食物中摄入100kcal能量，相当于饼干20g、干枣32g，牛乳164g。

显然，牛乳的能量密度是最低的，含有优质蛋白质、钙和多种维生素，适合在减肥期间作为两餐间的充饥食物。其次是干枣，最不适合的是饼干。

2. 食物营养素密度

由于每一种食物的含水量、含能量都有很大的不同，在评价各种食物的营养特点时，仅仅比较每100g食物中的营养素含量，未必能够很好地反映出不同食品营养价值的真正差异。此时，比较食物的“营养素密度”（nutrient density，ND）这个概念更有意义。

所谓营养素密度，即食物中某营养素满足人体需要的程度与其能量满足人体需要程度之比值。可以表述为食物中相应于100 kcal或1000 kcal能量的某营养素含量。其常用计算公式为

$$\text{ND}=（100\text{g 某食物中的某营养素含量/同量该食物中的含能量}）\times 100 \text{ 或 } 1000$$

这个概念常常用来比较各种食物提供某种微量营养素的效率，如某种维生素或矿物质，而不用来比较碳水化合物和脂类等含能量营养素。

另一个有关营养素密度的概念是食物营养质量指数（index of nutrition quality，INQ）。其计算方法为

$$\text{INQ}=\frac{100\text{g某种食物中某营养素的含量 / 某营养素的日推荐摄入量}}{100\text{g该食物中所含能量 / 能量的日推荐摄入量}}$$

这个参数是某种食物中的某一种营养素满足一日所需程度与能量满足一日所需程度的比值。其数值较大，表明增加该食物的摄入，有利于在日常膳食中充分提供这种营养素，而不至于过多增加膳食能量。

相比于INQ，ND计算起来更为简单，在选购食物中可以随时应用。在选择购买同一类食物时，可以根据食品标签上的营养成分表，挑选营养素密度较高的产品。

案例：用哪种果蔬来供应钾更有效？

李先生体重已经超重，他患有高血压病，同时还有高尿酸血症问题，医生建议他增加膳食钾的摄入量。按照预防慢性疾病所需的建议摄入量，李先生每天最好能摄食3600mg的钾，比健康人的适宜摄入量高1600mg，特别建议他多吃蔬菜水果。然而，具体吃什么才能得到这么多钾呢？

按中国食物成分表上的数据，100g去皮香蕉肉大约含有256mg的钾。1600mg的钾大约相当于625g香蕉肉。问题是，每100g香蕉肉中含有93kcal的能量，625g就有581kcal的能量，显然吃这么多香蕉不利于控制体重。如果能量有限制，又要尽量多补钾，那么就要选择钾营养素密度最高的食物。

香蕉的钾营养素密度是1000×256mg/93kcal＝27.5

橙子的钾营养素密度是1000×159mg/48kcal＝33.1

番茄的钾营养素密度是1000×163mg/20kcal＝81.5

如果按营养素密度来选择果蔬，就会发现，其实香蕉不是最好的补钾水果选择。同样摄取200kcal的能量，香蕉只能提供512mg的钾，而番茄可以提供1630mg的钾。

在选择主食、蔬菜、水果、动物食品等每一类食物时，都选择钾营养素密度较高的食材，就能有效达到膳食补钾的目标。

食物中营养素的含量与其营养素密度并非等同。例如，食物脱水、浓缩处理会使100g食物中的微量营养素含量升高，但其营养素密度并不会升高，因为食物的含能量也随着浓缩处理而增加了。

如果选择同类食物中脂肪含量比较低，或者糖分含量比较低的品种，通常可以有效地提高食物的维生素和矿物质营养素密度。反之，在食物中加入脂肪、糖、淀粉水解物等成分，便会显著降低食物的营养素密度。对于食量有限的幼儿和老人，缺乏体力活动的脑力劳动者，需要控制体重者，以及营养素需求极其旺盛的孕妇和乳母来说，都要特别注意膳食中食物的营养素密度。故而，食物营养素密度已经成为评价膳食营养质量的关键指标，而提升膳食营养素密度也已经成为预防肥胖和多种慢性疾病的重要干预要点。

3. 营养素的生物利用率

食物中所存在的部分营养素并非人体直接可以利用的形式。所谓营养素的"生物利用率"（bioavailability），是指食品中所含的营养素经过消化、吸收和转化，能够在多大程度上真正在人体代谢中被利用。当食品基质不同，加工烹调方式不同，以及与不同食物成分同时摄入时，很多营养素的生物利用率会有很大差别，特别是一些矿物元素。

（1）营养素生物利用率的影响因素

影响营养素生物利用率的因素主要包括以下几个方面。

1）食品的消化率。由于人体消化能力或食物加工处理的原因，食物消化率较低时，其中营养素的生物利用率会受到影响。

2）食物中营养素的存在形式。例如，在植物性食品当中，铁主要以不溶性的三价铁复合物存在，其生物利用率较低；而瘦肉中的铁为血红素铁，其生物利用率较高。

3）食物中营养素与其他食物成分共存的状态。一些食物成分会干扰或促进某些营养素的吸收利用。例如，在菠菜中由于草酸的存在使钙和铁的生物利用率降低，而在牛乳中由于维生素D和乳糖的存在促进了钙的吸收。

4）人体生理状况与营养素的供应状况。在人体生理需求急迫，或食物供应不足时，钙、铁等一些微量营养素的生物利用率提高；反之在供应过量时便降低。例如，乳母的钙吸收率比正常人提高，而每天大量服用钙片会导致钙吸收率下降。

案例：用什么食物补铁更好？

某女学生存在缺铁性贫血问题，医生嘱咐她多吃富含铁的食物。她查询食物成分表，发现干海带铁含量比较高，为4.7mg/100g。而牛腿肉只有2.8mg/100g。于是她认为海带更有利于补铁。但天天吃海带之后，贫血毫无改善。

原来，海带中的铁本身是不容易吸收的非血红素铁，而且含有褐藻胶等可溶性膳食纤维，会干扰铁的吸收利用。而牛肉中的铁是血红素铁，吸收率高，且不受食物中的干扰因素影响。故而，该女生应把红肉纳入补铁食物当中。

（2）食物中的抗营养因素

食物中存在一些影响食品营养素吸收利用的天然成分，包括蛋白酶抑制剂（protease inhibitors）、草酸（oxalic acid）、植酸（phytic acid）、单宁（tannin）等植物多酚、生物碱（alkaloid）、凝集素（lectin）、硫甙（硫代葡萄糖苷）等，甚至包括果胶、卡拉胶、海藻胶、β-葡聚糖等膳食纤维。它们被统称为食物中的抗营养因子（anti-nutritional factors）。

例如，妨碍蛋白质吸收的蛋白酶抑制剂普遍存在于豆类、谷类和薯类当中，只是谷类和薯类中的蛋白酶抑制剂耐热性较差，而豆类的蛋白酶抑制剂活性较强，而且需要较长时间的加热才能灭活。又如，蔬菜中的草酸，以及豆类和谷类中的植酸，会降低多种矿物质的吸收利用率。

食物中抗营养因素的存在，会在一定程度上影响食物营养素的利用效率。在营养素供应不足的时候，人们通常希望去除抗营养因素，以避免出现营养缺乏问题。然而，对食物中抗营养因素的评价，也因时代的推移而改变。一些传统的抗营养因子，目前已经被发现具有明确的保健作用，适量摄入对于某些慢性疾病的预防和控制有益。

例如，一些植物多酚虽然可能降低一些微量元素的利用率，但也具有很强的抗氧化作用，对预防心脑血管疾病有益；十字花科蔬菜中的硫甙类物质虽会在膳食中碘供应不足时促进甲状腺肿的发生，对甲状腺功能低下者可能是不利的，但在碘供应充足、甲状腺功能正常时，却表现出有利于预防部分癌症的作用。

特别关注：如何减少抗营养因素的影响？

通过烹调、加工、发酵、发芽等处理，可以有效去除多种抗营养因素。

例如，大豆浸泡 12h 再打浆，或者先烤制后再打浆，都可以有效减少豆浆中的植酸含量；用刚发芽的大豆打浆，可以获得植酸含量更低的豆浆。全麦面粉经过酵母发酵制成馒头、面包、发面饼等，都可以有效降低植酸含量，提升微量元素的生物利用率。又如，菠菜、苋菜、马齿苋等富含草酸的蔬菜，经过焯煮之后可以去除大部分草酸，从而减少对钙、铁等元素吸收的影响。

（3）食物在膳食中的营养贡献

在比较食物的营养素含量，以及营养素密度时，往往并未考虑某种食物在膳食中的实际摄入量和可能供应量，也没有考虑该食物是否容易被消费者所接受。因此，它们并不能完整地评价某种食物在平衡膳食当中可能做出的贡献。如果一种食物本身营养素含量甚高，但是在膳食中不可能大量食用，或不可能大量供应，或感官可接受性很差，那么对改善营养的意义就不大。同理，在日常膳食中摄入量越大、摄入频次越高的食物，对其营养价值越要重视。因为些小的改善便会对营养供应产生较大的影响。

案例：为什么一说补钾，首先想到蔬菜和水果？

尽管肉蛋类的钾元素含量不低于蔬菜和水果，但高血压患者若要增加膳食钾的供应，却不能依赖肉蛋类。这是因为它们在每天的膳食中数量只有几十克，提供钾的总量有限，而且不能大幅度增加。过多摄入可能带来胆固醇和饱和脂肪摄入过量的问题。

但是，按膳食指南的建议，蔬菜和水果的摄入总量每天应当达到 500～850g，它们对钾摄入的贡献量是最大的，增加摄入的潜力也是最大的。

成年人每天吃谷物原料的量为 200～300g，如果把其中的 50～150g 白米白面换成钾营养素密度更高的全谷物和淀粉豆，并增加 50～100g 的薯类，对增加钾供应的贡献也是可观的。

因此，通常建议人们通过增加蔬果摄入量、提升全谷和薯类在主食中的比例，来提高膳食钾的摄入量。

在考虑食物营养贡献的时候，经常有必要考虑食物的含水量。含水量低的天然食物，往往在营养素含量上数值较高，但食用时摄入量不大，如紫菜、芝麻、虾皮等；而反过来，含水量低的加工食品，如饼干、薯片等，由于其中含淀粉和油脂较高，食用量稍大时，便可能明显降低膳食整体的营养素密度，在营养平衡中起到不利作用。

4. 食物营养评价中的安全相关问题

由于每个人的体质差异甚大，一些人可能对营养价值很高的食品发生不良反应。所谓食物不良反应，是因食物成分或食品添加成分引起的，涉及免疫反应或非免疫反应的各类不良反应。其中涉及免疫反应的称为食物过敏（food allergy），不涉及免疫反应的称为食物不耐受（food intolerance）。

例如，鱼类和贝类、乳类、蛋类、大豆等含蛋白质食品，都是常见的食物过敏原和不耐受食物。这些食物对大部分人来说是营养价值很高的食品，但可能带来少部分人的过敏反应，甚至带来生命危险。

需要注意的是，不能因为少数人对某些食物有过敏或不耐受反应，就否定这些食物对大部分人的营养价值。然而，对于确有食物过敏和不耐受的人来说，此时不能考虑这些食品对人体的营养价值，而首先要考虑的是食物的安全性，应在一段时间内严格避免食用已知过敏食品或不耐受食品。同样，如果食品受到来自微生物或化学毒物的污染，其污染程度达到对人体造成明显可察觉的危害的水平，则无法考虑其营养价值。

（1）食物过敏

食物过敏是由食物中的致敏原激发人体免疫反应引起的，其中包括以产生 IgM 和 IgA 抗体为主的急性过敏反应，和以产生 IgG 抗体为主的慢性过敏反应。常见致敏性食物包括富含蛋白质的肉类、乳类、蛋类、豆类、坚果、部分果蔬食物等。

常见食物过敏症状是皮肤瘙痒、荨麻疹、湿疹、过敏性紫癜和接触性皮炎等皮肤症状，以及恶心、呕吐、腹泻、腹痛等胃肠道症状。但严重的食物过敏反应可引起呼吸道水肿、过敏性哮喘甚至休克，有可能危及生命，如某些坚果过敏患者可能在食用坚果后因喉头水肿引起呼吸困难。对于引起急性过敏的食物，无论其营养价值，均应避免食用。

（2）食物不耐受

食物不耐受有可能由遗传因素造成，也可以由消化系统功能障碍、肠道菌群紊乱等其他因素造成。其造成的不适反应范围很广，特异性不强，如胀气、腹痛、腹泻、头疼、失眠、湿疹、炎症、脑雾等。

例如，乳糖不耐受是我国居民中最常出现的食物不耐受状况，是由于小肠黏膜不能分泌足够的乳糖酶所造成的。未分解的乳糖可能造成肠道运动过快，产气增加，腹胀肠鸣，甚至腹痛腹泻。在肠道感染、胃肠道消化功能下降时，这种不耐受反应往往会更加明显。

食物慢性过敏反应常常和食物不耐受反应之间有所重叠，或难以区分。如在对小麦面筋蛋白有不良反应的人当中，部分人属于乳糜泻（celiac disease），部分人属于小麦过敏，而部分人属于和过敏无关的不耐受反应。其中较为严重的情况是乳糜泻，是某些遗传易感人群摄入小麦面筋蛋白后诱导产生的自身免疫性疾病。

食物不耐受的严重程度往往与食物的烹调加工方式有关。例如，存在乳糖不耐受的人，在食用酸乳、乳酪、添加乳粉的面包时往往没有不良反应；对大豆有不耐受反应的人，食用经过发酵的腐乳、豆酱等食物可能并无不适。在制作营养食谱时，需要详细了解相关情况，以便在避免不良反应的前提下，最大限度地丰富食物营养的来源。

在对某些食物有过敏反应或不耐受反应的情况下，需要短期甚至长期避免这些食物，其营养价值需要由其他食物来替代。这时容易出现的情况是：由于不能食用某些营养价值较高的食物，如蛋、乳等，又没有用其他食物来替代它们的营养供应，于是容易出现营养不良情况，特别是在幼儿当中这种情况较为多见。因此，当存在食物过敏时，应当及时寻求医院营养科或注册营养师的专业帮助，以制订避免过敏食物而又能保证营养充足的食谱。

5. 食物与炎症反应

人体的炎症状态与机体的防御机制有关，需要维持在一个合理的水平上。在致病菌和病毒侵入人体之后，过低的炎症反应不利于清除病原体，但过强的炎症反应又会伤害自身细胞和组织。

在没有致病微生物的情况下，长期的慢性炎症反应也可能伤及正常细胞和组织，对人体带来伤害。精神压力、睡眠不足、过度疲劳、过敏、毒素等原因都可能带来免疫系统的激活，产生致炎细胞因子，带来慢性的炎症反应。

研究证据提示，长期处于慢性的低度炎症状态，可能与癌症、糖尿病、动脉硬化、哮喘、皮肤病、骨关节炎、炎性肠病等多种慢性疾病有关。膳食对于调整人体的炎症状态十分重要，特别是慢性疾病患者和存在慢性炎症的人需要注意控制饮食，以避免身体的过度炎症反应。

食物的炎症指数（inflammatory index，II）或膳食炎症指数（dietary inflammatory index，DII）被用于评价一种食物成分、一种食物或一种膳食组合对身体炎症反应状态的影响，衡量指标是对人体血液中 C-反应蛋白水平和其他炎症因子的影响。

按目前的相关研究，食物中的多种 B 族维生素、维生素 A、维生素 C、维生素 D、膳食纤维、ω-3 不饱和脂肪酸，类黄酮、花青素、姜黄素等多种抗氧化成分，以及葱、姜、蒜、洋葱、胡椒、迷迭香、百里香、甜紫苏等香辛料，是有利于降低身体炎症状态的膳食成分；饱和脂肪酸、反式脂肪酸、过多总脂肪会升高炎症反应指标，食物加工过程中所产生的杂环胺、多环芳烃、丙烯酰胺等成分也是促进炎症反应的因素。

有汇总分析研究发现，炎症指数较高的膳食和炎症指数较低的膳食相比，罹患心血管疾病的风险较大，全因死亡率较高。也有研究发现，高炎症指数膳食增加罹患癌症的风险及癌症死亡率。过高的炎症反应还与关节疾病、痤疮等皮肤问题有关。

同时，过高的血糖水平、过高的血脂水平、消化功能下降和肠道菌群紊乱，都是促进炎症的重要因素。通过健康饮食来控制餐后血糖和血脂的上升幅度，获取全面而充足的营养素，保持良好的胃肠功能，调整肠道菌群恢复健康状态，都对降低炎症反应十分重要。

从膳食整体来说，降低炎症反应的膳食结构强调摄取多样性的新鲜天然的食物，避免煎炸熏烤的加工方式，减少高度加工食品，避免反式脂肪酸和过多的饱和脂肪，减少高糖食物摄取，降低膳食整体的血糖负荷，并保证足够的新鲜果蔬食物。在慢性疾病发病率上升的大背景下，有利于控制炎症的营养食品具有一定开发前景。

主要参考文献

范志红. 2022. 食物营养与配餐. 2 版. 北京：中国农业大学出版社

彭晓丽，赵光辉. 2022. 食品免疫学. 北京：中国轻工业出版社

赵晓丹. 2015. 食物抗营养因子. 北京：中国农业大学出版社

Drewnowski A. 2018. Nutrient density：addressing the challenge of obesity. British Journal of Nutrition，120（1）：8-14

Namazi N，Larijani B，Azadbakht L. 2018. Association between the dietary inflammatory index and the incidence of cancer：a systematic review and meta-analysis of prospective studies. Public Health，164：148-156

Shivappa N，Steck S E，Hurley T G，et al. 2014. Designing and developing a literature-derived，population-based dietary inflammatory index. Public Health Nutrition，17（8）：1689-1696

Vossenaar M，Solomons N W，Muslimatun S. 2021. Nutrient density as a dimension of dietary quality：Findings of the nutrient density approach in a multi-center evaluation. Nutrients，13（11）：4016

第 8 章　谷类和薯类的营养价值

本章学习目标

1. 熟悉谷类和薯类食物在膳食中的营养意义。
2. 掌握谷类食物的各类营养素含量和分布特点。
3. 熟悉常见谷物加工品的营养价值，以及烹调处理对营养价值的影响。
4. 掌握薯类食物的各类营养素含量。
5. 掌握谷类和薯类食物选择对多种疾病预防的影响。

本章课件

谷类和薯类食物是人类的主食来源，其共同特点是含有较为丰富的淀粉，也是 B 族维生素的膳食来源。

谷类（cereal）食物主要是指禾谷类作物的种子及其制品，包括麦类（小麦、大麦、燕麦、黑麦、青稞）、稻类（籼稻、粳稻、糯稻）、玉米、高粱、粟（小米）、黍（大黄米）、薏米等。此外，荞麦、藜麦、苋菜籽等种子并不属于禾本科植物，但与谷类种子的营养素构成特点接近，称为“假谷物”（pseudocereal），也被纳入谷类食物当中。

天然状态的谷类种子有着较为相似的结构，由谷皮、糊粉层、胚乳、胚芽四个部分组成。谷皮包括植物学上的果皮和种皮，糊粉层紧贴谷皮，处于胚乳的外层，胚芽处于谷粒下端一侧边缘（图 8.1）。谷皮位于谷粒的最外层，主要由纤维素、半纤维素组成。在食品加工中，谷皮一般作为副产物，用作饲料、发酵行业的原料等。糊粉层在谷皮和胚乳之间，占谷粒重量的 6%～9%，含有丰富的 B 族维生素及磷、钾等矿物质，在研磨加工过程中往往与谷皮同时被分离，混入糠麸中。胚乳占谷粒总重的 80%～85%，是种子主要的食用部分，含有大量的淀粉和一定量的蛋白质。蛋白质的含量与部位有关，胚乳周围部分的蛋白质含量较高，越往中心部分含量则越低。胚芽是谷粒中营养价值最高的部分，含有丰富的脂肪、蛋白质和多种维生素。

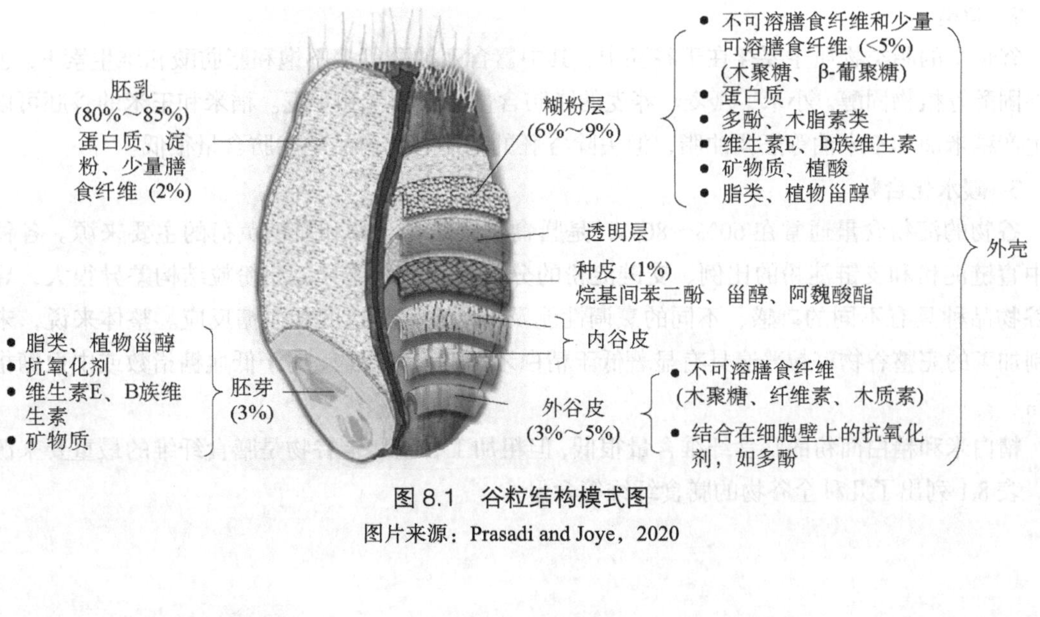

图 8.1　谷粒结构模式图

图片来源：Prasadi and Joye，2020

薯类(tuber)食物是植物的膨大根茎，其中富含淀粉。我国居民常食的薯类食物包括甘薯(含红、黄、白、紫色薯肉的品种)、马铃薯、山药、芋头等。薯类兼有蔬菜和谷物的部分营养特点，在膳食中往往用来部分替代谷物作为主食。

8.1 谷类的营养价值

按加工程度，谷类食物可以分为精制谷物（refined grain）和全谷物（whole grain）产品。

全谷物指没有经过精细加工的谷物种子，或者虽然经过初步加工（如碾磨、粉碎、压片等），但仍然保留了完整的谷物所具备的胚乳、胚芽、麸皮等组分中所有营养成分的谷物。全谷物中包括了糙米、全小麦，以及多种其他谷物和假谷物来源的产品。

精制谷物的主要产品是精白加工的稻米(俗称白米、大米)和精制小麦粉(俗称白面、面粉)，是在加工过程中除去谷皮、糊粉层和谷胚部分制成的。因为全谷颗粒质地紧密，外层部分颜色较深，膳食纤维含量较高，不便快速烹调，发酵速度慢，烹调加工后质地不够柔软，且不饱和脂肪含量较高，储藏中容易发生氧化酸败，故而除去种子外层和胚芽的精制谷物产品逐渐成为主要食粮。精制处理可以提高谷物在加工中的功能性质。以面包为例，在加工过程中使用除去麸皮的精制面粉，面包的颜色、风味和结构都会有较大改善。

谷类食材都是富含淀粉的植物种子，大部分属于禾本科植物，在营养价值上有共性。这类种子以淀粉作为发芽时的主要能量储备物质，同时含有储藏蛋白质、多种 B 族维生素，以及磷、钾等矿物质。

1. 蛋白质

谷物的蛋白质含量通常在 8%～15%，其中稻米蛋白质含量较低，而硬粒小麦和燕麦含量较高。谷类蛋白质中的第一限制氨基酸是赖氨酸，生物价较低，不属于优质蛋白质。但在我国膳食习惯中，谷物蛋白质提供了一半左右的膳食蛋白质，对维持蛋白质总量充足具有重要意义。

2. 脂类

谷物中的脂类物质主要存在于谷胚中，其中富含亚油酸等多不饱和脂肪酸和维生素 E，也含有谷固醇等植物固醇。小米、燕麦、荞麦的脂肪含量高于稻米和小麦。稻米和玉米的谷胚可以用来生产稻米油和玉米油等烹调油脂，但去除谷胚的精制谷物产品中脂肪含量很低。

3. 碳水化合物

谷物的淀粉含量通常在 60%～80%，是膳食中碳水化合物和血糖负荷的主要来源。各种谷物中直链淀粉和支链淀粉的比例、支链淀粉的分支度和链长差异、淀粉粒结构差异很大，导致各谷物品种具有不同的口感、不同的烹调性能及不同的消化速度和血糖反应。整体来说，未经精制加工的完整谷物籽粒普遍具有显著低于精白米面的血糖反应，属于低血糖指数或中血糖指数食品。

精白米和精白面粉的膳食纤维含量很低，但粗加工谷物和全谷物是膳食纤维的最重要来源之一。表 8.1 列出了几种全谷物的膳食纤维等含量。

表 8.1　几种全谷物的膳食纤维和酚类物质含量

谷物种类	膳食纤维含量/（g/kg）	酚类物质含量/（mg/kg）
全小麦	11.6～17.0	35～151
全燕麦	13.7～30.1	101～159
糙米	2.7～4.9	126～159
全小米	13.0～13.8	129～1008
全大麦	14.6～27.1	85.3～233.1

资料来源：Prasadi and Joye，2020

谷物中最重要的膳食纤维成分是作为细胞壁组分的阿拉伯木聚糖（arabinoxylan，AX）和β-葡聚糖（β-glucan，BG）。

谷物中同时存在这两类膳食纤维成分，但不同品种间比例差异较大。阿拉伯木聚糖是主要存在于谷物外层和胚乳中的半纤维素成分，主要是不溶性膳食纤维，广泛存在于玉米、小麦、黑麦、大麦、燕麦和稻米中，被研究证实具有抗氧化、延缓消化和免疫调节的作用，也具有益生元潜力。谷物的外层部分含有高水平的阿拉伯木聚糖，而胚乳部分含量较低，如表 8.2 所示。

表 8.2　几种全谷物胚乳和麸皮中的阿拉伯木聚糖含量对比

谷物种类	部位	阿拉伯木聚糖含量/（g/100g）
小麦	胚乳 麸皮	1.52～1.75 11.0～16.4
大麦	胚乳 麸皮	1.8 10.3
燕麦	胚乳 麸皮	1.2 5.2
稻米	胚乳 麸皮	1.83 6.82

资料来源：Wang et al.，2020

在谷物膳食纤维中，果胶含量较低，β-葡聚糖是谷物中最重要的可溶性膳食纤维。它可降低消化酶作用效率，延缓谷物中的淀粉消化速度，增加肠道中的食糜黏度，延缓葡萄糖吸收速度，降低餐后血糖和血脂的上升速度。燕麦和大麦是β-葡聚糖含量最高的谷物，小麦、稻米和玉米中β-葡聚糖含量较低（表 8.3）。我国栽培的莜麦属于裸燕麦，青稞属于裸大麦，其中都含有丰富的β-葡聚糖。

表 8.3　几种全谷物的β-葡聚糖含量

谷物种类	含量/（g/100g）
小麦	0.4～1.4
黑麦	1.2～2.0
燕麦	2.2～7.8
大麦	2.5～11.3

资料来源：Izydorczyk and Dexter，2008

4. 维生素

谷物食物可为膳食提供较大比例的维生素 B_1 和烟酸，以及除维生素 B_{12} 之外的所有其他 B 族维生素，但不含有维生素 A、维生素 C 和维生素 D，维生素 K 含量也很低。谷胚中富含维生素 E。在精制加工过程中，B 族维生素保存率随加工精度提高而降低。仅含精白米面的膳食很难提供足够的 B 族维生素。

5. 矿物质

谷物中含量最高的矿物质是磷和钾，也含有少量镁、铁、锰、锌等。小米、燕麦、荞麦、藜麦等谷物的多种矿物质含量高于稻米。在谷物精制过程中，磷的含量降低较少，而其他元素下降较大，故精白米和精白面粉不是矿物质的良好来源。此外，由于植酸的存在，全谷物中的铁、锌、锰等矿物质生物利用率远低于动物性食品。但由于全谷物的矿物质总量大大高于精白米面，对微量元素的膳食供应仍有一定意义。

6. 其他健康成分

全谷物是多种健康相关成分的重要来源，包括多酚类物质、植物固醇、植酸、单宁等。其中多酚类物质主要存在于谷物种子的外层，各品种间含量差异较大（表 8.1）。例如，荞麦富含类黄酮物质，是芦丁的良好来源；藜麦含有丰富的类黄酮和皂苷。种皮颜色与多酚类物质含量密切相关，深色种皮的品种含量高于浅色种皮的品种。

特别关注：小麦面筋慢性过敏（麸质过敏）

在谷物中，小麦是最常见的食物过敏食材。其中的主要过敏原是小麦面筋蛋白（gluten），也被翻译为“麸质”或“麦胶蛋白”，与小麦麸皮成分没有任何关系。

最严重的小麦过敏性疾病是乳糜泻（celiac/coeliac disease），是由于患者对面筋蛋白成分不耐受所产生的慢性小肠吸收不良综合征，其临床表现主要有腹泻、腹痛、体重减轻、疲倦、乏力、电解质紊乱等症状。此外，小麦过敏可能导致特异性皮炎、小麦依赖运动激发过敏症、复发性荨麻疹、鼻炎等过敏问题，常见症状包括皮肤瘙痒、红肿、鼻塞、流涕、哮喘、腹泻、水肿、呼吸困难等症状。

在成年人当中，慢性小麦过敏还可能引起食欲减弱、失眠、精神萎靡不振、脑雾和思维混乱等非典型症状。在三甲医院变态反应科做食物过敏测试可以找出相关过敏原。

小麦过敏患者可以食用不含有面筋蛋白的谷类食材，包括各种颜色的稻米、小米、黍子（大黄米）、玉米、黏高粱米、荞麦、藜麦等。在胃肠道修复和免疫功能改善后，部分人可以重新接受小麦食物。

8.2 薯类的营养价值

薯类作物又称根茎类作物（tuber），其中马铃薯是世界主要粮食作物之一。我国的主要薯类作物包括甘薯、马铃薯、山药、芋头等，其中马铃薯和甘薯的种植面积和产量均居于世界第一位。薯类的食用部分含有较多淀粉及一定量的可溶性糖，同时含有维生素 C，营养成分介于谷类和蔬菜之间，既可以部分替代传统主食，又可以部分替代蔬菜。

1. 蛋白质

薯类的蛋白质含量在 1%～2%，但当薯类脱水后，按照干重计算，其中的蛋白质含量可高达 5%～10%，接近稻米和小麦粉中的蛋白质含量。从氨基酸组成来看，薯类的蛋白质质量较高，属于优质蛋白质。例如，马铃薯含人体必需的 8 种氨基酸，并富含谷类作物中所缺乏的色氨酸和赖氨酸，与谷物一同摄入时可以发挥蛋白质的互补作用，因此用马铃薯部分替代传统谷类食物可以为人体提供更好的营养模式。

山药、芋头中含有黏蛋白，可以起到免疫调节、预防动脉粥样硬化、抑制淀粉消化速度等作用。此外还有研究报道，黏蛋白有利于加快骨折的修复。

2. 脂肪

薯类中的脂肪含量较少，通常低于 0.2%，主要由不饱和脂肪酸构成。日常饮食中食用蒸、煮、烤烹调的薯类不必担心脂肪摄入过多的问题，但是摄入薯类时的烹调加工方式需要注意。经过油炸的薯类往往含有较多脂肪，如炸薯条、炸薯片等，这是因为薯类淀粉和脂肪的结合能力非常强。

3. 碳水化合物

薯类中含有丰富的淀粉，因此薯类可以作为主食食材。如甘薯中的淀粉含量占鲜重的 10%～30%，马铃薯为 8%～29%。由于薯类淀粉颗粒大，容易分离，马铃薯和甘薯是我国重要的淀粉原料，还可加工成粉条、粉皮、凉粉、芡粉等多种淀粉小吃。马铃薯淀粉中支链淀粉占 80%左右，并含有磷酸淀粉成分，亲水性高。此外，甘薯和马铃薯中还含有葡萄糖、果糖、蔗糖等可溶性糖。目前由于育种努力，部分鲜食甘薯和马铃薯的可溶性糖含量日益提升，可达鲜重的 7%左右。

按照干重计算，薯类的膳食纤维含量远高于精白米面，用薯类替代一部分精白大米和面粉有助于摄入更多的膳食纤维。此外，由于薯类中淀粉颗粒须经充分烹调糊化后才能消化，质地脆爽的薯类食物未充分糊化，可为膳食提供较多的抗性淀粉。

4. 维生素

薯类中含有丰富的维生素 C，可以在饮食中部分替代蔬菜。马铃薯、白心甘薯和红心甘薯中的维生素 C 含量分别为 27mg/100g、24mg/100g、26mg/100g，与白萝卜、白菜等蔬菜中的维生素 C 含量接近。在蔬菜相对匮乏的条件下，增加薯类的摄入有助于改善维生素 C 摄入不足的问题。

薯类中含有除维生素 B_{12} 之外的各种 B 族维生素，其中维生素 B_1 的含量按干重计算时可达稻米中维生素 B_1 含量的 2 倍。马铃薯和甘薯中均含有较多的维生素 B_2。甘薯中含有较多的烟酸，而马铃薯的维生素 B_6 含量较为丰富。

橙黄色薯类中含有丰富的胡萝卜素，红心甘薯中胡萝卜素含量达 750μg/100g，是膳食中维生素 A 的补充来源之一。紫肉的干薯俗称紫薯，其色素以矢车菊色素为主，是膳食花青素的良好来源。

5. 矿物质

薯类中富含多种矿物质，其中钾含量尤其丰富。每 100g 马铃薯干粉中的钾含量高达 1075mg，接近精白大米中钾含量的 20 倍。马铃薯中的磷含量与精白米面基本持平。按干重计算，薯类中的铁含量与谷物类相当，钙含量则高于谷物类。将薯类作为主食部分替代精白米面，有利于增加多种矿物质元素的摄入，是高钾低钠饮食的有益组成部分。

特别关注：为何我国把马铃薯列入“第四大主粮作物”？

我国农业农村部计划将马铃薯发展为继水稻、小麦、玉米之后的第四大主粮作物。这个政策具有保证粮食安全的战略意义和主食多样化的健康意义。

一方面，马铃薯可以在缺水地区和山地栽培，且抗逆性强，产量较高，可以成为主粮的重要补充，也可以作为提取工业用淀粉原料的重要作物。对于水资源紧缺的西部地区来说，很多土地无法种植水稻和小麦，甚至不能种植玉米，但可以种植马铃薯。

另一方面，按干物质比较，马铃薯的营养价值较高，不仅蛋白质质量高，B 族维生素和膳食纤维含量丰富，是成本最低的高钾低钠食物，而且具有很高的饱腹感。如果把马铃薯作为主粮，不加油盐烹调，而是用来替代部分白米白面做主食，有利于促进主食食材多样化，增加维生素和矿物质的供应量。

然而，如果将马铃薯加入油、盐来炒、炖，作为菜肴食用，则会增加钠含量和脂肪含量，提升碳水化合物总量，降低其健康意义。如果制成炸薯条、炸薯片、黄油薯泥等高脂肪食物经常食用，更有较多不利于健康的研究证据。

故而，提倡用马铃薯作为主食的一部分，而不是完全作为菜肴、小吃、零食来食用，是有利于促进大众健康的政策。

8.3 谷薯类食物与疾病预防

谷薯类食物是膳食中碳水化合物的主要来源，而碳水化合物的数量、质量和相关食物的营养素密度都与多种慢性疾病的风险有关。

8.3.1 精制谷物与疾病预防

随着经济发展水平的提升，中国居民的饮食模式已经从含有杂粮和薯类的多样化主食传统饮食转变为以精白米和精白面粉为绝对优势主食的模式，全谷杂豆和薯类的摄入量较 40 年前大幅度下降。大量流行病学研究证实，大量摄入精制谷物，特别是精白面粉制成的食物，可增加肥胖、糖尿病、代谢综合征、心脑血管疾病和结直肠癌等疾病的风险。然而，有关摄入精白米与糖尿病风险之间的关系，各项研究的结果并不一致。

精制谷物与肥胖和多种慢性疾病之间的正向关联可能与其血糖负荷过高有关。大量易消化的精白淀粉被人体快速吸收，升高餐后血糖反应，提升胰岛素水平，从而促进脂肪在体内的储存。由于腹部脂肪细胞对胰岛素的影响更为敏感，摄入过多精制谷物更易造成内脏脂肪增加。另一方面，精制谷物的营养素密度较低，过度依赖精制主食的膳食模式降低了多种 B 族维生素、钾、镁、膳食纤维和多种植物化学物的摄入量，从而不利于多种慢性疾病和癌症的预防。

8.3.2 全谷杂粮与疾病预防

已有研究证据表明摄入全谷物有利于预防肥胖、2 型糖尿病、心血管疾病和肠癌的风险。在各种全谷物中，燕麦、大麦和荞麦等的研究证据最为充分。

1. 全谷物与体重控制

流行病学研究表明，全谷类食物摄入量与体质指数（BMI）、腰围和腹部脂肪的变化呈负相关，即全谷物食品可能是控制体重的重要膳食因素。其可能机制是：全谷物中含有丰富的膳食纤维，可以增强饱腹感，延缓胃排空，从而减少对其他食物的摄入；全谷物有较低的血糖反应和胰岛素反应，不会激发过多脂肪合成；同时，全谷物中富含抗性淀粉，其部分能量未被消化吸收，而抗性淀粉进入大肠之后有利于改善肠道菌群；全谷物所含的多种维生素和植物化学物有利于改善机体的新陈代谢，进而增加热量消耗。中国、美国、澳大利亚等多个国家的膳食指南均提出，增加全谷物的摄入有助于维持健康体重。

2. 全谷物与血糖控制

高度精制谷物由于富含易消化吸收的淀粉，餐后血糖水平的升高幅度较大。相较之下，全谷物保留更多的膳食纤维，有更慢的消化吸收速度，因此可以延缓葡萄糖的吸收，更有助于延缓或降低血糖应答。同时，全谷物所富含的多酚类物质、植酸、膳食纤维等与胰岛素敏感性密切相关，这些活性物质均有助于改善糖代谢和胰腺机能。

全球范围内多个大型的队列研究结果显示，全谷物摄入量与 2 型糖尿病存在非线性负相关。相比于很少食用全谷物的对照组，人们每天摄入 48～80g 全谷物可显著降低 2 型糖尿病的发病风险。经过全谷物食品干预后，糖尿病高危人群的空腹血糖显著降低，同时，胰岛素、总胆固醇（TC）、低密度脂蛋白胆固醇（LDL-C）也呈下降趋势。因此，全谷物被认为是优质的碳水化合物来源。各国专业机构发布的糖尿病营养治疗指南和标准都建议多吃全谷物。

3. 全谷物与心脑血管疾病预防

流行病学研究证据一致表明全谷物是心血管疾病的保护因素，较高的全谷物摄入量与冠心病、高血压及脑卒中等心血管疾病风险呈负相关。一项探讨全谷物食品摄入与冠心病之间关系的荟萃分析发现，规律性地摄入全谷物能使冠心病患病风险降低 26%。其机理可能是全谷物中所富含的膳食纤维、多酚类物质及某些植物性蛋白质有下调血压、改善血脂和降低炎症反应的功效。燕麦、大麦、青稞及其提取物富含 β-葡聚糖，对高脂血症人群具有辅助降血脂作用，可显著降低 LDL-C；荞麦和藜麦中富含对人体有益的不饱和脂肪酸和芦丁等黄酮类化合物，有助于降低血清胆固醇含量和抑制动脉血栓形成，对动脉粥样硬化和心肌梗死等心血管疾病均具有良好的预防作用；黑麦等谷物中的可溶性膳食纤维可通过与胆汁酸及胆固醇结合，促使其随粪便排出体外。然而，全谷物的健康效应可能是膳食纤维、矿物质、维生素和多种植物化学物之间的复合协同作用，而不是某种单一组分所能替代的。

4. 全谷物与癌症

全谷物为高纤维低脂食材，有规律地摄入全谷物可以降低某些癌症风险，如口腔癌、胃癌、胰腺癌和结直肠癌等。一方面，这与其富含膳食纤维、维生素、微量元素、活性肽、酚酸、植酸和植物雌激素等多种生物活性物质有关。另一方面，膳食纤维在肠道被肠道菌群发酵后产生短链脂肪酸，其中丁酸可促进正常结肠细胞的增殖，诱导结肠癌细胞分化和凋亡，在预防结肠癌中发挥着重要作用。此外，全谷物富含的膳食纤维不仅可以刺激肠道运动，还有助于降低胆汁酸等促癌物质在肠道的浓度，并促进其排出，缩短其与结肠黏膜的接触时间，从而帮助预防结直肠癌的发生。

8.3.3 薯类食物与疾病预防

研究显示，在膳食中合理纳入薯类食物有利于改善营养平衡并预防多种疾病。

1. 薯类食物与肥胖

甘薯和马铃薯等食物通常具有良好的饱腹感，按同样能量摄入水平比较，其饱腹感远高于精白面粉制成的面食，也高于精白米煮成的米饭。用不加油盐的原味薯类食物替代部分精白主食，能够减少食物的总摄入量，有利于控制体重。但也有研究提示，过多摄入油炸薯类食物可增加肥胖风险。

2. 薯类食物与糖尿病

甘薯、山药、芋头的血糖指数均低于白米饭和白馒头等精白主食，可以纳入糖尿病患者的饮食中。有研究表明摄入甘薯有利于降低 2 型糖尿病的发病风险。在不同甘薯中，紫薯的血糖指数比浅色的甘薯更低，可能与其富含花青素有关。有研究发现生山药中的黏蛋白有抑制淀粉消化的作用，有利于控制餐后血糖上升速度。有西方流行病学研究提示摄入过多非油炸的马铃薯可增加 2 型糖尿病的发病风险，但在我国研究中未发现这种相关性，这可能是由于烹调和食用方式不同。

3. 薯类食物与心脑血管疾病

薯类食物中的钾、镁、维生素 C、多酚类抗氧化成分等均有利于预防和控制心脑血管疾病，特别是其中丰富的钾元素有利于调整食物的钾钠比值，是控制血压膳食的有益组成部分。

薯类食物中所含的糖蛋白、糖胺聚糖等成分也有利于控制过高的血脂。有体外实验和动物实验表明，芋头多糖和甘薯糖胺聚糖等成分有利于促进胆汁排出，有利于降低胆固醇在血管壁上的沉积。

4. 薯类食物与肠道健康

按同样能量值比较，薯类食物比精白米和精白面粉含有更多的膳食纤维。有研究显示甘薯对预防直肠癌和结肠癌有一定作用。我国有随机对照干预研究证实，每日摄入 200g 左右的熟甘薯可显著改善产妇产后排便状况。其中丰富的膳食纤维在肠道可吸收水分，增大肠道内容物体积，促进肠道运动，从而有利于排便。

8.4 谷薯类加工烹调与营养健康

8.4.1 谷薯类加工处理对营养健康价值的影响

谷薯类原料往往需要加工处理和家庭烹调之后才可食用。通常采用的加工方法有碾磨、挤压膨化、热处理、制作淀粉制品等。加工处理除了降低 B 族维生素含量之外，对食物的消化特性和血糖反应也会有一定的影响（表 8.4）。

表 8.4 加工处理对谷类原料营养价值的影响

处理方式	对营养价值的影响
碾磨精制	加工精度越高，谷皮、谷胚和糊粉层部分被去掉得越多，膳食纤维含量越低，维生素和矿物质营养损失越大。如小麦在出粉率 70%时，已经损失了 80%以上的维生素 B_1
挤压膨化	在高温高压条件下，既有利于抗性淀粉增加，也有利于淀粉粒发生破裂、蛋白质部分降解、膳食纤维分子量下降，食品质地变得疏松，总的效果是使食品消化速度上升
有水条件下加热	有足够水分的条件下，加热使淀粉糊化，同时灭活种子中可能存在的淀粉酶抑制剂和蛋白酶抑制剂，从而提升其可消化性
干烤处理	干烤加热可使谷物种子的淀粉粒破损，部分淀粉、阿拉伯木聚糖和 β-葡聚糖分子量降低，在添加水分烹调后更易发生糊化
韧化、湿热和压热处理	韧化处理（annealing）、湿热处理（heat-moisture treatment）和压热处理（autoclaving treatment）可使淀粉食物的质地更为紧密，提升在小肠中不能消化的抗性淀粉含量，其中湿热处理效果尤其显著
发酵	发酵可增加 B 族维生素的含量，降解植酸等抗营养物质，使铁、锌等微量元素更易被利用。发酵后的疏松质地会增加消化酶的接触面积，有利于食品的消化吸收，升高食物的血糖指数。全小麦、大麦、黑麦、青稞等全谷物籽粒较难消化吸收，制成面粉并经过酵母发酵之后，可大幅度提升消化吸收率
发芽	谷物轻度发芽可降解抗营养物质，提升蛋白质和微量元素的生物利用率，同时产生少量的维生素 C
制作淀粉制品	粉条、粉皮、粉丝、凉粉、米皮、酿皮、碗托等淀粉制品和小吃的制作过程中除去了绝大部分蛋白质、B 族维生素、矿物质和膳食纤维，营养价值大幅度降低，几乎成为纯能量食物

此外，在加热温度达到 120℃之后，谷薯类食物可形成丙烯酰胺，在 160～180℃产生量达到最大。加热引起的美拉德反应还会增加赖氨酸的损失，使谷物中这种限制性氨基酸进一步减少。

8.4.2 谷薯类烹调对营养健康价值的影响

谷薯类食物烹调中的主要营养关注点包括几个方面：对淀粉消化速度和血糖反应的影响；对

维生素和矿物质保存率的影响；烹调中引入的其他营养相关成分如脂肪、糖、钠盐等。

8.4.2.1　对淀粉消化性和血糖反应的影响

谷类食物需要添加足够多的水，并加热到糊化温度以上，才能使淀粉发生糊化，从而可以被人体消化吸收。在糊化之后冷却下来、含有直链淀粉并低于60%水分含量的情况下，淀粉类食物可发生老化回生。未充分糊化的淀粉，以及在糊化之后回生的淀粉，均是抗性淀粉的重要组成部分。

多项研究表明，在米饭中添加全谷物、豆类等食材，可以有效降低混合杂粮饭的血糖反应，并有利于预防和控制 2 型糖尿病。在谷物原料品种相同的前提下，调整烹调前的浸泡时间，控制煮饭时的加水量、烹调时间长度、烹调压力等，可以改变谷物饭食的消化速度和血糖指数。把固体、半固体的谷物食品打碎成浆，会减小食物的颗粒，增加消化酶的接触面积，从而提升食物的血糖反应。

8.4.2.2　对维生素和矿物质的影响

谷物食品中的 B 族维生素和矿物质的保存率会受到多种烹调措施的影响，特别是维生素 B_1 受影响较大。

谷物的淘洗可造成外层的维生素 B_1、维生素 B_2、维生素 B_6 和钾元素等成分溶出，随淘米水损失。浸泡后弃去泡米水，或煮到半熟时弃去米汤，会造成更大的溶水损失。

加热烹调主要造成维生素 B_1 的损失，如电饭锅烹调米饭可造成 20%～30%的维生素 B_1 损失。由于维生素 B_1 在碱性条件下不稳定，加碱煮粥会严重增加维生素 B_1 的损失。油炸时既添加了碳酸氢钠，又有油炸的高温，维生素 B_1 会有严重损失，乃至损失殆尽。蒸制烹调时维生素 B_1 的损失相对较小。

薯类中含有维生素 C，但其所含的淀粉对维生素 C 有保护作用，因此薯类食物蒸制后维生素 C 损失较小。微波加热食物的时间比传统用锅烹调或烤箱烹调的加热时间更短，更有利于维生素的保存。例如，甘薯先用微波加热几分钟，再放入烤箱中烤制，可以将烤熟时间缩短一半以上。

8.4.2.3　烹调中引入的其他成分

谷物烹调时引入的其他成分主要是脂肪、钠盐和精制糖。

制作咸味面食时通常需要添加烹调油和食盐，制作各种面包、面点需要添加烹调油、食盐（或）精制糖，制作油炸食品时也会吸收煎炸油，从而增加了食品的脂肪和钠含量，不利于预防肥胖、高血压和心脑血管疾病。为了得到最好的口感并延长保质期，各种油酥、油炸小吃往往使用棕榈油、猪油或椰子油，会引入大量饱和脂肪酸。

除了部分面点和焙烤食品制作使用精制糖，各种全谷杂粮烹调食品也往往使用精制糖。如八宝粥、绿豆粥、杂粮馒头、杂粮发糕等往往都会添加糖，从而使每日添加糖存在过量风险，同时降低杂粮食物的营养素密度。

本章热点问题：不吃谷物更健康吗？

我国自古以来重视谷物，《黄帝内经》中提到“五谷为养”，《食疗本草》《神农本草经》《饮膳正要》《中华药膳》《本草经集注》等古籍中都指出，合理食用五谷是“食养”的一部分。以多样化天然谷薯食物为基础的饮食结构，不仅能够提供消化速度适当的碳水化合物，也能提供充足的膳食纤维、B族维生素和多种防病保健成分。直到几十年前，我国膳食中碳水化合物的供能比远高于50%，每日摄入谷物数量平均超过400g，但糖尿病、冠心病的发病率极低。

然而需要理解的是，《黄帝内经》中所说的五谷，是稷、黍、菽、麦、稻，并泛指多种含淀粉的粮食作物。以当时的生产加工条件，碾不出精白米，也磨不出精白面粉。当时的谷物在不加工或粗加工的状态下烹调食用，其维生素、矿物质和膳食纤维的营养价值远高于现在所吃的白米白面。所以，决不能把"五谷为养"理解为"白米白面为养"。

直到20世纪90年代，我国多数国民的主食中都含有大比例的全谷杂豆和薯类。当时的稻米主要以"标准米"食用，出米率是92%左右；面粉以"标准粉"食用，出粉率是81%。这样的适度加工可以在口感可接受的前提下较好地保存多种维生素和矿物质，并保留部分膳食纤维。而目前的精白米和精白粉由于加工精度过高，营养素和膳食纤维损失严重。需要加入部分全谷物或低加工精度的食物，才能实现"五谷为养"的营养目标。

近年来，部分人误把低营养价值的精制谷物和包括全谷、薯类在内的所有碳水化合物食物混为一谈，盲目限制主食，却忽略了大量摄入高蛋白、高脂肪的食物对营养平衡的长期负面影响。然而，极低碳水化合物饮食的安全性未得到2年以上的长期人体研究证实。没有谷物和薯类的膳食内容，很难供应足够的膳食纤维和维生素B_1，对肠道菌群多样性亦有不良影响。排除谷物食品、减少碳水化合物供应，还会造成蛋白质生物利用率下降，因为从其他食物中摄入的蛋白质作为能量消耗，而不能发挥蛋白质的营养作用。特别是一些害怕发胖的女性，在抛弃淀粉类主食之后，并没有用足够的其他食物来弥补营养素供应的缺口，长期处在能量不足、营养不良状态，反而造成葡萄糖耐量下降、肌肉衰减、容易疲劳、抗病力下降等不良后果，稍微吃一点主食就出现餐后高血糖和体重增加。

近年来的流行病学研究证实，50%左右的碳水化合物供能比例最有利于降低全因死亡率，而碳水化合物供能比例长期低于40%与较高的全因死亡率相关联。对一个每天需要7531.2kJ（1800kcal）能量的女性来说，在50%碳水化合物供能比例的情况下，碳水化合物总摄入量大约相当于每日摄入250g生重的谷物、300g水果和300g蔬菜，符合中国居民膳食宝塔的推荐。

大量流行病学研究证实，摄入全谷物有利于降低多种慢性疾病风险，降低全因死亡率。在含有部分全谷物食材的前提下，谷物主食是地中海膳食、得舒膳食、弹性素食膳食、江南膳食等健康膳食结构的重要组成部分。

所以，健康饮食的关键不是拒绝谷物，而是用一部分全谷物和薯类替代过度精白加工的食品，提升营养素密度，并适度降低主食品的血糖反应。正确理解"五谷为养"的内涵，有助于改善居民健康，并增加民族自豪感和文化自信心。

本章深度思考

1. 谷类和薯类食物都含有较丰富的淀粉，可以在一定程度上互相替换。替换的时候，数量上和烹调方法方面有哪些需要注意的地方？

2. 谷类食物的烹调加工处理可以在哪些方面影响主食的营养价值和防病价值？

3. 全谷物的健康价值逐渐得到重视，但日常饮食生活中全谷物食物所占比例仍然很小。在全谷物食品开发和推广方面，你有什么想法？

本章课程活动

1. 在网络上搜索 10 种谷物种子的图片，并了解它们之间的植物学亲缘关系。

2. 去一个大型超市的杂粮柜台，购买至少 3 种杂粮种子，学习它们的烹调方法。

3. 去一个大型超市，找到至少 10 种含有全谷物的粮食、糕点、速冻食品等加工产品。查看它们的配料表和营养成分表，对其营养价值做出评价。

4. 访问自己的至少 3 名亲友和同学，了解他们每天吃到的主食是什么原料制成的，除了白米和白面，有没有吃到其他谷物产品和薯类食物。

5. 为自己的亲友和同学提出至少 3 条建议，帮助他们有效增加全谷物和薯类的摄入量。

本章参考文献

关键解读

陈卫，范大明，马申嫣，等. 2012. 微波对蛋白质及其衍生物结构和功能的影响. 食品与生物技术学报，31（3）：232-237

李萌，徐一涵，张建华. 2020. 乳酸菌发酵对淀粉类食品品质的影响. 中国酿造，39（2）：13-18

李殿鑫，李咏梅. 2020. 食品营养与卫生. 2 版. 武汉：华中科技大学出版社

陆瑶，刘国华，袁洪. 2013. 抗氧化剂治疗心血管疾病的临床研究进展. 中国药房，24（20）：1910-1912

秦琳，李曦，赵珊. 2023. 裸燕麦中非淀粉多糖对淀粉体外消化特性的影响. 中国粮油学报，38（10）：74-80

秦琳，李曦，赵珊，等. 2023. 裸燕麦膳食纤维组成含量研究及优异资源筛选. 麦类作物学报，43（6）：729-737

秦文，张清. 2019. 农产品加工工艺学. 北京：中国轻工业出版社

商红萍. 2020. 微波处理对食品营养成分的影响分析研究. 现代食品，（1）：118-119，122

沈秀华. 2020. 食物营养学. 2 版. 上海：上海交通大学出版社

孙远明，柳春红. 2019. 食品营养学. 3 版. 北京：中国农业大学出版社

王光正，周洋，卢勇莉，等. 2021. 小麦过敏原脱敏技术研究进展. 现代面粉工业，35（3）：36-39

杨月欣. 2018. 中国食物成分表标准版（第 6 版　第一册）. 北京：北京大学医学出版社

袁璐，胡婕伦，殷军艺. 2020. 微波辐射对淀粉结构特性的影响及其在淀粉类食品加工中应用的研究进展. 食品工业科技，41（18）：330-337，343

周才琼，周玉林. 2017. 食品营养学. 3 版. 北京：中国质检出版社

Aberg S，Mann J，Neumann S，et al. 2020. Whole-grain processing and glycemic control in type 2 diabetes：A randomized crossover trial. Diabetes Care，43（8）：1717-1723

Benisi-Kohansal S，Saneei P，Salehi-Marzijarani M，et al. 2016. Whole-grain intake and mortality from all causes，cardiovascular disease，and cancer：A systematic review and dose-response meta-analysis of prospective cohort studies. Advance in Nutrition，7（6）：1052-1065

Izydorczyk M S，Dexter J E. 2008. Barley β-glucans and arabinoxylans：Molecular structure，physicochemical properties，and uses in food products—a Review. Food Research International，41（9）：850-868

Li M，Ho K K H Y，Hayes M，et al. 2019. The roles of food processing in translation of dietary guidance for whole grains，fruits，and vegetables. Annual Review of Food Science and Technology，10：569-596

Martínez-Villaluenga C, Peñas E, Hernández-Ledesma B. 2020. Pseudocereal grains: Nutritional value, health benefits and current applications for the development of gluten-free foods. Food and Chemical Toxicology，137：111178

Mathobo V M，Silungwe H，Ramashia S E，et al. 2021. Effects of heat-moisture treatment on the thermal, functional properties and composition of cereal，legume and tuber starches-a review. Journal of Food Science Technology，58（2）：412-426

Prasadi V P N，Joye I J. 2020. Dietary fibre from whole grains and their benefits on metabolic health. Nutrients，12（10）：3045

Pritchard J R, Lawrence G J, Larroque O, et al. 2011. A survey of β-glucan and arabinoxylan content in wheat. Journal of the Science of Food and Agriculture，91（7）：1298-1303

Seidelmann S B，Claggett B，Cheng S，et al. 2018. Dietary carbohydrate intake and mortality：a prospective cohort study and meta-analysis. The Lancet（Public Health），3（9）：419-428

Wang J，Bai J，Fan M，et al. 2020. Cereal-derived arabinoxylans：Structural features and structure-activity correlations. Trends in Food Science and Technology，96：157-165

第 9 章　豆类及坚果的营养价值

本章学习目标

1. 掌握大豆和淀粉豆类所富含的主要营养成分和其他健康相关成分。
2. 了解大豆制品的分类，掌握非发酵大豆制品、发酵大豆制品的营养价值。
3. 掌握坚果和油籽的营养特点和健康价值。
4. 了解豆类、坚果、油籽与疾病预防的关系。
5. 了解加工烹调对豆类、坚果和油籽营养价值的影响。

本章课件

豆类（legume）包括各种豆科栽培植物的成熟种子，其水分含量低，也称为“干豆”。水分含量较高的豆荚和未成熟的鲜嫩豆类籽粒被纳入豆类蔬菜的范畴，不属于豆类。在豆类中，按照其营养成分的差异，又可分为大豆（soybean）和淀粉豆类（pulse）。淀粉豆类包括各种菜豆（*Phaseolus vulgaris*）、赤豆（*Vigna angularis*）、绿豆（*Vigna radiata*）、豌豆（*Pisum sativum*）、蚕豆（*Vicia faba*）、豌豆（*Pisum sativum*）、豇豆（*Vigna unguiculata*）、鹰嘴豆（*Cicer arietinum*）、四棱豆（*Psophocarpus tetragonolobus*）等富含淀粉的豆类，我国传统称为“杂豆”。

我国是大豆和多种豆类的原产地，“五谷”中包括了豆类（菽即大豆）。传统养生理念认为“五谷宜为养，失豆则不良”，可见豆类的营养价值早就被我国人民所认知。20 世纪 80 年代有营养学家提出，豆类和豆制品是中华民族 5000 多年来生生不息的重要营养支柱。

大豆、坚果和含油种子类在营养上有一些共同之处，常常放在一起介绍。它们都富含植物性蛋白质和脂肪，以及较为丰富的 B 族维生素和矿物质。

9.1　大豆的营养特点

9.1.1　蛋白质

相比禾谷类及薯类食物的蛋白含量，大豆中的蛋白质含量更为丰富，高达 35%～44%。大豆蛋白质以球蛋白为主，可溶性蛋白质占 80%～88%。

蛋白质中氨基酸的组成和含量对大豆蛋白质的营养功能性质起到决定性作用。大豆蛋白质的氨基酸组成中以谷氨酸含量最高，而胱氨酸、甲硫氨酸和色氨酸含量最低，含硫氨基酸是大豆蛋白质的限制氨基酸。

由于大豆蛋白质所含赖氨酸含量相对较为丰富，与赖氨酸不足而含硫氨基酸相对充足的粮谷类食物混食时，可发生蛋白质氨基酸营养互补，从而达到接近人体需要的氨基酸模式，混合蛋白质的生物价可与动物性蛋白质相媲美，故在我国被列入优质蛋白质来源。对于因各种原因不能充分摄入动物性蛋白质的人群来说，开发大豆蛋白质及其制品对于保障膳食蛋白质供应具有十分重要的意义。

9.1.2 脂类

大豆脂肪含量为15%～20%，其中一半以上为不饱和脂肪酸，在人体内的消化率高达98%，是重要的食用油来源。

在传统品种大豆的脂肪酸构成中，以亚油酸含量最高，达50%以上；油酸次之。大豆油中的亚麻酸含量因品种不同而有所差异，多在2%～15%。目前我国已经开发出高油酸的大豆品种，其油酸含量可达总脂肪酸的70%以上。

大豆含有较多磷脂，占脂肪含量的2%～3%。大豆磷脂也是食品乳化剂和保健产品的来源。此外，大豆中还含有丰富的脂氧合酶，它不仅是豆腥味的起因之一，同时也是贮藏中容易造成大豆油不饱和脂肪酸的氧化酸败和胡萝卜素损失的主要原因。采用95℃以上加热10～15 min，或用乙醇处理后减压蒸发、纯化大豆脂肪酶等方法，可脱去部分豆腥味。

9.1.3 碳水化合物

大豆的碳水化合物含量为20%～30%，但淀粉含量很低（不到1%），主要是非淀粉多糖、少量蔗糖和水苏糖、棉籽糖、毛蕊花糖等低聚糖。膳食纤维中包括半乳聚糖、纤维素、半纤维素、果胶等，很难被人体消化吸收，但对人体具有重要的保健功能。

大豆膳食纤维中的可溶性部分又被称为可溶性大豆多糖，常为白色至淡黄色粉末，其水溶液黏度低、口感柔和，且在酸性条件下有乳化和稳定蛋白质的性能，已作为一种新型的蛋白质乳化稳定剂，应用于蛋白质类饮料食品中。大豆提取蛋白质和脂肪等成分后所余的豆渣可用于提取大豆膳食纤维，利用其吸水性、持水性较强的特性，可将其作为低能量的食品填充剂，增强人体的饱腹感，延缓和阻碍食物中其他成分的消化吸收，有利于预防肥胖症。

9.1.4 维生素

大豆中含有除维生素B_{12}以外的7种B族维生素，其中叶酸的含量十分丰富，且维生素B_1、维生素B_2的含量也达小麦粉的2倍以上。

黄大豆含有少量胡萝卜素，是豆油呈黄色的原因。大豆中的维生素E含量很高，约为18.9mg/100g，同时还含有丰富的维生素K（叶绿醌）。故而对于以大豆油为主要烹调油的居民来说，大豆油是膳食中维生素E和维生素K的重要来源。

大豆所发的豆芽，以及大豆的嫩豆（毛豆）中，除含有丰富的蛋白质和矿物质外，还含有维生素C，其维生素B_1的含量也较高，但常被列入蔬菜类中。

9.1.5 矿物质

大豆中含有丰富的矿物质，可达干重的4.5%～5.0%。其中钾、钙、镁和磷元素的含量高于谷类食品，铁、锰、锌、铜、硒等微量元素的含量也较高。然而大豆中所含的植酸和草酸对铁、锌、钙等元素的吸收有一定妨碍作用，使大豆中铁的生物利用率仅有3%～7%。

9.1.6 抗营养成分和功能成分

大豆中存在多种抗营养因子，如蛋白酶抑制剂（protease inhibitors）、红细胞凝集素

（hemagglutinin）、草酸（oxalic acid）、植酸（phytic acid）等。

蛋白酶抑制剂在生大豆中活性较高，能抑制人体内胰蛋白酶、胃蛋白酶、糜蛋白酶等蛋白酶的活性，故未烹调豆类的蛋白质消化吸收率很低。但加热烹调和湿热加工可破坏大豆中80%～90%的胰蛋白酶抑制剂活性。大豆在制成豆浆和豆腐之后，蛋白酶抑制剂活性已经降低到15%以下。

红细胞凝集素存在于大豆等多种豆类中，它是一类糖蛋白，能够特异性地与人体红细胞结合，使红细胞发生凝聚作用，大量摄入时对人体有一定毒性。湿热处理和日常烹调可使其完全失活。

浸泡后去除浸泡水、发芽、发酵或添加植酸酶的处理可有效去除植酸和草酸，提高豆类食物中微量元素的生物利用率。

除营养物质和抗营养物质之外，大豆还含有多种有益预防慢性疾病的生物活性物质，如大豆皂苷（soybean saponin）、大豆异黄酮（soybean isoflavone）、大豆固醇（soybean sterol）、大豆低聚糖（soybean oligosaccharide）等。

大豆皂苷是存在于大豆种子中的五环三萜类化合物，具有降低血液中胆固醇和甘油三酯含量、抑制肿瘤细胞生长、抗病毒、抗氧化、提高免疫力等作用。

大豆异黄酮在大豆中含量为 0.1%～0.2%，其主要成分为染料木素、染料木苷、大豆苷和大豆苷元。大豆异黄酮的相关生理功能和食物中含量参见本书第 7 章。对于适用人群来说，它具有降血脂、抗动脉硬化、抗肿瘤、抗骨质疏松、保护心脑血管等作用。

大豆低聚糖是大豆中含有的低分子可溶性糖类，在大豆中约含 10%，除了蔗糖，主要是棉籽糖、水苏糖和毛蕊花糖。它们属于益生元（prebiotics），可促进肠道中双歧杆菌、乳杆菌等益生菌的增殖并增强其活性，从而抑制病原菌，改善肠道功能，防止腹泻、便秘，并起到保护肝脏、降低血脂、增强免疫等作用。

9.2 淀粉豆类的营养价值

除大豆之外，由于其他品种的食用豆类脂肪含量低而淀粉含量高，故称为淀粉豆类或杂豆，包括红小豆、绿豆、蚕豆、豌豆、豇豆、莱豆、扁豆、鹰嘴豆、小扁豆等。

在淀粉豆类中，淀粉占其干重质量分数的 50%～60%，而脂肪含量低于 2%，所以淀粉豆类常被并入杂粮类别中，与谷类食品混合食用制作主食。和大豆类似，淀粉豆类中富含低聚糖（表 9.1），虽有利于肠道有益菌群增殖，但食用较多时可能引起胀气反应。

表 9.1 几种豆类中的碳水化合物构成 （单位：%）

品种	淀粉	葡萄糖	蔗糖	棉籽糖	水苏糖	毛蕊花糖
莱豆	51.6	0.04	2.23	0.41	2.59	0.13
蚕豆	52.7	0.34	1.55	0.24	0.80	1.94
小扁豆	52.3	0.07	1.81	0.39	1.85	1.20
绿豆	52.0	0.05	1.28	0.32	1.65	2.77
黄大豆	未检出	0.01	4.50	1.10	3.70	未检出

数据来源：Belitz et al.，2008

淀粉豆类的碳水化合物消化速度显著低于全谷类食品，为低血糖指数食材。由于其淀粉中的直链淀粉比例较高，具有凝沉性好、热黏度高、凝胶强度较高等优良特性，也被广泛用于制取淀粉，并用来制作粉条、粉丝、凉粉、豆糕等淀粉类小吃。

淀粉豆类的蛋白质含量在20%左右，其氨基酸构成与大豆相近，同样可与谷类蛋白质发生营养互补作用。对素食者来说，将淀粉豆类纳入主食食材，可改善膳食蛋白质供应。

淀粉豆类的B族维生素和矿物质含量也显著高于谷类食品。尤其值得重视的是，淀粉豆类是膳食纤维和叶酸的良好来源。

豆粒的外皮中含有丰富的多酚类抗氧化成分，而且多酚类物质的含量与种皮的颜色相关，颜色深的品种含量更高（表9.2）。

表9.2 几种豆类的多酚类物质含量

品种	酚酸/（μg/100g）	类黄酮/（μg/100g）	总酚含量/（mg/100g）	品种	酚酸/（μg/100g）	类黄酮/（μg/100g）	总酚含量/（mg/100g）
半粒黄豌豆	230	57.6	13.6	花菜豆	727	367.9	18.1
半粒绿豌豆	282	65.9	11.8	鹰嘴豆	668	604.4	20.5
小扁豆	277	1818.9	25.8	黑眼豆	571	174.8	15.4
白菜豆	487	47.0	15.1	白羽扇豆	509	296.1	19.4

数据来源：Rebello et al.，2014

9.3 大豆制品的营养价值

世界上以大豆为主要原料的加工食品数以千计，根据加工技术不同，可将大豆制品分为以下三大类。

传统大豆食品：包括非发酵大豆制品和发酵大豆制品。非发酵大豆制品多属于大豆蛋白凝胶产品。发酵大豆制品的生产均经一个或多个生物发酵过程，形成了微生物所赋予的特有风味。

新兴大豆产品：包括豆奶类制品、大豆蛋白制品（大豆浓缩蛋白、大豆分离蛋白、大豆纤维蛋白等）和大豆功能保健类制品（大豆肽、大豆皂苷、大豆异黄酮等）。其中功能保健类大豆产品已成为研究热点。

大豆油脂类制品：包括精炼大豆油、色拉油、人造奶油、植物起酥油等。

9.3.1 非发酵大豆制品的营养价值

非发酵大豆制品通常指将大豆经过浸泡软化、研磨粉碎、分离去渣、烧煮豆浆、凝固造型等工序而制成的各种豆腐、豆腐干、油豆腐和豆腐衣等食品。非发酵大豆制品的分类见表9.3。这些传统豆制品是膳食中蛋白质的重要来源。

表9.3 非发酵大豆制品的分类

主要类型	典型产品
豆腐类	北豆腐、南豆腐、内酯豆腐、复水豆腐、冻豆腐、嫩豆腐、无渣豆腐、袋豆腐、菜汁豆腐、豆花、豆腐粉
豆干制品类	腐竹、大白干、香干、千张、百叶、油皮、豆丝、豆片
素制品类	豆腐泡、豆腐卷、油炸丝、油炸条、油炸片、素虾、豆什锦、素火腿、素牛排、辣干、熏素鸡

豆制品的蛋白质含量与水分含量密切相关，如干腐竹的蛋白质含量达45%～50%，豆腐干的蛋白质含量达18%左右，而水豆腐的蛋白质含量为5%～10%。其中，含水最高的内酯豆腐蛋白

质含量低于石膏豆腐，后者又低于含水量偏低的卤水豆腐。

豆制品也是膳食脂肪的来源之一，其脂肪酸以亚油酸为主，含有较为丰富的磷脂，不仅不含胆固醇，还含有降低胆固醇吸收利用率的大豆固醇。故对心脑血管疾病患者来说，将部分肉类食物替换成豆制品，在保证蛋白质供应的同时，可降低脂肪和胆固醇的摄入，对代谢类慢性疾病的预防和控制有益。

在豆腐制品加工中，常以钙盐（石膏）或镁盐（卤水）为凝固剂，使豆腐成为膳食中钙镁元素的重要来源。大豆中的微量元素基本上都保留在豆制品中。但是，大豆中的 B 族维生素和大豆异黄酮等水溶性成分在豆腐制作过程中有较大损失，其中部分原因是加热降解，而主要原因是随析出的水分流失。

特别关注：25g 大豆相当于多少豆制品？

《中国居民膳食指南（2022）》推荐健康成年人平均每日摄入 10g 坚果（油籽）和 25g 大豆及其制品。其中豆制品的摄入量是按照干大豆的量来计算的。

大豆和豆制品的换算，通常是基于其中的蛋白质含量。大豆的蛋白质含量通常在 35%～45%，为简单起见，可以按平均 40%来计算，即 25g 大豆可以提供 10g 蛋白质。

超市售卖的鲜豆浆的蛋白质含量约为 2%，则 25g 大豆≈500g 豆浆。

某款内酯豆腐的蛋白质含量为 4.2%，则 25g 大豆≈238g 内酯豆腐。

某款卤水豆腐的蛋白质含量为 7.0%，则 25g 大豆≈143g 卤水豆腐。

某款豆腐干的蛋白质含量为 18.6%，则 25g 大豆≈53.8g 豆腐干。

某款干腐竹的蛋白质含量为 52.0%，则 25g 大豆≈19.2g 干腐竹。

9.3.2　发酵大豆制品的营养价值

传统的发酵大豆制品因其独特的风味、营养丰富、功能性强而成为人们饮食结构的重要组成部分。在发酵过程中，大豆中的营养物质经微生物作用而发生改变，其中蛋白质被部分降解，植酸、凝集素等抗营养因子被分解，B 族维生素含量增加，并产生了植物性食品中不含有的维生素 B_{12}。发酵过程中还可产生更多的生物活性物质，如多种生物活性肽、游离态大豆异黄酮等，使发酵大豆制品在营养和健康方面更有价值。

发酵豆制品包括豆豉（fermented soybean）、纳豆（natto）、腐乳（fermented tofu）、豆酱、酱油，以及亚洲其他地区的味噌、天培等。这里简介豆豉和纳豆的营养价值。腐乳、豆酱、酱油等几种发酵大豆制品均为调味品，其营养价值参见第 13 章调味品部分。

（1）豆豉

我国生产的豆豉以黑豆、黄豆为原料，经毛霉、曲霉或细菌发酵而制成。《本草纲目》称豆豉有治水土不服、开胃增食、发汗解表、消食化滞等疗效。

大豆富含膳食纤维，使蛋白质不易与消化酶接触，并含有蛋白酶抑制剂，故在食用整粒大豆时，其蛋白质消化率仅为 60%左右。在发酵过程中，微生物蛋白酶可使原料大豆的蛋白质部分水解成多肽和氨基酸；发酵可降解生大豆中的胰蛋白酶抑制剂；微生物产生的纤维酶还可使大豆纤维素水解生成易于消化的单糖。以上这些作用的总效果，使大豆蛋白质的消化利用率大幅度上升，故成熟豆豉的蛋白质消化率可高达 80%以上。其中部分小肽在食入后可以直接为肠黏膜吸收，这对消化功能障碍者是十分有利的。

在食用完整大豆时，其中 70%～80%的磷不易为人体利用，约有 60%被排出体外。大豆中的植酸与钙结合形成不溶物，有70%～80%的钙不被人体吸收而通过粪便排出；植酸与铁结合形成不溶性铁，使大豆中铁的吸收率仅为3%～7%；植酸还能与锌结合形成不溶性盐而使锌的利用率下降。但在豆豉加工过程中，由于微生物分泌的活性植酸酶能使植酸水解生成肌醇和磷酸盐，使大豆中矿物质的可溶性增加2～3倍，利用率可增加30%～50%。

（2）纳豆

纳豆是大豆煮熟后，接种枯草芽孢杆菌（即纳豆菌）发酵而成的食品。其表面带有一层黏液，是一种历史悠久的大豆发酵食品。它和豆豉一样，在发酵之后蛋白质、钙、钾、铁的生物利用率都有提升，B族维生素含量更为丰富。

纳豆中含有纳豆激酶（nattokinase）、大豆异黄酮、维生素K等多种有益物质，能改善便秘、降低血胆固醇水平和预防血栓形成，有利于预防高血压、肠癌、骨质疏松等疾病。

9.4 坚果和油籽的营养价值

坚果（nut）指木本植物的有硬壳种子或果核，常见坚果包括核桃（walnut）、杏仁（apricot）、巴旦木（扁桃仁）（almond）、腰果（cashew）、榛子（hazelnut）、长山核桃（碧根果）（pecan）、松子（pine seed）、开心果（阿月浑子）（pistache）和澳洲坚果（夏威夷果）（macadamia nut）等。从植物学上讲，花生是一种豆科植物，但它的营养成分与上面列出的坚果相似，这使得花生可以被列入坚果食物组。此外，传统上用来榨取食用油的各种植物种子被统称为油籽（oil seeds），它们与坚果的营养价值相似，包括葵花子、西瓜子、南瓜子、芝麻、亚麻子等草本植物的种子。

坚果和油籽类食物是脂肪含量最为丰富的天然植物性食物，能量值可达500～700kcal/100g（2092～2928kJ/100g），同时也是植物性蛋白质的补充来源。此外，坚果是一种良好的膳食纤维来源，一份标准的28g的坚果可以提供每日膳食纤维需求的5%～10%。

9.4.1 蛋白质

坚果类的蛋白质含量多在12%～22%，油籽类的蛋白质含量更高，能达到20%～30%，如花生（炒制）为21.7%，葵花子为23.9%，西瓜子仁为33.2%。坚果类蛋白质的第一限制氨基酸因品种而异。例如，澳洲坚果（夏威夷果）不含色氨酸而富含甲硫氨酸，花生、榛子和杏仁含硫氨基酸（甲硫氨酸、胱氨酸、半胱氨酸）不足，葵花子和芝麻的含硫氨基酸丰富但赖氨酸不足，核桃则同时缺乏甲硫氨酸和赖氨酸。总之，它们可以作为植物性蛋白质的补充来源，但不属于优质蛋白质，需要与其他食品营养互补后方能发挥最佳作用。

9.4.2 脂类

坚果和油籽类食品的脂肪含量多在40%～70%。例如，高油花生品种的脂肪含量可高达48%，葵花子和核桃的含油量也可高达50%左右，松子仁和澳洲坚果的含油量更能高达60%以上。

坚果、油籽中所含的脂肪酸以不饱和脂肪酸为主（表9.4）。葵花子、核桃和西瓜子的脂肪中富含亚油酸，在总脂肪酸中占60%～70%。在澳洲坚果、杏仁、巴旦木和开心果所含的脂肪酸当中，50%～85%为油酸，对心脑血管疾病的预防有一定益处。高油酸花生、高油酸葵花子中的油酸含量也可以达到50%～75%的水平。普通花生、松子和南瓜子的脂肪中有40%左右来自单不饱和脂肪酸。核桃和松子中含有 10%左右的 α-亚麻酸。亚麻子、紫苏子和牡丹子等含油种子中富含 α-亚麻酸，含量可高达 30%以上。

表 9.4　几种坚果和油籽的脂肪酸构成　（单位：g/100g）

名称	总脂肪	棕榈酸	硬脂酸	油酸	亚油酸	亚麻酸
核桃	58.8	5.3	2.7	14.3	64.0	12.2
花生	44.3	12.4	3.7	38.4	37.7	0.9
葵花子	52.8	8.3	4.3	19.9	65.2	0.2
南瓜子	46.1	12.4	5.2	37.4	44.7	0.3
松子	58.5	7.8	2.9	37.7	34.7	11.0
亚麻子*	42.9	5.1	3.4	18.3	14.3	53.4
西瓜子	44.8	9.7	6.9	11.0	71.6	0.4
榛子	50.3	4.6	1.9	23.5	49.9	3.5

*亚麻子的数据由编者依据数据来源中亚麻子油的数据整理得到

数据来源：杨月欣，2018

9.4.3　碳水化合物

富含油脂的坚果中可消化的碳水化合物含量较少，多在 25%以下。其中含量较高的如花生为 23.8%，榛子为 24.3%。但坚果、油籽中膳食纤维含量普遍高于全谷物，如花生的膳食纤维含量达 6.3%，榛子为 9.6%。

有研究表明，杏仁、巴旦木等坚果的膳食纤维含量较高，且质地紧密，实际消化吸收率较低。其中除去纤维素、半纤维素等成分，还包括少量不能为人体吸收的低聚糖类物质。研究表明这类物质对调节肠道菌群有一定意义。

9.4.4　维生素

坚果和油籽类食物中富含维生素 E 和多种 B 族维生素。其中核桃的维生素 E 含量较为突出，杏仁和巴旦木特别富含维生素 B_2，葵花子、花生和开心果富含维生素 B_1，开心果含有较为丰富的维生素 B_6。籽粒淡黄色的坚果品种含少量类胡萝卜素，但多数品种在 0.1mg/100g 以下。其中开心果中还含有叶黄素和玉米黄素。一些坚果中含有维生素 C，如欧榛中含维生素 C 为 22mg/100g，栗子、杏仁为 25mg/100g 左右。但由于每日摄入量较少，坚果并不是胡萝卜素和维生素 C 的主要膳食来源。

9.4.5　矿物质

含油坚果类的钾、镁、磷、铁、锌、铜、锰、硒等各种矿物质的含量相当突出，是多种微量元素的良好补充来源。例如，芝麻是补充微量元素的传统食品，其中铁、锌、镁、铜、锰等元素含量均高，黑芝麻高于白芝麻。一些坚果具有富集某些微量元素的特点，如巴西坚果富含硒，而开心果富含碘。

9.4.6　营养相关功能成分

和其他种子类食物一样，坚果和油籽中富含许多生物活性化合物，包括多种酚类化合物

（phenolic compound）、类胡萝卜素（carotenoids）、植物固醇（phytosterol）、硫甙类物质（sulfoglycosides）、植酸（phytic acid）等成分（表 9.5）。它们是植物的次生代谢产物，其具体含量和品种及栽培条件关系密切。

表 9.5　坚果类中的各类植物化学物含量

坚果品种	总酚/（mg/100g）	类胡萝卜素/（μg/100g）	酚酸和醛类/（mg/100g）	类黄酮/（mg/100g）	原花青素/（mg/100g）	植物固醇/（mg/100g）	植酸/（mg/100g）
巴旦木	261	2	0.44	25.01	184.10	192.37	2542.11
巴西坚果	197	ND	11.35	0.85	10*	160.19	190.00
腰果	242	31	ND	1.12	8.70	154.00	697.73
榛子	447	106	1.87	13.21	500.60	132.47	1285.00
夏威夷果	233	ND	3.69	137.9	10*	105.70	470.85
碧根果	1588	55	2052	2713.49	493.90	233.52	851.60
松子	206	26	ND	0.03	1*	190.75	200.00
开心果	703	22	1.27	136.45	252.71	189.43	1562.50
核桃	1602	21	39.11	0.54	67.20	197.89	2070.00

注：总酚用 GAE 计算，原花青素包括了单体；*是用 catechin 当量计算；ND 代表未检出

数据来源：Bolling et al.，2011

所有的坚果都含有多酚类物质，其中包括酚酸、类黄酮、原花青素等。它们和维生素 E 一起保护胚芽免受氧化应激伤害，并帮助保存种子的繁殖潜力。多酚类物质主要储存在子叶部分。在常见坚果当中，以核桃和长山核桃的多酚类物质含量最高。

坚果、油籽和大豆一样是植物固醇的重要来源，其中以芝麻子的植物固醇含量最高（400～413mg/100g）。

9.5　豆类、坚果、油籽与疾病预防

豆类、坚果和油籽是植物性蛋白质的重要来源，是钾、镁、B 族维生素和维生素 E 的良好来源，也是膳食纤维和多种植物化学物的来源。豆腐类制品还是膳食钙的较好来源。多项流行病学研究发现，增加植物性蛋白质的摄入量，用它们替代一部分红肉类食物，有利于降低心脑血管疾病的发病率，甚至有利于降低全因死亡率。

9.5.1　豆类与疾病预防

大豆和豆制品是我国膳食中最重要的植物性蛋白质来源。目前研究证据表明，摄入适量的大豆及其制品有利于降低心脑血管疾病的风险。在一定范围内，大豆异黄酮摄入量和冠心病发作风险呈负相关性；每周摄入至少一份豆腐的人，冠心病发病风险降低 12%，而未做雌激素治疗的绝经女性冠心病发病风险甚至可以降低 49%。

大豆和豆制品中所含的大豆异黄酮有利于缓解更年期女性的不适感，降低绝经后女性的骨质疏松风险，提高髋关节和腰椎的骨密度。有人担心大豆异黄酮作为植物雌激素不利于乳腺的健康，但多项流行病学研究证明，对绝经后女性来说，正常摄入大豆及豆制品有利于预防乳腺癌等女性相关癌症，对乳腺癌患者亦无有害作用。对男性来说，摄入豆腐等豆制品有利于降低前列腺癌的风险。在亚洲非吸烟女性中进行的流行病学研究表明，摄入豆制品与较低的肺癌风险相关。

由于淀粉豆类属于高膳食纤维、高叶酸、高钾、低血糖指数的食物，它非常适合糖尿病、高血脂、高血压患者和肥胖者用来部分替代白米白面作为主食食材。近年来对多项干预研究进行的汇总分析发现，摄入淀粉豆类有利于控制血压，降低低密度脂蛋白胆固醇，降低餐后血糖反应，提升餐后饱腹感。在中国女性中进行的调查发现，大豆和淀粉豆类均有利于糖尿病预防。还有流行病学研究发现，摄入豆类数量较多者全因死亡风险更低。

淀粉豆类的表皮富含多酚类色素，其豆粒亦富含多种抗营养物质和抗消化活性蛋白质。已有研究提示淀粉豆类提取物可能有抗肥胖、提升饱腹感和延缓餐后血糖上升等作用。

特别关注：豆浆可以替代牛乳吗？

传统制作豆浆的蛋白质含量略低于牛乳，且易于消化吸收，其饱和脂肪酸、碳水化合物含量低于牛乳，含有大豆低聚糖、大豆异黄酮和植物固醇，而不含胆固醇，适合中老年女性及心血管疾病高危人群饮用。市售甜豆奶的蛋白质含量可以达到牛乳的水平，加入糖之后碳水化合物略高于牛乳。但是，豆浆中的钙含量远低于牛乳，其中不含有维生素 D，锌、硒、维生素 A、维生素 B_2 的含量也比牛乳低。它们在营养上各有特点，二者最好每天都饮用。

9.5.2　坚果、油籽与疾病预防

有关坚果和油籽对血脂的有益影响已有较多研究文献证据。相关流行病学研究发现，在每日摄入 0～52g 坚果的范围内，增加坚果摄入量能够将全因死亡风险降低 20%。汇总分析发现，每天摄入 15～20g 坚果可以使全因死亡风险降低 17%，但超过这个数量并没有额外益处。对相关干预研究的汇总分析确认，每天摄入一份（28g）坚果可显著降低各项血脂指标。

有关血压的 21 项干预研究汇总分析表明，摄入坚果可以显著降低非糖尿病患者的收缩压，各种混合坚果均有降低舒张压的效果。

有研究提示，摄入核桃等坚果有利于预防认知退化，可能与其含有 α-亚麻酸和多种抗氧化成分有关。研究者认为这可能是因为坚果中的不饱和脂肪酸、维生素 E 和酚类抗氧化物质等的协同作用。

坚果和油籽含能量较高，额外大量摄入时有增加体重的风险。然而，由于这类食物具有较多的膳食纤维和较好的饱腹感，如果用它们替代其他点心零食，在总能量摄入相同的情况下并不会增加体重。

9.6　加工和烹调对豆类、坚果和油籽营养价值的影响

豆类食物必须经过烹调和加工之后食用。坚果和油籽可以直接食用，也可以经过烹调加工之后食用。例如，豆类及坚果类被加工制备成为罐装食品、糖果、汤、调味品和糊状物，并用于饼干、意大利面和零食。其中豌豆除了作为种子或面粉使用外，还被进一步分离为淀粉、纤维和蛋白质浓缩物或分离物。加工和烹调可以减少或灭活抗营养因子，有利于食物的消化吸收；但同时也会使一些营养素受到破坏或损失。

9.6.1　加工和烹调对抗营养因子的影响

豆类、坚果和油籽均含有多种抗营养因子，包括植酸、酶抑制剂（蛋白酶抑制剂和 α-淀粉酶

抑制剂）、单宁等多酚类物质、凝集素和皂苷等。单宁等酚类化合物更多地存在于种皮中，其他抗营养成分大多存在于子叶中。其中胰蛋白酶抑制剂和凝集素在加工中大部分被灭活，有效提升了其中的蛋白质消化吸收率。植酸、单宁、皂苷等成分在浸泡、发芽、蒸煮、烤制、发酵、酶处理、去皮、磨粉、微波处理、高压处理、挤压处理等加工过程中含量会显著下降。

1. 浸泡

浸泡是豆类加工过程中的关键步骤。在这个过程中，植酸、皂苷、花青素和原花青素等成分一部分溶出到浸泡水中，弃去泡豆水会有效降低其含量。具体去除效率受到浸泡温度、时间周期、浸泡溶液酸碱性等因素的影响。有研究测定发现，原料黄大豆在浸泡 8～12h 后，胰蛋白酶抑制剂、单宁、皂苷、植酸的含量均大幅度下降，浸泡发芽的处理可进一步降低抗营养物质的含量（表 9.6）。

表 9.6　不同浸泡处理大豆的抗营养因子含量变化　　（单位：mg/100g）

抗营养因子	单宁	植酸	皂苷	胰蛋白酶抑制剂
原料大豆	309.23	887.91	2794.96	1916.30
室温浸泡 4h	215.35	619.93	2616.30	1535.42
室温浸泡 8h	201.83	586.41	2563.20	1134.25
室温浸泡 12h	187.96	556.34	2474.47	1098.38
4℃浸泡 12h	192.84	602.58	2502.23	1145.19
发芽 2d 大豆	167.42	388.48	1576.86	544.92

注：胰蛋白酶抑制剂活性以每克样品抑制经酶活力换算的蛋白酶的毫克数来表示；单宁含量以单宁酸为标准物质；发芽大豆芽长 1.5mm

数据来源：史海燕等，2011

浸泡之后，包裹豆粒的种皮往往被除去。去除种皮可减少单宁的总量，改善部分矿物质的生物利用率。但浸泡也同时使种皮中的部分物质扩散到子叶部分，使其中的植酸、单宁、花青素等物质含量增加。

对杏仁、巴旦木、花生等坚果的浸泡处理也可除去部分抗营养因子和有毒物质。例如，苦杏仁中的氰苷经过长时间浸泡含量大幅度下降。

2. 加热

炒制、烤制等干热处理可以使大豆、坚果和油籽中的抗营养成分含量下降，但降低幅度低于浸泡和发芽处理。煮制加热则可以更好地提升抗营养因子的去除效果。其中单宁经蒸煮烹调之后保存率较高，而皂苷则可去除 50%左右。由于胰蛋白酶抑制剂中存在耐热和不耐热组分，烹调加热并不能百分之百地去除其活性。日本和我国的测定数据发现，市售豆浆的胰蛋白酶活性仍可保存 10%～15%。

有测定表明，赤豆经常压蒸煮 60min 可使植酸含量降低 37%，而 172kPa 压力烹调 20min 可降低 49%；黑豆经常压蒸煮 60min 可使胰蛋白酶抑制剂含量降低 75%，而 172kPa 压力烹调 20min 可降低 80%。

9.6.2 加工和烹调对营养素成分的影响

豆类、坚果、油籽等种子类食物在加工中的营养素变化可以分成几个方面的问题：淀粉消化速度的变化、蛋白质生物利用率的变化、脂肪的氧化、维生素和矿物质的损失等。

1. 碳水化合物

大豆、坚果和油籽中含淀粉较少，而淀粉豆类富含淀粉。豆类淀粉的血糖指数较低，消化速度较慢。但经过加工烹调，淀粉消化速度可以得到提升。例如，常压煮制 70min 的赤豆血糖指数为 25，但在烤制后打粉，并用沸水冲糊后，赤豆粉糊的血糖指数可以上升到 75。除淀粉外，豆类、坚果、油籽中还含有低聚糖。蒸煮处理并不会降低低聚糖的含量，但它们在焙烤、油炸、煎炒时会发生美拉德反应，增加食品的风味和色泽。

2. 蛋白质

在干燥、焙烤、油炸等加工过程中，一部分氨基酸会受到损失，主要有两种机制：一是通过与脂肪自动氧化产物发生反应而损失氨基酸；二是通过参与美拉德反应而损失氨基酸。温度越高，赖氨酸等必需氨基酸的损失越大。过度加热会造成蛋白质的异肽键形成，生物利用率降低。蒸煮、打浆等湿热烹调方式对氨基酸影响较小，而且有效降低抗营养物质含量对提升蛋白质利用率是非常有利的。

3. 脂类

大豆、坚果和油籽富含不饱和脂肪酸，容易在储藏加工过程中发生自动氧化。同时其中所含的脂氧合酶会催化脂肪氧化。添加抗氧化剂则能有效地控制脂肪的氧化。脂肪氧化不仅会造成必需脂肪酸的损失，而且还会同时引起维生素 E 和维生素 K 的损失，并促进蛋白质的氧化，使营养价值和保健价值降低，甚至完全丧失。

4. 维生素和矿物质

豆类、坚果和油籽中所含的维生素 E 和维生素 K 在蒸煮烹调中损失较小。容易损失的主要是维生素 B_1 和叶酸等不耐热的 B 族维生素。有研究发现，对大白芸豆进行挤压处理可造成约 24% 的叶酸损失。豆类、坚果和油籽中的矿物质在加热烹调中不会损失，甚至挤压处理可以提高镁、磷、铁等矿物质的溶出效率，但长时间浸泡可能会使一部分钾元素在泡豆水中流失。

5. 抗氧化成分

豆类中的多酚类抗氧化成分在烹调加工中有溶水损失，长时间浸泡后弃去泡豆水会造成花青素和类黄酮等成分的严重损失。在加热烹调中，总多酚的含量往往呈现先略有下降再略有上升的趋势。一方面，有部分耐热性较差的多酚类物质因受热而降解；另一方面，同时也有部分与生物膜和细胞壁结合而存在的多酚类物质在加热过程中发生水解而逐渐游离出来。

豆类质地较硬，常常用压力锅进行烹调。在压力烹调时，由于接触氧气较少，在同样加热效果时，豆类中抗氧化物质的损失并不高于常压烹调。但在延长保压时间的情况下，总多酚和总黄酮的含量逐渐下降。

在烹调时添加其他成分会影响豆类食物的抗氧化能力。有研究发现，煮绿豆汤时添加糖、小苏打，或用碱性水煮制，会促进绿豆汤中酚类物质的氧化，而用弱酸性水和纯净水煮制则可以较好地保持颜色和自由基清除能力。

特别关注：为什么鼓励增加豆类和豆制品的摄入？

过去 20 年间，国民生活水平大幅度上升，但城乡居民的干豆类和豆制品摄入量变化却很小。《2020 年中国居民营养与慢性病状况报告》数据显示，我国居民平均每标准人日杂豆类摄入量为 4.0g，豆制品摄入量为 10.3g，远低于中国居民平衡膳食宝塔的建议摄入量，即每天摄入相当于 25g 大豆的豆制品（参见第 9 章 9.3.1，大豆与各类豆制品的重量换算）。

大豆及其制品是植物性蛋白质、钙、镁和维生素 K 的优质来源，且具有多种健康功效，尤其对预防心血管病和骨质疏松有重要意义。杂豆类食物是慢消化淀粉、钾和多种抗氧化成分的来源，对控制血糖和血脂亦有帮助。在生活水平较困难时期，动物性蛋白质供应不足时，摄入豆类和豆制品可以补充蛋白质供应；而在动物性食物摄入过量的情况下，适度用豆类蛋白质替代一部分肉类蛋白质，主要的意义是提升食物多样化水平，并预防多种慢性疾病。

本章热点问题：抗营养因子的健康利弊

植物种子中的抗营养因子既有妨碍营养素吸收利用的作用，同时在一定情况下也兼有生物活性物质的作用。以往的研究多关注消除其对消化吸收的不利影响，但在未来的健康膳食研究中，或许可以将其作为生物活性因子，根据不同身体状态对它们进行合理利用。

（1）蛋白酶抑制剂

豆类中的胰蛋白酶抑制剂会影响人体对蛋白质的消化与吸收，严重时可造成机体胰腺增生。但动物实验表明，大豆、豌豆、小扁豆和鹰嘴豆中的蛋白酶抑制剂可能在包括乳腺癌、肺癌、胃癌、肠癌等多种癌症预防方面具有意义。例如，豆类中广泛存在的 Bowman-Birk 类型胰蛋白酶抑制剂已经被认作一种预防结直肠癌的化学成分。由于它抵抗小肠蛋白酶的消化，可以深入大肠并保持活性，帮助抑制大肠的致癌机制，并降低肠道的炎症反应。同时有初步研究显示，蛋白酶抑制剂可能对预防和治疗肥胖、心血管疾病、自身免疫性疾病、炎症性疾病等也有一定潜力。

（2）植酸

植酸广泛存在于全谷物、豆类、坚果和油籽等植物种子中，是磷元素的储藏方式。它可与锌、钙、镁、铁等螯合而影响它们的吸收利用。然而，在动物性食品充足、消化吸收能力正常的情况下，适量摄入植酸并不会导致营养缺乏症。流行病学研究、动物研究和人体实验研究都证实，植酸有多方面的健康作用。

植酸是一种强有力的抗氧化物质，并具有良好的抗炎效应。它通过螯合过渡金属离子来抑制铁离子催化的脂质过氧化反应，减少体内的自由基。还有研究发现，植酸能减轻神经元的损伤，对预防认知退化可能有所帮助。

植酸是一种软组织钙化抑制剂。它可以通过抑制钙盐的结晶而降低血管钙化、组织钙化和肾结石的风险；植酸被吸收到骨骼组织中后可以抑制羟磷灰石的溶解和骨组织的再吸收，从而帮助预防骨质疏松。

植酸是一种消化延缓剂。它可以与多种消化酶结合，降低消化速度，延缓餐后血糖的上升速度和幅度，帮助预防糖尿病患者的大血管和微血管并发症。

还有研究提示，植酸摄入和癌症风险有负相关性，通过全谷、豆类、坚果、油籽等摄入植酸可能有利于癌症预防。

（3）多酚类物质

豆类、坚果、油籽中富含多酚类物质，特别是种皮中富含单宁、花青素和原花青素等。多酚类物质可与铁、锌、铜、钙等金属离子螯合，降低多种矿物质的吸收利用率，但也具有抗癌、抗血栓、抗动脉粥样硬化、抗炎症、抗氧化、抗溃疡等多方面的作用。

豆类种皮中的单宁类物质可通过氢键和疏水相互作用与蛋白质发生结合，降低食物的适口性，降低多种消化酶的活性，有利于控制食物消化吸收速度，延缓餐后血糖、血脂上升速度。最近研究发现，单宁类物质作为调节血脂的成分具有良好的安全性，可降低动物体的脂质积累、阻止脂肪细胞的分化、增加肠道短链脂肪酸含量、降低血脂水平，从而改善脂代谢紊乱的状态，帮助预防肥胖、脂肪肝和多种慢性疾病。

同时，单宁类物质具有一定的抗菌作用和收敛作用，可帮助减轻腹泻。还有研究证实，单宁类物质具有提高动物抗病毒和抗寄生虫的效果，并有利于抑制癌细胞增殖。

消化吸收能力不同的人可以通过保留或弃去浸泡水，调节烹调压力和烹调时间，选择不同的打浆程序等措施，来掌控抗营养因子的灭活程度，调整豆类食物的消化速度，从而满足个性化的营养需求。

本章深度思考

关键解读

1. 大豆和淀粉豆类的营养成分有什么不同？它们在营养食谱中所发挥的作用是否能够相互替代？

2. 大豆主要是以豆制品方式食用的。和大豆本身相比，各类大豆制品在营养价值和抗营养因子方面有何变化？这种变化对利用大豆的营养和防病价值有何意义？

3. 大豆、坚果、油籽的营养素含量特点有何异同？在抗营养因子方面和保健价值方面有何异同？

本章课程活动

1. 到一个大型超市的杂粮柜台，熟悉各种豆类的名称。

2. 到一个大型超市的坚果和油籽销售货架，查看各产品的配料表和营养成分表。它们的蛋白质和脂肪含量有何差异？钠和钾的含量有何区别？

3. 到一个大型超市的豆制品销售货架，查看各产品的配料表和营养成分表。各种豆腐的凝固剂有何差异？它们的蛋白质和脂肪含量有何差异？各种仿肉豆制品和纯的豆腐、豆腐干，在营养成分表数据方面有什么差异？

4. 选择一种有较深颜色的淀粉豆类，称取 50g 干重的两份，各加 2 倍重量的水，放在冰箱冷藏室浸泡 8h、12h 和 24h。到每一个时间时，把泡豆水倒入另一个容器，取出豆粒，吸干表面水分，称重，然后放回去继续浸泡。了解其吸水速度和比例，观察泡豆水的颜色变化。

5. 把上一步中冷藏浸泡 24h 的两份豆子取出，带着泡豆水，或弃去泡豆水，放在电饭锅里，加等量大米，分别煮成粥或饭。观察煮好后的颜色和状态，并和家人品尝。

本章参考文献

陈成，陈然，范志红，等. 2013. 煮制用水对红小豆汤抗氧化性的影响. 食品科技，38：（3）：61-67

陈然，赵建京，范志红. 2012. 煮制条件对绿豆清汤颜色及抗氧化性的影响. 食品科学，33（8）：115-120

孔春丽，段彩苹，卢晶，等. 2022. 芸豆中的大分子功能组分及其研究进展. 中国食品科学与技术学报，41（12）：8-18

史海燕，范志红，魏嘉颐. 2011. 不同预处理对家庭制豆浆抗营养因子含量的影响. 食品科学，32（17）：49-54

王蓉，朱晓倩，范志红. 2015. 家庭压力烹调对红小豆抗氧化能力的影响. 食品科技，40（11）：43-47

杨月欣. 2018. 中国食物成分表标准版（第 6 版　第一册）. 北京：北京大学医学出版社

Belitz H D，Grosch W，Schieberle P. 2008. Food Chemistry. 4th edition. Berlin：Springer

Bolling B W, Chen C Y, Mckay D L, et al. 2011. Tree nut phytochemicals: composition, antioxidant capacity, bioactivity，impact factors. A systematic review of almonds，Brazils，cashews，hazelnuts，macadamias，pecans，pine nuts，pistachios and walnuts. Nutrition Research Reviews，24（2）：244-275

Cid-Gallegos M S，Corzo-Rios L J，Sanchez-Chino X M，et al. 2022. Protease inhibitors from plants as therapeutic agents- A review. Plant Food for Human Nutrition，77（1）：20-29

Clemente A, Arques M D. 2014. Bowman-Birk inhibitors from legumes as colorectal chemopreventive agents. World Journal of Gastroenterology，20（30）：10305-10315

Koleckar V，Kubikova K，Rehakova Z，et al. 2008. Condensed and hydrolysable tannins as antioxidants influencing the health. Mini-reviews of Medical Chemistry，8（5）：436-447

Li Y Y, Zhu L Q, Guo C, et al. 2022. Dietary intake of hydrolyzable tannins and condensed tannins to regulate lipid metabolism. Mini-Reviews of Medical Chemistry，22（13）：1789-1802

Nikmaram N，Leong S Y，Koubaa M E，et al. 2017. Effect of extrusion on the anti-nutritional factors of food products：An overview. Food Control，79：62-73

Pires S M G, Reis R S, Sharifi-Rad J, et al. 2023. Phytates as a natural source for health promotion: A critical evaluation of clinical trials. Frontiers in Chemistry，11：1174109

Pujol A, Sanchis P, Grases F, et al. 2023. Phytate intake, health and disease: "Let Thy Food Be Thy Medicine and Medicine Be Thy Food". Antioxidant，12（1）：146

Rebello C J，Greenway F L，Finley J W. 2014.Whole grains and pulses：a comparison of the nutritional and health benefits. Journal of Agricultural and Food Chemistry，62（29）：7029-7049

Rochfort S，Panozzo J. 2007. Phytochemicals for health，the role of pulses. Journal of Agricaltural and Food Chemistry，55（20）：7981-7994

Singh B，Singh J P，Kaur A，et al. 2017. Phenolic composition and antioxidant potential of grain legume seeds：A review. Food Research International，101：1-16

Tong Z K, He W F, Fan X, et al. 2022. Biological function of plant tannin and its application in animal health. Frontiers in Veterinary Science，8：803657

第 10 章　蔬菜和水果的营养价值

本章学习目标

1. 掌握蔬菜中富含的主要营养成分及其含量、营养功能。
2. 掌握水果中富含的主要营养成分及其含量、营养功能。
3. 了解果蔬中的主要非营养素健康相关成分，掌握其生理调节功能。
4. 了解储藏、加工和烹调对果蔬成分及营养价值的影响。
5. 了解果蔬摄入与疾病预防的关系，掌握其中的主要生物活性成分及其保健作用。

本章课件

蔬菜（vegetable）和水果（fruit）是植物的营养体和果实，富含水分，并含有碳水化合物、维生素、矿物质和膳食纤维，脂肪含量低，能量密度低。水果中含有较多糖分，大多具有明显的甜味。果蔬中含有多种有机酸、色素和芳香类物质，是膳食中重要的风味来源，也是多种抗氧化成分的重要来源，还含有多种蛋白酶类、生物黄酮类、生物碱等特殊生理活性物质。

10.1　蔬菜的营养成分

蔬菜的营养价值在于能提供人体必需的维生素、矿物质和膳食纤维，帮助维持人体酸碱平衡，并有利于控制因高蛋白质、高脂肪膳食结构引发的各种疾病。

蔬菜主要以新鲜状态食用，含水量是衡量蔬菜新鲜程度的重要特征。蔬菜的水分含量为65%～95%，多数在 90%以上，使其营养素含量减少，所含能量很低，但各种微量营养素的营养素密度往往很高，并富含多种植物化学物，对人体健康十分重要。

10.1.1　碳水化合物

蔬菜所含碳水化合物包括单糖、寡糖、淀粉、半纤维素、纤维素和果胶等。大部分蔬菜的碳水化合物含量较低，仅有 2%～6%，但胡萝卜、洋葱、番茄、南瓜等含糖较多。蔬菜的成熟度与其含糖量有密切关系，一般随成熟度上升，含糖量增加，但根茎类蔬菜的含糖量反而随成熟度上升而下降。

蔬菜中主要的糖类是葡萄糖、果糖和蔗糖，但有些蔬菜还含有微量的其他寡糖和糖醇，如芹菜、西芹中的芹菜糖，豆科蔬菜中的棉籽糖、水苏糖和毛蕊花糖，洋葱和大蒜中的低聚果糖，以及十字花科和葫芦科蔬菜中的甘露（糖）醇等。部分蔬菜如马铃薯、莲藕、菱角、荸荠、山药等含有淀粉，其含量可高达 10%～24%。

在蔬菜组织中，纤维素、半纤维素、木质素、果胶等物质总是结合在一起，决定着蔬菜的质地、硬度、脆度、口感等品质指标。蔬菜中纤维素、半纤维素等膳食纤维含量较高的是鲜豆类和叶菜类，含量分别为 1.4%～4.0%和 1.0%～2.2%。瓜类的不溶性纤维含量较低，为 0.2%～1.0%。

纤维素与半纤维素在蔬菜的不同部位分布不均匀，主要存在于皮层和中柱中。纤维素含量少的部位肉质软嫩，反之则肉质粗、皮厚多筋，口感较差。

蔬菜是果胶物质的重要来源之一。例如，胡萝卜的总果胶含量可高达1%左右，秋葵甚至可达4%。原果胶与纤维素和半纤维素结合而存在，其含量和存在状态的变化影响着蔬菜的质地。在蔬菜储藏时，果胶的含量呈逐渐下降趋势，口感的紧实度随之降低。

10.1.2 蛋白质和含氮物

新鲜蔬菜的蛋白质含量通常在3%以下。在各种蔬菜中，瓜类蔬菜的蛋白质含量较低，而鲜豆类、菌类和深绿色叶菜的蛋白质含量较高，如鲜豇豆的蛋白质含量为2.9%，金针菇为2.4%，苋菜为2.8%。按照2%的蛋白质含量计算，如果每天摄入400g绿叶蔬菜，可获得至少6g蛋白质；如果摄入的是豆类蔬菜和菌类蔬菜，可获得8g蛋白质，这是不可忽视的蛋白质来源。

蔬菜蛋白质的质量较佳，如菠菜、豌豆苗、豇豆、韭菜等的限制性氨基酸均是含硫氨基酸，赖氨酸比较丰富，可与谷类发生蛋白质营养互补。蔬菜中还往往含有一些非蛋白质氨基酸，其中一些是蔬菜风味物质的重要来源，如S-烷基半胱氨酸亚砜是洋葱风味的主要来源，而蒜氨酸是大蒜风味的前体物质。此外，蔬菜中还含有少量的嘌呤、甜菜碱、生物胺、生物碱等其他含氮物。

10.1.3 脂肪

蔬菜中的脂肪含量通常低于1%，属于低能量食品。例如，100g黄瓜所含能量仅为63kJ（15kcal）。其中的微量脂肪以不饱和脂肪酸为主。脂肪含量最高的是毛豆，可达5%左右。绿叶蔬菜中的脂肪酸含量虽低，却含有一部分ω-3脂肪酸，脂肪质量很高，对膳食脂肪酸比例的调整有所贡献。

10.1.4 维生素

在我国目前的膳食结构中，机体所需的胡萝卜素和维生素C大部分是由蔬菜提供的。维生素C含量与蔬菜的类型、品种、栽培方式等有密切关系。甜椒、辣椒、菜花、苦瓜等维生素C含量特别高，其次是各种新鲜绿叶菜，根茎类再次之。部分蔬菜的维生素C含量见表10.1。

表10.1 部分蔬菜的维生素C含量 （单位：mg/100g可食部）

食物名称	维生素C	食物名称	维生素C	食物名称	维生素C
白萝卜（鲜）	19.0	辣椒（小红尖辣椒）	86.0	胡萝卜	9.0
芥菜头	34.0	苦瓜（鲜）	56.0	洋葱（鲜）	8.0
豆角	18.0	冬瓜	16.0	黄瓜	9.0
番茄	14.0	大白菜	37.5	黄豆芽	8.0

资料来源：韩雪等，2020

蔬菜中含量较多的类胡萝卜素包括叶黄素、β-胡萝卜素、α-胡萝卜素、γ-胡萝卜素和番茄红素等。具绿、黄、橙等色泽的蔬菜均含较丰富的类胡萝卜素，浅色蔬菜中的类胡萝卜素含量较低。在胡萝卜所含的类胡萝卜素中，β-胡萝卜素约占85%，α-胡萝卜素仅占不到15%，但其α-胡萝卜素的含量在各种蔬菜中遥遥领先。除橙黄色蔬菜之外，苋菜、菠菜、莴笋叶等深绿色叶菜中的β-

胡萝卜素和叶黄素含量也较高。

蔬菜中的番茄红素主要来源于红色番茄及其制品，以及红色胡萝卜。番茄红素在番茄中的含量随品种和成熟度不同而异，番茄成熟度越高，颜色越深红，番茄红素含量也越高。番茄中的番茄红素 72%～79%存在于果皮及水溶性组织中。食用时加少许烹调油或加热均可促进番茄红素释放，从而提高肠道对它的吸收率。

含维生素 B_1 较多的蔬菜有香椿、芫荽（香菜）、藕、马铃薯等。新鲜绿叶菜和豆类蔬菜是核黄素的重要来源。蔬菜中普遍含有烟酸，但并非烟酸的重要来源。富含维生素 B_6 的蔬菜有豌豆、马铃薯、花生、白菜、绿叶蔬菜等。绿叶蔬菜是叶酸和维生素 K_1（叶绿醌）的重要来源，而且其含量与叶绿素含量呈正相关，即蔬菜越绿，叶酸和维生素 K_1 含量越高（表 10.2 和表 10.3）。此外，绿叶蔬菜和豆类蔬菜中尚含有少量维生素 E。

表 10.2　部分蔬菜的维生素 K_1 含量　（单位：μg/100g 可食部）

食物名称	维生素 K_1 含量	食物名称	维生素 K_1 含量	食物名称	维生素 K_1 含量
紫苏叶	1007	生小松菜	319	生圆白菜	127
生菠菜	498	煮小松菜	425	煮圆白菜	180
煮菠菜	525	菜豆角	57	生茼蒿	230
生西兰花	307	甜豌豆	49	煮茼蒿	627
煮西兰花	280	生黄瓜	64	烤紫菜（干）	413
生菜	78	红叶生菜	166	裙带菜（干）	1293

注：小松菜是一种绿叶菜，近似于小白菜，叶色深绿，是白菜的一个变种

资料来源：Kamao et al.，2007

表 10.3　部分蔬菜的叶酸含量　（单位：μg/100g 可食部）

食物名称	叶酸含量	食物名称	叶酸含量	食物名称	叶酸含量
菠菜	236.0	韭菜	66.3	绿豆芽	21.1
西兰花	137.0	胡萝卜	63.4	马铃薯	19.5
大白菜	93.4	生菜	45.3	黄瓜	18.2
秋葵	90.1	番茄	38.8	冬瓜	15.9
蒜苗	85.6	四季豆	35.7	黄豆芽	15.7
嫩豌豆	74.6	南瓜	31.2	辣椒	13.8
白色菜花	72.3	大葱	22.8	茄子	11.2
卷心菜	68.9	洋葱	21.2	白萝卜	10.7

资料来源：蒋伟和李白玉，2023

10.1.5　矿物质

蔬菜是膳食中矿物质的重要来源，对维持体内酸碱平衡起重要作用。矿物质含量中以钾最高，占其灰分总量的 50%左右。含钾较多的蔬菜包括马铃薯、豆类蔬菜、菠菜等绿叶蔬菜，以及鲜蘑菇等菌类蔬菜。部分蔬菜富集钠，其钠含量可达 100mg/100g 左右，如茼蒿、茴香菜、芹菜、小油菜等。烹调这类蔬菜时应注意少放咸味调味品。

蔬菜也是钙、镁和铁的重要膳食来源。有些蔬菜的钙含量超过 100mg/100g，如油菜、苋菜、萝卜缨、茴香和芹菜等。由于叶绿素分子中含有镁，叶菜的颜色越深绿，其中的镁含量越高。绿叶蔬菜中铁元素含量较高，可达 2～3mg/100g。某些蔬菜如菠菜、空心菜等含较多草酸，不仅影响人体对这些蔬菜本身所含钙和铁的吸收，还影响对其他食物中钙和铁的吸收，因此在选择蔬菜

时，不能只考虑其钙、铁的绝对含量，还应注意草酸的含量。在食用含草酸多的蔬菜时，可焯烫去除部分草酸，以利钙、铁的吸收。

10.2 水果的营养成分

水果多为植物的果实，但也包括其他味甜多汁、可不经烹调直接食用的植物性食物，其主要风味为酸味和甜味。水果的种类繁多，其中以木本植物的带肉果实或种子为主。

多数水果含水分量达 85%～92%，在同类水果中，不同栽培品种和栽培条件对其维生素、矿物质和生物活性成分的含量影响很大。除了水分，水果中可食部分的主要成分是糖、膳食纤维、维生素和矿物质，以及少量的含氮化合物和微量的脂肪。此外，水果还含有有机酸、多酚类物质、芳香物质、天然色素等成分，有些活性成分具有重要的保健功能。

10.2.1 碳水化合物

水果的蔗糖和还原糖含量常在 5%～20%，水果干制品的糖含量可高达 50%以上。果实的甜味来源主要是葡萄糖、果糖和蔗糖，其比例和含量因水果类别、品种和成熟度不同而异。除葡萄糖和果糖，水果中其他单糖含量甚微。除雪莲果等少数产品外，水果中的寡糖含量并未达到引起重视的程度。在大部分水果中，淀粉仅在未成熟时存在。随着果实成熟，淀粉分解，糖含量升高，成熟后淀粉含量降至可忽略水平。但是，成熟香蕉中的淀粉含量可高达 3%以上。此外，水果中还含有少量糖醇，如山梨糖醇、甘露糖醇等。

水果含较丰富的膳食纤维，包括纤维素、半纤维素和果胶，其中较重要的是果胶。随着成熟度提高，总果胶含量下降，果胶中的不溶性组分下降，而可溶性组分增加。果胶也是水果加工品的重要成分，具有增稠、悬浮、形成凝胶等功能性质。富含果胶的水果可制成果酱，在低 pH 和高糖度条件下可生成弹性极佳、口感细腻的凝胶，如山楂糕。

10.2.2 蛋白质和脂肪

水果的蛋白质含量为 0.5%～1.0%，此外还含少量游离氨基酸和生物胺等含氮物。

水果中的蛋白质主要为酶蛋白，其中对品质影响较大的是果胶酶和酚氧化酶。在果实成熟和衰老过程中，果胶酶可使细胞壁中的由纤维素和半纤维素结合在一起的原果胶水解成果胶、果胶酸及半乳糖醛酸，水果便逐渐软化。酚氧化酶催化邻二酚类物质生成邻二醌，并进一步缩合为黑色素，是水果切开后褐变的原因。在水果产品的加工过程中，抑制酚氧化酶活性是非常重要的环节。生产中采用热烫灭酶、添加二氧化硫或亚硫酸盐类酶抑制剂、调整 pH、螯合酚氧化酶中金属离子、隔绝氧气等方法来抑制水果加工过程中的酶促褐变。

此外，某些水果中含较丰富的蛋白酶类（如菠萝、木瓜、无花果和猕猴桃等），这些蛋白酶可嫩化肉类，其中木瓜蛋白酶已经成为食品工业和生化行业的重要原料。

绝大多数水果中脂质含量很低，为 0.1%～0.5%，但少数水果（鳄梨、榴莲、余甘等）脂质含量较高，如鳄梨含脂质达 10%以上，但这些水果均非我国居民经常食用的水果。水果的种仁通常富含油脂，并以多不饱和脂肪酸为主，如西瓜籽、杏仁等，它们被归入油籽类食物。

10.2.3　维生素

水果含有除维生素 D 和维生素 B_{12} 之外的几乎各种维生素，但其 B 族维生素含量普遍较低。其中香蕉含较多维生素 B_6，猕猴桃含较多叶酸。在各类水果中，柑、橘、柚、山楂、鲜枣、猕猴桃、草莓、龙眼等都是维生素 C 的优良来源。热带水果多含较丰富的维生素 C，半野生水果维生素 C 含量普遍超过普通栽培水果。黄色和橙色水果可提供类胡萝卜素，包括杧果、番木瓜、黄桃、黄杏、柿子和黄肉甜瓜等。部分水果的维生素 C 和胡萝卜素含量见表 10.4。

表 10.4　部分水果的维生素 C 和胡萝卜素含量　（单位：mg/100g 可食部）

水果名称	维生素 C	胡萝卜素	水果名称	维生素 C	胡萝卜素
枣（鲜）	243	0.24	杧果	23	0.89
猕猴桃	62	0.13	菠萝	18	0.02
大山楂	53	0.10	草莓	47	0.03
四川红橘	33	0.18	鸭梨	4	0.01
苹果（红富士）	2	0.06	葡萄（玫瑰香）	4	0.02

资料来源：韩雪等，2020

新鲜水果可不经烹饪直接食用，故几乎不存在维生素受热损失的问题。水果中维生素的含量受种类和品种的影响，也受成熟度、栽培地域、肥水管理、气候条件、采收成熟度和储藏时间等的影响，因此，即使同一品种也可能产生较大差异。水果不同部位的维生素 C 含量也有差异。对于苹果而言，靠近外皮的果肉部分维生素 C 含量较高，而甜瓜则以靠近种子的部位维生素 C 含量较高。

10.2.4　矿物质

水果中的矿物质含量在 0.4%左右，主要矿物质是钾、镁、钙等，钠含量较低。由于绝大多数水果食用时无须加盐调味，故水果不仅是钾的重要来源，而且是调整膳食钾钠比例的重要食物类别。其中一些水果含较丰富的镁和铁，如草莓、大枣和山楂的铁含量较高，而且因富含维生素 C 和有机酸，其中铁的生物利用率较高。

水果干制品也是矿物质的重要来源。经脱水处理后，果干中的矿物质得到浓缩而大幅提高。杏干、葡萄干、干枣、桂圆、无花果干等均为钾、铁、钙等矿物质的膳食补充来源之一。

10.2.5　有机酸

水果中有机酸（organic acid）含量在 0.2%～3.0%，主要为柠檬酸、苹果酸和酒石酸。多数水果以柠檬酸为主，蔷薇科水果含一定量的苹果酸，而葡萄含酒石酸。一些水果中还含少量草酸、水杨酸、琥珀酸和奎宁酸等。无花果和蓝莓中含少量植酸，分别占其总含磷量的 13%和 16%。各种天然有机酸的不同配比是形成水果特定风味的重要因素，也是调节糖酸比的主要因素。

从营养上来说，多数有机酸可提供少量能量。每克柠檬酸和苹果酸所提供的能量分别为 10.32kJ（2.47kcal）和 9.99kJ（2.39kcal）。酒石酸在体内可代谢为乙醛酸和羟基丙酮酸，但几乎不产生能量。有机酸具有开胃的作用，还能起到螯合和还原的作用，促进植物性食品中的钙、铁、锌等多种矿物质的吸收。

10.3 果蔬中的非营养素健康相关成分

蔬菜和水果中存在种类繁多的化学物质，除了维持生命活动的各种营养素外，还有一些非必需的化学物质，它们对营养素的吸收利用有影响，或具有一定的生理调节作用，常被称为非营养素生物活性成分。

10.3.1 类胡萝卜素

果蔬是类胡萝卜素（carotenoid）的最重要来源，其中除了可以转化为维生素 A 的胡萝卜素和隐藻黄素，还有不能转化成维生素 A 的番茄红素、叶黄素等非营养素保健成分。其中番茄红素的主要来源是番茄、西瓜、木瓜、血橙等红色的果蔬；叶黄素则广泛存在于绿叶蔬菜中，如菠菜、韭菜、茴香菜、芫荽、小白菜、西兰花等。

10.3.2 类黄酮

类黄酮（flavonoid）属于植物次生代谢物（secondary metabolite）。果蔬中的多酚类物质主要存在于蔬菜的根、叶和水果的皮、果肉中，如葡萄多酚和苹果多酚等。

蔬菜中主要存在 5 种形式的类黄酮，即山柰酚、槲皮素、杨梅黄酮、芹菜素和木犀草素（毛地黄黄酮）。前三种属黄酮醇，后两种属黄酮。洋葱是槲皮素和杨梅黄酮的上佳来源，西兰花、甜椒等也是类黄酮含量较高的蔬菜。

10.3.3 有机硫化物

在常见蔬菜中，十字花科蔬菜品种繁多，如大白菜、小白菜、圆白菜、西兰花、花椰菜、各种油菜、各种萝卜、各种芥菜、水田芥（西洋菜）、苤蓝、荠菜等。硫代葡萄糖苷（glucosinolate）是十字花科植物中特有的一类含硫次级代谢产物，与糖类成苷而存在，简称硫苷，其中包括超过百种硫苷物质。葱蒜类蔬菜如大蒜、洋葱、大葱、韭菜等所含的有机硫化物主要是大蒜素（allicin）等烯丙基硫化合物。

十字花科蔬菜不同品种之间的硫苷含量差异极大，100g 鲜重的硫苷总含量为 8～400mg。即便同一种蔬菜，不同品种的含量可能有数倍差异。其中辣根、西洋菜等的含量高于西兰花、花椰菜等，后者的含量又高于大白菜、小白菜等。不同的异硫氰酸酯构成了十字花科蔬菜特殊风味，如白菜的清鲜味、甘蓝的苦味及萝卜的辛辣味。由于硫苷类物质的降解产物是构成十字花科蔬菜特殊辛香风味的主要来源，特殊味道较浓的品种往往具有较高的硫苷含量。

> **知识链接：**
>
> 有关蔬菜中各种非营养素生理活性物质的生理功能，请参考本教材第 1 部分第 7 章中的相关内容。

10.3.4　硝酸盐和亚硝酸盐

新鲜蔬菜中含有硝酸盐，尤其以叶柄、叶片和根茎部位含量较高，而茄果、瓜类蔬菜中含量较低。膳食中的硝酸盐 80%以上来自于蔬菜。一般来说，在同样栽培条件下，蔬菜中硝酸盐的含量排序是叶柄＞叶片＞主茎＞根＞花＞块茎＞球茎＞果实＞种子。高硝酸盐含量的蔬菜（含量＞1000mg/kg）包括十字花科蔬菜如芝麻菜、白菜、萝卜等，藜科蔬菜如菠菜、甜菜等，菊科蔬菜如生菜等，伞形科蔬菜如芹菜等。

绝大多数新鲜蔬菜中的亚硝酸盐含量较低，远低于引起危害的水平。但在采收之后，在硝酸还原酶的作用下，蔬菜中的硝酸盐逐渐转化成亚硝酸盐，不新鲜和腐烂的蔬菜中亚硝酸盐的含量大幅度升高，成为食品安全隐患之一。

近年来基于研究证据，已经将硝酸盐纳入健康相关成分中。动物实验和人体试验表明，来自于蔬菜的硝酸盐有利于降低血压、改善血流、提升运动能力。流行病学调查提示，从新鲜蔬菜中摄入的硝酸盐数量与动脉硬化性心血管疾病风险呈负相关。

10.3.5　抗营养因子

蔬菜中存在多种抗营养因子，如嫩豆和豆荚中存在植物凝集素，豆类蔬菜和竹笋中存在蛋白酶抑制剂，菠菜、苋菜、牛皮菜、甜菜根、竹笋、苦瓜等蔬菜中存在较多草酸。这些物质可通过合理的烹调加工而被除去大部分。充分加热可以灭活凝集素类物质，并钝化蛋白酶抑制剂。焯烫处理可以去掉大部分草酸。

绝大部分蔬菜存在草酸，但其含量差异极大（表 10.5）。大部分十字花科蔬菜和菊科蔬菜中的草酸含量极低，不会影响营养素的吸收利用。如各种生菜、油麦菜、小白菜、小油菜、大白菜、娃娃菜、圆白菜中的草酸含量低到可以忽略。

表 10.5　部分蔬菜的草酸含量　（单位：mg/kg 可食部鲜重）

蔬菜名称	草酸含量	蔬菜名称	草酸含量
菠菜	5426	苦苣	2
瑞士牛皮菜	2077	球生菜	ND
甜菜根	749	罗马生菜	ND
茴香菜	124	圆白菜	ND
胡萝卜	120	白色菜花	ND
芹菜	5	芝麻菜	ND
西兰花	5	萝卜	ND
土豆	4	洋葱	ND

注：ND 代表未检出

资料来源：Santamaria et al.，1999

10.3.6　其他健康相关物质

蔬菜和水果中往往含有微量的生物碱（alkaloid）成分，含量因品种和栽培条件差异很大，野菜中的含量往往高于栽培蔬菜。如茄科植物含有茄碱（亦称龙葵素），茄子、未成熟番茄和马铃薯表皮含有的茄碱可引起喉部瘙痒和灼热感，以及胃肠道不适反应；瓜类蔬菜中含有苦味的葫芦素，苦西葫芦和苦瓠子等甚至可能引起中毒反应。有些蔬菜中含有特定的毒性成分，如鲜黄花菜中含有秋水仙碱。

果蔬中还含有具有生物活性的香气成分，如柑橘类水果中的柠檬烯等香气物质属于萜类化合物（terpenoid），具有抗菌、镇咳、祛痰等作用。

此外，部分果蔬（如菠萝、杧果、猕猴桃、桃子、柑橘类水果等）中含有可能引起过敏的成分，常常是其中微量的蛋白质组分。

10.4 储藏、加工和烹调对果蔬成分的影响

果蔬产品采收后不能在短时间内被完全消费，因此果蔬保藏在果蔬产品消费和流通等环节作用非常重要。果蔬储藏是利用综合措施延缓其呼吸、后熟（after-ripening）、衰老，防止微生物的侵染，最终达到保持商品质量的目的。果蔬的主要加工方式包括速冻、罐藏、脱水、制汁、糖渍等。

加工前进行修整、清洗、漂洗等处理时，可造成矿物质的物理损失和水溶性成分的溶水损失。加热处理则使热敏感营养素发生不同程度的损失，同时加快了氧化损失的速度；脱水干燥处理时，果蔬长时间与空气接触，容易被氧化而损失大量维生素。不同程度的处理都会使果蔬有不同程度营养素的流失。

10.4.1 储藏对果蔬成分的影响

蔬菜以鲜品为主要食用形式，蔬菜储藏过程中的营养素损失与温度和湿度均有密切关系。

1. 冷藏

多种蔬菜在1～2℃和相对湿度85%～90%下贮藏时，维生素C的损失较慢；而室温下或低湿度储藏时损失速度较快。在各类蔬菜中，绿叶蔬菜的表面积较大，叶面角质层较薄，极易蒸腾失水，故而在低湿度储藏条件下，绿叶蔬菜极易萎蔫，而萎蔫伴随着多种维生素的降解。

有研究测定发现，普通家庭冰箱中4℃冷藏7d后，芹菜、菠菜和西兰花的维生素C分别降低了34%、29%和19%；而叶酸水平降低更多，分别降低了59%、61%和56%。

水果和蔬菜采收之后，采用调整气体成分和控制温度、湿度的储藏方式，称为气调冷藏。目前大部分水果可通过气调冷藏措施来延长保质期。储藏过程中，通过控制温度、湿度和气体成分，气调冷藏可以极大地降低水果中维生素、抗氧化成分和风味成分的损失。例如，用动态气调冷藏技术，可以让蓝莓在储藏90d之后仍不腐烂，且维生素C含量仅下降24%。另一项研究发现，在普通冰箱里冷藏时，蓝莓在储藏7d之后，维生素C含量就下降了20%。

2. 冷冻

合理的速冻能够较好地保持果蔬的原有口感和风味。蔬菜经过清洗→热烫→包冰衣→袋装→深冻几步处理后，水溶性维生素有部分损失，但和新鲜蔬菜、冷藏蔬菜相比，胡萝卜素、维生素C和叶酸的损失率并不高（表10.6），而矿物质和膳食纤维几乎没有损失。故而多国膳食指南中将速冻果蔬和新鲜果蔬一起纳入推荐。

表10.6 几种果蔬冷藏和冷冻后营养素含量的变化

果蔬品种	处理	维生素C /（mg/100g鲜重）	胡萝卜素 /（mg/100g鲜重）	叶酸 /（μg/100g鲜重）
西兰花	新鲜	50.2	2.02	72.6
	冷藏5d	46.7	1.71	67.4
	速冻	50.6	0.94	61.7

续表

果蔬品种	处理	维生素 C / （mg/100g 鲜重）	胡萝卜素 / （mg/100g 鲜重）	叶酸 / （μg/100g 鲜重）
嫩豌豆	新鲜	19.0	0.96	54.2
	冷藏 5d	15.4	0.61	47.2
	速冻	21.1	1.08	58.1
菠菜	新鲜	25.2	11.10	134.0
	冷藏 5d	19.6	8.90	129.0
	速冻	14.5	8.50	141.0
蓝莓	新鲜	13.1	0.20	11.5
	冷藏 5d	10.2	0.14	9.6
	速冻	9.9	0.07	13.8

资料来源：Lia et al.，2017

在−18℃下冷冻保存期间，6～12 个月中，蔬菜中的维生素 C 仍有持续损失，其中叶菜类的损失程度更大。不稳定的冷冻温度会加速维生素和风味物质的损失。

10.4.2　加工对果蔬成分的影响

常见的果蔬加工方式有速冻、制汁、罐藏、脱水等。在加工过程中可造成营养素的损失，尤其维生素 C 和叶酸的损失较大，但多数加工方式对矿物质及膳食纤维的影响不大。人工强化维生素 C 可以提高苹果、梨、桃等维生素 C 含量较低水果的加工品的营养价值。

1. 罐头加工

制作罐头（can）蔬菜时，经过热烫、热排气、灭菌等工艺后，部分水溶性维生素和矿物质会因受热降解和溶水流失而有所损失。

由于水果具有一定的酸度，对维生素 C 和维生素 B_1 有保护作用，且酸度较高时所需杀菌温度较低，热损失的幅度相对较小。然而，除了番茄等少数品种之外，大部分蔬菜的 pH 比水果高，酸性较低，维生素 C 和维生素 B_1 的加工稳定性较差（表 10.7）。

表 10.7　几种蔬菜罐头加工的维生素损失率　（单位：%）

产品	芦笋	青豆	甜豌豆	菠菜	胡萝卜	番茄
叶酸	75	57	59	35	59	54
维生素 B_1	67	62	74	80	67	17
维生素 C	54	79	67	72	75	26

资料来源：阚建全，2021

在罐头储藏期间，维生素的含量仍会逐渐降低，且降低幅度与储藏温度有关，温度越低，损失越小。有资料表明，糖水杏罐头储存 5 个月后，维生素 C 可损失 22%；去核的糖水樱桃罐头储存 10 个月后，维生素 C 损失 19%。然而，罐藏果蔬仍是膳食纤维和矿物质的良好来源。

2. 制汁加工

纯果汁分为两类：一类是带果肉的混浊汁，其中含有水果中的大部分营养成分，果胶成分得以保存，但不溶性纤维含量降低较多，如柑橘汁等；另一类是澄清汁，经过过滤或超滤，除去了水果中的膳食纤维、各种大分子物质和脂类物质，只留下糖、钾元素和部分水溶性维生素，如苹果汁。

果蔬汁中的维生素 C 保存率与原料特性有关。由于酸性条件可以提高维生素 C 的耐热性，柑橘汁和山楂汁因酸性较强，果汁中可保留较多的维生素C，成为维生素C的日常来源。制成果汁之后，储存期间维生素C含量仍有下降，如橘汁储存6个月，维生素C可损失32%。

然而，市售果汁饮料中原果汁的含量仅为10%以下，其营养价值不能替代纯果汁。研究表明，由于去除了水果的天然细胞结构和大部分膳食纤维，即便是纯水果汁，其健康效应也与完整水果不同，餐后血糖上升速度较快，摄入量过多时增加肥胖和糖尿病的风险。但有研究表明，多种水果制成的鲜榨混合果汁可降低餐后血糖峰值，并减缓餐后血糖上升。

果汁经传统加热杀菌处理会带来维生素的热损失，同时也会带来风味的变化。超高压对食品中的风味物质、维生素、色素及各种小分子物质的天然结构几乎没有影响。合理应用超高压杀菌、过滤除菌等非热杀菌新方式，可以在保持水果特有风味、色泽的前提下，不增加甚至降低维生素的损失率。例如，有研究表明，对复合果汁分别进行80℃ 2min的热杀菌、500MPa 1min和500MPa 5min的超高压杀菌处理，其果汁中维生素C的保存率分别为73%、94%和68%。

家庭打浆机方式制取的果汁因没有经过灭酶处理，刀刃旋转时大大增加了与氧气的接触效率，维生素C的损失率非常高。压榨取汁方式的维生素C氧化损失减少，但也会造成膳食纤维和矿物质的损失。

3. 干制加工

水果的干制品（dried product）指不添加任何其他成分，仅由新鲜水果经过各种脱水工艺制成的产品。如葡萄干、枣干、杏干、苹果干、无花果干、西梅干、桂圆、橘饼、柿饼、枸杞子、山楂干等均属于水果干。水果干中浓缩了水果中的糖，其碳水化合物含量可高达60%以上。蔬菜也有干制品，如干萝卜、干豆角、干蕨菜、干黄花菜、干海带、干木耳、干香菇等。

蔬菜和水果干制品的维生素损失率与脱水工艺有关。传统的日晒风干方式下维生素和抗氧化成分损失最多，真空冷冻干燥损失最少。传统晒干方法制成的水果干当中，除山楂干和枣干的维生素C有一部分得以保存之外，大部分产品中几乎全部损失。但是，干制使蔬菜和水果中的矿物质、有机酸和膳食纤维得到浓缩，成为钾、钙、镁和膳食纤维的良好来源。

除枣干是我国传统保健食物之外，有研究表明用葡萄干替代日常零食对控制血压有益，西梅干则对骨骼健康和防治便秘有益。

特别关注：果蔬脆片属于油炸食品

很多市售"果蔬脆片"产品是低温真空油炸工艺制成的，如香蕉片、芋头干、脆枣、苹果脆片、综合果蔬干等。它们口感爽脆、味道香甜，很受消费者欢迎。但是，它们并没有传统水果干的健康价值。

低温真空油炸使油的沸点大幅度降低，有利于降低油炸过程中产生的脂肪氧化聚合产物，并减少了B族维生素的损失。但是，这种加工方法会使果蔬吸入大量油脂，其中的脂肪含量可上升到10%甚至20%，能量值远高于普通的果蔬干。

相比而言，真空冷冻干燥是在冷冻状态下抽去升华的水分，从而令食物逐渐干燥的脱水方式。这种方式既不会造成营养素氧化，也不会造成营养素热损失，亦不引入糖或脂肪，故而可以最好地保存果蔬中的营养成分和保健成分。

4. 腌渍加工

蔬菜腌制前往往要经过反复洗、晒或热烫，其中水溶性维生素和多酚类物质损失较为严重。因此腌制蔬菜不是维生素C和抗氧化物质的好来源。但是，腌渍（pickling）可保留蔬菜中的所有膳食纤维成分。

此外，腌渍加工会改变产品的矿物质含量。为保持蔬菜的脆度，腌制和罐藏工艺中往往采用氯化钙溶液浸泡方法，可提高产品中钙的含量。腌菜时加入大量盐，可使钠含量过高。而且在腌制时间不足时，原料中的硝酸盐被还原成亚硝酸盐，失去其健康作用，甚至在亚硝酸盐水平较高时，会带来安全风险。

果酱和果脯加工中需要加大量蔗糖长时间熬煮或浸渍，会大幅度增加碳水化合物含量，含糖量可达 50%～70%，同时造成维生素和生物活性成分的严重损失，并可能带来精制糖摄入过量的问题。为保持脆硬口感，还可能加入钙盐和钾盐，使产品中的钠、钾和钙含量上升。蜜饯类食物除了加糖还往往会加入食盐，在膳食中引入过多的钠。

此外，水果还可以制成果酒和果醋。它们部分提取了水果中有益健康的钾元素、有机酸、多酚类物质、活性多糖物质和风味物质等，其中果醋在发酵中降低了糖含量，增加了多种有机酸类物质。

特别关注：果蔬是否只能吃应季产品？

很多人听过“不时不食”“本地应季”的说法，认为果蔬只能吃应季产品、本地产品。但是，对于国家食物供应和营养平衡需求来说，完全吃应季产品和本地产品是难以做到的。

在北方地区，漫长的冬季气候寒冷，无法生产绝大多数新鲜果蔬产品。传统冬储菜数量不足、品种单一，营养素损失较大，而缺乏果蔬供应会造成多种营养素缺乏问题，并增加慢性疾病风险。

正因为有了温室大棚栽培，有了反季节蔬菜，才能改善冬春季节的果蔬供应。同时，因为有了完善的物流运输，南方地区的蔬菜和水果可以运到北方，才增加了北方的果蔬品种，促进了食物多样化。

也有很多果蔬只能在一年中的某个季节成熟，而且在常温下很快腐烂，无法周年供应。把一部分果蔬放在气调冷藏库中储藏，可以调剂不同季节的蔬菜供应数量，减小价格波动。同时，把部分果蔬做成各种加工品，也可以减少食物资源浪费。通过对储藏和加工技术进行研究改善，能够尽可能地保存果蔬的营养价值，而这正是食品人努力的方向。

10.4.3 烹调处理对果蔬成分的影响

大部分水果不经烹调直接食用，而大部分蔬菜需要在烹调之后食用，主要方法有炒、煮、焯烫和凉拌等。

适度的烹调加工在一定程度上对膳食营养平衡有利：烹调可钝化多种酶抑制剂和氧化酶；减少植酸、草酸等抗营养物质，减少亚硝酸盐和生物碱等不利成分的含量；通过软化细胞壁、促进细胞结构中的成分溶出、提供油脂等方式，促进胡萝卜素、番茄红素、维生素 K 等有益成分的生物利用效率；减少蔬菜的体积，增加蔬菜的摄食量；改善适口性，适应不同消化能力人群的需求；杀灭寄生虫卵和致病微生物，预防细菌和病毒引起的胃肠道疾病。

然而，若烹调处理不当，一方面可使蔬菜中水溶性维生素、矿物质和多种生理活性成分的损失增加，另一方面可能使蔬菜成为高钠、高脂肪、高能量的食物，营养素密度严重下降，其有利于预防多种慢性疾病的作用受到显著影响。

1. 烹调对不同营养素和健康相关成分的影响

在各种维生素中，维生素 C 和叶酸在烹调加工中更为敏感，而维生素 B_2、维生素 K 和类胡萝卜素的损失率相对较低。胡萝卜素不溶于水，性质较稳定，但光可促使其氧化破坏。在快炒或一般炖煮情况下，维生素 C 的损失率通常为 20%～50%。叶菜烫煮中的叶酸损失可达 50%以上，甚至菠菜泥的最大叶酸损失可达94%；但蒸制处理叶酸损失较小，短时间炒制时保存率也可达到70%以上。

有研究发现，十字花科蔬菜中的硫苷类物质并不会在烹调中完全损失。鲜菜烹调后的硫苷类物质保存率仍可达到60%以上。即便对速冻蔬菜进行烹调，最终菜肴中仍保留了相当于鲜蔬菜1/3左右的硫苷类物质（表10.8）。

表10.8 部分十字花科蔬菜烹调前后的硫苷类物质含量 （单位：mg/100g 可食部鲜重）

蔬菜名称	硫苷总含量	蔬菜名称	硫苷总含量
生圆白菜	108.9	生西兰花	61.1
熟圆白菜	78.6	熟西兰花	37.2
生紫甘蓝	66.9	速冻西兰花	50.7
熟紫甘蓝	54.8	烹熟速冻西兰花	20.7
生羽衣甘蓝	89.4	生花椰菜	62.0
熟羽衣甘蓝	69.1	熟花椰菜	42.0
生球茎甘蓝	109.3	速冻花椰菜	40.5
熟球茎甘蓝	73.4	烹熟速冻花椰菜	27.9

资料来源：McNaughton and Marks，2003

蔬菜的抗氧化能力在烹熟后仍有较好的保存。如熟菠菜的氧自由基吸收能力仍可达生菠菜的3/4左右。部分多酚类物质在烹调中的变化呈现先上升再下降的趋势。这是因为加热可钝化氧化酶，同时使部分与细胞结构结合的多酚类物质水解而释放出来。

蔬菜烹调中通常会引入盐和油。添加盐和咸味调味品会使钠含量大幅度增加，而烹调油的使用可能大幅度提高蔬菜类菜肴的脂肪含量和能量。有研究发现，能量值仅为71.1kJ（17kcal）的100g油麦菜，在加入大量油脂烹调之后，与其表面附着和内部吸收的油脂一起被食入之后，其能量值可上升到1673.6kJ（400kcal）以上。由于蔬菜的每日推荐食用量较大，故而蔬菜烹调尤应注意少油少盐。

2. 烹饪各环节的影响

蔬菜烹饪前的清洁过程会导致部分营养素流失，应尽可能保持在完整的状态下漂洗，切忌先切后洗，或长时间在水中浸泡，更忌先焯烫后挤水的加工方法，否则会使多种水溶性营养素严重损失。

在烹调加热前，食物切碎程度、切后放置时间和条件均影响营养素保存。切后久放可造成维生素的氧化和降解损失，应及时烹调。

烹调方式、用水量及pH、加热温度和时间、调味品的使用、烹调用具的性质等因素都可以影响维生素的保存率。焯烫是水溶性营养素损失的重要环节，维生素C、维生素B_1、维生素B_2、叶酸、钾元素等成分均易溶于水，随着焯烫时间的延长、烫菜水的增加，可溶性营养素的损失率上升。然而，焯烫也同时可以除去草酸、亚硝酸盐、生物碱等不利成分。故而，对于有涩味的高草酸蔬菜及有苦味生物碱的蔬菜，尽管会损失维生素C等成分，也应充分焯烫，去除抗营养物质。

对大部分蔬菜来说，蒸制和微波烹调是保存维生素C的较好方式。炒制时如果控制时间，也能得到较高的保存率。油炒后长时间炖煮可造成类胡萝卜素物质的较大损失。炒菜时加入少量淀粉，或加入少量醋，并缩短炒菜时间，可有效保护维生素C。先加盐会使细胞内的维生素C渗出，增加维生素C的受热损失，而起锅时加盐可减少损失。铁离子有催化氧化的作用，故和其他材质相比，铁锅长时间炖煮会增加维生素C的损失。

因此，合理烹调时可采用急火快炒、缩短加热时间、减少焯烫水量等措施。适于生食的蔬菜以凉拌生吃为好，或先在热水中短时热烫，然后调拌食用，这样既可破坏氧化酶活性、软化组织，又可卫生消毒、稳定色泽、改善风味，并最大限度地保护维生素 C。

10.5　蔬菜、水果与疾病预防

蔬菜、水果是人们日常生活中最重要食品之一，是膳食中维生素 C 和胡萝卜素的主要来源，也是钾和膳食纤维的重要来源，对调节体内酸碱平衡和促进肠蠕动等均有重要贡献。蔬菜、水果中还含有一些具有特殊功能的生物活性成分，对改善肠道菌群平衡和预防多种慢性疾病具有重要价值。我国居民蔬菜总量摄入不足，且深色蔬菜比例未达到推荐的 50%以上的水平；人均水果摄入量仍然较低，与合理膳食要求相比有较大差距。

10.5.1　蔬菜与疾病预防

1. 心脑血管疾病

增加蔬菜摄入量可降低心血管疾病（cardiovascular disease，CVD）的发病率和死亡风险。汇总多项研究的荟萃分析结果表明，每增加 80g/d 蔬菜摄入，心血管疾病的发病风险降低 13%，心血管疾病死亡风险降低 10%，脑卒中的死亡风险降低 13%，冠心病的死亡风险降低 16%。

2. 糖尿病

摄入深绿色叶菜和橙黄色蔬菜有利于降低糖尿病（diabetes mellitus）的发病风险，且剂量反应关系显著。绿色叶菜可使 2 型糖尿病的发病风险降低 13%，黄色蔬菜可使风险降低 38%。有研究指出，较高的蔬菜摄入量（马铃薯等淀粉类蔬菜不包括在内）可能有助于降低患糖尿病风险，其可能的机制是通过增加膳食纤维（不溶性膳食纤维及可溶性膳食纤维）摄入量，调节肠道菌群，减少脂质吸收率及降低 BMI 等。

果蔬中的多种成分对消化酶有一定抑制作用。在体外试验中，猕猴桃提取液对 α-葡萄糖苷酶和 α-淀粉酶的抑制率可达 60.2%和 66.4%，苹果为 29.4%和 10.8%。大部分蔬菜的消化酶抑制效应低于水果。

3. 肥胖

目前增加蔬菜的膳食干预对肥胖（obesity）作用的人群研究结论不一致，尚需进一步的研究来检验。但由于蔬菜体积大、膳食纤维丰富，有利于增加饱腹感、延缓胃排空、降低饥饿感，故减肥膳食中均需纳入大量蔬菜。有关膳食结构的研究显示，从长期角度来看，食用较多蔬菜的膳食模式可促进体重减轻，并防止体重增加。

4. 痛风

绝大多数蔬菜和大多数水果是低嘌呤食物。多摄入蔬菜可增加钾、镁和维生素 C 的供应，降低炎症反应，碱化尿液，促进尿酸从尿中排泄。即便是菌类等嘌呤含量较高的蔬菜，流行病学研究亦未发现其摄入量与痛风（gout）和高尿酸血症风险有关联。

5. 癌症

多项研究提示，蔬菜食用不足增加食管癌和结肠癌的危险。增加蔬菜摄入总量对食管鳞癌和食管腺癌均具有保护作用，且可降低结肠癌的发病风险，但与直肠癌的发病风险无关。另一项研究提示，增加蔬菜摄入总量与胃癌发病风险无关，但葱类蔬菜和十字花科蔬菜对胃癌具有预防保护作用。一项纳入 27 项前瞻性队列研究的荟萃分析（病例 1 万例）发现，蔬菜总摄入量最高组肺癌发病风险较最低组下降 8%，十字花科蔬菜摄入量最高组肺癌发病风险较最低组下降 13%，绿叶蔬菜摄入量最高组肺癌发病风险较最低组下降 15%。此外，增加十字花科蔬菜摄入量可降低乳腺癌的发病风险。

10.5.2 水果与疾病预防

流行病学研究证据表明，水果的摄入总量越大，则心血管疾病、肺癌、结直肠癌的发病风险越小。同时还有部分研究认为，水果的摄入量增加对骨密度有益。在日常正常摄入量范围之内，水果与肥胖和糖尿病风险无关。

1. 肥胖

虽然水果中含葡萄糖、果糖、蔗糖等糖类成分，但流行病学研究始终表明，摄入多数水果有利于预防肥胖。这方面的潜在作用可能与其能量密度相对较低、膳食纤维含量较高、抑制消化速度及增加饱腹感等因素有关。有研究发现，和很少摄入水果的人相比，摄入较多水果可减缓超重和肥胖成年人的体重增长，但在儿童中没有发现水果摄入量与体重有相关性。

2. 糖尿病

综合目前的研究结果，水果总摄入量与 2 型糖尿病发生之间并无明确的相关性，但有限的流行病学证据发现，温带水果如苹果、梨、桃、樱桃等血糖指数较低，对预防糖尿病更为有利，而热带水果如榴莲、杧果、山竹、荔枝等则相对不利。水果中虽然含有较高水平的糖，但同时也含多种抗糖尿病活性的生物活性化合物，包括多酚类化合物、活性多糖、维生素 C 等，可通过清除体内过量活性氧，减少机体氧化应激，降低糖尿病的发生风险。

3. 心脑血管疾病

增加水果的摄入量，可降低心脑血管疾病的发病率和死亡率。越来越多的流行病学研究表明，每日食用水果有益于降低心血管疾病的发病风险。此外，许多研究表明，葡萄、蓝莓、石榴、苹果、山楂和鳄梨等水果对血压有调节作用，对心血管有保护作用。水果可促进受伤后心脏和血管的形态和功能的恢复，可能机制包括保护血管内皮功能、调节代谢、调节血压、抑制血小板聚集、减轻缺血/再灌注损伤、抑制血栓形成、降低氧化应激和减轻炎症等。

4. 痛风

水果是膳食中钾的重要来源，对碱化尿液有所帮助。研究发现水果可以降低痛风发作风险，平均每天吃＞2 份水果的男性比每天吃＜0.5 块水果的男性风险低 50%。但另一方面，也有研究发现全果汁或富含果糖的水果（苹果和橙子），与痛风的高风险相关。水果中的维生素 C、黄酮类和多酚、矿物质和膳食纤维都是水果中的营养物质，有助于降低血尿酸、预防痛风发作，而嘌呤、果糖会升高血尿酸、增加痛风发作风险。

5. 癌症

水果摄入量与食管癌、胃癌、结直肠癌发病呈负相关，每增加 100g/d 水果的摄入，能降低 6% 的消化系统癌症风险。研究表明，大量食用柑橘类水果可降低患消化道和喉癌的风险，大量食用苹果和番茄可以预防多种形式的癌症，主要是消化道癌症。

本章热点问题：吃水果的方式与健康效益

很多人都有一个困惑：什么时候吃水果好？一些坊间说法认为，餐前餐后都不能吃水果，妨碍消化吸收，只能两餐之间吃；另一些说法则认为，早上适合吃水果，晚上不适合吃水果。这些说法给很多人食用水果带来了限制和障碍。然而，其中大部分说法实际上并没有可靠的研究证据来支持。

从摄入水果的时间来说，在餐前、餐中和两餐之间均可少量摄入水果，而餐后摄入水果可能不是最佳选择。由于水果中含有大量的单糖类物质，很容易被小肠吸收。但若吃饱饭后马上摄入水果，会因水果滞留在胃中不能及时被消化而发酵胀气，使胃感觉不舒服。

有研究文献发现，餐前 30min 摄入水果有利于餐后血糖控制，而餐后马上摄入同样数量的水果，则会导致餐后血糖过度上升。用餐时同时摄入适量水果则并未发现不良影响，而且由于新鲜水果有一定的抑制淀粉酶活性的作用，对餐后血糖的上升可能有延缓效果。健康成年人可以将水果纳入传统的三餐结构，用水果替代部分主食或作为凉菜，对能量平衡有良好的影响。

从摄入水果的形态来说，新鲜完整的水果是最理想的，果汁则在受限制的饮品之列。流行病学研究表明，在两餐之间摄入果汁可能增加体脂，并产生不利的代谢影响，无益于预防糖尿病和肥胖。但是，从补钾的角度来说，果汁仍然优于甜饮料。

被加工成各种制品的水果，如罐头、果酱、果脯等，其营养素会有不同程度的损失，尤其是维生素的损失较为严重，而且糖分含量会有不同程度的增加，一些膳食纤维也会被破坏。但果干浓缩了水果中的膳食纤维，以及钾、镁、铁等矿物质，并保留了部分抗氧化成分，仍是健康膳食的一部分。有研究表明，用水果干替代糖果、糕点等零食，有利于预防高血压和心脑血管疾病。

从摄入水果的数量来说，过多或过少都不能发挥其健康作用。《中国居民膳食指南（2022）》推荐每天吃水果，保证每天摄入 200～350g 新鲜水果，果汁不能代替鲜果。推荐优先选择新鲜应季的水果，并注意变换种类，以得到不同类型水果中的营养和保健成分，实现食物多样化。

本章深度思考

1.《中国居民膳食指南（2022）》中为什么更推荐食用深色蔬菜？

2. 为什么提倡每天食用新鲜的水果和蔬菜，而不能用果汁、果酱、果蔬罐头等来替代？

3. 水果和蔬菜的营养成分和保健作用具有哪些差异？为什么在营养食谱设计中，水果和蔬菜不能完全互相替代？

本章课程活动

1. 去超市蔬菜销售区，记录蔬菜的品种，并对其进行分类。哪些属于深绿色蔬菜？哪些属于橙黄色蔬菜？哪些属于蓝紫色蔬菜？哪些属于浅色蔬菜？十字花科蔬菜、豆类蔬菜和葱属蔬菜各有哪些？

2. 去超市水果销售区，记录水果的品种，并对其进行分类。哪些属于温带水果？哪些属于热带和亚热带水果？哪些水果可能是类胡萝卜素的来源？

3. 查阅《中国食物成分表标准版》和其他相关文献资料，了解各种水果的 GI 值。

4. 去超市找到至少 5 种有包装的蔬菜加工品，至少 5 种水果加工品。仔细阅读食品标签上的营养成分表。它们和新鲜蔬菜、水果的营养价值可能有哪些差异？

5. 与家人亲朋联系，记录他们最近一周的蔬菜、水果摄入情况：吃到了哪些蔬菜品种？数量有多少？吃蔬菜时用的是什么烹调方法？按所学知识给他们提出意见和建议。

6. 与家人亲朋联系，了解他们对吃水果的各种看法。这些说法是从哪里听到的？哪些正确？哪些不正确？按你所学知识对他们进行科普。

关键解读

本章参考文献

高婧昕，刘旭，丁皓玥，等. 2020. 超高压处理对复合果汁微生物和品质的影响. 中国食品学报，20（9）：118-130

郭慧媛，吴广枫，曹建康，等. 2020. 气调贮藏对不同种类蔬菜保鲜效果的影响. 农产品加工，（23）：10-13

郭慧媛，吴广枫，曹建康，等. 2021. 冰箱气调贮藏对水果的保鲜效果. 食品工业科技，42（2）：290-294，332

韩雪，韩爱云，吴荣荣. 2020. 食品营养学. 北京：北京师范大学出版社

韩悦，范志红，朱瑞欣. 2020. 蔬菜中硝酸盐对心血管健康的改善作用. 中国食物与营养，26（2）：85-89

黄建飞，刘小青，王晓雯，等. 2023. 不同烹饪方式和贮藏条件下蔬菜中亚硝酸盐含量的变化研究. 现代食品，29（3）：210-213

蒋伟，李白玉. 2023. 微生物法测定蔬菜中叶酸含量. 食品安全导刊，（13）：84-86

阚建全. 2021. 食品化学. 4版. 北京：中国农业大学出版社

阮少艺，周荣. 2006. 几种蔬菜果胶提取研究. 佛山科学技术学院院报（自然科学版），（4）：76-78

孙雅君，薛惠岚，张学杰，等. 2007. 胡萝卜肉质根发育期间果胶的组成与变化. 园艺学报，（3）：775-778

王周，张驰翔，蒲博，等. 2015. 45种蔬菜水果对α-葡萄糖苷酶和α-淀粉酶的抑制活性研究. 食品科技，40（3）：20-22

王凤丽，方芮，覃丽明，等. 2022. 烹饪方式对蔬菜营养、抗氧化能力及色泽影响的研究进展. 食品工业科技，43（2）：411-419

张文江，佟伟，王阳，等. 2022. 气调贮藏对灿烂蓝莓果实品质的影响. 中国果树，（3）：66-69

中国营养学会. 2016. 食物与健康——科学证据共识. 北京：人民卫生出版社

中国营养学会. 2022. 中国居民膳食指南（2022）. 北京：人民卫生出版社

中国营养学会. 2022. 中国居民膳食指南科学研究报告（2021）. 北京：人民卫生出版社

Alperet D J，Butler L M，Koh W P，et al. 2017. Influence of temperate，subtropical，and tropical fruit consumption on risk of type 2 diabetes in an Asian population. The American Journal of Clinical Nutrition，105（3）：736-745

Binns C，Low W Y. 2017. Vegetable stir fry and fruit salad：The super diet for health. Asia-Pacific Journal of Public Health，29（3）：168-170

Choi H K，Curhan G. 2008. Soft drinks，fructose consumption，and the risk of gout in men：prospective cohort study. BMJ，336（7639）：309-312

Guo G T，Xiao M，Ya L，et al. 2017. Effects of vegetables on cardiovascular diseases and related mechanisms.Nutrients，9（8）：857

Jiang Z，Chen H，Li M，et al. 2023. Associations between colorectal cancer risk and dietary intake of tomato，tomato products，and lycopene：evidence from a prospective study of 101，680 US adults. Frontiers in Oncology，13：1220270

Juraschek S P，Miller Ⅲ E R，Wu B，et al. 2021. A randomized pilot study of DASH patterned groceries on serum urate in individuals with goat. Nutrients，13（2）：538

Kamao M，Suhara Y，Tsugawa N，et al. 2007. Vitamin K contents of foods and dietary vitamin K intake of Japanese young women. Jounal on Nutritional Science and Vitaminology，53（6）：464-470

Lia L，Pegga R B，Eitenmiller R R. 2017. Selected nutrient analyses of fresh，fresh-stored，and frozen fruits and vegetables. Journal of Food Composition and Analysis，59（1）：8-17

Lu X, Lu J, Fan Z, et al. 2021. Both isocarbohydrate and hypercarbohydrate fruit preloads curbed postprandial glycemic excursion in healthy subjects. Nutrients，13（7）：2470

McNaughton S A，Marks G C. 2003. Development of a food composition database for the estimation of dietary intakes of glucosinolates，the biologically active constituents of cruciferous vegetables British Journal of Nutrition，90（3）：687-697

Nakagawa T，Lanaspa M A，Johnson R J. 2019. The effects of fruit consumption in patients with hyperuricaemia or gout. Rheumatology（Oxford），58（7）：1133-1141

Nita C. 2022. Diet and oral，pharyngeal，and esophageal cancer. Nutrition and Cancer，44（2）：104-126

Parkin D M，Boyd L. 2011. Cancers attributable to dietary factors in the UK in 2010. British Journal of Cancer，105（2）：19-23

Pokharel P，KyrØ C，Olsen A，et al. 2023. Vegetable，but not potato，intake is associated with a lower risk of type 2 diabetes in the danish diet，cancer and health cohort. American Diabetes Association，46（2）：286-296

Roberto F，Liliana M，Patrizia R，et al. 2016. Apple intake and cancer risk：a systematic review and meta-analysis of observational studies. Public Health Nutrition，19（14）：2603-2617

Santamaria P，Elia A，Serio F，et al. 1999. A survey of nitrate and oxalate content in fresh vegetables. J Sci Food Agric，79（13）：1882-1888

Sharma S P，Chung H J，Kim H J，et al. 2016. Paradoxical effects of fruit on obesity. Nutrients，8（10）：633

Sun C D，Liu Y L，Zhan G R，et al. 2021. Anti-diabetic effects of natural antioxidants from fruits.Trends in Food Science & Technology，117：3-14

Tetens I，Alinia S. 2009. The role of fruit consumption in the prevention of obesity. Journal of Horticultural Science & Biotechnology，84（6）：47-51

Turati F，Rossi M，Pelucchi C，et al. 2015. Fruit and vegetables and cancer risk：a review of southern European studies. British Journal of Nutrition，113：102-110

Williams P T. 2008. Effects of diet，physical activity and performance，and body weight on incident gout in ostensibly healthy，vigorously active men. American Journal of Clinical Nutrition，87（5）：1480-1487

Zhao C N, Men X, Li Y, et al. 2017. Fruits for prevention and treatment of cardiovascular diseases. Nutrients，9（6）：598

Zou F，Zhao X，Wang F. 2021. A review on the fruit components affecting uric acid level and their underlying mechanisms. Journal of Food Biochemistry，45（10）：13911

第11章　肉类和动物性水产品的营养价值

本章学习目标

本章课件

1. 熟悉肉类食物的营养素构成特点。
2. 熟悉动物性水产品的营养素构成特点。
3. 熟悉肉类食物加工烹调后的营养成分变化。
4. 了解肉类和动物性水产品与营养平衡和慢性疾病预防的关系。
5. 学会评价某一种（类）肉类和水产类的营养价值。

肉类（meat）包括畜禽类的肉、内脏及其制品；动物性水产品（fishery products）包括淡水和海水鱼、虾、甲壳类等。肉类和水产类是膳食中重要的动物性食物，是优质蛋白质、脂类、无机盐及维生素的主要来源。

11.1　肉类的营养价值

肉类包括畜肉和禽肉两类，其中畜类指猪、牛、羊等牲畜，禽类指鸡、鸭、鹅、鸽、鹌鹑等。因动物种类、品种、年龄、肥瘦、部位等不同，肉类中各营养素的分布可能有较大差异。一般来说，幼小动物的肉质较为细嫩，而较老动物的含氮浸出物更多；肥育动物的脂肪含量高，肉质柔软多汁，而散养动物的蛋白质含量高，肉质更为坚实。

肉类经过适当加工烹调后风味诱人，容易消化吸收，且饱腹作用强。

11.1.1　畜肉类的营养价值

畜肉是膳食中蛋白质、脂肪和B族维生素的重要来源，但其具体含量因动物品种、饲养方式、畜龄和部位差异较大。

11.1.1.1　蛋白质

畜肉食物的蛋白质质量占总质量的14%～20%，不仅氨基酸含量高，其必需氨基酸的组成和比例接近人体需要，氨基酸模式较好，生物价皆在80以上，属于优质蛋白质。除游离氨基酸和肽类外，肉类中还含有多种非蛋白质含氮物，如肌酸、肌醇、肉碱、核苷酸及其降解物等，它们是肉汤成分的重要组成部分。

肉类蛋白质大部分存在于肌肉组织中，包括肌浆蛋白质、肌原纤维蛋白质及间质蛋白质。但结缔组织中的间质蛋白质主要由胶原蛋白和弹性蛋白组成，其色氨酸、酪氨酸、甲硫氨酸的含量很少，必需氨基酸组成及比例与人体需要差异较大，蛋白质的生物学价值较低。

在畜肉中，牛肉的蛋白质含量较高，平均达19.9%；羊肉次之，平均为19%；猪肉的蛋白质含量较低，平均仅为 15%，瘦猪肉蛋白质含量最高可达 20.3%，而肥肉中的蛋白质含量仅为 2%～3%。在家畜内脏中，以肝脏含蛋白质较高，为 18%～20%；心脏、肾脏含蛋白质为 14%～17%。畜血血浆蛋白质的氨基酸平衡良好，赖氨酸和色氨酸含量较高，但血细胞中色氨酸等必需氨基酸含量较低。

11.1.1.2　脂肪

一般来说，畜肉的脂肪多聚于皮下、肠网膜、心肾周围结缔组织及肌肉间等，含量在 10%～36%，肥肉可达 80%以上。猪瘦肉的脂肪含量较牛羊肉高，老年动物肉的脂肪含量高于幼小动物。肥育动物肉的脂肪含量高于未肥育动物，如肥育良好的牛肉中脂肪含量可达 18%左右，而肥育不良的牛肉仅含脂肪 4%。在各部位中，腹胁肉脂肪含量高，而腱子肉、肋脊肉脂肪含量低(表 11.1)。内脏的脂肪含量较低，如猪肝脂肪含量仅为 3.5%左右，心脏、肾脏等脂肪含量在 5%以下。动物血液中的脂肪含量不足 0.5%，而骨髓中的脂肪含量在 90%以上。

表 11.1　荷斯坦犊牛和公牛不同部位的蛋白质含量*　（单位：g/100g）

食物名称	蛋白质含量	脂肪含量	食物名称	蛋白质含量	脂肪含量
犊牛肉（肩胛）	18.1	0.9	成牛肉（肩胛）	18.0	16.8
犊牛肉（肋脊）	18.6	0.9	成牛肉（肋脊）	19.5	12.6
犊牛肉（小排）	19.2	1.4	成牛肉（小排）	19.9	11.5
犊牛肉（后腿）	17.7	1.1	成牛肉（后腿）	23.2	1.6
犊牛肉（腱子）	17.6	0.7	成牛肉（腱子）	20.5	2.0
犊牛肉（腹胁）	18.8	1.9	成牛肉（腹胁）	19.0	25.6

*犊牛为出生 24h，成年公牛为 24 月龄

资料来源：徐海泉等，2017

畜肉中的脂肪含量在 10%～30%，主要成分为甘油三酯。其脂肪酸组成中多为硬脂酸、软脂酸、油酸及少量其他脂肪酸，以饱和脂肪酸为主，熔点较高。猪脂肪含有约 40%的饱和脂肪酸，通常在体温下呈液态，消化率可达 90%以上。牛和羊是反刍动物，其脂肪中饱和脂肪酸比例达 50%以上，熔点可达 40℃以上，在体温下仍不液化，因此较难消化。羊肉有明显的膻味，与其所含的辛酸、壬酸等中级饱和脂肪酸有关。畜肉中还含有少量的卵磷脂和游离脂肪酸。猪、牛、羊肉的脂肪和脂肪酸构成见表 11.2。

表 11.2　猪、牛、羊肉的主要脂肪酸含量比较　（单位：%总脂肪酸）

名称	饱和脂肪酸	单不饱和脂肪酸	多不饱和脂肪酸	棕榈酸（C16：0）	硬脂酸（C18：0）	棕榈烯酸（C16：1）	油酸（C18：1）
猪肉（后臀尖）	36.9	45.6	12.1	23.1	11.3	2.5	42.9
牛肉	51.8	43.1	5	26.4	19.7	4.1	36.9
羊肉	48.2	38.3	14.3	23.9	20.3	2.5	35.1

资料来源：杨月欣，2018

除脂肪外，畜肉也是胆固醇的重要食物来源，含量由高至低排序为脑、内脏、肥肉、瘦肉。胆固醇含量以脑中最高，为 200～300mg/100g。肥肉中的胆固醇含量比瘦肉高 2～3 倍，内脏比瘦肉高 4～5 倍。如瘦猪肉中含胆固醇 77mg/100g，肥猪肉为 107mg/100g，而猪肝为 368mg/100g。一般来说，和肌肉相比，心脏、肝脏、肾脏等内脏器官含脂肪少，而蛋白质和胆固醇含量较高。

11.1.1.3 矿物质

肉类中的矿物质含量为1%～2%，含磷、钾和铁较多，也是锌、锰、铜、硒等微量元素的重要膳食来源，且微量元素的生物利用率高。

肉类中的铁以血红素铁的形式存在，生物利用率高，吸收率不受食物中各种干扰物质的影响，吸收率可高达22%左右。颜色深红的肉类所含的血红素铁较颜色淡红的肉类更高。动物肝脏、心脏、肾脏、脾脏和动物血均为膳食铁的优质来源，其中以肝脏含铁量最高，如猪肝中含铁22.6mg/100g，是猪肾的3.7倍、猪脾的2倍。

肉类的钙含量普遍很低，即便排骨、棒骨等带骨肉，也不是膳食钙的有效来源。只有在加入大量醋烹调时，才能有效增加骨钙的溶出率。

11.1.1.4 维生素

畜肉是B族维生素的良好来源，包括维生素B_1、维生素B_2、维生素B_6、维生素B_{12}、烟酸、生物素、叶酸、泛酸、胆碱等。猪腿肉的维生素B_1、维生素B_2和烟酸含量分别为0.53mg/100g、0.24mg/100g和4.9mg/100g。不同家畜肉中的维生素B_2含量差异不大。牛肉中的叶酸含量较其他畜肉高。

肉类的脂肪中含有少量维生素A和维生素D，但并不是膳食中脂溶性维生素的重要来源。动物肝脏是身体中储藏多种维生素的脏器，其中含有人体所需的所有维生素，维生素A、维生素D和B族维生素的含量均较高，同时也含有少量维生素E和维生素C。羊肝中的维生素A含量高于猪肝。肾脏、心脏等内脏的B族维生素含量均较瘦肉高，其中肾脏也是维生素D的膳食来源。

11.1.2 禽肉类的营养价值

禽肉，被称为“白肉”，常指家养的鸡、鸭、鹅、鸽、鹌鹑、鸵鸟等的肌肉、内脏及制品。与被称为“红肉”的畜肉相比，禽肉在脂肪含量和质量方面具有优势。

11.1.2.1 蛋白质

去皮鸡肉和鹌鹑肉的蛋白质含量为20%左右，略高于畜肉类。鸭、鹅肉的蛋白质含量分别为15.5%和17.9%。鸡胸肉的蛋白质含量为19.4%，鸡翅约为17%。在禽类内脏中，胗的蛋白质含量较高，为18%～20%，肝脏和心脏含蛋白质13%～17%。禽肉类各部位的蛋白质含量略有差异，其蛋白质的氨基酸模式与人体的接近，生物价与猪肉和牛肉相当，是膳食优质蛋白质的重要来源。

11.1.2.2 脂肪

禽肉脂肪的熔点较低（33～44℃），易于消化吸收，其中不饱和脂肪酸的含量高于畜肉（表11.3）。例如，鸡肉脂肪中所含的亚油酸约占脂肪含量的20%，油酸含量超过30%，在室温下呈半固态，因而营养价值高于畜类脂肪。

表11.3 鸡、鸭、鹅肉的主要脂肪酸含量比较 （单位：%总脂肪酸）

名称	饱和脂肪酸	单不饱和脂肪酸	多不饱和脂肪酸	棕榈酸（C16∶0）	硬脂酸（C18∶0）	棕榈烯酸（C16∶1）	油酸（C18∶1）
鸡	34.6	41.3	24.9	24.8	7.2	4.7	36.5
鸭	30.2	50	19.5	21.7	6.2	5.3	44.7
鹅	29.3	54	16.4	22.6	6.1	4.1	49.9

资料来源：杨月欣，2018

禽类脂肪含量因品种、部位和肥育度的不同有很大差异。火鸡和鹌鹑的脂肪含量较低，在 3%以下；鸡和鸽子的脂肪含量接近，在 14%～17%；鸭和鹅等水禽类脂肪含量较高，达 19%左右。翅膀部分含有较多脂肪，可达 12%以上，而胸脯肉脂肪含量很低，通常仅有 3%～5%。乌骨鸡的脂肪含量显著低于普通肉鸡，而肥育禽类如肥育肉鸡、填鸭等的脂肪含量可达 30%～40%。家禽内脏以心脏的脂肪含量最高，为 9%～12%，肝脏、胗等内脏的脂肪含量较低。禽肉的胆固醇含量与畜肉相当或稍高。

11.1.2.3　矿物质

禽肉中铁、锌、硒等矿物质含量较高，但钙的含量不高。禽类肝脏中富含多种矿物质，且平均水平高于禽肉。肝脏和血液中铁的含量十分丰富，达 10～30mg/100g 或以上，为铁的最佳膳食来源。禽类的心脏和胗也富含矿物质（表 11.4）。

表 11.4　常见禽肉的主要营养素含量（以 100g 食物计）

食物名称	食部/%	蛋白质/（g/100g）	脂肪/（g/100g）	钙/（mg/100g）	铁/（mg/100g）	维生素 A/（μg RE/100g）	维生素 B_1/（mg/100g）	维生素 B_2/（mg/100g）
鸡（肉鸡，肥）	74	16.7	35.4	37	1.7	226	0.07	0.07
鸡（土鸡，家养）	58	21.6	4.5	9	2.1	64	0.09	0.08
鸭	68	15.5	19.7	6	2.2	52	0.08	0.22
鹅	63	17.9	19.9	4	3.8	42	0.07	0.23
鸡腿	69	16.4	13	6	1.5	44	0.02	0.14
鸡胸脯肉	100	19.4	5	3	0.6	16	0.07	0.13
鸡肫（鸡胗）	100	19.2	2.8	7	4.4	36	0.04	0.09
鸡肝	100	16.6	4.8	7	12	10414	0.33	1.1
鸭肝	100	14.5	7.5	18	23.1	1040	0.26	1.05
鹅肝	100	15.2	3.4	2	7.8	6100	0.27	0.25
鸭血（白鸭）	100	13.6	0.4	5	30.5	未检出	0.06	0.06
鸭肠	53	14.2	7.8	31	2.3	未检出	0.02	0.22

资料来源：杨月欣，2018

11.1.2.4　维生素

禽肉中维生素分布的特点与畜肉相同，B 族维生素含量丰富，特别富含烟酸。例如，鸡胸脯肉中含烟酸 10.8mg/100g。禽肉中脂溶性维生素含量低，但含有少量维生素 E，含量在 0.2～2.0mg/100g。

禽类肝脏富含各种维生素，且往往高于畜肉，是维生素 A、维生素 D、维生素 B_2 等的良好来源（表 11.4）。此外，禽类的心脏和胗也是 B 族维生素含量丰富的食物。

11.1.3　肉类加工品的营养价值

肉类加工品是以畜禽肉为原料，经加工而成的食品，包括腌腊制品、酱煮制品、熏烧烤制品、干制品、油炸制品、香肠、火腿和肉类罐头等。

腌腊肉类加工品的制作过程中水分减少，蛋白质、脂类、矿物质的含量因浓缩而升高，但因脂肪氧化，使不饱和脂肪酸发生部分损失。酱煮制品的部分脂肪因从细胞中析出进入汤汁而损失，饱和脂肪酸含量降低，B 族维生素也有损失，但游离脂肪酸的含量升高。制作熏烧烤制品时，含硫氨基酸、色氨酸和谷氨酸等因高温而分解，脂类物质也有部分流失和氧化。干制品中的脂类和 B 族维生素也有损失。部分油炸制品如油炸肉松因制作时添加脂类、糖和淀粉，故成品中脂肪和碳水化合物的含量增加；挂糊的油炸制品碳水化合物的含量增加，吸附油脂的能力增强，部分必需脂肪酸因热氧化聚合、环化、水解而损失。

香肠制品的营养特点因品种不同而各异。中式香肠含蛋白质20%，含脂类高达40%，成品中矿物质和维生素的含量与原料基本相同；西式香肠含蛋白质10%～15%，脂类20%～30%，成品中矿物质和维生素的含量略低于原料。中式火腿与原料比较，游离氨基酸和游离脂肪酸的含量上升；西式火腿的脂类和盐的含量均高于中式火腿。肉类罐头的加工过程使含硫氨基酸和B族维生素损失较大。

总之，各类肉类加工品仍是膳食蛋白质、铁、锌等营养素的良好来源，但同时可能存在钠含量高、脂肪含量高和B族维生素含量下降等问题。

11.2 动物性水产品的营养价值

动物性水产品是指在水域中捕捞、获取的动物性水产资源，如鱼类、软体类、甲壳类、海兽类等动物。常见的动物性水产品包括淡水产品和海水产品，其中淡水鱼和海水鱼的营养成分大致相同。鱼的肌纤维细短，间质蛋白质少，组织柔软细嫩，比畜肉、禽肉更容易消化和吸收。

软体动物类按其形态不同，可以分为双壳类软体动物和无壳类软体动物两大类。双壳类软体动物包括蛤类、牡蛎、贻贝、扇贝等；无壳类软体动物包括章鱼、乌贼等。

11.2.1 蛋白质

动物性水产品的蛋白质含量在15%～25%，按鲜重计算的含量和生物学价值均与肉类相当。由于其含水量和脂肪率略低于畜禽肉类，按干重计算的蛋白质含量高于肉类。

鱼类蛋白质含量平均为18%，其中鲨鱼和青鱼的蛋白质含量较高，在20%以上。除色氨酸含量偏低外，蛋白质所含的其他必需氨基酸数量和比值均接近人体需要，生物学价值可达到85～90。鱼皮和软骨中的含氮浸出物主要是胶原蛋白和黏蛋白，是鱼汤冷却后形成凝胶的主要物质。

软体动物蛋白质含量多数在15%左右，其中河蚬、蛏子等较低，为7%左右；河蟹、对虾、章鱼等较高，在17%以上。软体动物含有人体所需的必需氨基酸，其中酪氨酸和色氨酸的含量较高于牛肉和鱼肉。除蛋白质外，水产动物还含有较多的其他含氮化合物，主要有游离氨基酸、肽、胺类、季铵类化合物、嘌呤类和脲等。

水产动物的肉质一般都非常鲜美。鱼类和甲壳类的呈味物质主要是游离的氨基酸、核苷酸等；软体类动物含有丰富的甘氨酸。贝类的主要呈味成分为琥珀酸及其钠盐。琥珀酸在贝类中含量很高，如牡蛎为0.05%、螺为0.07%、干贝中达0.14%。此外在贝类肉（如海螺、毛蚶和杂色蛤）中还含有丰富的牛磺酸，含量为500～900mg/100g。

11.2.2 脂肪

动物性水产品的脂肪含量差异较大，为0.5%～11%，鱼类的平均脂肪含量约为5%。不同鱼种的脂肪含量有较大差异，如鳕鱼脂肪含量低于1%，而三文鱼、沙丁鱼、秋刀鱼等脂肪含量较高，河鳗脂肪含量可高达10.8%。

鱼体内的脂肪呈不均匀分布，主要存在于皮下和脏器周围，肌肉组织中含量较少。鱼体不同部位的脂肪含量也有所差异，背部和尾部脂肪含量较低，而胸腹部和裙边的脂肪含量较高。此外，鱼类中的脂肪含量和脂肪酸分布还受到鱼龄、季节、栖息环境、摄食状态等因素的影响。软体动物的脂类含量较低。部分水产品的蛋白质和脂肪含量见表 11.5。

表 11.5　每 100g 鱼、虾、蟹的蛋白质和脂类含量

食物名称	食部/%	能量/kcal	蛋白质/g	脂肪/g	胆固醇/g
草鱼（草包鱼）	58	113	16.6	5.2	86
大黄花鱼	66	97	17.7	2.5	86
带鱼（白带鱼，刀鱼）	76	127	17.7	4.9	76
青鱼（青皮鱼，青鳞鱼）	63	118	20.1	4.2	108
鳕鱼（明太鱼）	45	88	20.4	0.5	114
河虾	86	87	16.4	2.4	240
虾米	100	198	43.7	2.6	525
海蟹	55	95	13.8	2.3	125
河蟹	45	103	17.5	2.6	267

资料来源：杨月欣，2018

动物性水产品是膳食中 ω-3 脂肪酸的主要来源。鱼类脂肪中多不饱和脂肪酸占 60%以上，消化率高达 95%。海鱼脂肪中不饱和脂肪酸高达 70%～80%，其中 EPA 和 DHA 比例较高。大型洄游性鱼的眼窝脂肪中 DHA 含量高，占总脂肪酸的 30%～40%。DHA 主要由海水中的浮游生物和海藻类合成，经过食物链进入鱼体，并以三酰甘油的形式储存。

鱼类的胆固醇含量与畜肉、禽肉中的胆固醇含量相近或略低，100g 鱼肉中约含胆固醇 100mg。鱼子中胆固醇的含量是鱼肉中的 4～10 倍，100g 鱼子中胆固醇的含量可高达 400～1000mg。鱼脑、鱼卵中含有丰富的脑磷脂和卵磷脂。

软体动物类的脂肪含量较低，脂肪含量平均为 1%。甲壳类动物的脂肪含量通常低于鱼类，河蟹、河虾等在 2%左右，但其中也同样富含 ω-3 脂肪酸（表 11.6）。鱼类胆固醇含量通常在 50～70mg/100g，以虾子、鱼子、贝类、蟹黄含量较高，如黄花鱼的鱼子中胆固醇含量为 819mg/100g，其他品种的胆固醇含量略低于畜肉或与其相当。

表 11.6　鱼、虾、蟹的 ω-3 脂肪酸含量比较　　（单位：%总脂肪酸）

食物名称	EPA（C20∶5）	DHA（C22∶6）	食物名称	EPA（C20∶5）	DHA（C22∶6）
河鳗	2.6	6.2	鳙鱼（胖头鱼）	3.6	4.2
带鱼（白带鱼，刀鱼）	1.9	5.3	海鳗	3.7	8.3
大黄花鱼	2.7	5.1	小黄花鱼	4.3	11.2
沙丁鱼	6.7	9.9	沙钻鱼	9.9	25.4
鲐鱼	4.4	12.7	虾米	5.9	3.1
海蟹	1.9	3.7	鲍鱼	4.1	2.4
河蟹	1.9	未检出	牡蛎	10.4	3.8

资料来源：杨月欣，2018

11.2.3　矿物质

动物性水产品中的各种矿物质含量丰富，钙、硒等元素的含量明显高于畜肉，甲壳类食品是锌、铜等微量元素的最佳来源。贝类、虾和鱼罐头是钙的好来源。海鱼和海生虾贝类还是碘、铜、锰、锌等元素的优质来源。

鱼类矿物质含量为 1%～2%，其中硒和锌的含量丰富，钙、钠、氯、钾、镁等含量也较多。海水鱼的矿物质含量高于淡水鱼，尤其是碘、铜、锰、锌等元素。100g 海水鱼鱼肉中含碘高达 50～100μg，淡水鱼中含碘量为 5～40μg。鱼肉中的钙与蛋白质结合在一起，有利于消化和吸收，是钙的良好来源。鲐鱼、金枪鱼和沙丁鱼等红肉较多的鱼类，肌红蛋白含量丰富，铁含量较高。

软体动物矿物质含量多为 1.0%～1.5%，尤其是钙、钾、钠、铁、锌、硒、铜等，其中钙的含量在 150mg/100g 以上，河虾高达 325mg/100g。软体动物钾的含量约为 200mg/100g，其中墨鱼可达 400mg/100g。软体动物微量元素中以硒的含量最为丰富，如海虾、海蟹、牡蛎、贻贝、海参等，含量超过 50μg/100g，牡蛎中高达 86.6μg/100g。软体动物中鲍鱼、河蚌、田螺的铁含量较高，可达 19mg/100g；在河蚌中还含有丰富的锰，高达 59.6mg/100g。

然而，水产类往往具有富集重金属的特性，食肉鱼因处在食物链的顶端，也极易富集汞、锡等重金属，故而食用水产品应适量，特别是贝类和金枪鱼、鲨鱼等食肉鱼。

11.2.4 维生素

动物性水产品中的维生素 A、维生素 D、维生素 E 含量均高于畜肉，有的含有较高维生素 B_2，但维生素 B_1 含量较低。部分水产品中维生素和矿物质含量见表 11.7。

表 11.7 每 100g 鱼、虾、蟹的部分维生素和矿物质含量

食物名称	钙/mg	铁/mg	维生素 A /μgRE	维生素 B_1/mg	维生素 B_2/mg	维生素 E/mg
草鱼（白鲩、草包鱼）	38	0.8	11	0.04	0.11	2.03
大黄花鱼	53	0.7	10	0.03	0.1	1.13
带鱼（白带鱼、刀鱼）	28	1.2	29	0.02	0.06	0.82
青鱼（青皮鱼、青鳞鱼）	31	0.9	42	0.03	0.07	0.81
鳕鱼（明太鱼）	42	0.5	14	0.04	0.13	未检出
河虾	325	4	48	0.04	0.03	5.33
虾米	555	11	21	0.01	0.12	1.46
海蟹	208	1.6	30	0.01	0.1	2.99
河蟹	126	2.9	389	0.06	0.28	6.09

资料来源：杨月欣，2018

鱼肉含有少量的维生素 A 和维生素 D，但维生素 B_1 含量较低。鱼油和鱼肝油是补充维生素 A、维生素 D 的主要方式。多脂的海鱼肉含有一定数量的维生素 A 和维生素 D，也是维生素 E 的一般来源。例如，鲑鱼中有较高含量的维生素 E，并含有可以转变成维生素 A 的胡萝卜素。一些生鱼制品中含有硫胺素酶和催化维生素 B_1 降解的蛋白质，因此大量摄入可能造成维生素 B_1 缺乏。硫胺素酶经加热后可被破坏，加热后食用可避免这类问题的发生。

软体动物维生素含量与鱼类相似，但维生素 B_1 的含量普遍较低。在河蟹和河蚌中含有较多的维生素 A。在泥蚶、扇贝和贻贝中含有较多的维生素 E，其维生素 B_1 含量与鱼类接近。

11.3 肉类和动物性水产品与疾病预防

肉类和动物性水产品是膳食中蛋白质和多种微量营养素的重要来源，但过量摄入这些鲜美食物与部分疾病发生之间的关系也一直受到人们的高度重视。

11.3.1 肉类与疾病预防

人体对肉类蛋白质的消化、吸收和利用程度较高。一方面，人体储存蛋白质的能力较低，如没有运动增肌需求，则过多摄入的蛋白质将通过脱氨过程变成能量，产生含氮废物，加重肝肾负担。另一方面，过多的动物性蛋白质会造成含硫氨基酸摄入过多，加速骨骼中钙质的丢失，增加骨质疏松风险。美味的肉类食材往往同时也含有较多的脂肪和胆固醇。流行病学研究表明，过多摄入含脂肪和胆固醇高的肉类食物，特别是红肉类食物，可能增加肥胖、心血管疾病、肠癌等的风险。因此，肉类食品应适量摄入，兼顾营养供应和疾病预防的平衡。

畜禽肉蛋白质含有较多的赖氨酸，宜与谷类食物搭配食用，以发挥蛋白质的互补作用。同时，为了提高蛋白质的利用效率，应注意将畜禽肉分散到每餐膳食中，不建议集中食用。中老年人及心血管疾病患者宜优先选用禽肉，同时注意选择脂肪和胆固醇含量较低的肉类食物。

肝脏是蛋白质、多种维生素和微量元素的极佳来源，但大量食用动物肝脏有可能会引起中毒。动物肝脏中毒的发病机制还不够清楚，一般认为主要是维生素 A 急性中毒，因其临床表现与维生素 A 中毒相似。因此，对正常畜禽肝脏以外的其他动物肝脏应慎食。

11.3.2　动物性水产品与疾病预防

大量研究的证据表明，增加鱼类摄入可降低心血管疾病率的发病率和死亡风险。鱼类摄入量每增加 20g，心衰发病危险度降低 6%。部分研究显示，增加鱼类摄入可能降低脑梗死的发病风险。鱼类摄入对心血管疾病的健康效应机制主要与鱼肉中富含 ω-3 多不饱和脂肪酸有关。它们可通过降低炎症反应、调节极低密度脂蛋白和乳糜微粒代谢等途径改善心血管疾病。ω-3 多不饱和脂肪酸摄入与冠心病或心源性死亡风险呈非线性剂量-反应关系，每天摄入 250mg DHA 和 EPA 可使冠心病死亡风险降低 36%；剂量继续增加，死亡风险几乎不再下降。

部分研究提示，鱼类中的 ω-3 脂肪酸可能有利于降低老年性痴呆及认知障碍/儿童过敏性疾病（如过敏性湿疹、过敏性鼻炎、过敏性哮喘等）的发病风险。还有研究提示，摄入鱼类可能减轻抑郁情绪，降低抑郁症的发病风险等，但目前的研究证据尚不充分。

增加鱼类摄入在带来健康益处的同时，也增加了污染物的暴露风险。水体中的环境污染物（如铅、镉、汞等重金属元素，二噁英等有机污染物）可通过水生食物链积累和生物放大作用在鱼体内富集达到较高浓度。鱼类中的主要化学污染成分甲基汞和二噁英因其可能引起心血管系统疾病和具有神经毒性而日益引起人们的关注。水体中的汞在微生物作用下可转变为甲基汞，甲基汞极易被鱼体吸收并可在体内蓄积，鱼的营养级越高、鱼龄越大，甲基汞的含量也越高。同时，部分水产品也是敏感人群的潜在过敏原。

此外，流行病学研究证实，水产动物食品的摄入量与高尿酸血症和痛风发病风险有正相关性。尿酸代谢障碍人群应避免摄入过多水产品。

11.4　肉类和动物性水产品加工烹调与营养健康

肉类和动物性水产品需要烹调之后食用，而且常被制作成加工食品食用，如罐头、肉肠、火腿、干制品和腌制品等。

11.4.1　肉类和动物性水产品加工与营养健康

肉类和动物性水产品的加工过程主要造成水溶性维生素损失，蛋白质和矿物质的损失不大。脂肪含量可能因处理方式而有较大的变化。

在动物性食品的腌制加工中，亚硝酸盐的使用会带来微量的亚硝胺类致癌物；添加肥肉粒或肥肉糜可使产品的脂肪含量上升；腌制和调味过程会增加产品含盐量。然而腌制使肌肉中的蛋白质溶出，改善了产品的持水能力，对蛋白质的生物学价值没有影响。

肉类和动物性水产品罐藏加工时，B 族维生素均有明显损失，如牛肉中维生素 B_1 损失率高达 81%。长时间受热过程会引起羰基化合物与氨基酸发生交联作用，使一些必需氨基酸的利用率降低，导致蛋白质生物价下降。靠近罐头表面的部分受热时间较长，使其维生素 B_1 损失比中心部分大。罐头肉制品长期储藏也可能继续发生某些营养素的损失，如赖氨酸、胱氨酸和甲硫氨酸等氨基酸的降低及 B 族维生素含量的下降。

传统的干燥方法使肉类和鱼类表层的必需脂肪酸受到氧化，并可能受到微生物的作用使蛋白质分解。这也是肉干和鱼干产生特殊风味的原因之一。肉类和鱼类食品的储藏应在−18℃以下，而且时间不可过长。时间长或温度不够则会导致蛋白质的分解、脂肪的氧化、B 族维生素的损失等，尤其是脂肪氧化问题较严重。罐藏鱼肉制品在常温（20℃）下储藏 2 年后，其蛋白质损失不大，B 族维生素损失约为 50%；但如果在 0～4℃存放，B 族维生素损失在 10%以下。因此，罐头食品应尽可能放在低温环境下储藏。

流行病学研究表明，加工肉制品摄入量增加时，会引起心脑血管疾病和肠癌等疾病的风险增加；油炸鱼类产品并没有降低心脑血管疾病风险的健康效果。故而，从疾病预防角度来说，肉类和水产品均应以新鲜产品为主，加工产品只可少量摄入。

11.4.2 肉类和动物性水产品烹调与营养健康

肉类和动物性水产品烹调加工以加热为主。适度的加热可杀灭致病微生物和寄生虫，并提升蛋白质的消化利用率。一般加工温度的加热对蛋白质的影响不大，但温度高于 200℃时蛋白质会发生交联、脱硫、脱氨基等变化，使生物学价值降低。温度过高时蛋白质会焦糊，产生有毒物质，并失去营养价值。

肉类和动物性水产品蒸煮过程中，长时间的热处理会引起 B 族维生素和无机盐浸入汤汁中，造成微量营养素损失。油炸、油煎等烹调方法会造成鱼类中 DHA 等 ω-3 多不饱和脂肪酸的较多损失，而清蒸、烤箱烤、压力锅炖等方式损失较小。带骨肉罐头和鱼罐头由于长时间的加热使骨头酥软，其中的矿物质溶入汤汁中，在一定程度上增加了钙、磷、锌等元素的生物利用率。

多项流行病学研究确认，加工肉制品与心脑血管疾病和癌症风险之间存在关联。也有研究发现，肉类食物促进肠癌的作用可能与烹调方法有关，炖煮和烤箱烤制的肉类较为安全，而明火烧烤方式则不利于癌症预防。还有研究发现，肉类食物的烹调温度与促进糖尿病风险的作用之间存在关联。加热温度高、肉色的褐色程度越深，其摄入量与糖尿病风险之间的联系越大。

本章热点问题：肉类消费与碳排放

2019 年，环保组织“野生救援”（WildAid）曾向中国人发出呼吁：少吃猪肉，保护地球。理由是，中国消耗的肉食比其他国家都多，其中猪肉消费量占据全球猪肉消费总量的一半。

世界上消费的肉类按数量高低依次为猪肉、禽肉、牛肉、羊肉和其他肉类（鸭肉、鱼类、马肉等）。猪肉只是肉类食品的一部分，其生产总量尚不及其他肉类总和的一半。尽管 FAO 曾指出，粮食生产与气候生态保持着高度的因果联系，但是，至少 FAO 目前还没有提出限制猪肉消费量的建议。

说动物养殖及肉类消费与气候变化有关是有道理的，但地球上的气候环境问题不应该只是一个国家的责任。从大数据来看，人均肉类消费量多年位居前列的国家，应当对温室气体排放的增加负更多的责任。根据 FAO 的数据，世界上人均年消费肉类最高的前 3 个国家是新西兰（126.9kg）、澳大利亚（121.2kg）、美国（117.6kg）。发达国家应当首先改变百年以来吃肉过多的饮食习惯，而不是要求发展中国家居民先承诺不吃肉、少吃肉。

减少肉类消费能降低多少碳排放？数据可能颠覆你的认知。

畜牧业的温室气体排放量中，养牛业占了温室气体排放总量的 65%，是养殖业最大的温室气体来源。FAO 的计算表明，牛肉生产在各方面的资源消耗都是第一位。牛肉生产占地是猪肉、鸡肉生产占地的 29 倍，同时比猪肉、鸡肉生产多耗水 11 倍。每千克牛肉、羊肉、猪肉和鸡肉的等效碳排放，分别是 26.61kg、25.58kg、5.77kg 和 3.65kg。总体衡量，生产同等数量的牛肉，比生产猪肉要多排放 11～15 倍的温室气体。生产 1kg 牛肉相当于排放 36.4kg 二氧化碳，但生产 1kg 猪肉可排放 3.3kg 二氧化碳（按牛与猪最小的 11 倍计）。由此可以看出，吃鸡肉是最环保的，其次是猪肉，而吃牛肉对环境造成的影响（碳排放），分别是鸡的 7.3 倍，猪的 4.6 倍。羊肉略低于牛肉，但两者非常接近。

中国年人均摄入牛肉和羊肉总量约 7kg，未达到世界的平均水平（8.1kg），更远远低于美国（26.3kg）和澳大利亚（29.7kg）。因吃肉而造成的人均等效碳排放量，美国人为 1011kg，澳大利亚人为 1065kg，中国人仅为 401kg。换言之，一个美国人或澳大利亚人吃掉的肉，按碳排放来算，可以满足 2.5 个中国人的吃肉需求。

在科学事实的基础上，全人类需要达成一个共识——要一起应对气候变化的危机，不仅需要改变中国居民的饮食和行为习惯，更要改变美国和其他发达国家居民的饮食和行为习惯。按照中国居民膳食指南的推荐数量来吃肉，既能满足营养需求，也能尽量减少给环境带来的负担。

本章深度思考

1. 从肉类食物的营养素特点来说，其在膳食中有什么样的营养意义？如果想得到肉类的蛋白质，又希望减少脂肪摄入量，有哪些解决方法？

2. 动物性水产品和肉类食物相比，在营养素构成方面有何异同？为什么吃肉不能完全替代吃鱼？

3. 在高温烹调和加工过程中，肉类和动物性水产品的营养成分可能发生哪些变化？其中哪些物质可能带来安全风险？

本章课程活动

1. 查看超市的肉制品货架，加工肉制品有哪些主要类型？除了肉类原料，它们的配料表中有哪些原料是共同的？加这些配料对营养价值有何影响？

2. 在加工肉制品中，选出 10 种产品，细看其营养成分表。和相应的生鲜肉相比，它们的蛋白质和脂肪含量有什么不同？钠含量有什么差异？

3. 在超市里找到 5 种不同类型的动物性水产品加工制品，查看它们的配料表和营养成分表。哪些产品仍能够起到补充 ω-3 脂肪酸的作用？哪些已经不能了？

4. 在餐馆中翻看菜谱，找到 5 种肉类菜肴，评价这些菜肴的烹调处理对肉类营养价值可能有何影响。

关键解读

本章参考文献

陈俏纯，何志勇，秦昉，等. 2019. 肉制品加工过程风味和伴生危害物的生成及关联规律. 食品安全质量检测学报，10（15）：4848-4855

李楠楠，范志红. 2011. 烹调加工对鱼类营养价值的影响. 中国食物与营养，17（2），82-85

李楠楠，范志红. 2012. 不同烹调方法对鱼营养价值及感官评价的影响. 食品科学，33（5）：93-97

柳旻. 2020. 基于空间效应的居民消费完全碳排放测算及影响因素研究. 大连：东北财经大学

邱雅，曹丰. 2018. ω-3 多不饱和脂肪酸对心血管的保护作用及其分子机制研究. 心脏杂志，30（5）：580-583，617

王欢，乔娟. 2019. 中国畜牧业温室气体排放的脱钩与预测分析. 中国生态农业学报（中英文），27（5）：793-802

王月. 2019. 中国膳食碳排放及其与国外的比较研究. 沈阳：中国医科大学

徐海泉，曲峻岭，李京虎，等. 2017. 荷斯坦公犊牛与成年公牛不同部位牛肉营养成分检测. 肉类研究，31（4）：6-9

杨月欣. 2018. 中国食物成分表标准版（第 6 版　第一册）. 北京：北京大学医学出版社

赵银娇，姚柳，张栩，等. 2020. Omega-3 多不饱和脂肪酸代谢产物的动脉粥样硬化拮抗机制. 中国动脉硬化杂志，28（6）：461-467

Abete I，Romaguera D，Vieira A R，et al. 2014. Association between total，processed，red and white meat consumption and all-cause, CVD and IHD mortality：a meta-analysis of cohort studies. Brtish Journal of Nutrition，112（5）：762-775

Kakkoura M G，Du H，Key T J，et al. 2021. Associations of red meat，poultry，fish and egg intake with risk of cardiovascular disease：an 11-year prospective study of the China kadoorie biobank. European Heart Journal，42（1）：2438

Kołodziej L，Czarny P C，Ziółkowska S，et al. 2023. How fish consumption prevents the development of major depressive disorder? A comprehensive review of the interplay between n-3 PUFAs，LTP and BDNF. Progress in Lipid Research，92：101254

Liu G, Zong G, Hu F B, et al. 2017. Cooking methods for red meats and risk of type 2 diabetes：A prospective study of U.S. women. Diabetes Care，40（8）：1041

Miyata J，Arita M. 2015. Role of omega-3 fatty acids and their metabolites in asthma and allergic diseases. Allergology International，64（1）：27-34

Ruethers T，Taki A C，Johnston E B，et al. 2018. Seafood allergy：A comprehensive review of fish and shellfish allergens. Molecular Immunology，100（8）：28-57

Zhang B，Xiong K，Cai J，et al. 2020. Fish consumption and coronary heart disease：A meta-analysis. Nutrients，12（8）：2278

第 12 章　乳类和蛋类的营养价值

本章学习目标

1. 掌握乳类食品的营养素含量特点。
2. 熟悉乳类加工对营养价值的影响。
3. 了解乳类食物对健康的影响。
4. 掌握蛋类食物的营养素含量特点。
5. 了解蛋类食物对健康的影响。

本章课件

乳类是指动物的乳汁及以乳汁为主要原料制成的产品。乳类是一种营养成分齐全、容易消化吸收的较好的天然食品。在乳类原料中，产量最大的是乳牛的乳汁。此外，水牛乳、黄牛乳、牦牛乳、绵羊乳、山羊乳、驴乳、骆驼乳、马乳等也在部分地区具有食用传统。

12.1　乳类的营养价值

不同哺乳动物乳的主要营养素含量见表 12.1。在各种成分之中，以乳糖和矿物质的含量较为恒定，其他成分受到动物品种、哺乳期、饲料和环境等因素影响而有所波动。在各种乳汁成分中，乳脂肪变动幅度最大，蛋白质次之。市售鲜乳的脂肪和蛋白质含量是固定的，具体含量在产品营养成分表上标注，可能与原料有所差异。

表 12.1　每 100g 不同哺乳动物乳的主要营养素含量　　（单位：g）

组分	牛乳	水牛乳	绵羊乳	山羊乳	骆驼乳	人乳
水分	87.78	83.81	82.95	87.30	84.81	88.66
蛋白质	3.24	4.18	5.25	3.02	4.09	1.97
脂肪	3.60	6.75	5.95	4.15	5.32	2.80
乳糖	4.65	4.45	4.91	4.21	4.95	6.30
矿物质	0.76	0.81	0.94	0.74	0.81	0.27

资料来源：李龙柱等，2012

乳类经浓缩、发酵等工艺可制成乳制品，如乳粉、酸乳、炼乳等。一些乳制品加工时除去部分水分，故其营养素含量得到浓缩；但加工也可能降低某些成分含量，如脂肪和乳糖。

12.1.1　天然乳的营养价值

人类食用的乳类食品以乳牛的乳汁占绝对优势，因而在论述乳的营养价值时以牛乳为代表。

鲜牛乳为乳白色或微黄的多级分散体系的乳胶体，其中水分约占 87%，其余为乳糖、水溶性盐类、维生素、乳白蛋白、乳球蛋白、酪蛋白钙-磷酸复合体胶粒及细小的脂肪微粒。乳类味道温和，稍有甜味，其特有的乳香味来自一些低分子化合物，如丙酮、乙醛、二甲硫、短链脂肪酸和内酯类物质。

正常鲜乳的比重为1.028～1.032，比重大小与乳中固体物质含量多少有关。除脂肪外，各种成分含量的变动范围基本上是较稳定的。如果脂肪含量已知，测定比重后可计算出非脂固体物质的近似值，故比重与脂肪含量可作为评定鲜乳质量的指标。

母牛分娩后一周内的牛乳称为初乳，其成分与常乳有较大差异。初乳为淡黄色，含有较高维生素A和胡萝卜素，酸度较高（45～50°T），含有大量的溶菌酶和免疫球蛋白，可以抑制或杀灭多种病菌。乳牛患病时，其泌乳量下降，牛乳成分也发生改变。

1. 蛋白质

牛乳的蛋白质含量为3.0%～3.5%。羊乳的蛋白质含量为3.5%～3.8%。羊乳蛋白质中酪蛋白含量略低于牛乳，其中所含的αs2-酪蛋白在胃中所形成的凝乳块较小而细软，更容易消化。水牛乳的蛋白质含量明显高于普通牛乳，为4.6%。驴乳的蛋白质含量最低，不足2%。

牛乳蛋白质的消化吸收率可达87%～89%，其生物学价值为85，必需氨基酸含量和组成与鸡蛋近似。乳蛋白质中以酪蛋白最多，占79.6%，其次为乳清蛋白（11.5%）和乳球蛋白（3.3%），还有少量血清蛋白、免疫球蛋白等。此外，牛乳含氮物的5%为非蛋白氮。

在正常乳的酸度（16～18°T）下，酪蛋白与钙、磷等结合，以胶体状态存在于乳中，在酸度增加时可形成凝冻或沉淀。由于牛乳的蛋白质含量高于人乳2倍多，且其中酪蛋白与乳清蛋白的构成比（80：20）与人乳恰好相反，故不适合婴幼儿的消化吸收。不同哺乳动物乳中的酪蛋白和主要乳清蛋白含量见表12.2。

表12.2　不同哺乳动物乳中的酪蛋白和主要乳清蛋白含量

组分	蛋白质含量/（g/100mL）		不同酪蛋白类型/（g/100g酪蛋白）				每100g不同乳清蛋白类型/（g/100mL）		
	总酪蛋白	乳清蛋白	αs1-酪蛋白	αs2-酪蛋白	β-酪蛋白	κ-酪蛋白	α-乳白蛋白	β-乳球蛋白	血清白蛋白
牛乳	2.7	0.6	38	12	36	14	0.11	0.4	0.04
水牛乳	2.05	0.65	40	9	35	12	0.12	0.32	0.03
绵羊乳	4.41	1	52	5	32	11	0.038	0.153	0.022
山羊乳	2.11	0.6	5.6	19.2	54.8	20.4	0.11	0.28	0.11
骆驼乳	3.01	0.83	14	12	70	4	0.29	0.31	0.045
人乳	0.4	0.7	—	—	65	7	0.3	—	—

注：—代表无数据

资料来源：李龙柱等，2012

2. 脂类

牛乳的脂肪含量多在2.8%～4.0%，以微脂肪球的形式分散于牛乳中。每毫升牛乳中有脂肪球20亿～40亿个，平均直径为3μm。羊乳中的脂肪球大小仅为牛乳脂肪球的1/3，而且大小均一，更易消化吸收。水牛乳脂肪含量在各种乳类中最高，为9.5～12.5mg/100mL。

牛乳中的脂类主要由甘油三酯组成，已被分离出来的脂肪酸达400种之多，其中脂肪酸占95%以上，还有少量的甘油单酯和二酯、磷脂、鞘脂、固醇类，以及角鲨烯、类胡萝卜素和脂溶性维生素等。随饲料的不同、季节的变化，乳中脂类成分略有变化。不同哺乳动物乳中的脂肪酸组成见表12.3。此外，牛乳中含有少量的磷脂和胆固醇。乳中磷脂含量为20～50mg/100mL，胆固醇含量约为13mg/100mL。

表 12.3　不同哺乳动物乳中脂肪酸组成　（单位：%）

脂肪酸类型	牛乳	水牛乳	绵羊乳	山羊乳	骆驼乳	人乳
饱和脂肪酸	55.15	45.22	50.31	56.33	33.48	41.05
不饱和脂肪酸	40.76	57.78	49.69	40.23	65.02	58.17

资料来源：李龙柱等，2012

3. 碳水化合物

乳糖是天然乳中最主要的碳水化合物，含量在 3.4%～7.4%，以人乳和驴乳含量较高。牛乳中的乳糖平均含量约为 4.6%，占乳中碳水化合物的 99.8%。羊乳中的乳糖含量与牛乳基本一致。不同哺乳动物乳中的乳糖含量见表 12.4。乳糖可促进钙、铁、锌等矿物质的吸收，促进肠道运动，促进肠细菌合成 B 族维生素，也为婴儿肠道内双歧杆菌的生长所必需，可促进肠道乳酸菌的繁殖进而抑制腐败菌的繁殖，对于幼小动物的生长发育具有特殊意义。

表 12.4　不同哺乳动物乳中的乳糖含量　（单位：%）

乳样	乳糖	乳样	乳糖
牛乳	4.65	山羊乳	4.21
水牛乳	4.45	骆驼乳	4.95
绵羊乳	4.91	人乳	6.3

资料来源：刘朋龙和陆东林，2020

特别关注：乳糖不耐受

乳糖酶可将乳糖分解为葡萄糖和半乳糖而被人体利用。在动物刚出生时，消化道中的乳糖酶含量很高。如断乳后长期未饮用乳类，随着年龄增长，消化道内乳糖酶活性降低，不能使乳糖充分分解吸收，饮用牛乳后发生肠道产气、腹胀、腹痛、腹泻等症状，称为乳糖不耐受症（lactose intolerance）。在空腹饮用乳类时，这种现象更易出现。

乳糖不耐受不意味着不能食用乳类食物。一方面，可以选择乳糖酶处理后的无乳糖或低乳糖乳类产品，以及经过发酵制成的酸乳、乳酪等产品；另一方面，可以将乳类混合在谷物原料中，制成含乳的面食、点心等食物来食用。

4. 矿物质

乳为人体内矿物质的丰富来源，主要有钙、磷、钾、镁、钠、硫等。乳中大部分矿物质与有机酸结合形成盐类，少部分与蛋白质结合或吸附在脂肪球膜上，易被消化吸收。乳中的矿物质含量因品种、饲料、泌乳期等因素而有所不同，初乳比常乳中含量更高。

动物乳是膳食钙的良好来源。一方面是乳中钙含量丰富，牛乳中的钙 80%以酪蛋白酸钙复合物的胶体形式存在，生物利用率较高；另一方面牛乳中的钙、磷含量高且比例合适，并有维生素 D、乳糖、必需氨基酸等促进吸收因子，钙吸收利用效率高。

牛乳中的钾、镁元素含量也较丰富，使其有利于控制血压，并成为动物性食品中唯一的成碱性食品。但乳中铁、锌、铜等微量元素含量较低，特别是铁的含量仅为 3mg/L，吸收率也低。

特别关注：乳类与铁的吸收利用

乳类不是铁的良好来源，而且因为含有大量钙元素，在与富含铁的食物共同食用时，会干扰铁元素的吸收利用。不过这并不意味着贫血者不能食用乳制品。对正在服用铁剂或含铁营养强化食物的贫血者来说，应注意在不喝牛乳的餐次服用补铁药品或食品，这样即可避免钙影响铁吸收的问题。幼儿除了摄入乳类之外，还应及时添加富含铁的动物性食物。

羊乳中的矿物质含量比牛乳略高，达0.85%，其中钙、磷含量丰富，也是天然补钙品。其中铁含量与牛乳相当，钴含量比牛乳高6倍。不同哺乳动物乳中主要矿物质含量见表12.5。

表12.5 不同哺乳动物乳中主要矿物质和维生素含量（每100g中的含量）

矿物质	牛乳	水牛乳	绵羊乳	羊乳	骆驼乳	人乳
钙/mg	119	125	193	134	129.4	33
磷/mg	93	101	158	121	87.3	43
钾/mg	152	145	136	181	144.5	55
钠/mg	49	38	44	41	56.3	15
锌/mg	0.38	0.003	0.57	0.56	0.86	0.38
铁/mg	0.05	0.079	0.08	0.07	0.09	0.2
维生素A/IU	126	135	146	185	150	190
维生素D/IU	2.00	1.80	2.50	2.30	2.40	1.40
叶酸/mg	5.00	2.00	0.50	1.00	0.40	5.5
维生素C/mg	0.94	2.10	2.30	1.29	3.43	5.00

资料来源：李龙柱等，2012

5. 维生素

乳含有几乎所有种类的维生素，包括维生素A、维生素D、维生素E、维生素K、8种B族维生素等，其中以维生素A含量较高，而维生素C含量较低。牛乳中的烟酸含量不高，但由于牛乳蛋白质中的色氨酸含量高，可以帮助人体合成烟酸。不同哺乳动物乳中维生素含量见表12.5。

脂溶性维生素存在于牛乳的脂肪部分中，而水溶性维生素存在于水相。牛乳含维生素B_2较多，乳清所呈现的淡黄绿色便是维生素B_2的颜色。因日光可使维生素B_2分解，乳类需要避光存放。维生素的具体含量受动物种类、泌乳期、饲养方式、饲料内容、加工和储存方式的影响而差异较大。在有较多青饲料的放牧期，乳中维生素A、胡萝卜素和维生素C的含量较冬春季有明显增长，维生素D的含量也较冬季为高。

乳类也是良好的食品强化基质，如强化维生素A和维生素D的乳类是这两种维生素最方便的膳食来源之一。脱脂乳的脂溶性维生素含量显著下降，尤其需要进行维生素A和维生素D的营养强化。

12.1.2 乳制品的营养价值

乳制品（dairy products）的产品形态多种多样，按照我国食品工业标准体系，可划分为液体乳制品、乳粉、乳脂、炼乳、干酪、冰淇淋和其他乳制品等6个大类。其中液体乳制品又包括了非发酵液体乳制品和发酵液体乳制品。

1. 非发酵液体乳制品

非发酵液体乳制品可分为巴氏杀菌乳（pasteurized milk）、灭菌乳（sterilized milk）（纯牛乳）和调制乳（modified milk）3类。

牛乳挤出后，经过巴氏杀菌制成可直接饮用的产品，俗称为巴氏乳或鲜乳。它基本保持了鲜牛乳的口感和风味。根据工艺不同，其可分为低温巴氏杀菌和高温巴氏杀菌。前者杀菌温度在100℃以下，通常在72～85℃，只能短期（2～15d）冷藏存放。巴氏杀菌乳中包括了全脂、部分脱脂和脱脂产品，脱脂产品的脂肪含量应低于0.5%。目前市场上还有过滤除菌的产品，进一步降低了加工温度。

灭菌乳包括超高温灭菌乳（加热到至少 132℃）和保持灭菌乳两类，达到商业无菌水平，可室温保存至少 6 个月。两种纯牛乳的质量标准都要求蛋白质含量不低于 2.9%。

巴氏杀菌处理对营养价值影响不大，其蛋白质、乳糖、矿物质等成分基本与原料乳相同，仅 B 族维生素和维生素 C 有 20%～25%的损失。

调制乳是以不低于 80%的生牛（羊）乳或复原乳为主要原料，添加其他原料、食品添加剂或营养强化剂，采用适当的杀菌或灭菌等工艺制成的液体产品。调制乳可室温保存 6 个月，其蛋白质含量不低于 2.3%，脂肪含量不低于 2.5%，均略低于巴氏杀菌乳和灭菌乳。调制乳可进行营养强化，如添加维生素 A、维生素 D、钙、铁、锌等营养素，也可以添加低聚糖、可溶性膳食纤维、酪蛋白磷酸肽、牛磺酸等保健功能成分。

2. 发酵乳

发酵乳（fermented milk）类产品，是以生牛（羊）乳或乳粉为原料，经杀菌、发酵后制成的 pH 降低的产品。其中又包括了酸乳（yoghurt）和风味发酵乳。酸乳是以生牛（羊）乳或乳粉为原料，经杀菌、接种嗜热链球菌和保加利亚乳杆菌发酵制成的产品，俗称为酸奶。风味发酵乳原料的 80%以上为生牛（羊）乳或乳粉，但可以添加少量其他原料和食品添加剂、营养强化剂、果蔬、谷物等配料。

酪蛋白是一种耐热蛋白质，但可在 pH 接近 4.6 时形成凝冻或沉淀，依据此原理可制作酸乳。牛乳中的乳糖经发酵变为乳酸，消除了乳糖不耐受问题，并形成独特的风味。酸乳中的蛋白质和脂肪被部分水解，更容易被机体吸收利用，而微量营养素没有损失。其中的脂肪酸经乳酸菌发酵可形成共轭亚油酸等微量有益成分。发酵产生的酸性环境有利于多种维生素的保存，且有利于钙和多种矿物质的生物利用。故而酸乳产品特别适合婴幼儿群体、老年群体、消化系统功能不良及乳糖不耐受者食用。

嗜热链球菌和保加利亚乳杆菌本身不能在大肠定殖，但这些乳酸菌及其发酵产物在胃肠道通过的过程中可抑制有害菌生长，并促进消化吸收。一些益生菌酸乳中加入了嗜酸乳杆菌或双歧杆菌等其他有益菌种，并达到足够的活菌数，可起到预防肠道疾病、改善消化吸收和调节肠道菌群的作用，具体健康作用因菌种而异。

3. 乳粉

乳粉（milk powder）俗称奶粉，是鲜乳经过消毒、浓缩、喷雾干燥等加工过程制成的乳制品，包括全脂乳粉、脱脂乳粉、加糖乳粉、孕妇乳粉、老年乳粉等多种产品。但婴幼儿配方乳粉产品的成分高度模拟人类母乳，与普通乳粉差异较大。

1）全脂乳粉是鲜乳经消毒、脱水浓缩，除去 70%～80%的水分，再进行喷雾干燥制成的产品。该工艺对蛋白质的消化率、乳的色香味及其他营养成分影响均很小。

2）脱脂乳粉的生产工艺与全脂乳粉相同，但其原料为消毒乳先经离心除去乳油后的脱脂乳。脱脂乳粉的脂肪含量一般不超过 1.3%，适合于老年人及肥胖、高血脂人群食用，但其中的维生素 A、维生素 D 和维生素 K 等脂溶性营养成分绝大部分被去除。

3）调制乳粉。婴幼儿配方乳粉是以牛乳为基础，参照母乳组成成分和模式，对牛乳的营养组成成分进行调整和改善，使其适合婴儿生理需求的产品。其营养成分的主要改变包括：添加脱盐乳清粉以改变乳清蛋白与酪蛋白的比例，使其接近于人乳；添加与人乳同型的活性顺式亚油酸，以提高亚油酸的含量；添加乳糖等可溶性糖类以提高碳水化合物含量；脱去一部分钙、磷、钠盐，并将钠/钾值和钙/磷值分别保持在 2.88 和 1.0；适量强化维生素 A、维生素 D、维生素 B_1、维生素 B_2、维生素 C、叶酸、牛磺酸，以及微量元素铁、铜、锌、锰等。

除婴幼儿配方乳粉外，孕妇乳粉、中老年乳粉等也都属于调制乳粉，其中按目标人群的需要添加了多种维生素和矿物质成分。此外，近年来还出现了为减肥人群、血脂异常人群、血糖异常人群等设计的乳粉产品。

4. 炼乳

炼乳（condensed milk）依其在加工过程中是否加蔗糖，分为甜炼乳和淡炼乳两种。

甜炼乳是在鲜乳中加入15%左右的蔗糖，经减压浓缩到原体积的40%后的一种乳制品。由于其含糖量可达40%以上，加水稀释后，每100kcal能量所提供的蛋白质和钙仅为鲜乳的一半。但由于其含糖量高，水分活度较低，保质期较长。淡炼乳又称蒸发乳或浓缩乳，是鲜乳经消毒并均质后，在低温真空条件下浓缩至原体积的1/3后装罐密封而成。由于炼乳制作工艺中经过脱水和高温灭菌环节，赖氨酸和维生素B_1受到一定损失。

5. 乳酪

乳酪（cheese），又名奶酪、干酪、芝士等，是鲜乳经过发酵、凝结、分切、加热形成凝乳，然后经过压榨、发酵并去除乳清制成的产品。在这个过程中，细菌所产生的酶使乳酪释放出吸引人的香味，并形成其独特的口感。市场上乳酪的品种繁多，按含水率、软硬程度不同可分为特硬质、硬质、半软质和软质干酪。

乳酪中浓缩了牛乳中的酪蛋白、脂肪、钙、磷和多种维生素等营养成分。硬质乳酪中蛋白质的含量多在20%～35%，这些蛋白质部分被微生物降解为多肽和氨基酸等小分子物质，有利于人体的消化吸收。乳酪虽然含有较多饱和脂肪酸，但因发酵过程中产生了共轭亚油酸等有益成分，多项研究并未发现食用乳酪会升高心血管疾病的风险。乳酪中几乎不含乳糖或含量很低，尤其适合有乳糖不耐受症的消费群体食用。乳酪中富含钙、磷等人体必需的矿物质，每100g软质乳酪可满足成年人钙日需求量的30%～40%，每100g硬质乳酪可完全满足人每日的钙需求量和40%～50%的磷日需求量。此外，虽然分离乳清损失部分B族维生素，但脂溶性维生素得到浓缩，且乳酪发酵过程中也会产生B族维生素，故乳酪是维生素C以外的多种维生素的良好来源。

6. 奶油

奶油（butter）是从乳中提取的黄色或白色半固体，以乳脂肪为主要成分，蛋白质、乳糖及水分含量很低。奶油具有乳类的特有香气，保留了乳中的绝大部分脂溶性营养成分，是维生素A和维生素D的良好来源，但也浓缩了乳中所含的胆固醇。

12.2 蛋类的营养价值

常见蛋类包括鸡、鸭、鹅、鹌鹑、鸽子等养殖禽鸟的蛋，其中以鸡蛋产量最大，食用最为普遍。各种禽蛋的结构都很相似，由蛋壳、蛋清和蛋黄三大部分组成。

以鸡蛋为例，每只蛋平均重约50g，其中蛋壳重量约占全蛋重量的11%，由96%的碳酸钙、2%的碳酸镁、2%的蛋白质构成。蛋壳的颜色深浅与鸡的品种有关，与蛋壳厚度正相关，但与蛋的营养价值无关。

蛋清由两部分构成，外层为中等黏度的稀蛋清，内层包围在蛋黄周围的为胶冻样的稠蛋清。蛋黄表面包有蛋黄膜，由两条系带将蛋黄固定在蛋的中央。蛋黄和蛋清分别约占鸡蛋可食部57%和33%，鸡蛋中的大部分矿物质、维生素和脂肪集中于蛋黄中。蛋类含糖类较少，蛋清中主要是甘露糖和半乳糖，与蛋白质结合；蛋黄主要是葡萄糖，大部分以与磷蛋白结合的形式存在。各种蛋的主要营养素含量见表12.6。

表 12.6　常见蛋类的主要营养素含量（以 100g 食物计）

食物名称	蛋白质/g	脂肪/g	钙/mg	铁/mg	维生素 A/μg RE	维生素 B_1/mg	维生素 B_2/mg	维生素 E/mg	胆固醇/mg
鸡蛋（红皮）	12.8	11.1	44	2.3	194	0.13	0.32	2.29	585
鸡蛋（白皮）	12.7	9	48	2	310	0.09	0.31	1.23	585
鸡蛋白	11.6	0.1	9	1.6	—	0.04	0.31	0.01	—
鸡蛋黄	15.2	28.2	112	6.5	438	0.33	0.29	5.06	1510
鸭蛋	12.6	13	62	2.9	261	0.17	0.35	4.98	565
鹅蛋	11.1	15.6	34	4.1	192	0.08	0.3	4.5	704
鹅蛋白	8.9	—	4	2.8	7	0.03	0.04	0.34	—
鹅蛋黄	15.5	26.4	13	2.8	1977	0.06	0.59	95.7	1696
鹌鹑蛋	12.8	11.1	47	3.2	337	0.11	0.49	3.08	515

注：—代表无数据

资料来源：杨月欣，2019

12.2.1　新鲜禽蛋的营养价值

1. 蛋白质

鸡蛋中含蛋白质约 12%，其中蛋清部分含蛋白质约 11.0%，蛋黄部分含蛋白质约 17.5%。鸡蛋中蛋白质的数量和质量基本恒定，每枚鸡蛋平均可为人体提供约 6g 蛋白质。鸭蛋、鹅蛋和鹌鹑蛋的蛋白质含量与鸡蛋近似。蛋黄中的蛋白质以卵黄磷蛋白和卵黄球蛋白为主，蛋清中的蛋白质由卵清蛋白、卵类黏蛋白、卵球蛋白等蛋白质组成。

鸡蛋蛋白质含有人体所需各种氨基酸，且氨基酸组成模式与合成人体组织蛋白质所需模式相近，易消化吸收，生物学价值高达 94，是天然食物中优质蛋白质的代表。按蛋白质含量来计算，蛋类在各种动物蛋白质来源中是最为廉价的一种。由于蛋中赖氨酸和甲硫氨酸的含量较高，可与谷类和豆类食物混合食用而起到营养互补作用。

鸡蛋清中所含的卵类黏蛋白具有妨碍胰蛋白酶活性的作用；卵球蛋白亦为蛋白酶抑制剂，而卵黄素蛋白易与维生素 B_2 结合，使维生素 B_2 失去营养价值。此外，蛋清中尚含有少量卵白蛋白，为丝氨酸蛋白酶的抑制剂；蛋清中的抗生物素蛋白（avidin）可与生物素形成极难分解的复合物，使人体不能吸收鸡蛋中的生物素，还含有抑制蛋白酶活性的抗胰蛋白酶（antitrypsin）。因此，生鸡蛋的消化吸收率很低，仅为 50%左右。烹调后可使鸡蛋中的各种抗营养因子完全失活，熟鸡蛋的消化率可高达 96%（表 12.7）。

表 12.7　鸡蛋蛋白质与其他食物蛋白质质量比较

食物蛋白质	生物价	蛋白质功效比值	蛋白质净利用率/%
全鸡蛋	100	3.8	94
牛乳	91	3.1	82
酪蛋白	77	2.9	76
乳清蛋白	104	3.6	92
牛肉	80	2.9	73
马铃薯	71	无数据	无数据
大豆蛋白	74	2.1	61
稻米蛋白	59	2.0	57

资料来源：杨月欣和葛可佑，2019

2. 脂肪

蛋类的脂肪含量在9%～15%。鸡蛋清中含脂肪极少，98%的脂肪存在于蛋黄中。鸡蛋黄中的脂肪含量为28%～33%，其中中性脂肪含量占62%～66%，磷脂占28%～33%，固醇占4%～5%，还有微量脑苷脂类。蛋黄中的脂肪几乎全部以与蛋白质结合的良好乳化形式存在，因而消化吸收率高。蛋黄的脂肪酸构成中以油酸最为丰富，约占50%，亚油酸约占10%，其余主要是硬脂酸、棕榈酸和棕榈油酸，以及含微量的花生四烯酸和DHA。在禽类饲料中增加亚麻籽粉、鱼粉和鱼油可提升蛋黄中的DHA含量。

各种禽蛋中的胆固醇含量均很高，主要集中在蛋黄中。全蛋的胆固醇含量为500～700mg/100g，每枚鸡蛋中含胆固醇平均约200mg，具体的胆固醇含量与品种、饲料和饲养方式有关。蛋黄虽然富含胆固醇，但它同时含有大量磷脂和能降低血脂的甜菜碱。

3. 矿物质

蛋中的磷、铁、锌等矿物质主要存在于蛋黄中，蛋清除钾元素外矿物质含量较低。钙元素主要以碳酸钙的形式存在于蛋壳中，少量存在于蛋黄中。

蛋黄的矿物质含量达1.0%～1.5%，其中以磷最为丰富，占60%以上。此外，蛋黄也是硫、镁、钾、钠等元素的来源。蛋黄中的铁含量较高，但以非血红素铁形式存在。由于卵黄高磷蛋白对铁的吸收具有干扰作用，故而蛋黄中铁的生物利用率较低，仅为3%左右。

4. 维生素

和乳类一样，蛋中含有人体所需的多种维生素，包括8种B族维生素、维生素A、维生素D、维生素E、维生素K和微量的维生素C。其中最为突出的是维生素A与维生素B_2。一枚鸡蛋约可满足成年女子一日维生素B_1推荐量的13%，维生素A推荐量的22%。几乎全部的脂溶性维生素和大部分B族维生素都存在于蛋黄中。

蛋中的维生素含量受品种、季节和饲料等因素的影响而有较大差异，特别是增加饲料中的维生素含量可有效提升蛋黄中的维生素含量。在蛋清加热凝固后，妨碍生物素和维生素B_2吸收的抗营养成分即被灭活。

蛋黄的颜色来自维生素B_2、胡萝卜素和叶黄素，其颜色深浅因饲料不同、类胡萝卜素类物质含量不同而异。在禽类饲料中添加脂溶性天然色素，如胡萝卜素、叶黄素、虾青素、番茄红素等，可以使蛋黄的颜色加深，并提升鸡蛋的健康价值。蛋黄中的类胡萝卜素中有约50%来自叶黄素和玉米黄素，且生物利用率高，可以补充视网膜黄斑中所含的色素，并能够吸收蓝光而防止视网膜受到伤害，有助于预防老化所引起的白内障和视网膜黄斑变性。

12.2.2 蛋类加工品的营养价值

新鲜蛋类经特殊的加工可制成各种蛋制品，其中以鲜蛋为原料，添加或不添加辅料，经盐、碱、糟、卤等不同工艺加工而成的蛋制品为再制蛋，如皮蛋、咸蛋、糟蛋、卤蛋等。

1. 皮蛋

皮蛋也称为松花蛋、变蛋，是新鲜鸭蛋加碱腌制而成。其蛋清成为暗褐透明状态，蛋黄呈褐绿色。腌制过程中水分含量减少，蛋白质含量增加至14.8%。由于碱和盐的加入，会使钠含量上升，维生素B_1、维生素B_2等不耐碱的B族维生素大部分被破坏，但维生素A、维生素D的含量与鲜蛋接近。

2. 咸蛋

咸蛋是将新鲜禽蛋置于盐水或经盐泥包裹制成的。与鲜蛋相比，咸蛋的营养价值变化不大，但由于食盐的渗透作用，咸蛋的含水量下降，而脂肪的含量略有浓缩增加，蛋白质因部分渗出含量略有下降，钙、钠等矿物质的含量则明显上升。

3. 糟蛋

由优质鲜鸭蛋经糯米酒糟和盐糟制而成，其蛋壳全部或部分脱落，仅剩壳下膜包裹着蛋的内容物。在糟渍过程中产生乙醇和乙酸，使蛋清与蛋黄凝固变性，故成品蛋白呈乳白胶冻状，蛋黄呈橘红色的半凝固状。乙酸使蛋壳软化，蛋壳中的钙盐被溶解，并渗入蛋内，故糟蛋的钙含量比鲜蛋高 40 倍，但同时也增加了糖和盐的含量。

12.3　乳类和蛋类与疾病预防

12.3.1　乳类与疾病预防

乳制品与心脑血管疾病患病风险之间的关系一直是国际上的研究热点。乳制品是饮食控制终止高血压研究（dietary approaches to stop hypertension，DASH）膳食模式之重要组成部分。当前现况研究、队列研究和干预研究均表明，总乳制品、低脂乳制品和牛乳的摄入有利于高血压的防控，低脂乳制品及发酵乳制品对脑卒中的防控有利，对冠心病患者及超重者的病情有益，而对健康人群的冠心病预防效果，研究结果尚无定论。

乳制品对高血压的有益作用主要与增加钙摄入有关，膳食钙可抑制 1, 25-二羟维生素 D 的产生，从而减少进入平滑肌细胞的钙，降低平滑肌细胞的收缩及血管阻力。研究证明，与非乳钙相比，在同样钙摄入量情况下，乳钙对控制高血压的作用更大，这可能与乳中钙、钾、镁等成分的协同作用有关，膳食中这些矿物质平衡可能有益于预防高血压；同时，酪蛋白所产生的生物活性肽，以及牛乳中的乳清组分，已被证明可以抑制血管紧张素-I 转化酶，从而调节血管内皮功能，使血管舒张，血压降低，也是乳制品有益血压调节的可能原因。

汇总分析表明，较高的液态乳摄入量可将血压升高的风险降低 8%，且液态乳对血压的联合影响与牛乳的单独影响一致。虽然各种乳制品在各研究中的效应不完全一致，但总乳制品、低脂乳制品及牛乳的摄入对血压升高及高血压的防控均有着积极的影响。

发酵乳制品有益于脑卒中防控，一方面可能与其中降压肽的作用有关，另一方面也可能与增加短链脂肪酸有关。长期摄入发酵乳制品可改变结肠菌群，促进其发酵产生短链脂肪酸，帮助降低血胆固醇浓度，从而降低血栓风险。此外，发酵乳制品可提供维生素 K_2，而维生素 K_2 与减少血管钙化有关。低脂乳制品对脑卒中防控的积极作用，则可能是由于其中的降压肽及强化维生素 D 有益于控制血压的效应。然而，奶油、乳酪等高脂乳制品摄入没有降低心脑血管疾病死亡率的作用，可能与这些产品中钠/钾值较高及饱和脂肪酸含量较高有关。

部分观察研究发现大量摄入乳制品和某些癌症风险之间可能存在联系，如增加前列腺癌和子宫内膜癌的风险，但会降低结直肠癌的风险，但这些联系仅在较高乳制品摄入量时才存在。在国外乳类与健康的相关研究中，各类乳制品的最大摄入量多集中在 2～3 份（500～750g），远高于我国乳及乳制品的推荐摄入量（300g），更高于居民的实际平均摄入量。

我国居民主要消费的乳制品品种为牛乳、酸乳及乳粉，奶油和乳酪的摄入量极低，乳脂肪摄入低，故摄入乳制品对高血压、脑卒中及冠心病的预防利大于弊。在目前我国膳食状态下，低脂乳制品和发酵乳可以成为我国心脑血管疾病防控膳食中的有益组成部分。

乳类食物对儿童青少年、孕妇、乳母、老年人来说是良好的钙补充品，对体弱者、某些疾病患者是良好的蛋白质补充品。正常成年人每天摄入 250～500mL 的牛乳可帮助达到膳食钙的推荐量。血脂较高的中老年人可以选择含脂肪 1.0%～1.5%的低脂乳和含脂肪 0.5%的全脱脂乳来满足对钙的需要。乳糖不耐受者可选择低乳糖乳制品、发酵乳或添加益生菌制剂的乳制品。

12.3.2 蛋类与疾病预防

蛋类富含优质蛋白质、维生素和矿物质，但它也是膳食胆固醇的重要来源。然而，20 世纪 60 年代，人类首次将膳食胆固醇与心脏疾病联系起来。60 多年来，因为关注冠状动脉粥样硬化性心脏病的冠心病风险，一直发出远离蛋类的警告。因为有研究证据，饮食中胆固醇过多时，可增加血清总胆固醇水平，而高胆固醇血症是冠心病的危险性因素之一。

流行病学资料显示，改变膳食因素可影响血清总胆固醇和低密度脂蛋白胆固醇的水平。然而，蛋类摄入量与心血管疾病发生率增加的研究结果并不一致。这可能是由于个体对胆固醇摄入量反应不同。

对前瞻性流行病学研究进行的汇总分析提示，每天摄入 1 枚蛋并不增加心脑血管疾病的风险。在我国进行的流行病学调查表明，每日摄入 1 枚鸡蛋有利于降低脑卒中的风险。但糖尿病患者高蛋类消费与心血管疾病死亡的风险之间可能存在相关性，故推荐每周控制在 4 枚蛋以内。

虽然蛋黄含胆固醇较高，但也是维生素 A、维生素 B_2、叶酸、胆碱、维生素 B_{12}、卵磷脂及叶黄素的良好来源，中国居民膳食指南推荐吃鸡蛋时不要丢弃蛋黄。尤其对食量不大的幼儿和老年人来说，蛋黄不仅是重要的蛋白质来源，也是提供多种微量营养素的高营养密度食物。

特别关注：低胆固醇鸡蛋产品

有关鸡蛋胆固醇与健康之间关系的研究结果，都是基于蛋黄含有大量胆固醇（超过 200mg/枚）的情况。除胆固醇外，鸡蛋中的其他成分对防病没有危害，而摄入磷脂、叶黄素和多种 B 族维生素是有利于心脑血管疾病预防的。目前畜牧学界已经开发出多种技术，通过调整饲料内容和饲养方式有效降低蛋黄中的胆固醇含量，或增加蛋黄中的维生素和保健成分含量，从而使需要控制血胆固醇水平的人群减少食用蛋黄时的顾虑。

12.4 乳类和蛋类加工与营养健康

12.4.1 烹调加工对乳类营养价值的影响

合理加工对乳类蛋白质的影响不大，但是其中的维生素、矿物质等会发生不同程度的损失。

12.4.1.1 热处理

热处理对乳蛋白质的生物价值无显著影响，但对消化率的影响似乎是有利的。多份研究报告表明，经高温处理后的牛乳蛋白质消化率提高，因为人体蛋白酶分解加热后的蛋白质速度较高。同时，经高温加热后的蛋白质抗原性降低，有利于减少过敏风险。

长时间加热或高温储藏可能导致乳制品发生羰氨反应，引起赖氨酸的损失。由于杀菌温度较低、时间较短，巴氏杀菌乳中可利用赖氨酸的损失可以被忽略。保持灭菌乳的加热时间较长，但由于乳制品中赖氨酸总量丰富，赖氨酸的损失并不足以明显降低蛋白质的利用率。在乳粉加工中，有约 20%的赖氨酸损失，形成的异常交联产物可使蛋白质利用率轻微下降。

由于微生物菌体蛋白质失活反应的温度系数大于维生素破坏反应的温度系数，高温瞬时灭菌的方法对保存营养素最为有利。高压灭菌因为加热时间长、温度高，维生素损失较大，如维生素 B_1、维生素 B_{12}、叶酸和维生素 C 分别损失 20%～50%、20%～100%、30%～50%和 30%～100%。而巴氏杀菌时，上述 B 族维生素损失率均在 10%以下，维生素 C 损失率也仅为 10%～25%。总的来说，维生素 A、维生素 D、维生素 B_2、烟酸和生物素等维生素在各种处理中损失均很小。

在家庭烹调牛乳时，如果长时间煮沸，则会在容器壁上留下“乳石”，或称“奶垢”。其中的成分主要是钙和蛋白质，以及少量脂类、乳糖等。乳石的产生是牛乳营养素的重大损失。因此，加热牛乳时应注意避免长时间的沸腾，加热到 85℃左右已经足以杀灭活菌体，保证饮用安全性。

12.4.1.2　发酵

发酵对乳类食物的营养价值有益无害。第一，发酵处理可以降低食品内有害细菌繁殖的速度，延长保存期；第二，由于微生物可以合成 B 族维生素，发酵处理可显著增加某些 B 族维生素的含量，特别是植物性食品中几乎没有的维生素 B_{12}；第三，有益菌可以在发酵过程中部分分解乳类蛋白质，提高食品蛋白质的吸收利用率；第四，有益菌可提高多种矿物质的生物利用率；第五，部分参与发酵的有益菌具有“整肠作用”，可抑制肠内的腐败细菌，促进双歧杆菌和乳酸菌的繁殖，预防肠道感染，提高免疫系统功能；第六，发酵乳制品可以预防乳糖不耐反应，促进乳制品的消化吸收。

12.4.1.3　脱水处理

乳制品主要的脱水方法有喷雾干燥、滚筒干燥和真空冷冻浓缩等。喷雾干燥方法营养损失较小，产品的蛋白质生物价值和风味与鲜乳差别不大，但水溶性维生素有 20%～30%受到破坏。滚筒干燥会使赖氨酸和维生素受到较严重的损失，蛋白质的水合能力也大大降低，因而速溶性不佳。真空冷冻浓缩对产品品质和营养价值的影响最小。

12.4.2　烹调加工对蛋类营养价值的影响

蛋类常用的烹调方法有整蛋水煮、煮荷包蛋、油煎、油炒、蒸蛋羹等，对蛋类中营养素含量的影响均较小。蛋黄在 70℃即可凝固，烹调过程中的适度加热可灭活蛋清中的抗营养因子，有利于机体消化吸收营养成分。然而，蛋类烹调中如果加入大量烹调油会使脂肪含量大幅度提高。同时，蛋黄直接接触热油较长时间可造成胆固醇氧化，不利于心血管健康。故烹调鸡蛋时应减少放油量，缩短烹调时间，避免焗蛋黄等烹调方式。

蛋制品加工过程对维生素和矿物质有一定的影响。皮蛋（即松花蛋）制作过程中由于碱的作用，使 B 族维生素破坏，但对维生素 A、维生素 D 影响较小。传统的皮蛋腌制中要加入黄丹粉（氧化铅），使产品的铅含量提高。但目前已有多种“无铅皮蛋”问世，用铜或锌盐代替氧化铅，消除了铅过量风险，并使铜或锌等微量元素的含量相应上升。制作咸蛋对营养素的含量影响不大，但增加了钠盐的含量。制作蛋粉对蛋白质的利用率无影响，B 族维生素有少量损失，但维生素 A 和维生素 D 含量不受影响。

本章热点问题：乳类食物与骨骼健康

动物乳及乳制品中所含的钙、钾、维生素 D、维生素 K 和蛋白质等营养素均与骨骼健康密切相关。钙是骨骼健康的物质基础，也是我国传统膳食中供应不足的营养素。每 100mL 牛乳或酸乳的钙含量为 90～120mg，是最易获取的钙来源。乳脂中的维生素 D 和维生素 K 对钙的吸收利用和成骨作用有所帮助。乳蛋白质水解产生的酪蛋白磷酸肽等成分，以及发酵乳中的乳酸，均可促进钙的吸收利用。此外，乳中丰富的钾元素也有利于减少尿钙的排出量。

此外，牛乳中的微量营养素和其他生物活性物质可以促进人体骨骼的纵向生长。事实上，乳制品摄入量高的地区，居民骨骼和牙齿发育普遍较好，身材普遍较高。有研究发现牛乳蛋白质可刺激机体增加胰岛素样生长因子Ⅰ（insulin-like growth factor Ⅰ，IGF Ⅰ）生成，而这种物质可以进一步促进儿童青少年骨骼的纵向生长，有利于身高增加。

然而，欧美国家的流行病学研究发现，增加乳类摄入并不能预防老年后的骨质疏松。这个结果在一定程度上与其高钙摄入的饮食习惯有关。在钙摄入充足的基础上，再增加乳制品摄入并不能达到预防骨质疏松的效果。但也有研究发现，在低钙摄入地区，以及钙和蛋白质摄入不足的老年人中，增加乳制品摄入有利于改善骨骼健康。

也有研究认为，牛乳对骨骼健康的作用不及蔬菜和水果，因为牛乳含有大量蛋白质，喝牛乳会使人体血液变酸，从而导致钙流失。事实上，牛乳虽然含有蛋白质，但因其钙和钾含量高，属于弱成碱性食品，对人体酸碱平衡无不利影响，亦不会引起尿钙排出增加的问题。体液有其自身的酸碱调节机制，健康人不会因为摄入的正常食物导致体液酸碱失衡。一方面，从钙的含量、吸收率、生物利用率及摄入便利性等方面综合评价，牛乳仍然是不应舍弃的优质钙源。另一方面，富含钙、钾、镁和维生素 K_1，同时草酸含量低的绿叶蔬菜，如小白菜、小油菜、芥蓝等，也是钙的良好来源。水果中的钾和抗氧化成分也是保护骨骼健康的重要因素。所以，从骨骼健康来说，乳类和果蔬都是健康膳食的组成部分，无须厚此薄彼。

本章深度思考

1. 蛋类食物和乳类食物常用于早餐，它们在营养素方面有什么异同？在哪些方面可以相互替代，哪些不能？

2. 酸乳、乳粉、乳酪及炼乳的营养价值与巴氏杀菌牛乳相比有何不同？乳糖不耐受的人应当如何获取乳类的营养价值？

3. 为什么蛋黄中含有较多胆固醇，但我国膳食指南仍然建议健康人吃鸡蛋时不要弃去蛋黄？对肥胖、高血脂、高血糖人群，在鸡蛋的摄入量和烹调方法方面，你会提供哪些建议？

本章课程活动

1. 查看超市中乳类食物共有多少种类，分别属于什么类别的乳制品，并指出它们的营养特点。

2. 查看超市中蛋类加工制品的配料表和营养成分表，对其营养价值进行比较。

3. 调查自己的家人、同学和朋友，了解他们是否有消费乳制品的习惯，日常摄入哪些乳制品，平均每日消费量有多大，是否能达到相当于每天300g牛乳的数量。

4. 调查自己的家人、同学和朋友，了解有哪些因素让他们不愿意吃乳制品和蛋类食物，并提出一些建议，帮助他们消除这些顾虑。

关键解读

本章参考文献

李萌，范志红. 2013. 不同种类乳制品对心脑血管疾病防控的影响. 中国乳品工业，41（9）：46-49

李龙柱，张富新，贾润芳，等. 2012. 不同哺乳动物乳中主要营养成分比较的研究进展. 食品工业科技，33（19）：396-400

刘朋龙，陆东林. 2020. 不同家畜乳产能营养素含量及产能比例分析. 中国乳业，228（12）：64-67

乔长晟，贾士儒，王瑞，等. 2009. 超高压杀菌技术对牛乳品质的影响. 食品科学，30（1）：50-53

任发政. 2020. 乳的营养与健康. 中国食品学报，20（7）：1-9

宋小妹，李晓幸，张俊飞，等. 2017. 乳制品与癌症患病风险关系的研究进展. 中国食物与营养，23（6）：76-81

苏畅，张兵，王惠君，等. 2018. 2015年中国15省（自治区，直辖市）45岁及以上居民饮奶状况及其对膳食钙摄入的影响. 卫生研究，47（2）：194-198

王超立. 2011. 国际骨质疏松日：通过均衡饮食关爱骨骼健康. 中国乳业，118（10）：54-55

杨月欣. 2019. 中国食物成分表标准版（第6版 第二册）. 北京：北京大学医学出版社

杨月欣，葛可佑. 2019. 中国营养科学全书. 2版. 北京：人民卫生出版社

中国营养学会. 2016. 食物与健康：科学证据共识. 北京：人民卫生出版社

Drouin-Chartier J P，Chen S，Li Y，et al. 2020. Egg consumption and risk of cardiovascular disease：three large prospective US cohort studies，systematic review，and updated meta-analysis. BMJ，368：513

Guo J，Hobbs D A，Cockcroft J R，et al. 2017. Association between egg consumption and cardiovascular disease events，diabetes and all-cause mortality. European Journal of Nutrition，57（8）：1-10

Jang J，Shin M J，Kim O Y，et al. 2018. Longitudinal association between egg consumption and the risk of cardiovascular disease：interaction with type 2 diabetes mellitus. Nutrition and Diabetes，8（1）：20

Qin C，Lv J，Guo Y，et al. 2018. Associations of egg consumption with cardiovascular disease in a cohort study of 0.5 million Chinese adults. Heart，104（21）：1756-1763

Thorning T K，Raben A，Tholstrup T，et al. 2016. Milk and dairy products：good or bad for human health? an assessment of the totality of scientific evidence. Food and Nutrition Research，60：32527

Tran N L，Leila B，Jacqueline H，et al. 2014. Egg consumption and cardiovascular disease among diabetic individuals：a systematic review of the literature. Diabetes Metabolic Syndrome and Obesity Targets and Therapy，7：121-137

Zhong V W，Van horn L，Cornelis M C，et al. 2019. Associations of dietary cholesterol or egg consumption with incident cardiovascular disease and mortality. The Journal of the American Medical Association，321（11）：231-241

第 13 章　调味品的营养价值

本章学习目标

1. 熟悉酱油和醋的营养价值。
2. 了解腐乳、豆豉等咸味调味品的营养价值。
3. 熟悉盐和各种咸味调味品的钠含量。
4. 了解增鲜剂的成分和营养价值。
5. 掌握咸味调味品与慢性疾病预防的关系。

本章课件

调味品是人类用来调味增味的食品，其中包括食盐和食糖，以粮食、豆类等为原料经发酵制成的发酵调味品，各种干、鲜香辛料，也包括了用腌渍、水解、混合等工艺制成的各种用于烹调调味和食品加工的产品。

和传统意义上的调味品相比，现代调味品的概念范畴更广，许多改善食品口味、色泽、质地的产品，甚至部分食品添加剂，都被归入调味品类别中。同时，复合型的调味品也越来越多，使调味品的营养评价变得更复杂。由于篇幅所限，本章中只列出了传统的发酵调味品、盐和增鲜剂等。糖的相关内容已经在第 2 章中进行了介绍，故未纳入本章。

很多传统调味品具有一定的营养保健价值，或与疾病预防相关。例如，控制盐和糖的用量对慢性疾病的预防非常重要，而发酵调味品在提供风味的同时也提供了日常饮食中的一部分营养素。同时，各种调味品还通过调节食欲和促进消化吸收而对营养平衡产生不可忽视的影响。

13.1　发酵咸味调味品

发酵咸味调味品主要包括酱油（soy sauce）和各种酱，它们包括了以豆类、面粉和大米等为原料发酵制成的各种半固体和液体的咸味调味料。按照原料的不同，酱可分为以豆类为主制成的豆酱（大酱、黄豆酱），豆类和面粉混合制作的黄酱，以面粉为主的甜面酱，以蚕豆为主的蚕豆酱和豆瓣酱，大豆和大米制成的日本酱（味噌）等。此外，还有豆豉、腐乳等，也是以大豆作为主要起始原料的发酵调味品。

豆、麦等原料经过微生物和酶的作用，原料中的蛋白质降解生成氨基酸、多肽等含氮物质；淀粉分解为双糖和单糖；部分糖类发酵产生醇和有机酸，并进一步生成具有芳香气味的酯类；氨基酸与糖类通过美拉德反应生成芳香物质和类黑素，使其具有较深的颜色。

13.1.1　酱油和酱

酱油是我国最重要的调料品之一，是以大豆、小麦、面粉等为原料，经过蒸煮后培菌制曲，再加入盐水进行微生物发酵酿制而成的产品。酱油产品可根据生产工艺分为两大类：一类是由传统发酵工艺生产的高盐稀态发酵工艺酱油，发酵期为 4～6 个月，产品品质较高；另一类是低盐固态发酵工艺酱油，发酵期不足 1 个月，产量大，但品质不及第一类。

酱油和酱的鲜味主要来自于含氮化合物，其含量高低是酱油品质的重要标志。酱油含有来自大豆和小麦的所有氨基酸，其中以谷氨酸含量最高，其次为天冬氨酸，这两种氨基酸均具鲜味。优质酱油的总氮含量多为 1.3%～1.8%，其中各种氨基酸的含量比例与酱油的原料和具体酿造工艺有关，具有品种特征。发酵中还会产生少量生物胺类物质，如酪胺、组胺、腐胺、苯乙胺等。

此外，很多酱油中额外添加了增鲜物质，包括谷氨酸钠、有机酸钠盐，0.001%～0.1%的 5′-肌苷酸钠和 5′-鸟苷酸钠，以及贝类、菌类等配料，使产品的鲜味更加浓郁。

特别关注：酱油产品的氨基酸态氮含量

按照《GB 2717—2018　食品安全国家标准　酱油》，市售酱油产品的氨基酸态氮含量应不低于 0.4g/100mL。其氨基酸态氮含量越高，酱油的滋味越鲜美和丰富。目前市场上的酱油产品的氨基酸态氮含量最高可达 1.20%～1.40%。

以纯大豆为原料制作的酱，如大酱、黄豆酱，其蛋白质含量较高，可达 10%～12%；以小麦为原料的甜面酱，蛋白质的含量在 8%以下；若在制作过程中加入了芝麻等油籽类原料，则蛋白质和脂肪的含量有所增加。酱类中氨基酸态氮含量与酱油中的含量大致类似，黄酱在 0.6%以上，甜面酱在 0.3%以上。表 13.1 列出了酱油等发酵咸味调味品的营养素含量。

表 13.1　常用发酵咸味调味品的营养素含量（以每 100g 可食部计）

名称	水分/g	蛋白质/g	脂肪/g	碳水化合物/g	维生素 B_1/mg	维生素 B_2/mg	钙/mg	钾/mg	钠/mg	铁/mg
酱油（一级）	64.8	8.3	0.6	6.9	0.03	0.25	27	848	4861	7.0
豆瓣酱	46.6	13.6	6.8	17.1	0.11	0.46	53	772	6012	16.4
黄酱	50.6	12.1	1.2	21.3	0.05	0.28	70	508	3606	7.0
甜面酱	53.9	5.5	0.6	28.5	0.03	0.14	29	189	2097	3.6
红腐乳	61.2	12.0	8.1	8.2	0.02	0.21	87	81	3091	11.5
五香豆豉	22.7	24.1	3.0	39.7	0.02	0.09	29	715	264	3.7

资料来源：杨月欣，2019

酱油中含有原料淀粉发酵水解产生的还原糖及少量糊精，它们也是构成酱油浓稠度的重要成分。甜味成分包括葡萄糖、麦芽糖、半乳糖及甜味氨基酸，如甘氨酸、丙氨酸、苏氨酸、丝氨酸、脯氨酸等。糖的含量在不同酱油品种之间差异较大，低者在 3%以下，高者可达 10%左右。黄豆制成的酱中，还原糖含量很低；而以面粉为原料的甜面酱和以大米为主料的日本酱（味噌），碳水化合物含量可达 20%左右，具体因品种而异。

酱油中含有一定数量的 B 族维生素，其中维生素 B_1 含量在 0.01mg/100g 左右，而维生素 B_2 含量较高，可达 0.05～0.20mg/100g，烟酸含量在 1.0mg/100g 以上。酱类中维生素 B_1 含量与原料含量相当，而维生素 B_2 含量在发酵之后显著提高，含量为 0.1～0.4mg/100g。烟酸含量也较高，达 1.5～2.5mg/100g。此外，经过发酵产生了植物性食品当中缺少的维生素 B_{12}，这对素食者预防维生素 B_{12} 缺乏具有重要意义。

酱油和调味用酱类中的咸味来自氯化钠。目前市面上酱油产品的含钠量为4000～10 000mg/100g，是膳食中钠的主要来源之一。具体含量因产品而异，需要细看产品标签上的营养成分表。佐餐酱类的含钠量通常为1500～3500mg/100g，烹调用的酱类为3000～7000mg/100g。酱油和酱类产品中含钾元素也较为丰富，但因为钠含量远高于钾含量，故对改善食物钠/钾值没有意义。其中尚含有锌、钙、铁、锰等多种微量元素。

酱油和酱类产品的营养价值与其食用数量占膳食的比例有关。如果食用量小或不经常食用，除去钠以外，其所含矿物质对人体营养素供给量的影响不大。但若日常食用，或成为营养素强化载体，则可成为人体营养素的不可忽视的来源。例如，一些国家和地区在酱油中进行铁的强化，可以作为人体铁的一个重要补充和来源。

酱油中有机酸含量约为2%，其中60%～70%为乳酸，还有少量琥珀酸；酱类含有多种有机酸，包括柠檬酸、琥珀酸、乳酸、乙酸、焦谷氨酸等。此外，酱油中含有来自豆类原料的多酚类物质和美拉德反应产生的类黑精，使其具有一定的抗氧化性质。例如，用黑大豆原料替代黄大豆可以有效提升酱油中的总多酚、总黄酮、原花青素和类黑精的含量，以及酱油的抗氧化活性。

13.1.2 腐乳

腐乳（fermented bean curd）是以大豆为主要原料制成豆腐坯，再经一种或多种微生物发酵，并腌制后熟制成的产品。其按产品名称可分为红腐乳、白腐乳、酱腐乳、青腐乳、糟腐乳和风味腐乳等不同类型，按发酵工艺的不同可分为腌制腐乳、细菌腐乳、毛霉腐乳、根霉腐乳。其中，红腐乳的红色来自红曲菌所产生的红曲色素；白腐乳的乳黄色则来自类黄酮物质的氧化产物；青腐乳的淡青色来自氨基酸分解产生的硫与金属离子结合所产生的色泽。

腐乳中蛋白质含量为8%～12%。大豆蛋白质发酵之后被分解成为较小片段、肽和氨基酸，去除了多种抗营养因子，降低了低聚糖含量，比未发酵豆制品更易被人体消化吸收，且含有具有生理调节功能的肽类。

同时，腐乳也含有较为丰富的B族维生素，特别是维生素B_2和维生素B_{12}。腐乳中的维生素B_2含量为130～360μg/100g，仅次于乳品的维生素B_2含量。腐乳中还含有维生素B_{12}。红腐乳中维生素B_{12}含量为0.42～0.78mg/100g，青腐乳中维生素B_{12}的含量最高达9.8～18.8mg/100g，仅次于动物肝脏。

腐乳由豆腐发酵而来，故而其中含有较为丰富的钙和镁。由于植酸含量下降，大豆中原有的铁和锌生物利用率上升。腐乳中的钠含量在3500mg/100g左右，约相当于9%的含盐量，但市场上也有号称“淡口”“减盐”的产品，其钠含量比传统产品可降低约1/3。

腐乳的鲜味主要来自豆类蛋白质分解产生的氨基酸和微生物菌体分解产生的核苷酸钠盐。发酵过程中，蛋白质、脂肪酸和糖在微生物作用下生成多种有机酸、醇类、酯类、醛类、酮类等成分，使腐乳具有特殊的风味。

此外，腐乳还含有大豆异黄酮、大豆多肽、γ-氨基丁酸、卵磷脂等多种生理活性物质。在作为咸味调味品替代盐使用时，有利于增加营养素和保健成分摄入量。

需要注意的是，富含蛋白质的豆类食品和乳制品一样，在发酵中会产生生物胺（biogenic amine，BA）类物质。它们是一类具有生物活性、含氮的有机碱性低分子质量化合物，如组胺、酪胺、腐胺等。生物胺摄入过量时可能引起血压升高、胃酸过多、反胃、头痛、出汗等不适症状，故摄入量需要适度控制。部分腐乳中的生物胺含量见表 13.2。

表 13.2　不同腐乳中的生物胺含量　（单位：mg/kg）

类型	产地	色胺	苯乙胺	腐胺	尸胺	组胺	酪胺	精胺	亚精胺
红腐乳	北京	9～17	14～19	33～56	39～57	20～89	45～73	14	5
	广东	45	54	110	54	25	55	ND	ND
	湖南	ND～53	ND～25	37～217	35～70	ND～84	14～106	ND	ND
白腐乳	北京	9～26	10～15	96～148	47～68	109～178	22～177	ND～31	5～7
	广东	38～77	85～91	232～468	78～108	38～77	100～115	ND	ND
	浙江	6	10	10	14	6	122	3	ND
青腐乳	北京	67～159	9～45	288～556	26～83	29～300	29～566	4～8	7～16
	贵州	44	97	342	34	71	208	ND	ND
	浙江	59	41	423	57	8	698	4	5

注：ND 代表未检出

资料来源：杨熙等，2021

13.1.3　豆豉

豆豉（Douchi）是黄大豆或黑大豆发酵制成的整粒发酵豆制品。按是否加入食盐分为淡豆豉和咸豆豉；按水分含量高低分为干豆豉和豆豉；按发酵微生物不同，分为曲霉豆豉、毛霉豆豉和细菌发酵豆豉，以前两者居多。

市售产品以含盐干豆豉为主，其水分含量为 20%～45%，蛋白质含量在 20%以上。经过微生物的发酵，蛋白质被水解成较小片段，产生肽类和游离氨基酸，其中氨基酸态氮含量约为 0.6%，使之具有鲜美滋味。发酵过程中，黄豆原有的碳水化合物部分被分解，产生少量还原糖和有机酸。豆豉成品中含有机酸约 2%，含还原糖 2%～2.5%，含盐约 12%。

豆豉是蛋白质和 B 族维生素的较好来源。经过发酵，大豆中的植酸、蛋白酶抑制剂等抗营养成分被降解，其中的蛋白质和铁、锌等微量元素更容易被吸收。同时，和腐乳、酱油等产品相似，豆豉中结合状态的大豆异黄酮类物质经过发酵后，糖苷键被水解，可使其大豆异黄酮苷元含量大幅度上升，增强其生物学效应。

13.2　醋和酸味调味品

醋（vinegar）按原料可以分为粮食醋和水果醋；按颜色可以分为黑醋、红醋和白醋。以酿造醋为基础，经过进一步调味，可制成复合调味的醋，如饺子醋、海鲜醋、寿司醋等。

由于优质醋的原料中含有很大比例的粮食麸皮，虽然酿造醋中的蛋白质、脂肪和碳水化合物含量低于酱油，但钾、钙和铁的含量比酱油更高，也含有较高水平的 B 族维生素。这是由于酸性条件有利于溶出矿物质，并保存维生素 B_1 和维生素 B_2。酿造醋的原料中含有多种全谷杂粮时，谷皮中的多酚类物质和其他可溶性植物化学物也会溶入醋中，使醋产品具有抗氧化活性。表 13.3 列出了几种常用醋的营养素含量。

表 13.3 常用醋的营养素含量（以每 100g 可食部计）

名称	水分/g	蛋白质/g	脂肪/g	碳水化合物/g	维生素 B_1/mg	维生素 B_2/mg	钙/mg	钾/mg	钠/mg	铁/mg
白醋	99.4	0.1	0.6	0	—	—	26	12	225.9	2.2
陈醋	66.0	9.8	0.3	17.9	0.11	0.16	125	715	836.0	13.9
黑醋	73.1	3.7	0.2	18.5	0.02	0.03	45	286	349.5	—
香醋	79.7	3.8	0.1	13.0	0.03	0.13	37	117	183.9	2.9
熏醋	86.8	3.0	0.4	6.9	0.01	0.03	41	276	444.0	4.8

资料来源：范志红，2022

粮食醋的主要酸味来源是乙酸，但醋酸菌发酵还可产生多种有机酸，包括乳酸、丙酮酸、苹果酸、柠檬酸、琥珀酸、α-酮戊二酸等。发酵过程中未被氧化成酸的糖类，以及部分氨基酸可提供甜味。其中丰富的氨基酸态氮可为醋提供鲜味。在酿醋原料中添加荞麦、燕麦、小米、黑米、高粱等多种全谷食材，可有效提升营养价值，并给醋带来更多的多酚类抗氧化成分。

水果醋的主要原料是苹果、葡萄、柠檬、菠萝、柿子、香蕉、草莓等水果，其中的糖分经过乙醇发酵、乙酸发酵而产生各种有机酸类。苹果醋中除了乙酸之外，还含有柠檬酸、苹果酸、琥珀酸、乳酸等成分；葡萄醋尚含有酒石酸、琥珀酸和乳酸。

按照调味用酿造食醋的国家标准（GB 18187—2000），酿造食醋的总酸含量应高于 3.50%，其中不挥发酸应高于 0.5%。我国优质酿造食醋的 pH 为 3～4，总酸含量为 5%～8%，其中老陈醋总酸含量在 6%以上。醋的总氮含量为 0.2%～1.2%，其中氨基酸态氮占一半左右。碳水化合物含量差异较大，多数为 3%～4%，而老陈醋可高达 12%。

粮食醋的生产工艺中往往添加盐，使其有一定的钠含量。每 100mL 酿造醋中的钠含量为 500～1000mg。

用酒精酿造的白醋，其中几乎不含有麸皮、谷物、水果中的成分，故不具备醋酸以外的营养价值。

特别关注：酱油、醋和调味液

2021 年，《市场监管总局关于加强酱油和食醋质量安全监督管理的公告》中宣布：“酱油和食醋生产企业不得再生产销售标示为‘配制酱油’‘配制食醋’的产品。”这意味着目前我国市场上叫作“酱油”和“醋”的产品，必须是纯酿造产品，不再有“配制酱油”和“配制食醋”。酱油中不能添加“酸水解植物蛋白调味液”等成分，醋也不能用冰醋酸来调配。也就是说，用低成本原料“勾兑”出来的咸味和酸味调味产品，不能鱼目混珠了。老百姓选择酱油和醋时容易多了。

非纯酿造的“配制酱油”和“配制食醋”，并没有完全退出市场，但它们不能再称为酱油或醋。例如，添加冰醋酸配制的食醋，如今只能叫作“酸味调味液”。添加酸水解植物蛋白的咸鲜味产品，名称就五花八门了，可能叫作“**鲜”“**汁”“**液”等。这些听起来非常诱人，但至少有一点是肯定的——它们不是酱油。

13.3 盐

咸味是食物中最基本的味道，而膳食中咸味的来源是食盐，即氯化钠。按照来源，盐可以分为海盐、井盐、矿盐和池盐。按加工精度，盐可以分为粗盐（原盐、日晒盐）、洗涤盐和精盐（再制盐）。目前市场上常见的盐产品包括井矿盐、海盐、湖盐，以及多种添加其他配料的调味盐，如松露盐、蘑菇盐、昆布盐、红枣盐、枸杞盐、肽营养盐、乳酸菌盐等。

粗盐中含有氯化镁、氯化钾、硫酸镁、硫酸钙及多种微量元素，因而具有一定的苦味，适合用于腌制食物，可提供咸味以外的风味。粗盐经饱和盐水洗涤除去其中杂质后称为洗涤盐，经过蒸发结晶制成精盐，适合日常家庭烹调。

盐产品的氯化钠含量随着精制程度而增加。按照 GB/T 5461—2016，优级精制盐的氯化钠含量需≥99.1%，一级精制盐≥98.5%。一级粉碎洗涤盐的氯化钠含量≥97.0%，一级日晒盐需≥93.2%。市场上有井盐、岩盐、海盐等不同来源的精盐产品，同级别的产品成分几乎一致。

自 1996 年起我国普遍推广加碘食盐，其中碘含量因地区进行调整。但市场上也有无碘盐出售，其中碘含量低于 5mg/kg。低钠食盐当中加入了 25%～30%的钾盐（部分产品中可能含有少量镁盐），可在对调味效果影响较小时减少钠的摄入量。

富含多种矿物质的竹盐、未经精炼的深井盐等，其氯化钠含量也高于 97%，此外还有少量的钾、镁和其他微量元素。仔细阅读产品标签，即可看到产品配料和氯化钠含量。

盐每日必用，使用数量基本恒定，是营养强化的绝佳载体之一。不过，除了加碘盐之外，其他营养强化盐在市场上的销售量并不大，因为它们对供应相应的营养素意义不大，或可能影响食盐的口味，或在加工储藏中容易损失。其中维生素 A、胡萝卜素和维生素 B_2 均可因光照而损失，特别是维生素 B_2 对光高度敏感，尤其需要严格避光保存。

在出汗不过多的情况下，健康人群每日摄入 5g 食盐即可完全满足机体对钠的需要。

特别关注：选择低钠盐有益健康吗？

多项研究证实，使用低钠盐可以帮助控制血压，预防心脑血管疾病和脑卒中，有利于减少心脑血管疾病死亡风险。需要注意的是，使用低钠盐也需要严格限量，并不能因此额外增加用量。

实际生活中，除了盐还会使用酱油、蚝油、豆豉等其他咸味调味品，只有 1/2～2/3 为直接用盐，此时使用低钠盐也可以降低 10%～20%的钠摄入量，同时每日增加数百毫克的钾摄入量。这个变化对健康人是有益无害的。因而，无论是高血压人群还是健康人，都可以使用低钠盐。部分需要同时限制钾和钠的肾脏疾病患者应遵循医嘱。

13.4　增　鲜　剂

鲜味是引起强烈食欲的可口滋味。食品中鲜味的主要来源是氨基酸、肽类、核苷酸和有机酸及其盐类，如肉类中的谷氨酸、肉汤和鱼汁里的 5′-肌苷酸、甲壳类和软体动物中的 5′-腺苷酸、香菇等菌类中的 5′-鸟苷酸、蕈类中的口蘑氨酸和鹅膏蕈氨酸、海贝类中的琥珀酸二钠和竹笋中的天冬氨酸等。

味精即谷氨酸单钠盐（monosodium glutamate，MSG）晶体，是最早发现的鲜味调味品。它是咸味的助味剂，也有调和其他味道、掩盖不良味道的作用。作为蛋白质的氨基酸成分之一，谷氨酸存在于几乎所有食品当中，以动物性食品较多。少量使用时，味精是一种较为安全的物质，但 2 岁以内婴幼儿食品不能使用。

食品中的各种鲜味氨基酸均与鲜味核苷酸具有协同作用，特别是谷氨酸单钠与5′-肌苷一磷酸（5′-inosine monophosphate，5′-IMP）和5′-鸟苷一磷酸（5′-guanosine monophosphate，5′-GMP）等核苷酸共用时，鲜味物质的呈味阈值会大幅度下降，因而使食物中潜在的鲜味得到强化。目前5′-IMP和5′-GMP均已工业化生产，与氨基酸类鲜味剂配合、起着很好的助鲜效果，味感较强而且自然适口，可大幅度降低味精的添加量。目前市场上销售的"鸡精""牛肉精"等复合鲜味调味品中含有味精、鲜味核苷酸、糖、盐、肉类提取物、蛋类提取物、香辛料和淀粉等成分，调味后能赋予食品以浓郁而自然的美味。

鲜味肽存在于多种食物中，包括肉类、食用菌、大豆、海带等食品中都存在鲜味肽。它们不仅具有鲜味，而且可以作为食物中的特征风味物质，增加鲜味的丰富性和醇厚感。

蛋白质水解物也是现代食品工业当中的重要鲜味来源，包括水解植物蛋白（hydrolyzed vegetable protein，HVP）和水解动物蛋白（hydrolyzed animal protein，HAP），为酶水解蛋白质原料制成，其中含有游离氨基酸，有些还含有鲜味肽类。天然浸提物则包括蚝油、酵母浸膏、香菇浸膏等。其中蚝油属于水产浸出物，用牡蛎汁制成，又称牡蛎油，含有多种氨基酸，并含有铁、锌等微量元素。这些蛋白质水解物和天然鲜味浸提物被广泛用于咸鲜味的复合调味产品，常与酱油、烧烤汁、方便调味料等其他调味品复配，起到掩盖异味、增加鲜味、赋予风味的效果。

特别关注：复合增鲜产品也要纳入控盐范围

目前市售的多种复合鲜味调味品多含有一定比例的氯化钠，其中主要成分谷氨酸钠本身是钠的来源，而且复合鲜味剂中常用的有机酸钠、核苷酸钠也是钠的来源。

市面上一些号称鸡汁、鲍鱼汁、鲜贝汁之类的增鲜产品，以及鸡精、蘑菇精，其中鲜味成分都不可能完全来自于鸡、鲍鱼、鲜贝、蘑菇等。实际上，这些原料只占一小部分，大部分则是盐、味精、核苷酸钠盐、水解蛋白调味液等。其中还可能有糖、糊精、香辛料等成分。这些产品可以给消费者提供更多的味型选择，让调味变得更简单、更方便。

因此，鲜味调味品是钠的重要来源，需要一并纳入控盐的范围中。使用时，必须减少加入盐的数量，才能保证一日钠摄入量不增加。同时，核苷酸钠盐中含有较高水平的嘌呤，故高尿酸血症患者和痛风患者不适合大量食用含有肌苷酸钠和鸟苷酸钠的增鲜调味品。

13.5 调味品与疾病预防

咸味调味品和增鲜调味品是钠的主要来源，关于钠摄入量对疾病预防影响的相关研究较多。研究显示，我国因饮食不合理造成心血管代谢性疾病死亡的第一位原因就是高钠（盐）饮食。特别是对于已经患有高血压、心血管疾病、糖尿病、肾脏疾病和肥胖症等的患者，以及这些疾病的高危人群，控制钠盐摄入量是一个重要的健康饮食措施。

由于高盐摄入会导致胃黏膜损伤，出现充血、水肿、溃疡等病理改变，过度咸食会增加胃癌的风险。做菜时放入过多的咸味调味品，或者喜爱食盐腌渍的各种食物，均会增加胃癌风险。摄入过多加工肉制品不利于预防肠癌和心脑血管疾病，其中可能机制之一也在于这类食物普遍含钠量过高。

有少数研究显示，膳食高钠摄入会增加炎症反应，可能不利于2型糖尿病和肠癌的预防。同时，由于过高的钠摄入量促进尿钙排出，盐摄入过量不利于中老年女性预防骨质疏松。多项流行病学研究提示，和口味较淡的人相比，长期摄盐过量的人患肥胖、脂肪肝和代谢综合征的风险更高。动物研究发现，高钠摄入量可能通过促进醛还原酶-果糖激酶的代谢途径，增加肝脏和下丘脑中的内源性果糖生成，增强食欲，促进肥胖、脂肪肝和胰岛素抵抗。

欧洲食品安全局（European Food Safety Authority，EFSA）在 2017 年重新评估了味精的人群每日允许摄入量（acceptable daily intake，ADI）并定为 30mg/（kgBW·d）。食品研究表明摄入少量味精有利于在减少盐摄入量时保持较好的接受度，但鉴于多种加工食物和烹调菜肴中含有味精成分，有调查提示我国部分地区的人均摄入量已经超过了上述标准。目前味精与肥胖风险之间关系的研究证据并不一致，但有动物研究发现，摄入过多味精可能通过促进内源性尿酸合成，造成下丘脑食欲控制紊乱，从而带来肥胖风险。由于动物研究中所用量大大高于人类日常膳食中的用量，在适量食用时，味精仍是一种安全的鲜味剂和膳食氨基酸来源。

此外，通过美拉德反应制成的调味品中含有晚期糖基化终末产物（advanced glycation end product，AGE），而发酵生产的调味品中含有生物胺类物质。它们对人体代谢的长期作用还有待于进一步研究。

本章热点问题：膳食减盐的可行方法

在井冈山时代，红军因为被物资封锁而缺盐；而在当今社会，各国健康界呼吁限盐。盐本身没有变化，变化的是摄入盐的数量，以及疾病预防控制的需要。

在食品极大丰富的时代，除了食盐本身之外，盐的膳食来源还包括各种咸味调味品、增鲜调味品、佐餐酱、腌制食品、加工肉制品、咸味面食面点、方便食品、咸味零食、速食汤类、含盐蜜饯和甜食等，故盐的总量极易过多。

除了食品工业和烹调行业需要积极生产减盐食物之外，更重要的是膳食整体的减盐安排。如能在食物搭配中注意以下几点，则对膳食减盐有很大帮助。

1）除了咸味菜肴，尽量不吃其他咸味食品。戒掉咸味零食，或尽量少吃；尽量减少有咸味的主食；尽量不喝有咸味的汤，用白水、茶、黑咖啡、柠檬水、大麦茶、米汤之类替代。把限盐的额度尽量用在享受菜肴方面。

2）用淡味食物来配浓味食物，做到总量控制。如有些鱼肉类菜肴口味重，就用味道很淡的蔬菜来搭配；想吃咸味的酱料、酱菜、梅干菜、榨菜等，也用原味不加盐的菜来搭配。

3）少吃加工肉类产品，如肠类、火腿、烧鸡等。这类产品的含钠量通常远高于普通家庭菜肴。

4）用鲜味、香味、酸味来减咸味。少盐的菜肴多加点醋、胡椒粉、花椒粉、辣椒粉，就显得好吃一些。

5）如果要加鲜味调味品，就先加它们，然后加盐量减半，或只加 1/3。在鲜味的帮助下，少盐的菜也显得好吃一些。

6）咸味调料减量。吃火锅时，别用太多蘸料。吃方便面、拌沙拉、拌煲仔饭时，只用一半调料。

7）一餐过咸之后，用淡味餐来平衡。不要连续吃重口味的大餐，让身体有及时排除过多钠盐的机会。

8）此外，经常运动，出汗排盐，也是一个避免体内钠过量的重要方法。

本章深度思考

1. 调味品的营养价值取决于哪些因素？如何提升传统发酵调味品的营养价值？

2. 酱油、酱、腐乳、豆豉等都是高钠食物，在膳食中可以使用它们吗？使用时要注意哪些问题？

3. 对肥胖、痛风和心脑血管疾病的高危人群来说，使用增鲜剂时要考虑哪些因素？

本章课程活动

1. 到超市的调味品货架，选择如酱油、蒸鱼豉油、蚝油、鱼露、鲍鱼汁等至少 5 种不同名称的咸味调味品，看一下哪些调味品的配料表中含有盐（氯化钠），再看一下营养成分表中标注的钠含量，并换算成盐的百分比含量。

2. 到超市的调味品货架，找到 5 种不同的复合调味酱产品，比较各产品中的钠含量差别。

3. 在超市中找到至少 5 款醋产品，比较其总酸度、蛋白质含量和钠含量。

4. 在超市中找到 3 种号称“减盐”“轻盐”“薄盐”“淡盐”的酱油产品，看看它们的钠含量和其他同类产品有何差异。钠含量较低的产品用什么措施来解决产品保质期的问题？

关键解读

本章参考文献

范志红. 2022. 食物营养与配餐. 2 版. 北京：中国农业大学出版社

高佳嘉，李艾潼，张彩霞，等. 2023. 发酵豆制品加工方法与营养功能的对比分析. 中国食品添加剂，34（8）：156-161

马先红，李雪娇，刘洋，等. 2017. 谷物食醋营养与功能研究现状. 中国调味品，42（8）：163-166

徐欢欢，汪姣玲，樊振南，等. 2022. 我国食用盐的开发与研究现状. 食品工业，43（4）：243-246

杨熙，颜婷婷，殷丽君，等. 2021. 腐乳中生物胺的产生及其控制研究进展. 中国酿造，40（10）：1-6

杨春晖，王文平，续丹丹，等. 2023. 不同原料酿造酱油功能成分及抗氧化活性比较. 食品工业科技，44（14）：318-325

杨月欣. 2019. 中国食物成分表标准版（第 6 版　第二册）. 北京：北京大学医学出版社

于芳珠，薄存美，刘登勇. 2020. 食品中鲜味物质研究进展. 食品安全质量检测学报，11（16）：5554-5561

张婷，张琪，罗洁，等. 2019. 腐乳的营养价值及功能性研究进展. 食品工业，40（8）：258-262

Andres-Hermando A, Cicerchi C, Kuwabara M, et al. 2021. Umami-induced obesity and metabolic syndrome is mediated by nucleotide degradation and uric acid generation. Nature Metabolism，3（9）：1189-1201

Fatahi S, Namazi N, Larijani B, et al. 2018. The association of dietary and urinary sodium with bone mineral density and risk of osteoporosis: A systematic review and meta-analysis. Journal of American College of Nutrition，37（6）：522-532

He Y，Li Y，Yang X，et al. 2017. The dietary transition and its association with the cardiometabolic mortality among Chinese adults，1982—2012：a cross-sectional population based study. The Lancet Diabetes and Endocrinology，7（7）：540-548

Lanaspa M A，Kuwabara M，Andres-Hernando A，et al. 2018. High salt intake causes leptin resistance and obesity in mice by stimulating endogenous fructose production and metabolism. PNAS，115（12）：3138-3143

Liu D，He Y，Xiao J，et al. 2021. The occurrence and stability of Maillard reaction products in various traditional Chinese sauces. Food Chemistry，342：128319

Loï C，Cynober L. 2022. Glutamate：A safe nutrient，not just a simple additive. Annual of Nutrition and Metabolism，78（3）：133-146

Neal B，Wu Y，Feng X，et al. 2021. Effect of salt substitution on cardiovascular events and death. New England Journal of Medicine，385（12）：1067-1077

Yu H，Wang R，Zhao Y，et al. 2023. Monosodium glutamate intake and risk assessment in China nationwide，and a comparative analysis worldwide. Nutrients，15（11）：2444

Zhang X，Yuan Y，Li C，et al. 2024. Effect of a salt substitute on incidence of hypertension and hypotension among normotensive adults. Journal of American College of Cardiology，83（7）：711-722

第 14 章　食品标签和营养标识

本章学习目标

1. 了解预包装食品的相关法规。
2. 掌握食品标签中各项目的意义。
3. 能够看懂和设计预包装食品的营养成分表。
4. 熟悉含量声称、比较声称、功能声称三种营养声称的意义和应用要求。
5. 了解营养强化食品、特殊医学用途食品和保健食品等的食品标签要求。

本章课件

随着食品工业的发展，食品销售从传统的杂货店、副食店逐步发展为连锁超市、便利店、电商等现代零售体系，食品的形态也由散装食品快速转型为预包装食品。

预包装食品是指预先包装或者制作在包装材料和（或）容器中的食品，包括预先定量包装及预先定量制作在包装材料和容器中并且在一定量限范围内具有统一的质量、体积及长度标识的食品，也包括预先包装或者制作在包装材料和容器中并且以计量称重方式销售的食品。预包装食品标签的印制有国家相关法规的强制性要求。

根据相关法规规定，食品可以被划分为普通食品、特殊膳食用食品、保健食品等种类。特殊膳食用食品主要包括：①婴幼儿配方食品；②婴幼儿辅助食品；③特殊医学用途配方食品（特殊医学用途婴儿配方食品涉及的品种除外）；④特殊膳食食品（包括辅食营养补充品、运动营养食品，以及其他具有相应国家标准的特殊膳食用食品）。这些食物类别的营养标签有着特殊的规定，营养强化食品强化剂的选用和适用范围也有明确的法规标准。

食品标签、营养标识及各类特殊食品相关法规和知识，是从事食品开发、食品法规、市场监管等职业重要的基础知识，具有极强的实用价值和意义。

14.1　食 品 标 签

14.1.1　食品标签的概念和法规

食品标签指食品包装上的文字、图形、符号及一切说明物。它是消费者了解食品特性，合理选购食品最重要的依据，相当于食品的说明书。食品标签涉及消费者熟悉的食品名称、配料表、保质期等内容，也涉及与食品加工和监管息息相关的食品生产许可证编号、产品标准代号、生产厂家信息等内容。预包装食品必须依法进行标识，标识错误不仅会受到监管部门的处罚，更可能会误导消费者，造成不合理的选购。

预包装食品标签必须遵循《GB 7718—2011 食品安全国家标准　预包装食品标签通则》。该标准适用于直接提供给消费者的预包装食品标签和非直接提供给消费者的预包装食品标签，但是不适用于为预包装食品在储存运输过程中提供保护的食品储运包装标签、散装食品和现制现售食品的标识。

预包装食品标签的基本要求如下所示。

1）应符合法律、法规的规定，并符合相应食品安全标准的规定。

2）应清晰、醒目、持久，使消费者购买时易于辨认和识读，食品标签不应与食品或者其包装物（容器）分离。

3）应通俗易懂、有科学依据，不得标示封建迷信、色情、贬低其他食品或违背科学常识的内容。

4）应真实、准确，不得虚假、夸大，不应使用欺骗性的语言文字、图形、符号等方式介绍食品，也不得利用字号大小或色差误导消费者将购买的食品或食品的某一性质与另一产品混淆。

5）不应以语言文字、图形、符号等方式明示或暗示食品或食品中的某成分或配料具有预防、治疗疾病的作用，非保健食品不得明示或者暗示具有保健作用。

6）应使用规范的汉字（商标除外），可以同时使用繁体字、拼音、少数民族文字和外文。使用繁体字、拼音、少数民族文字和外文时，应符合本标准的要求，强制性标示内容应与规范汉字含义一致（商标、国外经销者的名称和地址、网址除外）。文字的字高和使用要求应符合 GB 7718—2011 中附录 A 的有关规定。

7）一个销售单元的包装中含有多个不同品种独立包装的可单独销售的预包装食品，每件独立包装的预包装食品标识应当分别标注。若透过外包装物能清晰地识别内包装物（容器）上的强制标示内容，可免除在外包装物上重复标示相应的内容。

14.1.2　食品标签的主要看点

在国内生产、加工、销售的预包装食品标签标示内容应包括：食品名称，配料表，生产日期和保质期，储存条件，食品生产许可证编号，产品标准代号，致敏物质提示，营养标签，净含量和规格，生产者和（或）经销者的名称、地址和联系电话，以及其他需要标示的内容。

1. 食品名称

食品名称又称为“食品的属性名称”，一般应清晰地标注在食品包装的醒目位置。它可以帮助消费者判定，该产品属于哪种类型的食品。

食品名称不得随意标识，如相关标准、公告中已规定了某食品的一个或几个名称，应选用其中一种进行标识。例如，根据 GB 19302—2010 相关要求，酸乳类产品的食品名称应使用“发酵乳”“风味发酵乳”等在食品包装上进行标识，而不能使用“酸乳”等俗名。对于无相关标准、公告规定的食品品类，则可以使用食品的“常用名称”或“通俗名称”等，但不得使用容易引起消费者误解的名称。

此外，如果某食品使用了“新创名称”“音译名称”“地区俚语”等特殊名称时，应与“食品名称”标识在同一版面，并且如果这些名称容易引起误解，所用的字体大小不能大于食品名称，且要使用同样的字体颜色进行标识，避免在消费者选择食品时，因为过于特别的名字而进行错误选择。

消费者在选购食品的时候，通过食品名称能够准确辨别食物的真实属性和类别，避免因包装上图片等信息可能带来的误解而错选食品。

图 14.1 给出了某乳饮料的食品标签。尽管该产品看起来是乳白色的液体，很像牛乳，但标签上注明的“产品类型”为“杀菌型乳酸菌乳饮料”，说明其产品类别属于“乳饮料”，而不是牛乳。在乳饮料中，它属于“杀菌型”，故而其中并不含有活的乳酸菌。可见，产品名称对于消

产品类型：杀菌型乳酸菌乳饮料
产品标准号：GB/T 21732
配料：水、生牛乳（添加量：40g/100mL）、低聚果糖（添加量：0.5g/100mL）、木糖醇（添加量：0.5g/100mL）、羧甲基纤维素钠、果胶、柠檬酸、山梨酸钾、阿斯巴甜（含苯丙氨酸）、安赛蜜、保加利亚乳杆菌、嗜热链球菌、食用香精

营 养 成 分 表

项目	每 100 毫升	营养素参考值
能量	99 千焦	1%
蛋白质	1.1 克	2%
脂肪	1.4 克	2%
碳水化合物	1.7 克	1%
钠	100 毫克	5%
钙	39 毫克	5%

储存条件：常温密闭、避光保存　保质期：90 天
允许有少量沉淀，饮用前请摇匀

图 14.1　某乳饮料的食品标签示例

费者选购食品具有重要意义。又如，很多饮品包装上会画新鲜的水果，颜色和浓度也很像果汁，只看图片较难判断产品是纯果汁还是饮料。但是通过食品名称，就能够直接分辨该产品是“纯果汁”还是“果汁饮料”。

2. 配料表

配料表包含了食品中所加入的各种原辅料信息，相当于食品的“简历”。根据配料表，不仅可以了解食品的原辅料、添加剂等信息，配料表的排序更是判断食品品质的重要参考指标。

按照法规要求，配料表应将各种配料按照制造或加工食品时加入量（以质量计）的递减顺序进行排列，加入量不超过 2%的配料可以不按照递减顺序排列。在配料表中的排序越靠前，在食品中的添加量就越多。按图 14.1 所示，该产品第一位的配料是水，第二位才是生牛乳。从配料表中还可以看到该产品所使用的食品添加剂种类。

假如，要购买黑芝麻糊，一款产品的配料表写着“米粉、蔗糖、糊精、黑芝麻……”，而另外一款产品写着“黑芝麻、米粉、蔗糖……”。前几位是“米粉、蔗糖……”的产品，说明里面主要靠淀粉等糖类来填充；而“黑芝麻”排在第一位的产品，说明里面黑芝麻的添加量是最多的，更真材实料。

此外，还有一些饮料会在配料表后标注果汁或牛乳的含量，如“原果汁含量≥20%”“牛乳含量≥30%”等，这种标识称为“配料强调与定量标示”，其标示方式同样需遵循法规要求，具体内容可以参考最新版的 GB 7718—2011。

3. 日期标示和储存条件

日期标示包括“生产日期”和“保质期”，一般标注在食品的外包装上。如果同一预包装内含有多个标示了生产日期及保质期的单件预包装食品时，外包装上标示的保质期应根据最早到期的单件食品的保质期计算。

在日常生活中，生产日期和保质期是人们比较关注的，特别是在选购比较容易变质的食品时，更会仔细核对。但是，仅看生产日期和保质期还不够，还必须重点关注“储存条件”（图 14.2）。因为只有在标注的储存条件下，产品才能有相应的保质期。如无保质温度注明，则默认为室温保存。很多食品出现保质期内变质的现象，很可能就是由于保存不当所引起的。

图 14.2　某食品标签储存条件示例

特别关注：食物的保质期会随环境条件变化吗？

在食品保藏学中有一个经典公式：储藏温度每升高 10℃，食品的腐败速度增加 1 倍，也就是说食品的保质期缩短一半。因此，一杯 4℃保质期 20d 的酸乳，如果放在 24℃的室温下，酸乳的保质期就会变为 20÷2÷2＝5d（24℃−4℃＝20℃，也就是 2 个 10℃，因此除以两个 2），保质期瞬间缩短为 1/4。

反之，如果将可以在室温保存的食物放入冷藏室或冷冻室保存，由于储藏温度下降，往往可以大幅度延长其实际保质期。

4. 食品生产许可证编号和产品标准代号

消费者一般很少关心这两个标识内容，但是作为食品生产者或者监管者，这两个标识内容十分重要，它们代表了食品安全生产的基础条件。

产品标准代号指的是食品加工企业生产某种食品所参照的标准，为强制标注项目，它决定了食品在法规上的属性。图 14.1 中在“产品类型”项目下方注明，该产品执行标准为《GB/T 21732—2008　含乳饮料》。又如，同为饮料产品，生产可可饮料要参考《GB/T 31326—2014　植物饮料》相关标准，而生产果汁饮料则要参考《GB/T 31121—2014　果蔬汁类及其饮料》相关标准。

食品生产许可证编号是食品加工单位可以生产某种食品的资质标号，它一般与产品标准代号相互关联。例如，某工厂要参考《GB/T 31121—2014　果蔬汁类及其饮料》生产一种果汁饮料，工厂的生产许可证中也必须包含“果蔬汁类及其饮料”的生产资质。如果没有相关资质，就需要向当地相关部门申请扩充资质，否则就属于违法生产，产品上市之后会受到处罚。

5. 致敏物质提示

一些食品配料可能导致部分人群产生过敏反应，如用作配料，应在配料表或配料表附近加以提示（图 14.3）。如果因为共用生产车间、共用生产线时，也应提示致敏物质的提示信息。常见的致敏物质包括：鸡蛋、坚果、乳类成分、小麦成分、水产品等。

致敏原信息：本产品含有麸质类谷物及其制品。本产品设备也生产含蛋类及其制品的产品。

图 14.3　某食品标签致敏物质提示示例

6. 营养标签

随着国民对营养健康的日益关注，自 2013 年起营养标签逐步成为食品标签中的重要组成部分，并专门针对不同食品设定了相关标准。特殊膳食类食品应按照 GB 13432—2013 标示主要营养成分及其含量，除此之外的食品，营养标签的标注方式按照 GB 28050—2011 执行。

14.2　食品营养标签

依据《GB 28050—2011　食品安全国家标准 预包装食品营养标签通则》相关内容，营养标签是预包装食品标签上向消费者提供的有关食品营养信息和特性的描述与说明，包括营养成分表、营养声称和营养成分功能声称及其他补充信息，是预包装食品标签的组成部分。

营养素参考值（nutrient reference value，NRV）依据《中国居民营养素参考摄入量》制定，是用于比较食品营养成分含量水平的参考值。营养素参考值百分比（NRV%）指每 100g、每 100mL 或每份食品可食部中某营养素含量占营养素参考值的百分比。表 14.1 列出了部分营养成分的 NRV 数值。

表 14.1　部分营养成分的 NRV 数值

营养成分	NRV	营养成分	NRV
能量	8400kJ	钠	2000mg
蛋白质	60g	膳食纤维	25g
脂肪	60g	维生素 A	800μg RE（视黄醇当量）
饱和脂肪	20g	维生素 C	100mg
碳水化合物	300g	钙	800mg

14.2.1 营养成分表

营养成分表是标有食品营养成分名称、含量及其占营养素参考值百分比的规范性表格。其中所有预包装食品营养标签均需强制标示：能量、蛋白质、脂肪、饱和脂肪（或饱和脂肪酸）、碳水化合物、糖、钠的含量及 NRV%。如对上述营养成分之外的营养素进行营养声称或功能声称，或食品中使用了营养强化剂，也应标注相应营养成分的含量，以及相应的 NRV%。

营养成分表中能量和营养成分的含量一般以每 100g 或每 100mL 标示（表 14.2 左侧），也可用每份可食部中的具体数值来表示（表 14.2 右侧）。当某产品以“每份”进行标示时，要特别注意将不同食品换算为等质量进行比较。

表 14.2　某款食品的营养成分表

项目	每 100g	NRV%	项目	每份（30g）	NRV%
能量	1721kJ	20%	能量	516kJ	6%
蛋白质	23.6g	39%	蛋白质	7.1g	12%
脂肪	10.5g	18%	脂肪	3.2g	5%
饱和脂肪	2.3g	12%	饱和脂肪	0.7g	4%
碳水化合物	54.8g	18%	碳水化合物	16.4g	5%
糖	10.2g	—	糖	3.1g	—
钠	300mg	15%	钠	90mg	4%

消费者通过营养成分表，可以了解食物的营养组成，并对糖、钠、脂肪等需要限量的营养素进行关注，这对部分疾病人群和减肥人群的食物选择具有重要的参考价值。

依据 NRV%的数据，能够快速帮助选择和搭配食物，如 100g 某种食品钠的 NRV%是 50%，也就是说吃 100g 这种食物，就吃掉了一天一半的钠，如果一天的总摄入量超过了 100%，就有可能对健康产生不好的影响，应谨慎选择。

在制作营养成分表时，不仅需要按照 GB 28050—2011 中所强制要求的项目进行标注，还要注意正确排序，并注意数据的界限值和修约要求。

案例：一个标示错误，损失几百万

某食品厂商上市一款新产品，包装印刷完毕后，发现营养成分表中脂肪一栏的数值为“0.3 克”，于是不得不将整批包装材料全部作废，造成几百万损失，这是怎么回事呢？

原来，通过检测或计算得到的营养素数值，必须按照 GB 28050—2011 中相关要求，经过修约并确定“0”界限值后，才能标注在营养成分表中。如标准规定：当每 100g 食物脂肪含量≤0.5g 时，根据“0”界限值要求，营养成分表中脂肪一栏须标示为“0”，而不能标示实际数值。

上述案例中，脂肪数值为“0.3 克”的包装如果上市，则可能面临监管部门的处罚。所以作为食品生产者，必须严格参照相关标准对食品标签进行标示，并通过 2～3 轮内外部审核，否则一个小失误就可能带来巨大损失。

14.2.2 营养素比较声称

营养声称是对食品营养特性的描述和说明，包括含量声称和比较声称。

含量声称是对食品中能量或营养成分含量水平的描述和说明，常见的用语包括“含有”“低”

“不含”等。当食品相关营养成分含量满足 GB 28050—2011 要求时，即可在包装上进行标注。如每 100g 食物蛋白质含量≥12g（20%NRV）时，即可标注“高蛋白质”或“富含蛋白质”；每 100mL 饮料糖含量≤5g 时，即可标注“低糖”。

比较声称是指，与消费者熟知的同类食品相比较，对食物能量或营养成分含量水平变化状况的描述和说明。由于“消费者熟知的同类食品”一般不容易确定，在实际使用时食品生产者往往会和本品牌已上市的某产品进行比较，从而实现比较声称。例如，某酱油厂商 A 产品钠含量为 1200mg /15mL，并且已经上市几年时间；现在要研发一款同类新产品 B，只要其钠含量较 A 产品减少 25%及以上（钠含量≤900mg/15mL），即可标注“减少盐”产品。

营养声称能够促进食品生产商改进产品以实现新卖点，同时帮助消费者更好地选择具有健康特点的产品，是推进“三减三健”等健康政策落地的重要抓手。

特别关注：如何通过食品标签上的钠含量来选择盐含量较低的产品？

我国营养标签法规强制标示钠含量数据。食物的钠含量中综合了食盐（氯化钠）、小苏打（碳酸氢钠）、食用碱（碳酸钠）等多种来源的钠。

用钠含量换算盐含量的方式是：1000mg 钠≈2.5g 盐。

有些产品号称“减盐”，但仅仅是比本品牌的同系列产品减盐至少 25%，但和其他产品相比，很可能并没有优势。至于“轻盐”“淡口”“薄盐”之类语意模糊的说法，并不受到法规管理，其产品是否真的钠含量更低，还需要细看钠含量数据。

总之，需要控制盐摄入量的消费者，在购买食物的时候，最好在品质相近的同类产品中优先选择钠含量较低的品种。

14.2.3 功能声称

营养成分功能声称是对某营养成分可以维持人体正常生长、发育和生理功能等作用的描述或说明。当某营养素成分的含量标示值符合 GB 28050—2011 相关要求时，即可使用标准附录中相应营养成分的一条或多条功能声称标准语在包装上进行标识，以强调该食品的健康价值，但不能进行任何形式的删改、添加和合并。

例如，某液体产品中维生素 C 为 10mg/100mL（＞7.5%NRV），达到“含有维生素 C”声称含量标准，即可在包装上标注下述功能声称标准语的一条或几条。

特别关注：维生素 C 的功能声称应当怎么说？

维生素 C 的功能声称标准语包括以下 5 条：

1）维生素 C 有助于维持皮肤和黏膜健康。

2）维生素 C 有助于维持骨骼、牙龈的健康。

3）维生素 C 可以促进铁的吸收。

4）维生素 C 有抗氧化作用。

5）维生素 C 有助于维持免疫系统的正常生理功能。

然而，如果在产品标签上印上“维生素 C 可以美白”等字样，即违反了相关法规，可能引起相关部门的处罚和消费者的赔偿要求。

资料链接：

查阅中国营养学会团体标准《T/CNSS 018—2023 预包装食品血糖生成指数标示规范》。

14.3 营养强化食品

根据不同人群的需要，为保持食品原有的营养成分，或者为了补充食品中所缺乏的营养素，向食品中添加一定量的食品营养强化剂，以提高其营养价值，这样的食品称为营养强化食品。

14.3.1 概述及相关法规

营养强化是营养学上常用的营养干预方法，它具有广泛的应用范围，是提供必要营养支持的有效手段。营养强化的主要目的如下所示。

1）弥补食品在正常加工、储存时造成的营养素损失。

2）在一定的地域范围内，有相当规模的人群出现某些营养素摄入水平低或缺乏，通过强化可以改善其摄入水平低或缺乏导致的健康影响。如改善贫困地区铁缺乏的铁强化酱油，或是针对大部分人群的碘盐，都是经典的解决地域性人群营养问题的强化食品。

3）某些人群由于饮食习惯和（或）其他原因可能出现某些营养素摄入量水平低或缺乏，通过强化可以改善其摄入水平低或缺乏导致的健康影响。如老年人进食能力下降，容易缺乏多种营养素，往往需要通过营养强化食品进行改善。

4）补充和调整特殊膳食用食品中营养素和（或）其他营养成分的含量。如婴幼儿配方乳粉、婴幼儿辅食食品都属于特殊食品，有专门的法规要求，往往都需要使用营养强化剂来进行强化，以满足各类营养素的含量要求。

我国营养强化食品最主要的法规是《GB 14880—2012　食品安全国家标准 食品营养强化剂使用标准》，其中对营养强化的主要原则进行了规范，并且详细列举了各种营养强化剂的使用范围、使用量及化合物来源等信息。

14.3.2 营养强化原则

GB 14880—2012 中对于食品强化剂的使用原则、可强化食品类别都有明确要求。所以，并不是所有的食品都推荐进行营养强化，也不是所有的营养素都建议进行强化。营养强化应遵循以下原则。

1. 营养强化剂的使用要求

1）营养强化剂的使用不应导致人群食用后营养素及其他营养成分摄入过量或不均衡，不应导致任何营养素及其他营养成分的代谢异常。如大量摄入后容易引起中毒的维生素 A、维生素 D 等脂溶性营养素，在强化时要特别注意添加剂量的问题。

2）营养强化剂的使用不应鼓励和引导与国家营养政策相悖的食品消费模式。如在“三减三健”的政策下，不提倡在盐、糖等需要严格控量的产品中进行大量营养素强化。

3）添加到食品中的营养强化剂应能在特定的储存、运输和食用条件下保持质量的稳定。强化某种营养素时，可以选择多种化合物进行强化，要根据食物的体系特点进行选择。如碱性的食品体系进行维生素 C 强化时，就不宜使用 L-抗坏血酸，而建议使用 L-抗坏血酸钠或 L-抗坏血酸钾等形态的化合物。

4）添加到食品中的营养强化剂不应导致食品一般特性，如色泽、滋味、气味、烹调特性等发生明显不良改变。

5）不应通过使用营养强化剂夸大食品中某一营养成分的含量或作用误导和欺骗消费者。营养强化食品确实具有一定的营养健康作用，在宣传时要符合相关的法规要求，不能夸大宣传。如经过营养强化后，某种营养素达到功能声称的要求，必须按照 GB 28050—2011 规定的声称标准语，不得夸大宣传。

2. 可强化食品类别的选择要求

1）应选择目标人群普遍消费且容易获得的食品进行强化。在选择营养强化载体的时候，优先建议选择日常经常食用的食物，常见的营养强化载体包括面粉、面条、牛乳等，而较少选用地域性明显的水产品等食物。

2）作为强化载体的食品消费量应相对比较稳定。

3）我国居民膳食指南中提倡减少食用的食品不宜作为强化的载体。

14.3.3 食品标签要求

根据 GB 28050—2011 的相关要求，当预包装食品使用了营养强化剂时，应在营养成分表中标示该营养成分的含量。规定了营养素参考值的，应标示该营养成分的 NRV%。所以，营养强化食品营养成分表强制标注的营养素，除了常规的项目外，还必须标注进行了营养强化的营养素相关数值。

14.4 特殊医学用途配方食品

14.4.1 概述及相关法规

特殊医学用途配方食品属于特殊膳食用食品，它是为了满足进食受限、消化吸收障碍、代谢紊乱或特定疾病状态人群对营养素或膳食的特殊需要，专门加工配制而成的配方食品。该类产品必须在医生或临床营养师指导下，单独食用或与其他食品配合食用。特殊医学用途配方食品的配方必须以医学或营养学研究结果为依据，安全性和临床应用（效果）都必须经过科学证实。

特殊医学用途配方食品分为以下 3 种类型。

1）全营养配方食品，可以作为单一营养来源满足目标人群营养需求。

2）特定全营养配方食品，可以作为单一营养来源满足目标人群在特定疾病或医学状况下营养需求。其包括：糖尿病，呼吸系统疾病，肾病，肿瘤，肝病，肌少症，创伤、感染、手术及其他应激状态，炎性肠病，食物蛋白过敏，难治性癫痫，胃肠道吸收障碍、胰腺炎，脂肪酸代谢异常，肥胖、减脂手术等全营养配方食品。

3）非全营养配方食品，可以满足目标人群部分营养需求，不适合作为单一营养来源。

对于 1 岁及以上人群，特殊医学用途配方食品的设计、生产须参照《GB 29922—2013 食品安全国家标准 特殊医学用途配方食品通则》执行。

14.4.2 食品标签要求

特殊医学用途配方食品的标签首先需要遵循《GB 13432—2013 食品安全国家标准 预包装

特殊膳食用食品标签》要求，强制标示能量、常规营养素及强化的营养素含量，同时还必须标示食用方法、适宜人群及储存条件等内容。

此外，特殊医学用途配方食品还必须在标签中对产品的配方特点或营养学特征进行描述，并应标示产品的类别和适用人群，以及“不适用于非目标人群使用”“请在医生或临床营养师指导下使用”“本品禁止用于肠外营养支持和静脉注射”等特殊标示内容。

14.5 保 健 食 品

14.5.1 概述及相关法规

保健食品属于特殊食品，是指声称具有保健功能或以补充维生素、矿物质等营养物质为目的的食品。保健食品即适宜特定人群食用，具有调节机体功能，不以治疗疾病为目的，并且对人体不产生任何急性、亚急性或慢性危害的食品。

目前保健食品实施注册和备案相结合的分类管理制度。

注册制度是保健食品传统的申请审批制度，其审批周期长、投入大，需要提交大量的标准化研究证据。一般来说，保健食品注册周期为3～5年，注册费用需要100万～200万元。注册证书有效期为5年。

鉴于保健食品注册制度的高成本，2016年国家食品药品监督管理总局出台《保健食品注册与备案管理办法》，并于2020年修订，明确符合以下标准的产品可以采取备案制度，免除实验环节，提交相关申请材料后，经审批通过可以获得保健食品资质。

1）使用的原料已经列入保健食品原料目录的保健食品。

2）首次进口的属于补充维生素、矿物质等营养物质的保健食品。

其中，保健食品原料目录包含：营养素补充剂、辅酶Q10、破壁灵芝孢子粉、螺旋藻、鱼油、褪黑素等。

此外，对于以下类别的食品，仍应按照相关法规流程，申请保健食品注册。

1）使用保健食品原料目录以外原料的保健食品。

2）首次进口的保健食品（属于补充维生素、矿物质等营养物质的保健食品除外）。

14.5.2 食品标签要求

根据《保健食品标识规定》相关要求，保健食品标识与产品说明书中，保健食品名称、保健作用、功效成分、适宜人群和保健食品批准文号必须与国家市场监督管理总局颁发的“保健食品批准证书”所载明的内容相一致。

同时，《关于规范保健食品功能声称标识的公告》明确了保健食品功能声称标识的有关事项。其中特别强调，未经人群食用评价的保健食品（营养素补充剂产品除外），应在“保健功能”项下保健功能声称前增加“本品经动物实验评价”的字样，标注为“[保健功能]本品经动物实验评价，具有×××的保健功能”。其保健功能应按照2023年版《允许保健食品声称的保健功能目录 非营养素补充剂》要求进行标注。

营养素补充剂产品不涉及动物实验和人群食用评价，保健功能声称标识不变。根据《允许保健食品声称的保健功能目录 营养素补充剂（2023 年版）》要求，保健功能应按照现行的《GB 28050—2011　食品安全国家标准 预包装食品营养标签通则》内容进行标注。

本章热点问题：营养素度量法

食物营养素度量法（nutrient profiling），是以多种营养素的组成为依据，对食物的营养价值进行综合分级的评价方法。比起单纯比较食物能量或某一种营养素含量的做法，这种评价方法更注重食物的营养素密度，以及食物对预防多种慢性疾病的综合效果，有利于在相同品类中优选出营养素富集或有利于防控慢性疾病的食品。

营养素度量法目前有多种模型，其中根据营养评价的目标需求，纳入了不同种类的营养素。当建立相关模型时，一般会综合考虑有益营养素（如维生素、矿物质等）、过多摄入时可能具有负面健康作用的营养素（如脂肪、糖、钠等），以及果蔬、坚果、全谷物等具有明确健康益处的食物种类，同时还往往会考虑食物的能量密度。

目前主流的营养素度量法模型，大多涉及对“有益”或“限制”的食物成分进行评分，或以二者结合取总分的方式，对食物营养价值进行综合评价。对于各种成分的含量，有连续模型（按各评价成分的含量计算分值），有分段模型（按含量划分为几个级别计算分值），也有阈值模型（按达到或不达到某个含量标准来分类）。

营养素度量法模型建立时，也要预判其应用效果，需要综合考虑经济、饮食行为改变、口味和愉悦程度等因素。常用做法是根据营养素度量法的评价结果，以不同颜色、不同推荐标志等方式，对食品进行健康相关的标注，使消费者能够最直观地了解食品的健康价值。

总之，营养素度量法的最终目的，是能够成为一个向消费者传递实用和有价值信息的途径，在消费者选择食品时，提供一个简单、方便的参考信息，帮助他们做出最理性的选择。

本章深度思考

1. 是否配料表越简单、越“干净”，并且不含有食品添加剂，就意味着食物的健康品质更高？
2. 如何综合配料表和营养成分表的信息来选择营养价值更高的食物？
3. 如果你是食品生产企业的工作人员，在哪些情况下可以为产品做营养声称？

本章课程活动

1. 去超市的零食货架，找到 10 种薯片、锅巴、沙琪玛、饼干等零食，查看其中的营养成分表是按什么重量标注的。“每份”的重量如果不是 100g，是否和该产品的包装重量一致？如果两者不一致，这种做法是否符合国家标准？

2. 去超市找到含有“部分氢化植物油”或“植物起酥油”配料的至少 3 款食品，查看其“反式脂肪酸”的含量是多少。对照 GB 28050—2011 中的相关内容，说明为什么要标注反式脂肪酸含量，标在什么位置，为什么很多产品标注的含量都是零。

3. 在超市中找到至少 3 款宣称“含有”或“富含”某种维生素或矿物质的食品。按其营养成分表中的数据进行计算，其维生素或矿物质的含量是否达到了许可标注“含有”或“富含”的标准？

4. 在超市或药店中找到至少 3 款保健食品，查看其保健食品标志，以及产品的配料表和营养成分表。检查其是否符合相关法规的规定。

5. 在超市中找一款非知名企业制作的食品，为其设计新的食品标签，包括营养标签。说明这款产品有什么营养优势，如何按符合法规的方法来凸显其营养方面的优势。

关键解读

本章参考文献

国家市场监督管理总局. 2016. 保健食品注册与备案管理办法：国家食品药品监督管理总局令 2016 第 22 号.（2016-02-26）[2023-11-20]. https://www.samr.gov.cn/cms_files/filemanager/samr/www/samrnew/samrgkml/nsjg/fgs/202011/W020211116565338040119.pdf

国家市场监督管理总局. 2018. 总局关于规范保健食品功能声称标识的公告：国家食品药品监督管理总局令 2018 第 23 号.（2018-02-13）[2023-11-20]. https://www.samr.gov.cn/tssps/zcwj/art/2023/art_418a2e57382b4639addd0d6296848ed8.html

国家市场监督管理总局. 2023. 保健食品原料目录 营养素补充剂（2023 年版）：国家食品药品监督管理总局令 2023 第 22 号.（2023-06-14）[2023-11-20]. https://www.samr.gov.cn/cms_files/filemanager/1647978232/attach/20236/e022b02030bf49d394d030b1eff4edad.pdf

刘丁，葛宇. 2012.《GB 7718—2011 食品安全国家标准预包装食品标签通则》解读及食品标签常见问题解析. 食品工业科技，33（16）：28-30

王姝，单晓晖，邢程，等. 2015. 解析《保健食品注册与备案管理办法》. 中国卫生产业，12（35）：197-198

张坚，赵文华，陈君石. 2009. 营养素度量法—— 一个新的食物营养评价指标. 营养学报，31（1）：1-5

第 3 部分　膳食结构和膳食指南

预备知识　食物系统

获得充足的食物，保证合理的营养，是基本人权的一部分。营养来自于食物，而食物则来自于人与自然共存的生态系统。因此，在宏观水平上来说，保证国民的营养供应，同时保证生态系统的稳定可持续状态，绝不仅仅是提供营养素的知识和食物营养的数据那么简单。

人类的食物供应系统，即食物系统（food system），是指由食物从生产到消费的全部链条所组成的一个复杂网络。其中包括了食物生产、采集、储藏、运输、加工、分配、消费和废弃等环节。因而，食物供应会受到从土地到餐桌过程中各个因素的影响，受到自然环境、经济发展、国家政策的影响，也与食品相关的各种知识、信念、态度等因素相关。反过来说，食物的生产和消费活动，也会影响地区和全球的资源利用、气候变化、可持续发展，从而长远地影响人们的健康和福祉。

食物系统不仅影响人类的生存与发展，更在营养与健康、食物供应链与全球贸易、文化与传统等方面起着举足轻重的作用。近几十年来，世界各国人口不断增长，城市化进程加速，膳食结构变化，同时伴随着全球气候变化、生态环境破坏和自然资源枯竭等问题，加之近年来出现的新冠病毒全球大流行和地缘冲突等问题，为全球食物系统的运转和可持续性发展带来了巨大压力。

构建符合我国国情的可持续食物系统，对保障我国粮食安全（food security）、国民营养与健康、生态平衡与自然资源至关重要。

1. 粮食安全

粮食安全是食物系统管理最重要的目标。在过去的几十年里，世界各国，特别是发展中国家的食物系统不断发展，食物供给的公平性和安全保障不断提高。但由于 2019 年以来新冠疫情延宕反复、气候变化和局部地区冲突等因素的影响，致使全球饥饿人数增加，粮食安全形势严峻。

据 FAO 和 WHO 等联合发布的《2023 年世界粮食安全和营养状况》，2022 年全球有 6.9 亿～7.8 亿人面临饥饿，较 2019 年新冠疫情暴发前增加了 1.22 亿。同时，全球有 24 亿人无法持续性地获得食物，约占全球人口总数的 29.6%；近 31 亿人无力负担健康膳食，其中约有 9 亿人处于重度粮食不安全状况。全球约有 4500 万 5 岁以下儿童处于消瘦状态，主要是营养摄入不足、营养吸收不良和疾病所造成。与此同时，城市地区和富裕家庭儿童超重的风险日益升高，在全球范围内，5 岁以下儿童超重发生数量从 2000 年的 3330 万上升至 2020 年的 3890 万。在西亚、加勒比和非洲部分区域，饥饿人数仍在攀升，非洲大陆每 5 人中就有 1 人处于饥饿状态。

获得充足食物是基本人权之一。我国政府始终把解决人民吃饭问题作为治国安邦的头等大事，党的二十大报告也把确保粮食安全列为国家安全战略的重要组成部分。新中国成立初期，我国曾多次面临食物安全和供给不足问题的冲击。改革开放 40 多年以来，我国粮食总产量大幅增长，从 1978 年的 3 亿吨提高至 2022 年的 13 亿吨。人均占有粮食量从 1977 年的 297kg 上升到 2022 年的 486kg 。我国用占全球 9%的耕地、6%的淡水资源，养活了占全球近 20%的人口，粮食安全保障取得了举世瞩目的成就。随着全民从饥饿到温饱再到小康的历史性巨变，14 亿人的生活质量和营养水平显著提升，这是我国人权状况不断改善的实证。

特别关注：我国食物供应的稳定性

2020～2022年，由于新冠疫情的影响及俄乌战争的干扰，包括日本、欧盟等多个国家和地区在内，食物价格普遍上涨。部分发展中国家的饥饿人群数量增加。特别是小麦、玉米、油料等大宗农产品价格的上涨，又会带来其他产品的价格轮番上涨，影响经济和民生。而我国近年来农业生产持续丰收，食品供应充足、价格稳定，成为社会稳定的重要基础。为了实现食物稳定供应的目标，我国历代农业和食品工作者付出了巨大努力。

近年来，随着我国的经济发展，国内食物消费不断升级，居民对食物的需求由"吃得饱"向"吃得好"和"吃得健康"转变，带来了从"高产"到"优质""多样化"等新要求，需求侧动态变化与供给侧调整不匹配等问题日益突出。与此同时，我国国民的膳食模式日益趋向于西方发达国家的状态，其中肉类食物消费量已经超过世界平均水平，油脂摄入量过高，肉蛋乳等动物性蛋白质消费上升使得我国对饲料粮的国际市场依赖度增强，油脂产品依赖进口的比例较大，给我国粮食安全带来了新挑战。

2. 食物系统与生态环境

人类的生存和发展需要足够的食物供应，得到合理营养是基本人权之一。但随着人类种群数量的激增，以及经济发展带来的消费升级需求，对食物的需求不断增加。不合理的食物生产是导致生态环境恶化和自然资源枯竭的重要原因。

森林、草原等自然生态系统被开发为农田和牧场后，会造成物种多样性锐减，单位面积制氧量下降。氮肥和磷肥的过度使用可能导致湖泊和沿海地区水质富营养化。食物生产还会造成温室气体的排放和淡水的消耗，约占全球总温室气体排放量的30%，总淡水消耗量的70%。首先，把森林、草原等开发为农田会减少地表的植物覆盖，从而减少了氧气的产生和二氧化碳的吸收；其次，食物生产所需的肥料、农田产生的废物、农用器械的使用也会增加二氧化碳的排放；最后，动物的养殖本身也会造成二氧化碳的排放。

按照生态系统的规律，生物在食物链上的级别越高，生态效率就会越低。相比于粮食、豆类等农作物生产，动物养殖会造成更多温室气体排放。从二氧化碳排放数量和土地使用量的角度比较，各种食物生产的排序是：牛肉≫猪肉＞鸡肉＞蛋类＞各种植物性食品。可见，摄入过多的动物性食品，特别是红肉类，对降低碳排放是不利的。

比较不同地区的食物摄入状态，北美地区的肉类总量、乳类、蛋类摄入量均居于世界最高水平，其中红肉的人均摄入量更是遥遥领先；欧洲和拉丁美洲分别占据肉蛋乳摄入的第二、第三位。可见，发达国家在食物造成的碳排放方面领先于全球。

鉴于膳食模式与气候和生态环境的改变有着密切的关系，食物生产、膳食模式和生态环境的可持续发展显得尤为重要。也就是说，在选择一个国家和地区的膳食模式时，不仅要考虑食物营养和健康的关系，更要广泛地考虑膳食对生态环境和自然资源的影响。

国民的膳食质量与食物系统密切相关。合理的膳食模式可减少温室气体排放量和土地需求量，保证食物系统可持续发展。与大量消费红肉的传统西方膳食相比，富含蔬菜、水果的地中海膳食模式和以植物性食物为主的膳食模式是低碳排放、健康可持续的饮食模式。

2019年发表的《EAT-柳叶刀可持续食物体系及健康饮食委员会特别报告》提出了一种全新的膳食模式，即"星球健康膳食结构（planet health dietary pattern）"。其中推荐每日只吃0～14g的红肉类食物，并且加大了对大豆、淀粉豆类和花生等植物性蛋白质来源的推荐摄入数量。这种膳食模式的意义在于每年可降低全球范围内1160万人早亡、减少温室气体排放、保护更多的土地和水资源、保护物种多样性，使人类和地球上其他生物和谐相处，实现“互利共赢”。

虽然可持续食物系统和膳食模式有利于人类健康和生态环境保护，但实现从现有膳食模式到可持续饮食模式的转换是一项艰巨的任务，需要综合考虑食物系统、饮食、人类健康和环境之间的复杂联系。食物系统可持续发展的管理办法必须适应不同国家、社区和家庭的不同需求。推动食物系统向可持续方向转变，需要从各层面探索支持方式，包括加强营养膳食知识的宣传教育，加强对不同食物生产和流通的宏观规划，对不健康、不环保的食物增税；加强对环境友好型食物生产的政策支持；等等。

3. 健康饮食与食物浪费

食物的损耗和浪费广泛存在于食物系统的各个环节，包括采收中的损失、仓储中的损失、加工中的损失、流通中的损失、餐饮单位的浪费，以及家庭中的浪费等。当今，全球食物损耗和浪费的现象十分普遍，是食物系统可持续发展面临的一大问题。根据 FAO 统计，全球每年有 13 亿吨食物被损耗和浪费，相当于人类每年消费食物总量的 1/3，造成的直接经济损失超 9400 亿美元。

食物损耗和浪费不仅意味着食物生产时资源投入的无效消耗和温室气体的大量排放，而且被废弃食物经处理（如焚烧、填埋、堆肥，用于生物柴油、沼气和饲料生产）后可能会产生大量温室气体，加剧气候变化。全球温室气体排放量的 8%～10%与食物损耗和浪费有关，由食物浪费造成的气候和环境影响占所有类型的 20%～30%。因此，减少食物损耗和浪费已经成为应对气候变化、保障粮食安全和维持食物系统可持续发展的重要战略。

我国每年仅农户产后的粮食损耗量就达 3500 万吨，相当于一个产粮大省的年产粮总量。粮食全产业链总损耗率约为 12%。此外，《中国城市餐饮食物浪费报告》显示，我国每年仅餐饮业餐桌的粮食浪费量就达 1800 万吨，相当于 5000 万人一年的食物量。

在降低食物损耗方面，应完善节粮减损的顶层设计，构建全产业链统筹，采取综合措施降低粮食生产、流通、储存、加工等过程中的损耗浪费。在减少食物浪费方面，我国于 2013 年 1 月发起公益活动“光盘行动”，该活动倡导厉行节约，反对铺张浪费，主张餐厅不多点、食堂不多打、厨房不多做，带动大家珍惜粮食、吃光盘子中的食物，得到从中央到民众的支持。2020 年 8 月，习近平总书记作出重要指示，强调坚决制止餐饮浪费行为，切实培养节约习惯，在全社会营造浪费可耻、节约为荣的氛围。2021 年 4 月，《中华人民共和国反食品浪费法》正式施行，防止食物浪费自此有法可依。

特别需要了解的是，广义的食物浪费涵盖了两个方面：一方面，在采收、运输、销售及储藏等食物链各环节中所损失的食物，包括在餐饮环节和居民家庭中的食物浪费，这是容易看到的显性浪费；另一方面，是因为不合理的食物结构和不健康的饮食习惯所造成的食物浪费，这是人们不易察觉的隐性浪费。

传统的西方膳食中，肉类占比过高，豆类、全谷物、蔬菜的占比不足，这与多种慢性疾病风险上升之间有着密切联系。多项研究提示，适度增加植物性蛋白质的比例，有利于降低全因死亡率，减少糖尿病和心血管疾病的发生风险。

我国自改革开放以来，由于粮食总产量增加、食物种类不断丰富、加工食品比例上升，居民膳食结构趋于多元化和复杂化。发达国家中流行的高油高盐高糖快餐、饮料、甜点和零食涌入国内市场，改变了年轻人的膳食习惯和食物结构。在我国部分发达地区的部分人群中，目前也出现了动物性食物过量、红肉摄入多、烹调油消费量高、含糖饮料消费水平上升，但全谷物、豆类、水果和蔬菜及乳类摄入比例严重不足的趋势。与此同时，居民的超重、肥胖问题日益显著，糖尿病、心脑血管疾病的发病上升趋势尚未得到有效遏制。

从食物系统角度来说，趋向西方化的膳食结构是营养不平衡的，不仅造成食物资源的额外消耗，而且会增加疾病的风险，增加医疗系统的负担，带来更多的资源消耗。以天然植物性食物为主，适度消费动物性食品、少量加工食品、高营养素密度的多样化膳食结构，可以最大限度地促进健康，防控肥胖和多种慢性疾病；同时也可以减少碳排放，节约食物资源和医疗资源，减少生态环境的负担。因此，从逻辑上说，健康饮食就是减少隐性食物浪费的行动。

总之，从食物系统角度来看，一方面，人类要发展可持续的食物生产；另一方面，要通过健康教育和各种政策，推动健康的食物消费，减少显性和隐性的食物浪费，使食物的生产消费与人的健康需求相协调，从而最大限度地实现人与自然的和谐共生。

主要参考文献

高利伟，成升魁，曹晓昌，等. 2015. 食物损失和浪费研究综述及展望. 自然资源学报，30（3）：523-536

杨东霞，韩洁，王俏，等. 2021. 减少粮食损耗和反对食物浪费的国际经验及对中国的启示. 世界农业，506（6）：62-71

周应恒，王善高，严斌剑. 2022. 中国食物系统的结构、演化与展望. 农业经济问题，1：100-113

朱满德，李成秀，程国强. 2023. 保障国家粮食安全：在增产与减损两端同时发力. 农业现代化研究，44（2）：222-232

Willett W，Rockström J，Loken B，et al. 2019. Food in the Anthropocene：the EAT-Lancet Commission on healthy diets from sustainable food systems. The Lancet，393（10170）：447-492

第 15 章 膳 食 结 构

本章学习目标

1. 掌握膳食结构的概念和意义。
2. 了解世界上主要类型膳食结构的特点。
3. 掌握我国目前膳食结构特点及发展目标。
4. 熟悉几类典型的健康膳食模式。
5. 认识膳食结构与碳中和的关系。

本章课件

膳食结构（dietary pattern）也称为食物结构，是一个国家、地区或个体日常膳食中各类食物的种类、数量及其在膳食中所占的比例，以及由此引起的能量和各营养素供应模式。

15.1 膳食结构概述

15.1.1 膳食结构的概念

膳食结构的形成是一个长期的过程，受一个国家或地区自然环境条件、人口、农业生产、食品加工、饮食习惯、生产力发展和科学文化知识水平等多方面因素的影响。不同历史时期、不同国家或地区、不同社会阶层的人们，膳食结构存在很大的差异。膳食结构不仅能直接反映人们的日常饮食习惯和生活水平，同时也能间接反映一个民族的传统饮食文化、一个国家或地区的经济发展水平和环境资源等多方面的情况。

根据膳食结构的概念，可以通过各类食物所提供的能量及各种营养素的数量和比例来衡量膳食结构是否合理，也可以据此推断一个国家和地区的疾病谱。理想的膳食结构应该是各营养素供应充足、各类食物类别平衡合理。

由于影响膳食结构的因素是逐渐变化的，所以膳食结构并不是一成不变的，通过适当的干预和正确的引导可以促使其向更有利于健康的方向发展。

15.1.2 世界各国的膳食结构

由于资源、环境、人口、经济发展水平等因素的差异，世界不同国家和地区的食物供应和营养素摄入有很大差异。表 15.1 中列出了按收入划分不同地区居民几类食物的摄入量，可见高收入和中高收入地区的水果、乳类和红肉摄入量较高，而低收入地区除全谷物之外其他食物的摄入量均相对较少。

表 15.1　按收入划分的不同地区的部分重要食物类别摄入量　　　（单位：g/d）

食物类别	全球平均	高收入地区	中高收入地区	中低收入地区	低收入地区
水果	79.9	118.1	95.1	51.8	68.6
蔬菜	180.8	157.3	226.6	157.9	120.9
豆类	25.9	24.5	24.8	25.8	33.9
坚果	7.9	8.0	9.3	5.6	12.0
全谷物	49.0	30.1	19.0	84.2	58.3
鱼类	28.2	29.3	34.3	22.2	26.1
乳类	200.5	499.2	186.2	116.7	81.9
红肉	49.9	53.1	87.3	19.0	16.0

资料来源：Tufts University，2019

根据膳食中动、植物性食物所占的比例，世界各国的膳食结构可以分为以下几种类型。

1. 以植物性食物为主的膳食结构

该膳食结构也称“温饱型膳食模式”，以植物性食物为主，动物性食物为辅。大多数发展中国家如印度、巴基斯坦、孟加拉国和非洲一些国家等均属于此种类型。该膳食结构的特点是能量基本可满足人体需要，但植物性食物提供的能量占总能量的 80%以上，动物性蛋白质达不到蛋白质总量的 30%，食物多样化程度不足。这类膳食结构易导致优质蛋白质不足，铁、钙、维生素 A 等营养素摄入不足，以致儿童生长迟缓高发，存在消瘦、缺钙和贫血等问题。如巴基斯坦 2018 年国家营养调查发现，5 岁以下儿童的生长迟缓率高达 40.2%，因营养不良而消瘦的孩子占 17.7%，维生素 A 缺乏的孩子占 51.5%，维生素 B_{12} 缺乏的孩子占 25.1%；青春期少女贫血率高达 54.7%，孕妇贫血率为 35.5%。然而，对于大部分已经满足温饱的国家来说，在成年人中，营养不良和肥胖问题往往同时存在。例如，巴基斯坦 15～49 岁人群的低体重率为 14.5%，超重率为 24.2%，肥胖率为 13.9%。

2. 动物性食物丰富的膳食结构

多数欧美发达国家如美国及西欧、北欧诸国的典型膳食结构具有“三高一低”（高能量、高脂肪、高蛋白、低膳食纤维）的特点，肉类消费量大是其特征（表 15.2），乳类及食糖的消费量也较大，但谷类和蔬菜的消费量较小。其优点是蛋白质、多种 B 族维生素、锌、铁等供应充足，但容易出现能量过剩、饱和脂肪过多，膳食纤维和植物化学物摄入不足的问题，导致肥胖、高血压、冠心病、糖尿病等营养过剩性慢性病发病率上升。

表 15.2　部分文献研究中欧洲国家成年人的肉类人均摄入量

国别	调查年份	年龄范围	人均摄入量/（g/d）	男性/（g/d）	女性/（g/d）
捷克及斯洛伐克	2003～2004	16～64	187	—	—
丹麦	2011～2013	18～75	160	201	123
芬兰	2012	25～64	211	258	163
德国	2005～2006	19～64	165	233	79
爱尔兰	2008～2010	18～64	134	165	102
意大利	2010～2013	18～65	161	178	144
立陶宛	2007	19～65	180	207	159
荷兰	2007～2010	19～69	110	133	88
瑞典	2010～2011	18～64	93	111	75
英国	2008～2012	19～64	190	218	163

资料来源：Cocking et al.，2020

因此，发达国家的营养建议往往强调减少过多的动物性食物，特别是红肉类食物，减少精制糖和甜饮料的摄入，而增加水果、蔬菜和植物性蛋白质和膳食纤维的供应。例如，在2000～2001年，英国成年男性的红肉和加工肉制品的每日摄入量分别为48g和41g，总肉类摄入量为129g；女性分别为30g和22g，总肉类摄入量为82g。英国在2016～2019年国家膳食和营养调查中发现，19～64岁人群的红肉和加工肉日均摄入量为70g左右，并未显著下降；蔬菜、水果摄入不足的问题仍未解决，在19～64岁人群中平均每日摄入果蔬4.3份，仅有33%的人能满足每日5份果蔬的推荐要求。

3. 动植物食物平衡的膳食结构

该膳食结构以日本为代表，是一种动植物食物相对均衡的膳食结构。其特点是谷类食物的消费量平均每天300～400g，鱼肉类食物的消费量平均每天150～200g，其中海产品比例接近一半，乳类100g左右，蛋类和豆类各50g左右，食物多样化程度较高（表15.3）。

表15.3 2019年日本20岁及以上成年人的各类食物人均摄入量 （单位：g/d）

大类	谷类			薯类		糖	豆类		蔬菜			水果	
亚类	米及米加工品	面及面加工品	其他谷类食物	薯类及加工品	淀粉加工品	糖及甜味剂	大豆及豆制品	其他豆类	绿黄色蔬菜	其他蔬菜	蔬菜加工品	鲜水果	水果加工品
摄入量	297.5	102.7	10.4	47.1	2.9	6.5	63.1	1.5	85.1	172.9	22.4	92.0	8.2
大类	菌类	藻类	水产动物		肉类			乳类	蛋类	油脂	点心	饮料	调味品
亚类			鲜鱼贝类	鱼贝加工品	畜肉	禽肉	内脏						
摄入量	17.6	11.1	39.5	29.0	68.6	30.8	1.5	110.7	41.4	11.4	24.4	673.5	64.9

注：饮料中包括了茶、咖啡、酒类等所有类型

资料来源：日本厚生劳动省，2019

日本国民的能量和脂肪的平均摄入量低于欧美发达国家，平均每天能量摄入为7.49MJ（1900kcal）左右；蛋白质在70g左右，其中动物性蛋白质占总蛋白质的50%左右；碳水化合物在250g左右；脂肪为60g左右（表15.4）。该膳食模式在满足能量需要的同时，宏量营养素供能比较为合理，其中碳水化合物供能比为52.2%，脂肪供能比为29.0%，蛋白质供能比为18.8%。该膳食模式保持了东方膳食的传统特点，摄入较充足的碳水化合物，重视蔬菜、豆类和薯类的摄入，能够获取较为丰富的膳食纤维；同时也吸取了欧美国家膳食的长处，摄入适量的肉类和乳类，可获得较为充足的血红素铁和钙。特别值得注意的是，日本膳食摄入的油脂不多，烹调少油，而且摄入较多海产品，保持了较为理想的脂肪酸结构，ω-6和ω-3脂肪酸比例合理，有利于预防心脑血管疾病和癌症的发生。不过，日本膳食中长期存在钠摄入量过高的问题。为了预防脑卒中等疾病，日本营养界多年来宣传减盐，并取得了一定成效，但目前人均每日摄入食盐量为9.7g，仍高于有利于预防脑卒中等疾病的合理数值。

表15.4 2019年日本20岁及以上成年人的能量和宏量营养素人均摄入量

营养素	能量/kcal	蛋白质/g	脂类/g	饱和脂肪酸/g	单不饱和脂肪酸/g	ω-3脂肪酸/g	ω-6脂肪酸/g	碳水化合物/g	总膳食纤维/g
摄入量	1903	71.4	61.3	18.3	22.5	10.5	2.4	248.3	18.4
营养素	维生素A/μgRAE	维生素B_1/mg	维生素B_2/mg	维生素C/mg	钠/mg	钾/mg	钙/mg	铁/mg	锌/mg
摄入量	534.1	0.95	1.18	93.5	3828.1	2299.4	504.9	7.6	8.4

资料来源：日本厚生劳动省，2019

15.2　我国的膳食结构

15.2.1　我国食物消费的变迁

随着经济的快速发展，我国居民的食物消费结构发生了明显变化。在 1982 年之前，我国居民的食物消费处于温饱尚未充分满足的阶段，如 1962 年的年人均谷物消费量为 164.63kg，动物性食物的年人均消费量为 7.12kg，食用油的年人均消费量为 1.09kg，无法满足居民的能量和蛋白质需求。自 1965 年至今，我国居民的谷物消费量呈现先上升后下降的趋势，于 1985～2000 年达到高峰期，此后持续减少且下降幅度增大。据《中国居民营养与慢性病状况报告（2020 年）》的数据，2015～2017 年每标准人日的粮谷类食物摄入量为 305.8g，折算为年人均摄入量为 111.6kg，仅为 1995 年最高峰时的 44%。与此同时，动物性食物和食用油的消费量总体呈上升趋势，特别是在 2015 年之后的增幅尤其显著（表 15.5）。

表 15.5　我国历次全国营养调查显示的部分食物人均摄入量变化　（单位：g/d）

种类	1982 年	1992 年	2002 年	2012 年	2020 年
米	217.0	226.7	204.7	177.7	155.0
面	189.2	178.7	135.3	142.8	123.3
杂粮	103.5	34.5	25.3	16.8	15.0
薯类	179.9	86.6	49.1	35.8	39.3
畜禽肉类	34.2	58.9	78.6	89.7	85.0
植物油	12.9	22.4	32.9	37.3	42.7
动物油	5.3	7.1	8.7	4.8	—

资料来源：王陇德，2005；国家卫生健康委疾病预防控制局，2021

《中国居民膳食指南科学研究报告（2021）》显示，目前我国居民的膳食质量较之前得到普遍提高。谷类食物仍是能量的主要食物来源；蔬菜供应品种更加丰富，季节性差异明显缩小；居民动物性食物和优质蛋白质的摄入量增加。农村居民的膳食结构得到较大的改善，碳水化合物的供能比从 1992 年的 70.1%下降到 2015 年的 55.3%，动物性食物提供的蛋白质从 1992 年的 12.4%提高到 2015 年的 31.4%，城乡差距逐渐缩小。

但目前我国城乡各年龄段居民杂粮杂豆、蔬菜、水果、大豆及坚果的平均摄入量均低于《中国居民膳食指南（2022）》的推荐摄入量，乳类摄入量虽呈上升趋势，但仍不及推荐量的 1/10。畜禽肉、烹调油和烹调盐的摄入量均已高于推荐量。可见，随着食物消费结构的变化，我国居民的膳食结构从以植物性食物为主、高膳食纤维、低脂肪的结构，逐渐转变为以精白米面和动物性食物为主、高脂肪、低膳食纤维的状态。这种膳食结构的变化关系到食物的生产供应，也与慢性病发病率上升有密切关系。

15.2.2　我国膳食结构的目标

近三十年来，随着我国经济的高速发展，食物供应日益充足，居民生活水平不断提高，我国城乡居民的膳食结构也随之发生了显著的变化。当前我国居民面临的主要营养问题有以下几点。

1）膳食结构不断变化，不合理问题更加突出。谷类食物摄入量减少，膳食碳水化合物供能比下降，脂肪供能比已超过推荐量水平。

2）全谷物、深色蔬菜、水果、乳类和大豆类摄入不足。

3）烹调用油和盐的摄入量较高，含糖饮料消费逐年上升。

4）超重肥胖和营养相关慢性病问题日趋严重。

5）不健康生活方式普遍存在，对健康的影响日趋严重，如身体活动量下降、三餐不规律、零食消费增加、饮酒行为普遍等。

6）婴儿、孕妇、老年人等重点人群的营养问题仍需关注。

7）食物浪费严重。

因此，我国居民的膳食结构应坚持以植物性食物为主的原则，增加全谷物、蔬菜、水果、豆类及其制品的摄入，减少精白米面摄入；优化动物性食物的消费结构，增加水产品和乳制品的摄入，改变以猪肉为主的较为单一的消费结构；进一步控制油、盐、糖的摄入，减少含糖饮料的消费；杜绝食物浪费，将可持续发展作为引导居民合理膳食的重要方针。同时，还要以慢性病预防为目标，全方位引导健康生活方式。

15.3 膳食结构与健康

15.3.1 地中海膳食结构

地中海膳食结构（Mediterranean dietary pattern），泛指希腊、西班牙、法国和意大利南部等地中海沿岸国家和地区居民所特有的膳食结构。这种膳食结构强调多吃谷类（多为全谷类）、蔬菜、水果、豆类和坚果类食物；烹饪时用植物油代替动物油，尤其提倡用橄榄油；动物性食物数量合理，种类多样，每周至少吃 2 次鱼和海产品，适量吃禽肉、鸡蛋和乳制品，红肉和甜食的摄入量最少。同时要保证对食物的加工尽量简单，避免微量营养素和抗氧化成分的损失。除适量、平衡的原则外，地中海膳食结构还提倡健康的生活方式、乐观的生活态度。在这种膳食模式下，居民心脑血管疾病、2 型糖尿病等慢性病的发病率较低。

15.3.2 DASH 膳食结构

防止高血压的饮食方案（dietary approaches to stop hypertension，DASH），也被音译为“得舒”膳食，由美国心肺及血液研究所制订，来自于 1997 年开始的一项大型高血压防治计划，最初目标是预防和控制高血压，后来有多项研究证明，DASH 膳食结构有利于预防肥胖、糖尿病、心脑血管疾病等慢性病。

DASH 膳食结构最重要的一点是将每天的钠摄入量限制在 2300mg（约 5.85g 食盐）以下，并最终将摄入量降低到 1500mg（约 3.82g 食盐）。同时还强调限制饱和脂肪和精制糖的摄入，因此肥肉、全脂乳制品、甜食、含糖饮料等食物的摄入量都要控制。DASH 膳食同时强调多吃水果、蔬菜、全谷类、瘦肉和低脂乳制品，这些食物中富含的钾、钙、蛋白质和膳食纤维有助于降血低血压。另外，DASH 膳食可对患者的体重、胰岛素敏感性和血脂水平产生影响，间接发挥降血压作用。与传统的低盐低脂高血压膳食结构相比，DASH 膳食结构能够帮助高血压患者更好地控制血压，同时对高血糖前期患者起到理想的预防作用。有研究表明其降压效果甚至可以达到药物治疗的水平，具有很高的推广和应用价值。

15.3.3 江南膳食结构

江南膳食结构（Jiangnan dietary pattern）是我国浙江、上海、江苏等地居民长期的饮食习惯形成的膳食结构，具有以下 6 个特点：①食材种类丰富。江南地区气候温暖湿润，适宜多种作物生长，因此可以选择的食物种类非常多。②蔬菜、水果的摄入量比较大。相对于北方地区，江南地区应季果蔬供应更充足，很多人每天能摄入 500 g 左右的新鲜果蔬。③白肉比红肉多。江南多邻水，盛产鱼虾和禽类，因此鱼虾和禽类等白肉摄入更多，猪牛羊等红肉相对摄入较少。④油盐摄入量相对较少。与北方偏爱油炸、酱炖等重口味烹调方法不同，江南地区饮食口味相对比较清淡。⑤烹饪方式主要是清蒸和煮。江南地区烹调更注重留住食材本身的味道，因此推崇清蒸、煮等低温烹调方式。⑥烹调油以菜子油、花生油等植物油为主。这些特点符合《中国居民膳食指南（2022）》的“食物多样，多吃蔬果，适量吃鱼、禽、蛋、瘦肉，少盐少油，会烹会选”等指导准则。

中国人群不同膳食模式对健康结局影响的研究结果显示，在我国浙江、上海、江苏、广东、福建等南方膳食模式特点的人群中发生超重肥胖、2 型糖尿病、代谢综合征和脑卒中等疾病的风险均较低。慢性病死亡率较低，也伴随着这些地区居民较高的期望寿命。因此，《中国居民膳食指南（2022）》把我国东南沿海一带的代表性饮食统称为东方健康膳食结构（Eastern healthy dietary pattern），其主要特点是：清淡少盐，食物多样，谷物为主，蔬菜水果充足，鱼虾等水产品丰富，乳类豆类丰富等。这与江南膳食结构特点一致，和国外的健康膳食结构相比，江南膳食结构和东方健康膳食结构在预防慢性病方面毫不逊色，而且适合我国居民的文化传统和烹调习惯。

15.3.4 星球健康膳食结构

《柳叶刀》杂志 2019 年发表的一篇跨国研究中引用联合国提供的数据表明，北美地区的肉类、蛋类和乳类消费量为全球最高，碳排放量也是全球最高，而我国所在的东亚地区在水产品和蔬菜消费方面排名最高。综合营养学研究、食物生产和环境资源研究的结果，专家组给出了能够满足人体健康需求，同时又能保证最低程度资源消耗和碳排放量的膳食构成，称为“星球健康膳食结构”（planet health dietary pattern），其各类食物的推荐摄入量见表 15.6。这个膳食模式的主要特点是减少了红肉类的摄入量，增加了豆类和坚果的摄入量，以植物性蛋白质替代部分动物性蛋白质，同时摄入充足的全谷物和蔬菜、水果。这种替换一方面降低了资源消耗、减少了碳排放，另一方面也有利于降低心脑血管疾病和多种癌症的发病风险。

表 15.6 星球健康膳食结构的食物构成 （单位：g）

类别	全谷物	薯类	蔬菜①	水果	乳类②	添加糖	棕榈油	不饱和油③	动物油
推荐	232	50	300	200	250	31	6.8	40	5
范围*	—	0～100	200～600	100～300	0～500	0～31	0～6.8	20～80	0～5
类别	牛羊肉	猪肉	禽肉	蛋类	鱼类	干豆④	豆制品⑤	花生	坚果
推荐	7	7	29	13	28	50	25	25	25
范围*	0～14	0～14	0～58	0～25	0～100	0～100	0～50	0～75	—

①蔬菜中深绿色、橙黄色、浅色蔬菜各占 1/3；②乳类中包括全脂乳及其相当的其他乳制品；③不饱和油指不饱和脂肪酸为主的植物油，如大豆油、菜子油、花生油等；④干豆指富含脂肪的淀粉豆类；⑤豆制品指以黄大豆、黑大豆等制成的大豆产品

* 由于每个个体的体重体格不同，能量和蛋白质需求有差异，可以在范围内对食物数量进行调整

资料来源：Willett et al.，2019

15.3.5 弹性素食膳食结构

依据食物结构的不同，素食（vegetarian diet）可细分为全素食、乳蛋素食、弹性素食等。全素食也称为“严格素食”（vegan），是指饮食中只有植物性食物，没有任何动物性食物，甚至连蜂蜜都不吃。乳蛋素食，也称为“不严格素食”，是指饮食中有乳类和蛋制品及植物性食品的素食，如只接受乳类及其制品的称为乳素，只接受蛋类及其制品的称为蛋素。

需要注意的是，由于严格素食者的膳食组成中缺乏动物性食物，容易引起维生素 B_{12}、维生素 D 和 ω-3 多不饱和脂肪酸的不足，尤其是全素食者发生这些营养素缺乏的风险更高。如果素食者膳食安排不合理，则钙、铁、锌、蛋白质等营养素也可能摄入不足。所以，素食者应寻求专业人士的指导，重视各种植物性食品的合理搭配，并适当补充膳食供应不足的营养素。相对于纯素食，乳蛋素食更容易避免营养不良问题。

弹性素食（flexitarian diet）是一种改良的温和素食方式。它以多样化的植物性食物为主，但不绝对排斥动物性食物，除蛋乳类外，每周可以吃 1～3 次动物性食物，并以水产为主，偶尔也可食用少量肉类。这种膳食结构充分利用了植物性食物的健康优势，饮食中含有大量植物性蛋白质、膳食纤维和多种植物化学物等有益物质，饱和脂肪和胆固醇含量较低，能减少肥胖、高血压、血脂异常、高血糖的风险，有利于预防动脉粥样硬化；同时又可以从动物性食物中补充部分营养素，避免全素食带来的营养素缺乏问题，是一种比较健康的膳食结构。

本章热点问题：膳食结构与碳中和

2020 年 12 月，习近平总书记在中央经济工作会议上发表重要讲话，首次将“碳达峰”（peak carbon dioxide emissions）、“碳中和”（carbon neutrality）列入重点任务。

消费是碳排放的终端，无论是实现碳达峰还是碳中和的目标，都离不开消费端亿万民众的共同努力。居民是农业生产的终端用户。居民通过绿色生活方式的推广、绿色消费习惯的培养，以及低碳饮食、杜绝浪费，从消费端推动碳中和的实现。除了工业生产和交通活动等之外，食物生产也是碳排放的重要来源，环境友好的“绿色饮食”对实现碳中和至关重要，通过改善膳食结构、减少食物浪费，可以在维护健康的同时达到节能减排的目的。

按照生态学规律，随着食物链的层级升高，生产等量食物所需的环境资源消耗逐级加大。在同等能量摄入水平上，植物性食物产生的碳排放量和环境负担远远小于动物性食物。一方面，生产单位重量的动物组织需要消耗更多的饲料；另一方面，饲养动物会带来更多二氧化碳和甲烷等温室气体排放。即使在肉类食品中，不同类型的肉所产生的碳排放量也不同，生产牛肉、羊肉所排放的二氧化碳最多，其次是猪肉和鱼肉。从能耗角度来说，以肉类最高，特别是牛肉；而植物性食物能耗较低。

如本章内容所述，膳食结构是指膳食中各类食物的数量及其在膳食中所占的比重。因此，膳食结构中食物构成的差异，对碳排放量和能源消耗量会造成显著的影响。由于低碳水化合物饮食（low-carbohydrate diet，LCD）和生酮饮食（ketogenic diet，KD）需要耗费更多的动物性食品和坚果、油籽等食材，仅可作为少数人的治疗膳食。如果居民广泛、长期采用这类饮食方式，将会大大增加食物生产的资源环境负担，对地球来说是不可承受之重。

《中国居民膳食指南（2022）》提倡以植物性食物为主、适度摄入动物性食物的多样化膳食结构，既符合人体的营养需要、有益预防多种慢性疾病，也利于减少温室气体的排放。据测算，在膳食结构得到改善的前提下，仅合理饮食这一项，即可在 2030 年当年降低 6621 万吨的碳排放量。所以，日常采纳健康饮食模式，本身就是一种环保行为，既有助于实现中国人民关于碳达峰、碳中和的庄严承诺，又有利于身体健康。

本章深度思考

1. 我国提出的江南膳食结构和地中海膳食结构、得舒膳食结构、弹性素食膳食结构等有哪些异同？其优势是什么？

2. 我国 40 年来的膳食结构变迁，与肥胖率、疾病谱的变化有什么关系？你认为应当如何引导未来的膳食结构向合理方向改变？

3. 从膳食结构和农业生产结构角度，如何兼顾膳食营养和环境保护，减少碳排放？

本章课程活动

1. 访问自己的祖父母、父母，了解 50 年前、30 年前的日常饮食是什么情况，各大类食物的比例是什么，食品店里的食物供应和现在有什么差别。体会随着社会发展，我国的膳食结构发生了哪些变化。

2. 访问身边来自不同地域和省份的同学，了解他们家乡的饮食习惯有哪些特点。分析这些饮食习惯与健康的关系。

3. 对照“中国居民平衡膳食宝塔 2022”，分析自己的饮食习惯和膳食结构存在哪些问题？如何改善？

4. 和老师、同学讨论，为了改善我国的膳食结构，在农业生产、食品加工、餐饮服务、家庭烹调等各方面需要做哪些改变？

本章参考文献

关键解读

国家卫生健康委疾病预防控制局. 2021. 中国居民营养与慢性病状况报告（2020 年）.北京：人民卫生出版社

日本厚生劳动省. 2019. 令和元年 国民健康・栄養調査報告. https://www.mhlw.go.jp/content/001066903.pdf

王陇德. 2005.中国居民营养与健康状况调查报告之一（2002 综合报告）.北京：人民卫生出版社

杨月欣，葛可佑. 2019. 中国营养科学全书. 2 版. 北京：人民卫生出版社

中国营养学会. 2022. 中国居民膳食指南（2022）. 北京：人民卫生出版社

Aston L M, Smith J N, Powles J W. 2013. Meat intake in Britain in relation to other dietary components and to demographic and risk factor variables：analyses based on the National Diet and Nutrition Survey of 2000/2001. Journal of Human Nutrition and Diet，26（1）：96-106

Cocking C，Walton J，Kehoe L，et al. 2020. The role of meat in the European diet：current state of knowledge on dietary recommendations，intakes and contribution to energy and nutrient intakes and status. Nutrition Research Reviews，33（2）：181-189

Tufts University. 2019. Global Dietary Database. https://www. globaldietarydatabase.org/data-download

Wang Y，Feng L，Zeng G，et al. 2022. Effects of cuisine-based Chinese heart-healthy diet in lowering blood pressure among adults in China：multi-center，single blind，randomized，parallel controlled feeding trial. Circulation，146（4）：303-315

Willett W，Rockström J，Loken B，et al. 2019. Food in the Anthropocene：the EAT-Lancet Commission on healthy diets from sustainable food systems. The Lancet，393（10170）：447-492

第 16 章 膳食指南和健康中国行动

本章学习目标

1. 了解我国营养问题的现状和变迁。
2. 了解膳食指南的概念和意义。
3. 掌握《中国居民膳食指南（2022）》的核心内容。
4. 熟悉膳食宝塔和平衡膳食餐盘等相关图像工具及使用方法。
5. 熟悉健康中国的基本国策和主要行动目标。

本章课件

膳食指南（dietary guideline，DG）是为了促进平衡膳食和人类健康，根据营养学原则，以良好科学证据为基础，结合国情和居民营养状况所提出的食物选择和身体活动的健康指南。膳食指南不仅是从科学研究到生活实践的科学共识，也是国家健康教育和公共政策的基础性文件，是国家实现促进食物消费及促进全人群健康目标的一个重要组成部分。各国膳食指南基于国家的经济水平和食物生产特点，又结合国民营养相关的主要问题和国情特点，给出健康饮食的可靠指导。目前全球已经有 100 多个国家发布了膳食指南。

16.1 我国居民的膳食营养状况变迁

改革开放以来，中国经济的快速发展伴随着食物营养状态的迅速改变。从“我要吃饱”，到“我要吃好”，到如今“我要吃得更营养、更健康”，居民的预期寿命不断增长，饮食要求日益提升，我国在国民营养方面面临的主要问题也逐渐发生变化。

16.1.1 20 世纪 80 年代的营养状况

1982 年的第二次全国居民营养调查显示，国民初步满足温饱，但微量营养素普遍缺乏。膳食结构以植物性饮食为主，人均能量摄入量为 10.39MJ（2485kcal），蛋白质为 67g，达到当时推荐标准的低限；但维生素 A 和维生素 B_2 普遍不足；学龄前儿童和中小学生的膳食蛋白质和钙普遍不足，中学生的蛋白质、钙、维生素 A 和维生素 B_2 供给不足。微量营养素缺乏成为这一时期的主要关注点，特别是贫困农村为重度营养缺乏地区。因此“世界儿童问题首脑会议”及《九十年代中国儿童发展规划纲要（2001—2010 年）》中，将减少维生素 A 缺乏作为未来 10 年战略目标之一。

16.1.2 20 世纪 90 年代的营养状况

1992 年的第三次全国居民营养普查结果显示，国民微量营养素仍然不足，但脂肪过多问题初显。平均每标准人日摄入能量9.74MJ（2328kcal），蛋白质68g，脂肪58g。然而，我国居民摄入的钙、维生素B_2和维生素A仍偏低，仅分别达到推荐标准的50.5%、66.6%和59.5%。5岁以下儿童生长迟缓发生率平均为32.6%，缺铁性贫血、儿童佝偻病等还比较高发。

此时，我国城市居民膳食模式的西方化趋势已十分明显，脂肪和能量过多现象已经开始出现。WHO建议脂肪能量占膳食总能量的15%～30%，我国建议在20%～30%。但1992年我国居民膳食脂肪提供的能量比例平均已经达到28.4%，而中等收入水平人群及高收入水平人群的膳食脂肪能量已分别达到31.1%和32.3%。

16.1.3 21世纪初的营养状况

2002年的第四次全国居民膳食与营养调查，是我国首次将营养调查与肥胖、高血压及糖尿病调查一起作为一项国家级综合调查项目。结果显示，食物供应不断丰富，城乡居民能量及蛋白质摄入得到基本满足，肉、蛋、禽等动物性食物消费量明显增加，优质蛋白质比例稳步上升，农村地区改善更为明显。婴儿出生平均体重比1992年增加123g，低出生体重率为3.6%，已达到发达国家水平。儿童青少年平均身高稳步提高，营养不良患病率显著下降。

然而，城市居民的食用油及高脂肪动物性食物消费已经过多，而谷类食物消费持续降低。18岁及以上居民高血压患病率为18.8%，糖尿病患病率为2.6%，血脂异常患病率为18.6%，居民超重及肥胖患病率为23.2%。尤其令人担心的是，儿童肥胖率已达8.1%。慢性非传染性疾病逐渐成为威胁人民健康的重要公共卫生问题。同时，农村地区面临着营养不良和营养失衡的双重挑战。钙、维生素A、维生素B_1、维生素B_2等微量营养素缺乏仍然存在。

16.1.4 近年来面临的主要问题

2020年12月23日，国家卫生健康委员会发布了《中国居民营养与慢性病状况报告（2020年）》。调查结果显示：中国成年人平均身高继续增长，6岁以下儿童生长迟缓率降至7%以下，低体重率降至5%以下。儿童青少年和孕妇的贫血率均比5年前有显著下降，营养不良问题得到改善。人均烹调用盐量与2015年相比下降了1.2g。

然而，我国国民面临肥胖和慢性疾病的严峻挑战。我国18岁及以上居民高血压患病率为27.5%，糖尿病患病率为11.9%，高胆固醇血症患病率为8.2%。膳食结构不合理问题突出，膳食脂肪供能比持续上升，农村首次突破30%推荐上限。食用油、食用盐摄入量远高于推荐值，而水果、豆及豆制品、乳类消费量不足。儿童青少年经常饮用含糖饮料问题已经凸显。同时，身体活动不足问题普遍存在，城乡各年龄段居民超重肥胖率继续上升，有超过50%的成年居民超重肥胖，18岁及以上居民超重率和肥胖率分别为34.3%和16.4%。6～17岁、6岁以下儿童青少年超重肥胖率分别达到19%和10.4%。超重肥胖呈现上升速度快、流行水平高、全人群受影响的趋势。

16.2 我国和其他国家的膳食指南

16.2.1 膳食指南的意义

膳食指南发展的早期目标主要是预防公众发生营养不良。但随着工业化带来的体力劳动减少，脂肪摄入增多及膳食构成的改变，肥胖及心血管疾病等与膳食有关的慢性病发病率不断上升，膳食指南中又增加了慢性疾病预防的目标，包含促进大众遵循健康膳食模式的建议。

1996 年的 WHO/FAO 联合专家会议发布了"编制与应用以食物为基础的膳食指南"的文件，作为各国制定及应用膳食指南的依据和参考。按该文件的建议，膳食指南应包括对各类食物的推荐摄入量，即各个国家行政当局或者营养权威机构根据科学证据，结合本国的实际情况，对居民食物内容和数量范围提出的建议。

为实现我国政府在世界营养大会上的承诺，卫生部会同国家计委、国家教委、农业部等 14 个有关部委于 1996 年制定了《中国营养改善行动计划（1996—2000 年）》。其总目标指出：通过保障食物供给，落实适宜的干预措施，减少饥饿和食物不足，降低蛋白质-能量营养不良的发生，预防、控制和消除微量营养素缺乏症；通过正确引导食物消费，优化膳食模式，促进健康的生活方式，全面改善居民的健康状况，预防与营养有关的慢性病。中国居民膳食指南的制定和贯彻，就是落实营养改善行动计划的具体措施。

由此可见，膳食指南的作用一方面在于引导居民合理消费食物，保护自己的健康。另一方面，这些原则可以成为政府发展食物生产及规划食物市场的根据，并可采取相应的政策满足人们合理的食物消费结构的需求。

16.2.2　中国居民膳食指南的发展历史

中国居民膳食指南是基于我国的国情而制定的，既考虑了我国居民的健康状况和疾病现状，也考虑了我国的饮食文化特点和资源禀赋特点。从 1989 年发布的《我国的膳食指南》开始，此后经历了 4 次修订，分别是 1997 年版、2007 年版、2016 年版和 2022 年版。其内容逐渐丰富，科学证据的梳理更为规范，生活指导性也越来越强。

1. 第一版《我国的膳食指南》（1989）

第一版《我国的膳食指南》在 1989 年由中国营养学会常务理事会制定并发布。其中包括 8 个推荐条目：①食物要多样；②饥饱要适当；③油脂要适量；④粗细要搭配；⑤食盐要限量；⑥甜食要少吃；⑦饮酒要节制；⑧三餐要合理。该指南的发布，在指导、教育人民群众采用平衡膳食、增强健康素质方面发挥了积极作用。

2. 第二版《中国居民膳食指南》（1997）

随着我国改革开放和经济的发展，全国多数地区已达到温饱水平，每日能量和蛋白质摄入水平已达推荐标准，且有的大城市和省份已进入小康水平。但食物消费情况、营养素摄入情况和食品卫生方面都存在不容忽视的问题，因此我国对第一版的膳食指南进行了修订。

第二版《中国居民膳食指南》在 1997 年由中国营养学会与中国预防医学科学院营养与食品卫生研究所受卫生部的委托发布。该版指南共有 8 个推荐条目：①食物多样、谷类为主；②多吃蔬菜、水果和薯类；③常吃乳类、豆类或其制品；④经常吃适量鱼、禽、蛋、瘦肉，少吃肥肉和荤油；⑤食量与体力活动要平衡，保持适宜体重；⑥吃清淡少盐的膳食；⑦如饮酒应限量；⑧吃清洁卫生、不变质的食物。鉴于特定人群对膳食营养的特殊需要，专家委员会又提出了《中国特定人群膳食指南》作为补充。

为了帮助国民在日常生活中实践指南中的各项建议，1997 版膳食指南首次提出了食物定量指导方案，并以宝塔图形表示。该图形能帮助居民直观地理解各类食物的概念，以及各类食物每天的合理摄入数量范围，对合理调配平衡膳食进行具体指导，故称之为"中国居民平衡膳食宝塔"

（简称“膳食宝塔”）。

3. 第三版《中国居民膳食指南》(2007)

2002年全国居民营养与健康状况调查结果显示，一方面，我国城乡居民的膳食状况明显改善；但另一方面，部分人群膳食结构不合理及身体活动减少，引起肥胖、高血压、糖尿病、高血脂等慢性疾病的患病率增加；在一些贫困农村地区还存在营养缺乏的问题。依据中国居民膳食消费和营养摄入的实际情况，以及存在的突出问题，结合营养素需要量和食物成分的新知识，受卫生部委托，中国营养学会组织了《中国居民膳食指南》修订专家委员会，并广泛征求相关领域专家、机构和企业的意见，形成了第三版膳食指南。

第三版《中国居民膳食指南（2007）》于2007年9月由中国营养学会理事会扩大会议通过，并由卫生部于2008年1月发布。它由一般人群膳食指南、特定人群膳食指南和中国居民平衡膳食宝塔3部分组成。一般人群膳食指南适用于6岁以上的正常人群，其中的10个推荐条目为：①食物多样，谷类为主，粗细搭配；②多吃蔬菜、水果和薯类；③每天吃乳类、大豆或其制品；④常吃适量的鱼、禽、蛋、瘦肉；⑤减少烹调油用量，吃清淡少盐的膳食；⑥食不过量，天天运动，保持健康体重；⑦三餐分配要合理，零食要适当；⑧每天足量饮水，合理选择饮料；⑨如饮酒应限量；⑩吃新鲜卫生的食物。

特定人群膳食指南是根据各人群的生理特点及其对膳食营养需要而制定的。特定人群包括孕妇、乳母、婴幼儿、学龄前儿童、儿童青少年和老年人群。

专家委员会还对1997年的膳食宝塔进行了修订，增加了饮水和身体活动的图像，以及食盐的摄入限量。在膳食宝塔的使用说明中，增加了食物同类互换的品种及各类食物量化的图片，以便为居民合理调配膳食提供可操作的指导。

4. 第四版《中国居民膳食指南》(2016)

2014年，中国营养学会组织了《中国居民膳食指南》修订专家委员会，依据当时我国居民膳食营养问题和膳食模式分析，以及食物与健康科学证据报告，参考国际组织和其他国家的经验，对我国第三版《中国居民膳食指南（2007）》进行了修订。经广泛征求相关领域专家、政策研究者、管理者、食品行业、消费者的意见，形成了最终修订版本。

第四版《中国居民膳食指南（2016）》在2016年5月13日由国家卫生计生委疾病预防控制局发布，由一般人群膳食指南、特定人群膳食指南和中国居民平衡膳食实践3部分组成。

一般人群膳食指南面对健康人群，共6条核心推荐条目，分别为：①食物多样，谷类为主；②吃动平衡，健康体重；③多吃果蔬、乳类、大豆；④适量吃鱼、禽、蛋、瘦肉；⑤少盐少油，控糖限酒；⑥杜绝浪费，兴新食尚。在每个条目下设有提要、关键推荐、科学依据、关键事实、知识链接和实践应用等6个部分。提要是对条目中心内容、关键推荐和关键事实进行总结；关键推荐是对实现核心条目建议的具体化操作要点；科学依据中总结和分析了对相关科学研究的系统综述和荟萃分析，集中了科学界的主流观点和共识；关键事实是对科学依据内容的提炼和总结；知识链接中介绍与本条目有关的一些信息资料；实践应用部分结合我国居民的营养问题，推荐了解决方案和应用建议。

特定人群膳食指南包括孕妇乳母膳食指南、婴幼儿膳食指南（0～24月龄）、儿童少年（2～6岁、7～17岁）膳食指南、老年人群膳食指南（≥65岁）和素食人群膳食指南。2016版指南突出了实践部分和膳食模式，以及健康饮食文化倡导，并纳入了大量图表和食谱，使其更具可读性和可操作性。

5. 第五版《中国居民膳食指南》(2022)

相关专家经过文献查询和汇总分析，梳理和确定了各类食物、膳食与健康的最新科学证据，分析了我国膳食消费和国民健康状况，定位国家优先考虑的膳食相关公共营养和健康问题，并听取了食品生产者和消费者的意见，形成了 2022 版《中国居民膳食指南》。在修订食物和营养素相关内容之外，新版膳食指南明晰了食物/营养素和公共健康的重要性，强调了饮食文化对合理膳食的支撑作用，同时在核心部分和附录中增加了大量图表和食谱，使其具有更强的可读性和可操作性。

16.2.3　《中国居民膳食指南（2022）》核心内容

《中国居民膳食指南（2022）》由一般人群膳食指南、特定人群膳食指南、平衡膳食模式和膳食指南编写说明 3 部分组成。

一般人群的平衡膳食准则包括以下 8 条：①食物多样，合理搭配；②吃动平衡，健康体重；③多吃果蔬、乳类、全谷、大豆；④适量吃鱼、禽、蛋、瘦肉；⑤少盐少油，控糖限酒；⑥规律进餐，足量饮水；⑦会烹会选，会看标签；⑧公筷分餐，杜绝浪费。

特定人群膳食指南是根据不同年龄阶段人群的生理特点及其膳食营养素需要而制定的。特定人群膳食指南包括孕妇乳母膳食指南、婴幼儿喂养指南、儿童膳食指南、老年人膳食指南和素食人群膳食指南。其中部分内容参见本教材第 17 章。

资料链接：

有关《中国居民膳食指南（2022）》的详细内容，请参考中国营养学会官网的相关网页：http://dg.cnsoc.org/。

16.2.4　世界各国的膳食指南

瑞典健康和福利局（Sweden's National Board of Health and Welfare）于 1970 年前后提出了世界上首个“膳食目标”，并以食物金字塔（food pyramid）形式来表述，收到了良好的社会效果。此后的 20 世纪七八十年代，其他国家也纷纷制定了各自的膳食指南，如美国（1977 年），加拿大（1976 年），法国、瑞典和挪威（1981 年），新西兰（1982 年），丹麦和英国（1983 年）等。在亚洲国家中，日本（1984 年）、韩国（1986 年）、印度（1988 年）、中国和新加坡（1989 年）先后制定了本国的膳食指南。各国膳食指南均需随着营养科学研究进展、国家经济发展水平和国民健康状况变化进行定期修订和完善。这里以美国和澳大利亚膳食指南为例加以说明。

1. 美国居民膳食指南的历史和现况

美国在 1977 年发布了膳食指南的前身，即《美国膳食目标》，为 2 岁以上的健康美国人选择促进健康、减少疾病风险的食物提供建议，为政府各职能部门执行营养规划工作提供统一的、有科学依据的基本原则。其在 1980 年改为第一版《美国居民膳食指南》（*Dietary Guidelines for Americans*）。1990 年起，《全国营养监测及相关研究法案》要求农业部（USDA）和卫生与公共服务部（HHS）联合出版《美国居民膳食指南》，至少每 5 年修订再版一次。美国法律要求联邦政府发行的一切有关饮食的指导必须符合《美国居民膳食指南》。

在 2005 年第六版膳食指南修订中，首次将体力活动以突出的形式表现出来，并在膳食指南予以强调。2010 年，美国农业部和卫生与公共服务部指定由 13 位公认的营养学和卫生学专家组成膳食指南咨询委员会，负责修订工作，同时公布实施膳食指南所用的资料和工具有效期为 5 年。

在历次修订中，越来越注重营养学证据基础，并日益强调文字简洁、容易推广，帮助公众快速理解最重要的健康理念。如 2005 年版膳食指南推广了“能量密度”（energy density）和“份量”

（portion）两个概念；2010 年推广了“保持能量平衡和健康体重”及“营养素密度”（nutrient density）两个核心理念，并把预防儿童肥胖症纳入国家战略要务。2020 年 12 月发布的最新版美国居民膳食指南中，着力强调了贯穿全生命周期的、个体化的健康膳食模式。

《美国居民膳食指南（2020—2025）》由摘要、简介、6 章正文及 3 个附录组成。正文的第一章是全书的核心部分，提出并解释了构成健康膳食模式的 4 个指导原则。

1）在生命的每个阶段都应遵循健康的膳食模式。

2）考虑个人爱好、文化传统和经费支出，选择并享用个性化饮食。

3）关注各种类别的营养素密集型食物和饮料，并使能量摄入保持在适当范围内。

4）限制添加糖、饱和脂肪和钠含量过高的食物和饮料，以及酒精饮品。

后续的 5 章则根据年龄和生理状况等特点，分别对婴幼儿、儿童和青少年、成年人、怀孕和哺乳妇女，以及老年人的膳食构成提出推荐意见；附录包括不同人群的营养目标、能量需求和美国膳食模式三个部分。

2. 澳大利亚居民膳食指南的历史和现况

澳大利亚在 1982 年第一次发布膳食指南，随后在 1992 年和 2003 年相继修改。2013 年，澳大利亚国家卫生与医学研究委员会发布了《澳大利亚居民膳食指南（2013）》及《婴儿喂养指南（2012）》，根据最新科学证据，针对澳大利亚人因为营养问题导致超重肥胖和慢性病高发的问题，提供膳食指导和建议。

《澳大利亚居民膳食指南（2013）》包括 5 条关键信息。

1）积极运动、维持健康体重。

2）食物多样，享受富含营养的食品。

3）多吃蔬菜水果，全谷物，瘦肉和禽蛋鱼，坚果和豆类，乳制品。

4）少吃含饱和脂肪、添加盐、精制糖的食品，如饮酒应限量。

5）注重食品安全，正确处理和储藏食物。

《澳大利亚居民膳食指南（2013）》建立在对约 55 000 份科学文章的评估基础上，注重饮食健康科学证据的分析，关注整个生命阶段的膳食模式，支持“注重家庭的健康饮食模式”。其中包括选择健康食品的内容，并强调澳大利亚的本土食品供应和消费模式。

16.3 健康中国行动

2019 年 6 月 25 日，国务院印发《国务院关于实施健康中国行动的意见》（国发〔2019〕13 号，以下简称《意见》）。为贯彻落实《意见》，国家成立健康中国行动推进委员会（以下简称推进委员会），发布《健康中国行动（2019—2030 年）》（以下简称《健康中国行动》），印发《健康中国行动组织实施和考核方案》（国办发〔2019〕32 号，以下简称《实施和考核方案》）。

特别关注：人民健康优先发展

健康中国行动作为实施健康中国战略的重要举措，是转变卫生健康理念的一场历史性变革，也是从根本上缓解“看病难、看病贵”问题、增进人民健康福祉的实际行动。

国家社会的发展，归根到底需要依靠身心健康的公民。促进国民的全生命周期健康，既是提升人民幸福感的重要目标，也是提升中华民族核心竞争力的重要保障。健康中国行动充分体现了人民健康优先发展的战略思想，对加快推进中国式现代化建设具有重要意义。

16.3.1　健康中国行动的总体目标

到 2022 年，覆盖经济社会各相关领域的健康促进政策体系基本建立，全民健康素养水平稳步提高，健康生活方式加快推广，心脑血管疾病、癌症、慢性呼吸系统疾病、糖尿病等重大慢性病发病率上升趋势得到遏制，重点传染病、严重精神障碍、地方病、职业病得到有效防控，致残和死亡风险逐步降低，重点人群健康状况显著改善。

到 2030 年，全民健康素养水平大幅提升，健康生活方式基本普及，居民主要健康影响因素得到有效控制，因重大慢性病导致的过早死亡率明显降低，人均健康预期寿命得到较大提高，居民主要健康指标水平进入高收入国家行列，健康公平基本实现，实现《"健康中国 2030"规划纲要》有关目标。

16.3.2　健康中国行动的重大专项行动

《健康中国行动（2019—2030 年）》围绕疾病预防和健康促进两大核心，提出将开展 15 个重大专项行动，促进以治病为中心向以人民健康为中心转变，努力使群众不生病、少生病。各专项行动包括：健康知识普及、合理膳食行动、全民健身行动、妇幼健康促进行动、中小学健康促进行动、老年健康促进行动、糖尿病防治、心脑血管疾病防治、癌症防治等。

合理膳食行动与营养的关系最为密切，其目标是对一般人群、超重和肥胖人群、贫血与消瘦等营养不良人群、孕妇和婴幼儿等特定人群，分别给出膳食指导建议，并提出政府和社会应采取的主要举措。妇幼健康、学生健康、老年健康行动涉及了生命周期不同阶段的营养问题，而癌症防控、糖尿病防控和心脑血管疾病防控中都需要合理营养的支持。

资料链接：

有关健康中国行动的详细内容，请参考中国国家卫生健康委员会官网的相关网页：https://www.gov.cn/xinwen/2019-07/15/content_5409694.htm。

本章热点话题：促进营养健康的关键政策

近年来，在健康中国战略的引领下，秉承将健康融入所有公共政策的理念，我国政府和社会各界前所未有地重视健康问题，极大地促进了国民的营养改善进程。

2014 年 1 月 18 日，国务院发布《中国食物与营养发展纲要（2014—2020 年）》，设定了我国的食物生产目标和营养发展目标，提出优先发展"三个重点产品"，即优质食用农产品、方便营养加工食品、乳类与大豆食品；优先关注"三个重点区域"，即贫困地区、农村地区、流动人群集中及新型城镇化地区；优先改善"三类重点人群"，即孕产妇与婴幼儿、儿童青少年、老年人。

2015 年 5 月 16 日，我国启动首届"全民营养周"，拉开了全民营养教育的序幕，营养知识进村入户，并在各媒体平台上密集立体宣传，深入人心。

2016 年，习近平总书记在全国卫生与健康大会上指出："没有全民健康就没有全面小康。"

2016 年 10 月，国民营养改善工作纳入《“2030 健康中国”规划纲要》。其中再次明确营养是人民健康的基础，并提出营养工作的目标，即到 2030 年，居民营养知识素养明显提高，营养缺乏疾病发生率显著下降，全国人均每日食盐摄入量降低 20%，超重、肥胖人口增长速度明显放缓。

2016 年 6 月 21 日，“农村妇女增补叶酸预防神经管缺陷、儿童营养改善”作为健康扶贫任务进入国务院《关于实施健康扶贫工程指导意见》。其中指出：贫困地区营养改善是健康扶贫的一部分。要广泛宣传居民健康素养基本知识和技能，提升农村贫困人口健康意识，使其形成良好卫生习惯和健康生活方式。

2017 年 7 月 13 日，国务院办公厅印发了《国民营养计划（2017—2030）》，全方位布局了国家营养发展未来，重点包括 7 大实施策略和 6 大重大行动。以“人民健康”为中心，以“国民营养”为切入点，预防营养相关疾病为目标，大力普及营养知识、优化营养健康服务、完善营养制度，发展营养健康产业为重点，形成健康中国的基础性保障新战略。

2019 年，国务院印发《国务院关于实施健康中国行动的意见》，成立了健康中国行动推进委员会，随即发布了《健康中国行动（2019—2030 年）》。以 “大卫生、大健康”为理念，针对重大疾病和突出问题，聚焦重点人群，实施 15 个重大行动，促进以治病为中心向以健康为中心转变，为人民群众提供全方位、全周期的健康服务。

2022 年，党的二十大报告中提到，要增进民生福祉，提高人民生活品质，推进健康中国建设。人民健康是民族昌盛和国家强盛的重要标志。要把保障人民健康放在优先发展的战略位置，完善人民健康促进政策。

以上多项令人瞩目的大事件，使政府和公众对营养问题的认知得到大幅度加强，对我国营养事业的发展起到了积极的推动作用。

本章深度思考

1. 媒体上经常有一些研究新闻，其中说到肉、蛋、乳乃至某些植物性食品在摄入较多时可能对某个健康指标有不利影响。这些说法应如何理解？它们和中国居民膳食指南中对相关食物的建议是否矛盾？为何膳食指南是每 5 年修订一次，而不会因某个新研究的结果进行修改？

2. 如何在日常饮食中落实《中国居民膳食指南（2022）》中的各项建议？

3. 最近 40 年来，我国在改进国民营养健康方面做了哪些工作？目前还存在哪些问题？

本章课程活动

1. 找到《中国居民膳食指南（2022）》并认真阅读。

2. 找到《中国居民膳食指南（2022）》中的各类人群膳食宝塔，以及平衡膳食餐盘等图像工具。

3. 膳食指南中的准则一提出“食物多样，合理搭配”，如何理解其中的“多样”和“搭配”？请在周围的亲友同学中找到食物不多样、搭配不合理的案例，并按膳食指南中的内容给他们提出建议。

4. 膳食指南中的准则二提出“吃动平衡，健康体重”，如何理解其中的“吃动平衡”？“健康体重”是什么含义？请在周围的亲友同学中找到吃动不平衡、体重不健康的案例，并按膳食指南中的内容给他们提出建议。

本章参考文献

关键解读

陈之秀. 2018. 见证中国营养行业 40 年——专访北京营养协会秘书长刘兰. 食品界，(11)：19-23

程义勇，郭长江. 2021. 简介《美国居民膳食指南》(2020—2025). 营养学报，43(1)：3-8

国务院. 2019. 国务院关于实施健康中国行动的意见. 中华人民共和国国务院公报，(21)：17-21

国务院办公厅. 1997. 国务院办公厅关于印发中国营养改善行动计划的通知. 中华人民共和国国务院公报，(38)：1640-1648

荣爽，刘培培，杨月欣. 2017. 世界各国膳食指南基本情况和宣传图形的比较. 营养学报，39(6)：535-542

杨月欣. 2014. 膳食指南的发展和制定原则. 营养学报，36(5)：417-420

中国营养学会. 2022. 中国居民膳食指南(2022). 北京：人民卫生出版社

中共中央　国务院. 2016. 中共中央　国务院印发《“健康中国 2030”规划纲要》. 中华人民共和国国务院公报，(32)：5-20

Asghari G，Mirmiran P，Yuzbashian E，et al. 2017. A systematic review of diet quality indices in relation to obesity. British Journal of Nutrition，117(8)：1-11

Chinese Nutrition Society. 2022. Dietary Guidelines for Chinese Residents(2022). Beijing：People's Medical Publishing House

Kant A K. 1996. Indexes of overall diet quality：A review. Journal of American Dietetic Association，96(8)：785-791

Kim S，Haines P S，Siega-Riz A M，et al. 2003. The Diet Quality Index-International (DQI-I) provides an effective tool for cross-national comparison of diet quality as illustrated by China and the United States. Journal of Nutrition，133(11)：3476-3484

Miller V，Webb P，Micha R，et al. 2020. Defining diet quality：a synthesis of dietary quality metrics and their validity for the double burden of malnutrition. Lancet Planet Health，4(8)：352-370

第 4 部分　各类人群的食物营养

预备知识　营养配餐与合理烹饪

1. 营养食谱的基本要求

膳食调配是实现合理营养的主要保证。健康成年人在饮食上不需要特殊照顾，只要合理地调配膳食便可以维持健康。这种合理的膳食传统上称为平衡膳食（balanced diet）或营养适宜膳食（adequate diet）。在生命周期中需要特殊照顾的幼儿、孕妇、乳母、老年人等群体，需要按其营养生理需求和消化吸收能力来安排营养膳食。各类慢性疾病患者的膳食，需要在平衡膳食的基础上，根据病情的需要进行适当调整，以达到控制病情的要求。

营养食谱的设计包括以下几个方面的基本要求。

1）食物中的营养素齐全，数量合适，既能满足营养需要，又不过量，且所供应的能量值与生理需要相适应。

2）各类营养素的比例合理，没有哪一种营养素过多或过少而影响其他营养素的吸收和利用，或影响疾病预防目标。

3）食物原料的品种多样，而且分别来自不同的食物类别，满足食材多样化的需求。

4）食物具有良好的可接受性，能引起食欲，并有适当的咀嚼性和消化吸收速度。

5）烹调合理，营养损失少，保证安全和卫生。

在以上原则的基础上，营养适宜的膳食安排还必须考虑个人的饮食习惯和接受能力。膳食应品种丰富，味道适口，成本能够接受。这就需要配餐者掌握各类食品的营养特点，按每个人的需要调换食物的品种，而同时保持充分的营养素供应。

营养适宜的膳食要体现多方面的平衡。食物能量与人体生理需要及体力活动量相平衡，不能过多或过少；各种营养素的供应和人体的需要相平衡；三大功能营养素的供能比例之间要达到合理的平衡；在脂肪酸中，饱和脂肪酸、单不饱和脂肪酸和多不饱和脂肪酸的比例，以及 ω-3 和 ω-6 脂肪酸的比例也应合理；植物性蛋白质和动物性蛋白质比例合理；粗杂粮和精米白面之间比例合理；等等。

要达到如此复杂的目标，制作食谱时需要按照多个步骤来实现。首先要确定用餐者的营养状况和生理状况，确定营养素供应目标和防病目标；然后确定各大类主要食物的量，用食物来达到各个营养目标；再确定具体烹调方法和油、盐数量；将各种食物分配到各餐次当中，确定餐次和用餐时间；对构成的食谱草案进行营养评价和烹饪方式调整，直至达到可接受的状态。

2. 进食时间和餐次分配

随着营养科学的发展，人们发现，同样的食物，如果三餐分配不同、进食时间不同、进食方式不同，会影响食物中营养素的利用，影响肥胖和慢性疾病的风险，影响餐后血糖血脂的上升模式。

近年来的研究越来越多地提示，时间因素影响人体对食物的生理反应。一日的餐次、进餐的具体时间、各餐次的能量和营养素分配、进餐时间间隔等都是需要考虑的因素。既要适应食谱使用者的工作和生活节奏，又要保证营养素供应，并帮助实现改善营养状况或防控慢性疾病的健康目标。

（1）进食时间的考虑

由于昼夜节律因素的影响，加强早餐的营养供应，使膳食能量更多集中在一日的前半段，对预防肥胖、糖尿病和其他慢性疾病更有帮助；而晚餐过晚则会提升餐后血糖反应，降低胰岛素敏感性，不利于预防糖尿病和心脑血管疾病。把进食时间窗口控制在6～10h之内、延长空腹时间的日内禁食方式也被部分研究证明有利于减肥、控制血糖和控制血脂。

（2）餐次营养素分配的考虑

在营养素分配方面，研究表明均匀摄入是最有利营养素利用的策略。例如，在同样的蛋白质摄入总量前提下，与早餐少、晚餐多的模式相比，如能将蛋白质摄入量均匀地分布在各餐之中，更有利于提升其生物利用率和增肌效果。同样，与优质蛋白质摄入量几天少、几天多的模式相比，每天均匀摄入的方式，蛋白质利用率会更高。尤其是对于蛋白质合成功能下降的老年人来说，各天、各餐中均匀供应蛋白质，对维持肌肉十分重要。

（3）进食顺序的考虑

用餐时的进食顺序也影响食物的消化吸收速度和餐后血糖反应。先进食部分蔬菜，或先进食蛋白质食物，后进食淀粉类食物的吃法，有利于延缓消化吸收速度，降低餐后血糖反应。这种进餐模式有利于需要控制体重和控制血糖的人群；但反过来说，食欲不振、消化不良的人群就需要避免这种做法。

3. 健康烹调的营养意义

在中式烹调中，大部分食材都需要经过烹饪之后食用。如果没有烹调措施的配合，仅靠营养素计算，很多营养食谱无法取得实效。通过恰当地调整烹调处理，可以保障很多重要的营养和健康目标顺利实现。

（1）调整食物的咀嚼性和吞咽性

婴幼儿、咀嚼能力下降的老年人、牙齿疾病患者，以及一些消化能力很弱的疾病患者，应当降低食物的咀嚼性，制作柔软易消化的食物。否则食物中的能量和营养素无法被充分吸收利用，营养目标无法实现。采用压力烹调、低温炖煮、剁碎成糜等方式可以使食材变得更加柔软易嚼。一些吞咽困难的老年人可能需要调整食物的黏度，以避免呛咳。为了避免误入气管和伤害食管，可能需要注意颗粒大小，并除去食物的核、刺、骨头渣等不可食部分。

（2）调整食物的饱腹感

需要减肥的人群需要提升单位能量食物的饱腹感，而食欲不振和瘦弱者则需要降低饱腹感。在能量摄入量固定的前提下，提升饱腹感通常可以通过选择富含膳食纤维的天然食材、在烹调中保留一定程度的咀嚼性、提升食物的蛋白质含量、增加食物的体积、降低烹调油用量等方式来实现。餐前饮水、餐前喝汤、餐前吃水果和蔬菜的做法也有利于提升餐后的饱腹感。反之，添加油和糖、提升脂肪含量、使用精白淀粉原料、降低食物水分含量的烹调方法通常会降低食物的饱腹效果，令人更难以控制食量。

（3）调整消化速度和血糖反应

减肥、控血糖、控血脂等目标往往需要设法延缓主食的消化速度和降低餐后血糖反应。使用咀嚼感较好的天然食材、加入高膳食纤维的全谷杂豆、缩短烹调时间降低淀粉糊化程度等措施，均有利于降低主食的消化速度。用鱼肉蛋乳食物配合主食摄入、餐前先吃少量水果等方式，也可以帮助降低餐后血糖反应。反之，提前浸泡粮食原料、使用压力锅烹调、增加烹调水量、延长烹调时间等做法，有助于提升主食的消化速度，对消化能力弱的人有所帮助。

（4）控制脂肪含量和脂肪酸类型

减肥、控血脂、控血糖等营养目标常常需要控制膳食中的脂肪含量和脂肪酸比例。即便选择了低脂食材，如果不能选择合适的烹调方法，在烹调过程中有效控制烹调油的用量，则无法实现控制脂肪含量的目标。此外，针对不同的疾病状况和食材选择，配合使用脂肪酸构成不同的烹调油，可以有效调整膳食中各类脂肪酸的摄入比例。

（5）控制钠摄入量

对很多慢性疾病患者，特别是控血压人群来说，控钠是一个重要膳食措施。在我国，除了来自加工食品的钠之外，来自调味品的钠在日常膳食钠摄入量中占据更大比例。在第 13 章中已经概述了控制来自调味品的钠摄入量的基本方法，但要落到实操层面，仍需在烹调方法和烹调操作上做出努力。

（6）提升维生素和植物化学物的保存率和利用率

烹调不当会增加多种维生素的损失率，特别是对烹调比较敏感的维生素 C、叶酸、维生素 B_1 等成分。油炸、过长时间的炖煮、加碱烹调等做法会严重破坏食物中的维生素。此外，多种植物化学物的保存率及食物的抗氧化能力，也受到烹调方式的影响。对于植物性食物来说，烹调中是否充分软化和破坏了食物基质，还影响细胞内多种健康相关成分的释放和提取效率。

（7）调整食物的炎症反应

添加糖和过多的盐都可能增加食物的炎症反应。此外，美拉德反应所产生的丙烯酰胺和晚期糖基化终末产物（advanced glycation end product，AGE）也是促炎产物，过多摄入时不利于慢性疾病和癌症的预防。此外，前述调整脂肪酸比例也与控制炎症反应有关，增加 ω-3 脂肪酸比例有利于降低炎症反应，而这一点可以通过调整烹调油来实现。

（8）调整食物的抗营养物质和特定成分含量

通过烹调措施，可以部分除去草酸、植酸、皂苷、单宁等抗营养成分，并灭活妨碍营养素吸收的维生素结合蛋白和胰蛋白酶抑制剂。控尿酸人群需要控制食物的嘌呤含量，此时既要选择嘌呤含量较低的食物，又可以通过烹调来控制嘌呤含量，如焯烫可使食物中的嘌呤溶出，而添加含核苷酸的鸡精会增加嘌呤含量。

（9）保证食物的适口性

保证食物的适口性和保证营养素平衡同等重要。无论营养素数据看起来如何完美，如果食物的口感和风味不能达到用餐者的期望，食物可接受性过低，营养搭配再平衡的一餐，也往往因为挑食、剩菜而无法达到能量和营养素的供应目标。所谓“营养餐不好吃，美味餐不营养”的刻板印象，很大程度上是因为营养餐设计和制作者缺乏烹饪食物的技巧和智慧。

（10）保证食品的安全性

对于一些特殊人群和疾病患者来说，需要比一般健康成年人更加注意食品安全。如婴幼儿、孕妇、胃肠疾病患者、免疫功能受损的糖尿病患者，以及其他疾病患者，对食物中的致病菌可能更为敏感。因此，在营养餐的烹调设计和实际制作中，应当特别注意避免细菌增殖和病毒污染。

总体而言，健康烹调应当尽量避免熏烤、油炸的烹调手法，在减少烹调油和含盐调味品摄入的前提下，尽量保持食物的美味度，并根据摄食对象的生理和健康状态，注意用烹调手段调整食物的饱腹感、可消化性和特定食物成分含量。

主要参考文献

Gaesser G A，Jones J M，Angadi S S. 2021. Perspective：Does glycemic index matter for weight loss and obesity prevention？Examination of the evidence on “Fast” compared with “Slow” carbs. Advance in Nutrition，

12（6）：2076-2084

Lu X, Lu J, Fan Z, et al. 2021. Both isocarbohydrate and hypercarbohydrate fruit preloads curbed postprandial glycemic excursion in healthy subjects. Nutrients，13（19）：2470

Mao Z，Aglago E K，Zhao Z. 2021. Dietary intake of advanced glycation end products（AGEs）and mortality among individuals with colorectal cancer. Nutrients，13（12）：4435

Nesti L，Mengozzi A，Tricò D. 2019. Impact of nutrition type and sequence on glucose tolerance：physiological insight and therapeutic implications. Frontier in Endocrinology，10：144

Stribiţcaia E，Evans C E L，Gibbons C，et al. 2020. Food texture influences on satiety：systematic review and metaanalysis. Science Reports，10（1）：12929

第 17 章　生命周期的膳食营养

本章学习目标

1. 掌握备孕期和妊娠期的营养需求特点和营养食谱制作要点。
2. 掌握哺乳期的营养需求特点和营养食谱制作要点。
3. 掌握婴幼儿的营养需求特点和喂养要求。
4. 了解学龄前和学龄儿童少年的营养需求。
5. 熟悉老年人的膳食营养特点及营养膳食实操要点。

本章课件

膳食营养在人类的所有生命阶段，即从怀孕前和怀孕期间、哺乳期、婴儿期、儿童期及青春发育期，直到成年期和老年期都具有重要的意义。

现代营养学研究显示，生命后期机体的健康状况，不仅与当时的膳食、环境、作息、压力等因素有关，也与成年期、青少年期，乃至婴幼儿期机体的健康历史具有紧密联系。在从受精卵开始的全生命周期中，机体健康始终受到内在遗传因素、外在环境因素及两者之间交互作用的影响。

生命早期营养在全生命周期营养中具有重要地位，在此领域形成了“节俭基因假说”“成人疾病的胎儿起源学说”“健康和疾病的发育起源学说”及“生命最初 1000 天机遇窗口期”等新概念。尽早开始改善膳食营养条件，养成良好饮食习惯，让下一代从生命早期开始就遵循高质量的饮食习惯，均衡摄入营养素，对于降低成年乃至老年时期慢性非传染性疾病的风险具有重要意义。

特别关注：做好备孕营养，赢在起跑线上

研究证实，相比于营养不良、代谢能力受损的成年人，营养良好、身心状态最佳的成年人具有更强的生育能力。无论男女，超重肥胖和胰岛素抵抗均会降低生育能力。心肺功能差、超重肥胖、血糖控制能力不足的女性，孕期发生流产、早产、胎儿发育不良和妊娠糖尿病、妊娠高血压等风险更大；营养不良的母体，有可能使胎儿的身体和智力发育输在起跑线上。

特别需要注意的是，受孕前几周是胚胎早期发育阶段，也是容易受到营养和外界因素影响的关键时段。如果叶酸等营养素供应不足，胎儿畸形风险会大幅度上升。此时准父母可能尚不知道受孕信息，并未改变饮食内容和调整生活状态。

因此，如果直到怀孕之后才开始重视营养问题，有可能已经错过了保证后代质量的最佳时机。正确的做法是备孕期间就应当开始健康过生活，把体重、体能、心理状态、营养状态、消化吸收能力等都调整到最佳状态。这样不仅能保证最佳的生育能力，也能提升孕育最高质量后代的能力，预防孕期的各种风险。

少年强则中国强。到新中国成立一百年时，中国的目标是成为世界最先进的发达国家。生育和培养优秀的下一代对实现中国梦至关重要。

17.1　孕期的膳食营养

妊娠俗称怀孕，是指胚胎或胎儿在母体内孕育成长的过程，通常可分为 3 个时期：孕早期为受精当周起算第 1～12 周，受精卵会经输卵管向下移动，接触子宫内层着床，并发育成胎儿与胎盘；孕中期为第 13～28 周；孕后期为第 29～40 周。

17.1.1　孕期营养的意义

孕期营养对未来婴儿有重大影响，一方面是因为母亲通过胎盘为胎儿供应生长发育所需的营养，合理营养有助于预防妊娠贫血、妊娠糖尿病等妊娠并发症；另一方面是因为胎儿期的营养对后代患非传染性疾病的风险具有决定性的作用。同时，孕期合理营养既是胎儿生长发育的重要保障，也是母亲身体健康的重要保障。

17.1.2　孕期营养的要点

与非孕期相比，孕期女性的身体各系统会产生一系列适应性改变，包括内分泌及生殖系统、体成分、血容量的改变，以及生化指标、营养素或其代谢产物水平的改变，心输出量渐进性增加，肾滤过渐进性加强等。随着孕周的增加，这些改变会越来越明显。为满足母亲和子代的健康，母亲的营养需求也会随着孕期进程的改变而提升。

1. 孕中期开始增加能量供应

与非孕时相比，孕期的能量消耗增加包括两部分，一是体重增加导致的能量消耗增加，二是组织储存所需要的能量，包括胎儿及母体生殖器官的生长发育，以及母体用于产后泌乳的脂肪储备。

孕早期胎儿重量增长缓慢，增加的能量消耗量可以忽略。根据中华人民共和国卫生行业标准《WS/T 801—2022 妊娠期妇女体重增长推荐值标准》，孕前体重正常的孕妇孕期体重增加的正常范围为 8～14kg。2023 版《中国居民 DRIs》推荐孕早期能量摄入维持孕前水平，孕中期和孕晚期在非孕基础上分别增加 1.05MJ/d（250kcal/d）和 1.67MJ/d（400kcal/d）。孕前超重肥胖和孕早期增重过多的女性应注意控制能量供应，在保证胎儿正常发育的前提下减少体重增加值。

2. 保证碳水化合物供应

在妊娠前半期，雌激素和孕激素刺激胰岛素分泌增加，促进葡萄糖转化为糖原和脂肪。在妊娠后半期，母体人绒毛膜生长激素（hCS）和脑垂体分泌的催乳素水平升高，抑制了葡萄糖向糖原和脂肪的转化。此时母亲处于相对的胰岛素抵抗状态，葡萄糖利用率下降，肝脏葡萄糖生成增加，有助于确保胎儿生长发育所需的葡萄糖供应。但是，母体脂肪过度分解产生的酮体水平过高时，酮体可能会进入胎儿体内，可导致胎儿生长迟缓和智力发育受损。故而，孕期必须保证足够的碳水化合物供应，避免酮体水平上升。

孕期女性总能量的 50%～65%需由碳水化合物供应。为保证胎儿的能量需要，并避免酮症酸中毒对胎儿神经系统发育的不利影响，即便是早孕反应严重而影响进食的女性，也必须保证每天摄入不低于 130g 的碳水化合物，或在医生指导下通过静脉补充葡萄糖及能量代谢相关的 B 族维生素。

3. 孕中后期增加蛋白质供应

整个孕期需要积蓄约 925g 蛋白质，主要发生于孕中后期。孕早期母体和胎儿体重增加缓慢，对蛋白质需要量增加不多，多摄入的蛋白质只能作为能量利用，并不能储备起来满足妊娠后期母胎对蛋白质的需要。

WHO/FAO/UNU 指出，孕早、中、后期体重分别增加 0.8kg、4.8kg 和 11kg，且营养状况良好的孕妇，孕中、后期每日蛋白质的储存量分别增加 1.9g 和 7.4g。2023 版《中国居民 DRIs》建议，孕早期膳食蛋白质供应与孕前相同，孕中、后期分别增加 15g/d 和 30g/d。

4. 孕期保证 ω-3 脂肪酸供应

总的来说，妊娠前半期的代谢变化促进母亲的脂肪储存，而在妊娠后半期则增强脂肪利用。随着妊娠的进展，除了身体积累 3～4kg 脂肪以备产后泌乳之外，血脂水平也会显著上升。甘油三酯水平首先升高且增加幅度最大，至分娩时可达非妊娠时的 3 倍。脂肪酸、磷脂和含胆固醇的脂蛋白也有增加。其中胆固醇被胎盘用于合成类固醇激素，磷脂被胎儿用于神经和细胞膜形成。

孕期膳食脂肪中的磷脂及长链多不饱和脂肪酸对人类生命早期脑和视网膜的发育有重要作用。在孕后期，胎盘选择性地转运长链脂肪酸到胎儿体内，优先顺序依次为 DHA、α-亚麻酸、亚油酸、油酸和花生四烯酸。其中 DHA 有三个来源，一是食物中的 DHA，二是食物中的 α-亚麻酸在体内衍生合成，三是母体内的 DHA 储备。

我国推荐孕妇膳食脂肪供能比例占总能量的 20%～30%，其中亚油酸和 α-亚麻酸的 AI 分别占总能量的 4.0%和 0.6%；EPA+DHA 应达到 0.25g/d，其中 DHA 应达到 0.2 g/d。

5. 及早补叶酸，增加多种维生素供应

从备孕期、孕早期到孕中、后期均需要持续增加叶酸供应。在我国，补充叶酸 400μg/d 可使神经管畸形发病率下降 80%。孕期全程叶酸推荐值较孕前增加 200μg DFE/d，达到 600μg DFE/d。叶酸可来源于肝脏、豆类和深绿色叶菜，但食物中叶酸的生物利用率仅为补充剂的 50%，故宜补充叶酸 400μg/d，或食用含有叶酸强化剂 400μg/d 的食物。

孕期全程需要增加维生素 B_6 供应，其 RNI 较孕前增加 0.8mg/d。在临床上常用维生素 B_6 辅助治疗早孕反应，也使用维生素 B_6、叶酸和维生素 B_{12} 预防妊娠高血压综合征。维生素 B_6 的食物来源主要是动物肝脏、肉类、豆类、全谷物及坚果、油籽等。

孕中、后期多种维生素的摄入标准均有提升，包括维生素 A、维生素 B_1、维生素 B_2 和维生素 C 等。

母体维生素 A 营养状况低下与贫困人群中的早产、宫内发育迟缓及婴儿低出生体重有关。2023 版《中国居民 DRIs》推荐孕中、后期维生素 A 参考摄入量在孕前 700μg RAE/d 的基础上增加 70μg RAE/d。

孕期缺乏或亚临床缺乏维生素 B_1 时，自身可能不出现明显症状，但可能导致新生儿脚气病。日常以缺乏维生素 B_1 的精白大米为主食，又缺乏豆类、肉类等富含维生素 B_1 的食物，可引起孕妇的维生素 B_1 缺乏。在食物摄入不足的孕早期，尤其应注意维生素 B_1 的摄入。孕中、晚期维生素 B_1 的 RNI 比孕前分别增加 0.2mg/d 和 0.3mg/d。

维生素 B_2 缺乏可导致胎儿生长发育缓慢。孕中、晚期维生素 B_2 的 RNI 较孕前分别增加 0.1mg/d 和 0.2mg/d。肝脏、蛋黄、肉类、乳类是维生素 B_2 的重要来源，适度增加全谷类和绿叶蔬菜也可提升维生素 B_2 摄入量。

此外，孕期维生素 D 缺乏可导致母体和出生的子代钙代谢紊乱，包括新生儿低钙血症、手足搐搦、婴儿牙釉质发育不良及母体骨质软化，故宜在备孕期开始预防维生素 D 缺乏问题。我国目前孕期维生素 D 的 RNI 和孕前相同，为 10μg/d。

6. 预防关键矿物质缺乏

孕期需要特别关注的几种矿物质包括钙、铁、锌、碘。

孕期激素分泌的改变带来钙代谢的变化。孕期雌激素水平升高，可使钙的吸收率增加 1 倍以上，以适应钙需要的增加，这种作用在低钙摄入状态下更为明显。目前我国孕期的钙摄入推荐值和孕前人群相同，仍为 800mg/d。尽管如此，由于孕晚期胎儿的钙需要量大幅度上升，孕期钙严重摄入不足仍可能使母体处于负钙平衡状态，造成暂时性的骨密度下降。

对有适宜铁储备的孕妇来说，孕早期的铁吸收率约为 10%，随着妊娠进程逐渐上升，孕中、晚期可比孕早期增加 1～3 倍。铁缺乏者孕晚期铁吸收率最高可达 40%。研究显示，孕期铁缺乏和缺铁性贫血可能造成胎儿生长发育迟缓和新生儿铁储备减少，而且会影响子代的智力发育、语言能力、动作和注意力的发展。孕早期的铁缺乏与早产和低出生体重有关，而早产儿由于胎儿时期储备不足，使婴儿期铁缺乏的风险增加。对母体来说，孕期贫血还与产后抑郁风险有关。我国推荐孕中期铁参考摄入量在孕前基础上增加 7mg/d，孕晚期增加 11mg/d。

孕期的生理改变使锌的吸收增加，孕晚期母体经胎盘转运至胎儿的锌为 0.6～0.8mg/d。我国建议从孕早期开始增加锌的摄入量，孕期全程的锌推荐量在孕前 7.5mg/d 的基础上增加 2mg/d。

碘作为甲状腺素的原料，对母体和胎儿的能量代谢及胎儿的脑发育均必不可少。孕早期碘缺乏可影响甲状腺激素合成，使母亲新陈代谢率降低，胎儿生长发育迟缓，甚至导致神经系统发育障碍，成为不可逆转的克汀病患者。孕早期碘缺乏引起的甲状腺功能低下所导致的神经损害更为严重，故应在备孕期尽早预防和纠正母体的碘缺乏。我国推荐从孕早期开始增加碘的供应，其推荐摄入量在非孕基础上增加 110μg/d，是孕前推荐值的近 2 倍。

17.1.3　孕期的食物选择和搭配

由于孕期对营养素的需求较孕前增加，孕期应注意以多样化的新鲜天然食物为主，提升食物的营养素密度，充分摄入富含优质蛋白质的食物，并特别注意摄入含有容易缺乏的维生素和矿物质的各种食品，尽可能减少高度加工食品和低营养价值食物的比例。同时还要结合适宜的身体活动和健康的生活方式。

> **资料链接：《中国居民膳食指南》之孕期女性膳食指南**
>
> 1）调整孕前体重至正常范围，保证孕期体重适宜增长。
>
> 2）常吃含铁丰富的食物，选用碘盐，合理补充叶酸和维生素 D。
>
> 3）孕吐严重者，可少量多餐，保证摄入含必需量碳水化合物的食物。
>
> 4）孕中、晚期适量增加乳、鱼、禽、蛋、瘦肉的摄入。
>
> 5）经常户外活动，禁烟酒，保持健康生活方式。
>
> 6）愉快孕育新生命，积极准备母乳喂养。

鉴于孕期妇女在不同时期营养需求有所差异，食谱制作应分阶段设计。孕早期、孕中期和孕晚期的食谱制作要点如下所述。

1. 孕早期食物选择要点

孕早期无须追求体重增加，能量和蛋白质摄入目标和孕前相同，营养关键是保证碳水化合物供应。

1）早孕反应不严重的孕妇可继续保持孕前的营养平衡膳食。

2）大部分孕妇会出现轻重不同的妊娠反应，影响食物摄取。此时不必过分强调蛋白质食物的摄入量，可根据个人的饮食口味安排少食多餐，在呕吐不严重的时段尽可能多吃。

3）为保证碳水化合物供应，预防酮症酸中毒对胎儿的危害，应保证每日供应130g以上的碳水化合物。鼓励优先摄取富含淀粉的主食（如小米粥、面条、面包、烤馒头片、糕饼等），含有糖分的各种水果和水果干，以及酸乳、豆浆等同时含有蛋白质和碳水化合物的饮料。主食不足时也可使用果蔬汁、蜂蜜水等含糖饮品来帮助补充身体需要的碳水化合物。

4）食物应新鲜、清淡、爽口、容易消化，避免油腻食物、浓味食物和煎炸熏烤等高温烹调食物。

5）补充叶酸；在食物不足时可适量补充维生素 B_1、维生素 B_6 等B族维生素。

2. 孕中期食物选择要点

在孕中期，胎儿生长速率加快，相关母体组织也同步增长，对能量和各种营养素的需要明显增加，应增加富含蛋白质的食物。此时孕妇的食欲好转，同时体力活动量较孕前下降，需要提前预防出现体重增加过快的情况（表17.1）。

表17.1 孕中期营养食谱一例

餐次	食物	食材及用量
早餐	甘薯小米粥	小米20g，甘薯20g
	豆沙包	面粉80g，豆沙25g
	三丁小菜	巴旦木或其他坚果20g，白菜丁60g，胡萝卜丁40g，芝麻油5g
上午加餐	鲜枣	鲜枣80g，也可换成其他时令水果
午餐	红豆紫米饭	大米40g，紫米40g，红小豆20g（提前冷藏浸泡48h）
	肉片焖豆角	瘦猪肉75g，豆角150g，花生油8g
	水油焖鲜蘑小白菜	小白菜100g，鲜蘑50g，亚麻子油4g
下午加餐	酸乳	全脂酸乳250g
晚餐	全麦馒头	全麦面粉60g
	芋头小米粥	小米20g，鲜芋头50g
	豌豆炒鸡蛋	嫩豌豆100g，鸡蛋1个半90g，花生油8g
	凉拌木耳西兰花	西兰花100g，干木耳2g，芝麻酱5g或沙拉汁10g

注1：盐总量5g（含其他咸味调味品中的盐），除油和盐之外，其他调料可随口味自行添加

注2：该食谱含能量8.9MJ（2128kcal），蛋白质72.9g，碳水化合物294.2g，脂肪58.9g，各维生素和矿物质含量均达到推荐值的100%以上

1）除三餐外，上午或下午可安排至少一次加餐。

2）每天摄入相当于谷类干重200～250g的主食。为控制餐后血糖和增加维生素、矿物质、膳食纤维的供应，其中主食宜有75～100g的全谷杂粮，以及75～100g的薯类。

3）每天平均摄入禽、瘦肉共计50～75g，鱼类水产50～75g。每周可吃1～2次动物血或动物肝脏以预防贫血；每周1～2次海产品，以保证碘供应。

4）每天摄入带蛋黄的鸡蛋1个，牛乳300～500g。

5）每天平均摄入相当于20g大豆的豆制品，以及10g坚果仁。

6）每天摄入品种丰富的蔬菜300～500g，水果200～400g。其中必须含有150g以上的深绿色叶菜，以增加叶酸和多种维生素的供应。

7）每日烹饪用油不超过30g，最好使用多种烹调油，其中包括含有α-亚麻酸（ALA）的油脂如亚麻子油、紫苏子油等。用盐不超过5g，应正常使用碘盐以保证碘元素供应。

3. 孕晚期食物选择要点

孕晚期孕妇对蛋白质、钙、铁等营养素的需要增加，体重增加较快，且需要在胰岛素敏感性下

降的情况下控制餐后血糖水平。由于体力活动较少，胃肠运动减弱，还需要预防便秘问题（表 17.2）。

表 17.2　孕晚期营养食谱一例

餐次	食物	食材及用量
早餐	自制三宝豆浆 肉菜馒头三明治	豆浆机制作，含白芝麻 5g，麦胚 5g，黄豆 10g，炒花生 5g 全麦馒头或面包片 100g，酱牛肉 30g，生菜 50g，橄榄油或沙拉酱 5g
上午加餐	橙子和酸乳	1 个大橙子 250g（带皮重），1 小杯酸乳 100g
午餐	金银饭 茴香鸡蛋炒豆腐 盐水鸭肝 麻酱拌蒸茄子	大米 50g，小米 20g，大黄米 20g，枸杞 10g 茴香菜 100g，鸡蛋半个 30g，北豆腐 50g，油 8g 鸭肝 30g 茄子 100g，陈醋 10g，芝麻酱 10g
下午加餐	牛乳枣肉南瓜糊	蒸南瓜 150g，牛乳 100g，枣肉 30g
晚餐	鸭血汤面 葱香土豆泥 草莓	鸡汤 200g，挂面 50g，鸭血 30g，小油菜 150g 牛乳 60g，土豆 120g，小葱 10g，油 4g 草莓 60g
夜宵	自制三宝豆浆	和早餐原料相同，从冷藏室取出，加热杀菌后饮用

注 1：盐总量 5g（含其他咸味调味品中的盐），除油和盐之外，其他调料可随口味自行添加

注 2：该食谱含能量 8.48MJ（2027kcal），蛋白质 85.6g，碳水化合物 285.2g，脂肪 56.4g，铁 44.1mg。各维生素和矿物质含量均达到推荐值的 100%以上

1）除三餐外，上午和下午各安排一次加餐。血糖正常、体重较轻者还可加夜宵。

2）每天平均摄入禽、瘦肉共计 50～75g，鱼类水产 75～100g。优先选择蛋白质含量高而脂肪含量相对比较低的食材，以避免能量过剩；每周 1～2 次动物血或肝脏，以补充血红素铁；每周至少吃 2 次鱼、虾或其他海产动物食品，以摄入 DHA。

3）豆制品、坚果、蛋类、乳类摄入量和孕中期食谱一致。有控制体重需求者可以选择饮用脱脂乳，豆制品选择无糖豆浆、水豆腐而不是油炸过的产品。

4）每天摄入相当于谷类干重 225～275g 的主食。主食中宜有 75～125g 的全谷杂粮，以及 75～100g 的薯类。增加全谷杂粮比例既可增加 B 族维生素供应，又有利于控制餐后血糖，还可预防孕晚期便秘。

5）每天摄入品种丰富的蔬菜 300～500g，水果 200～400g。其中最好含有 200g 以上的深绿色叶菜，以增加叶酸、多种维生素和膳食纤维的供应。

6）每日盐摄入量不超过 5g，使用碘盐。孕期无须增加膳食钠摄入量，盐摄入过量会增加孕妇的心脏和肾脏负担。如果孕妇出现下肢浮肿或妊娠高血压，必要时应更严格地限盐。

7）注意预防体重过度增加，采用少油烹调方式，如蒸、煮、炖、凉拌等。避免油炸，减少摄入用大量油烹炒的菜肴。有控体重需求者应少吃或不吃添加了油、盐、糖的主食，避免甜饮料和甜点心。

8）蛋乳素食者应注意增加豆制品和坚果、油籽的摄入，以补充植物性蛋白质；用富含 α-亚麻酸的亚麻子油、紫苏子油等补充 ω-3 脂肪酸。

同时，在不违背医嘱的前提下，孕妇应坚持适度体力活动，这对预防体重过度增加和控制血糖、血压均具有重要意义。每日还应比孕前多喝 1 杯水，以保持充足的液体供应。有关餐后血糖控制方式，可参见本教材第 18 章的相关内容。

资料链接：

查阅中国营养学会团体标准《T/CNSS 009—2021　中国妇女妊娠期体重监测与评价》和《T/CNSS 015—2022　孕期体重增长异常妇女膳食指导》。

4. 孕期应避免选择的食物

孕期应避免的食物包括含较多酒精的食物和饮料、含较多环境污染物的食物、含寄生虫的食物及致病微生物风险过高的食物。

（1）含酒精饮料

酒精不仅妨碍胎儿发育，而且对胎儿的智力和身体成长有永久影响，故啤酒、葡萄酒和蒸馏酒等所有含酒精饮料均不应纳入孕妇膳食。但日常生活中可正常使用料酒烹调菜肴。此外，煮过的醪糟汤、腐乳等发酵食品及成熟水果中所含的少量酒精因剂量过低，达不到有害水平，不需过度担心。

（2）甲基汞含量较高的鱼类

胎儿、婴儿和幼童发育中的脑部特别容易受甲基汞的毒性影响，摄入过多甲基汞会对神经系统造成损害。包括鲨鱼、剑鱼、旗鱼、金目鲷和吞拿鱼等大型食肉鱼类的甲基汞含量较高，均应慎食。

（3）未经煮熟的动物性食物，包括海产、肉类和禽蛋

必须彻底煮熟食物，以杀灭其中的寄生虫和致病菌。外出用餐时，亦应吃即点即煮及上菜时温度仍达到60℃以上的食物。酒渍的醉虾、醉蟹、凉拌贝类、生鱼片等均应慎食。

（4）未经再次加热杀菌的即食食物和冷藏食物

李斯特菌等部分致病菌具有较好的耐冷能力，冰箱储藏后仍可致病。孕期感染李斯特菌可导致流产、胎儿夭折、早产，或令新生婴儿出现严重健康问题。受李斯特菌感染的孕妇可能出现发冷、发热、头痛、背痛和喉痛等类似感冒病征，也可能无症状感染后严重影响胎儿。预防李斯特菌感染的要点是：冷藏食物必须再次加热、充分杀菌后再食用。

17.2 哺乳期的膳食营养

哺乳期是指分娩后开始泌乳直至断乳的过程，包括了产褥期及后续母乳喂养的时间段。WHO推荐母乳喂养至婴幼儿2岁或更久，以便新生子代获得最佳的身心发育状态，并奠定一生的健康基础。

17.2.1 哺乳期营养的意义

分泌乳汁是哺乳期妇女最主要的生理特征。乳母合理营养不仅有助于自身器官和系统功能的恢复，也通过影响母乳质量、喂养情绪、喂养行为、情感支持等方面，进一步促进婴幼儿早期发展，甚至修正孕期宫内环境不良对子代发育的影响，为儿童期乃至成人期的健康与疾病预防奠定良好的发育起点。

对于婴幼儿而言，相较于非母乳喂养的儿童，小时候得到充分母乳喂养的青少年和成年人出现超重肥胖和患2型糖尿病的可能性更低，智力测试的成绩更好。哺乳对乳母的近期健康效益包括促进乳母子宫收缩、预防产后出血和子宫内膜感染、延长哺乳期闭经时间、降低产后抑郁风险；远期健康效益包括降低癌症风险、预防高血压和糖尿病等。根据WHO统计的信息，如果按照WHO的指导进行母乳喂养，全球每年将挽救60万儿童的生命，并使10万名母亲免于患乳腺癌、卵巢癌及2型糖尿病的困扰。

17.2.2　哺乳期营养的要点

婴儿出生后，母亲需要为日益长大的婴儿供应乳汁，而乳汁的营养成分主要来自母亲的膳食营养，在营养不足时还会动员母体的营养储备。

1. 能量需要增加

乳母的能量除满足自身需要外，还应包括乳汁中含有的能量及产生乳汁所需要的能量。2023 版《中国居民 DRIs》推荐健康乳母在同体力活动水平孕前成年女性的基础上每日增加 1.67MJ（400kcal）能量。然而，由于孕期已经在体内储备了一部分脂肪，体重偏高的哺乳母亲可减少膳食能量的增加量，以促进体重恢复正常。

2. 蛋白质需要量持续增加

在产褥期，母体同时有恢复身体和泌乳的蛋白质营养需求，但在产褥期之后，只要泌乳在持续，乳母的蛋白质需要就持续处于高水平。乳汁中的蛋白质含量约为 1.2%，产后 6 个月内母乳的平均分泌量为 780g/d，膳食蛋白质转化为母乳蛋白质的有效率约为 70%。考虑到我国的膳食结构和膳食蛋白质质量，乳母的蛋白质推荐摄入量增加 25g/d。

3. 保证膳食 DHA 的供应

哺乳期女性的膳食脂肪供能比占总能量的比例，以及各类脂肪酸的供能比，仍与孕前女性相同。然而，乳母膳食中 EPA 和 DHA 总量的适宜量为 250mg/d，DHA 为 200mg/d，其中 100mg/d 的 DHA 通过分泌乳汁哺喂婴儿，用于其体内积累、满足生长发育需要，其余部分用于补充母体内的 DHA 损失。

4. 保证碳水化合物供应，摄入充足膳食纤维保持肠道畅通

哺乳期女性碳水化合物的供能比例与普通成年人相同，为总能量的 50%～65%。其中应以复杂碳水化合物为主，控制添加糖的建议和未孕产女性相同。

较多的膳食纤维能够促进肠道蠕动，改善产后由于身体活动较少带来的消化不良和便秘问题，而且有利于肠道益生菌的增殖。乳母的膳食纤维建议摄入量为 25～30g/d。

5. 充足供应钙和微量元素

尽管哺乳期对钙的吸收能力有所增加，但因为每日钙需求大幅度上升，钙是哺乳期较易缺乏的一种矿物质。按每日泌乳量 750mL 计，每天从乳汁中排出的钙为 150～230mg/d。我国哺乳期钙的推荐摄入量和正常成年健康女性相同，仍为每日 800mg。

产褥期有组织修复需求，对铁的需求量上升，但乳汁中铁含量较低。胎儿期宫内特殊的缺氧环境使其处于高血红蛋白状态，出生后氧环境改善，血红白蛋白铁转变为储存铁，可满足婴儿 4～6 个月的需求。乳母每日铁的推荐摄入量为 24mg。

碘对于婴儿的神经发育和蛋白质合成有着重要影响。母乳中的碘含量高于母体血浆中的碘浓度，乳母摄入的碘很快出现在乳汁中，满足婴儿对碘的特别需要。乳母碘的推荐摄入量应在一般成年女性的基础上增加 120μg/d，是孕前参考值的 2 倍。

6. 保证水溶性维生素和维生素 A 供应

维生素 A 对婴儿的体格生长、视觉发育、免疫系统成熟及造血功能有重要作用。特别是产后 2 周内的初乳富含维生素 A，对于促进新生儿免疫功能早期发展具有重要意义。乳母的维生素 A 摄入量可以影响乳汁中的维生素 A 含量，通过膳食补充维生素 A 可使乳汁中维生素 A 量显著提升。但是，乳母膳食中维生素 A 转移到乳汁中的量有一定限度，超过这一限度则不再按比例增加。乳母维生素 A 的膳食推荐摄入量相较于孕前女性增加 600μg RAE/d。

维生素 D 几乎不能通过乳腺，故母乳中维生素 D 含量很低，其推荐摄入量与孕前相同。但由于我国膳食结构中富含维生素D的食物较少，加之现代女性大多日照不足，孕期和产褥期的出门活动往往减少，建议25-羟-维生素D水平较低的哺乳期女性适度补充维生素D以恢复正常水平。

乳母膳食中缺乏维生素B_1时，相应乳汁中维生素B_1也会减少，严重时可使母乳喂养婴儿发生婴儿型脚气病。膳食补充维生素B_1后，乳汁中的含量明显增高。母乳中其他水溶性维生素受母体膳食摄入量影响同样较大。按我国标准，和同体力活动量的孕前女性相比，乳母维生素B_1、维生素B_2和维生素B_6的参考摄入量均增加0.3mg/d，而烟酸、叶酸、维生素B_{12}和维生素C的推荐摄入量分别增加4mg NE、150μg DFE、0.8μg和50mg。维生素E和维生素K的参考摄入量亦有小幅增加。

17.2.3 哺乳期的食物选择和搭配

哺乳期包括产褥期和产褥期之后的持续哺乳阶段。其中，产褥期是指孕妇从胎儿、胎盘自身体娩出，直到除乳腺外各个器官恢复或接近正常未孕状态所需的一段时期，一般需6～8周。民间把产褥期的前几周俗称为“坐月子”。

1. 产褥期的食物选择要点

产妇在分娩后可能会感到身体虚弱乏力，食欲和消化能力较低，可选择较清淡易消化的食物，如粥、软面条、馄饨、米糊、酸乳、蛋羹及质地柔软的菜肴，之后逐渐过渡到正常膳食。剖宫产的产妇术后1d可使用流食，但忌用牛乳、豆浆及含大量蔗糖的饮料，避免各种可能产生胀气的食品。然后转为半流食，1～2d后再过渡到容易消化的正常膳食。

《中国产褥期（月子）妇女膳食建议》中指出，产后头几天的膳食宜清淡、易消化；整个产褥期食物多样不过量，保证营养均衡；适量增加鱼、禽、蛋、瘦肉等富含优质蛋白质的食物摄入；注意粗细粮搭配，重视新鲜蔬菜、水果的摄入；适当增加乳类等含钙丰富的食品；足量饮水，根据个人饮食习惯可多喝汤汁；合理使用营养补充剂。各地有不同的产后饮食习俗，在不妨碍产妇健康的前提下，可以尊重本人和地区的饮食风俗。

此外，产妇在尽早开奶、坚持母乳喂养的同时，应保持愉悦的心情、充分的休息和足够的睡眠，避免过早负重劳动。

> **资料链接：**
> 查阅中国营养学会团体标准《T/CNSS 014—2022　产褥期妇女膳食指导》。

2. 哺乳期的食物选择要点

相对于孕期，哺乳期对铁以外的各种营养素需求更大。整个哺乳期（包括月子）均应坚持食物多样、营养平衡的膳食，以满足乳母自身营养需求，同时保证乳汁营养和母乳喂养的持续性。每天的膳食应包括的各类食物数量见表17.3，从表中可见，哺乳期的谷薯类、鱼肉类和果蔬类食物总量要高于孕期。

> **资料链接：哺乳期妇女膳食指南（2022）核心推荐**
> 1）产褥期食物多样不过量，坚持整个哺乳期营养均衡。
> 2）适量增加富含优质蛋白质及维生素A的动物性食物和海产品，选用碘盐，合理补充维生素D。
> 3）家庭支持，愉悦心情，充足睡眠，坚持母乳喂养。
> 4）增加身体活动，促进产后恢复健康体重。

5）多喝汤和水，限制浓茶和咖啡，忌烟酒。

表 17.3　女性备孕、孕期和哺乳期一日食物推荐量比较

食物种类	建议摄入量/（g/d）			
	备孕/孕早期	孕中期	孕晚期	哺乳期
粮谷类	200～250	200～250	225～275	300～350
其中全谷杂豆	50～150	75～100	75～125	75～150
其中薯类	50～100	75～100	75～100	75～100
蔬菜类	300～500	400～500	400～500	400～500
其中深色蔬菜	占 1/2	占 2/3	占 2/3	占 2/3
水果类	200～300	200～300	200～350	200～400
鱼禽肉总量	75～150	100～150	125～175	150～200
蛋类	50	50	50	50
乳类	300	300～500	300～500	300～500
大豆及豆制品	15	20	20	25
坚果和油籽	10	10	10	10
烹调油	25	25	25	25～30
加碘盐	5	5	5	6
饮水量	1500	1700	1700	2100～2300

资料来源：中国营养学会，2022

1）增加富含优质蛋白质的动物性食物和海产品（包括禽、肉、蛋、乳、水产品），以及大豆类食物，并建议乳母每日鱼禽肉蛋类食物总量为 175～225g、大豆类为 25g，坚果为 10g。最好每天选用至少 3 种优质蛋白质来源。素食乳母可按蛋白质含量用豆制品替换鱼肉类食物。

2）为保证维生素 A 供应，每周可食用 1～2 次猪肝（85g）或鸡肝（40g）。每天摄入蛋黄和全脂乳，吃至少 1 种富含维生素 A 原的深绿色叶菜和 1 种红黄色蔬菜、水果。

3）每日摄入谷类干重 300～350g，其中包含 75～150g 全谷杂豆及 75～100g 薯类，以增加多种 B 族维生素、钾和膳食纤维的摄入量。

4）每日摄入蔬菜总量 400～500g，其中绿叶蔬菜和红黄色等有色蔬菜占 2/3 以上；水果类 200～350g。

5）每天摄入牛乳 300～500mL 和相当于 25g 大豆的豆制品，以增加钙的供应量。

6）烹调油 25～30g，食盐不超过 6g。

7）乳母每日分泌乳汁，需要增加液体摄入，故每天宜多次摄入粥、少盐少油的汤汁、豆浆、牛乳和白开水等高水分食物。

8）避免酒精饮料、咖啡和浓茶。

表 17.4 提供了哺乳期营养食谱示例，可供参考。

表 17.4　哺乳期营养食谱一例

餐次	食物	食材及用量
早餐	小米大黄米甘薯粥 维生素面包 海苔肉松蛋羹	小米 20g，大黄米 10g，红心甘薯 50g 1 片面包 30g 1 个较大鸡蛋 60g，1 勺肉松 10g，海苔碎 1g
上午加餐	葡萄干牛乳燕麦粥	燕麦片 30g，全脂牛乳 200g，葡萄干 15g
午餐	糙米糯米豌豆饭 菠菜肉丸汤 芝麻酱拌茄子	炒或泡过的糙米 30g，大米 20g，糯米 20g，嫩甜豌豆 20g 焯烫菠菜 150g，猪肉 30g，鸡胸肉 30g，洋葱 20g，少油鸡汤 200g 长茄子 250g，芝麻酱 10g
下午加餐	山楂苹果桂圆汤	山楂干 2g，苹果 100g，桂圆 2g

续表

餐次	食物	食材及用量
晚餐	糙米糯米豌豆饭 花生蘑菇鲫鱼汤 鸡汤煮油菜碎	同中午的主食 花生仁 20g，鲫鱼 1 条 150g，蘑菇 30g，油 4g 少油鸡汤 200g，嫩油菜 200g
夜宵	核桃牛乳莲子浆	核桃仁 6g，牛乳 200g，莲子 1g
饮料	白开水、淡柠檬水等	7～8 杯

注 1：盐总量 5g（含其他咸味调味品中的盐），除油和盐之外，其他调料可随口味自行添加

注 2：该食谱含能量 9.38MJ（2243kcal），蛋白质 97.5g，碳水化合物 303.1g，脂肪 75.7g，铁 32.7mg，钙 1248mg。除维生素 B_1 达推荐值的 97%，其他维生素和矿物质含量均达到推荐值的 100%以上

3. 哺乳期控制体重的要点

目前我国女性产后常见体重滞留情况。所谓体重滞留，是指在产后一年之内仍未能回到孕前的体重状态。由于哺乳期食量较大，部分女性因为恐惧发胖而对哺乳心怀顾虑。实际上，对恢复体重来说，哺乳期是一个重要的时机。哺乳需要消耗大量能量，通过合理安排膳食，母亲可以把孕期体内储备的脂肪，以及孕前原有的过多脂肪，转化为乳汁供应的能量，从而促进恢复体重，避免产后体重滞留。

哺乳期不能应用极低碳水化合物减肥、单一食物减肥、断食减肥等影响膳食营养平衡的方法。要兼顾哺乳和体重，可以在保证蛋白质、钙、多种维生素的前提下，做到以下几点。

1）选择低脂肪高蛋白的食材，如纯瘦肉、脱脂乳、去皮鸡肉等。

2）降低烹调油摄入量，以蒸、煮、炖、烤为主，烹调少油、喝汤去油。

3）增加主食中的全谷杂豆比例，少吃加了油的面点和小吃。

4）增加少油蔬菜摄入量，先吃部分蔬菜之后再吃主食。

5）避免饼干、糕点、甜食和甜饮料，尽量不吃高脂肪零食。

6）尽早恢复运动，适度参与日常工作和家务，保持充足的体力活动。

特别关注：哺乳妈妈需要喝各种汤吗?

女性哺乳每日要排出 800～1000mL 水分，需要从膳食中加以补充。肉汤、鱼汤中既含有可溶性的蛋白质，也含有溶出的多种 B 族维生素和钾等矿物质，是比白开水更美味的水分和营养来源，对促进泌乳是有利的。我国提倡哺乳期女性多喝汤水的传统不应加以否定。

然而，在乳母有控制体重需求的情况下，喝含有脂肪的汤会增加膳食能量，不利于恢复孕前体重。因此，在喝鸡汤、鱼汤、排骨汤等汤水的时候，应除去其中的浮油。浮油可以通过冷藏凝固的方法除去，也可以用吸油纸或漏油勺等方法除去。

此外，在汤中添加盐的情况下，大量喝汤会增加盐的摄入，不利于控制血压和恢复体重。在煲汤时应避免放盐，在汤成之后加很少量盐，刚有一点可察觉咸味即可。

在膳食营养供应充足的情况下，乳母如果不喝鱼汤、肉汤、鸡汤，直接用牛乳、豆浆、粥汤和白水来供应水分，也是完全不妨碍哺乳的。

17.3 婴幼儿的膳食营养

17.3.1 婴幼儿和儿童营养的意义

婴儿期是指自出生到不满 1 周岁（0～12 月龄）。这是人生第一个生长高峰，同时也是感知

觉、动作、语言和行为发育最快的时期。此期按单位体重计算的营养需求量较大，而消化吸收功能尚未完善，自身免疫功能尚未发育成熟，暂时不能接受成年人的食物。母乳是 6 月龄以内婴儿最适合的食物，把母亲的保护从子宫内延伸到出生后，对婴儿的消化健康、免疫健康、疾病预防和身心发育的价值是不可替代的。

7～24 月龄婴幼儿处于生命早期 1000 天健康机遇窗口期的第三阶段。此时母乳仍然是重要的营养来源，但需要引入其他营养丰富的天然食物，满足其日益增加的营养需求，食物添加不当可严重影响婴幼儿的生长发育。同时，通过接触、感受和尝试天然食物，婴幼儿需要逐步体验和适应多样化的食物，发展与食物相关的感知觉，从被动接受喂养转变到自主进食，并为未来的饮食习惯打下基础。

2～5 岁的幼儿为学龄前儿童，他们逐渐形成了对食物的认识，并掌握了自主进食的技能。这段时期是饮食行为形成的关键期，而早期的饮食习惯往往延续到儿童青少年期，直至成人期。该阶段儿童的生长发育状况和饮食行为，也直接关系到青少年和成年期发生肥胖及相关慢性病的风险。

17.3.2　哺乳期婴儿喂养要点（0～6 月龄）

婴儿出生之后不要喂母乳之外的任何食物，也不要用奶瓶喂奶，而要让婴儿尽快与母亲肌肤接触并吸吮母乳。人类初乳中含有大量免疫因子和生物活性物质，对新生儿的肠道健康和抗病能力极为有益。哺乳也是促进母婴双方情感交流和保护心理健康的重要方式。

资料链接：0～6 月龄婴儿膳食指南之核心推荐

1）母乳是婴儿最理想的食物，坚持 6 月龄内纯母乳喂养。

2）生后 1h 内开奶，重视尽早吸吮。

3）回应式喂养，建立良好的生活规律。

4）适当补充维生素 D，母乳喂养无须补钙。

5）一旦有任何动摇母乳喂养的想法和举动，都必须咨询医生或其他专业人员，并由他们帮助做出决定。

6）定期检测婴儿体格指标，保持健康生长。

营养良好的母亲所分泌的母乳既含有婴儿所需的所有营养成分，又能供应水分。母乳的颜色和浓稠度不能作为判断母乳中营养成分的依据。出生 6 个月内应保持纯母乳喂养，不需要喂水、果汁、菜汁等任何其他液体。

母乳中的钙可满足婴儿的钙需求，但维生素 D 含量低，宜从出生后数日开始每日补充 10μg。母乳中维生素 K 的含量较低，新生儿（特别是剖宫产的新生儿）的肠道菌群不能及时建立，无法合成足够的维生素 K，因此建议新生儿出生后补充维生素 K。

所谓回应式喂养，是指识别婴儿感觉饥饿需要进食的表现，按婴儿提供的信号决定哺乳时间和次数。随着婴儿胃容量的增加，母亲的泌乳量也会适应性增加，逐渐形成规律的哺乳模式。回应式喂养有利于婴儿得到合理数量的营养，并对饥饿和饱腹形成良好的感知能力，对预防远期肥胖有益。

在某些医学情况下，如婴儿患有某些代谢性疾病，或者乳母患有某些传染性疾病时，经专业人员判断后方可暂停母乳喂养。此时需谨遵医嘱，选择合适的哺乳方式。

17.3.3 婴儿补充食物的添加（7～24月龄）

对于7～24月龄的婴儿，母乳依然是重要的营养来源，需要继续母乳喂养。7～12月龄婴儿每日摄入母乳不应少于600mL，每日不少于4次；13～24月龄婴幼儿每日摄入母乳量约500mL，每日母乳喂养不超过4次。母乳不足或断乳的婴幼儿应相应补充婴儿配方乳粉。

> **资料链接：7～24月龄婴幼儿膳食指南之核心推荐**
>
> 1）继续母乳喂养，满6月龄起必须添加辅食，从富含铁的泥糊状食物开始。
>
> 2）及时引入多样化食物，重视动物性食物的添加。
>
> 3）尽量少加糖和盐，油脂适当，保持食物原味。
>
> 4）提倡回应式喂养，鼓励但不强迫进食。
>
> 5）注重饮食卫生和进食安全。
>
> 6）定期检测体格指标，追求健康生长。

然而，单一的母乳已经不能满足婴儿对能量及蛋白质、铁等营养素的需求，必须引入其他营养丰富的多样化天然食物，婴儿配方乳粉不能用来替代天然食物。过早添加辅食可增加肥胖和慢性病风险，而过晚添加辅食可能造成贫血和过敏风险上升，不利于形成良好的进食行为。辅食添加不充分或不合理，是婴幼儿出现生长滞缓的主要原因。

辅食添加的原则和要点如下所示。

1）应优先选择富含蛋白质、钙、铁、锌、维生素A和能量的新鲜天然食物，特别是富含铁的动物性食物，不能只给淀粉类食物。

2）每次只添加一种新的食物，适应2～3d，数量由少到多，密切观察是否出现呕吐、腹泻、皮疹等不良反应，确认适应后再添加新的食物。

3）食物的质地要与婴幼儿的摄食咀嚼能力相适应，由稀到稠、由细到粗，从泥糊状食物逐渐过渡到固体食物。

4）避免添加盐、糖、增鲜剂和刺激性调味品。

5）避免油炸食品，优先选用富含必需脂肪酸的植物油，最好选用含α-亚麻酸的亚麻子油、紫苏子油和核桃油等。

6）不必因为害怕过敏而不敢给婴儿添加各种富含蛋白质的食物，出生后第一年引入更多的食物种类，反而有利于诱导免疫耐受，降低过敏风险。

7）由于幼儿吞咽能力还不完善，进食时应注意看护，以免颗粒状食物吞入气管而发生意外。

> **实操方法：用天然食物给婴幼儿补充微量营养素**
>
> 1）血红素铁来源：瘦肉糜、瘦肉碎、肝泥、动物血碎末等。
>
> 2）非血红素铁来源：蛋黄泥、强化铁的婴儿米粉。
>
> 3）维生素C及非血红素铁的来源：低草酸含量的绿叶蔬菜、水果泥等。
>
> 4）维生素A的来源：肝泥、蛋黄、全脂乳制品等。
>
> 5）维生素A原的来源：橙黄色果蔬和深绿色叶菜。
>
> 由于婴幼儿消化吸收能力有限，应优先摄取吸收利用率高的血红素铁。婴幼儿将胡萝卜素转化成维生素A的能力也不及成年人，故应优先从动物性食品中获取维生素A。

根据7～24月龄婴幼儿喂养指南，此阶段婴幼儿的食物推荐摄入量如表17.5所示。

表 17.5　7～24 月龄婴幼儿的各类食物每日推荐量

月龄	母乳/配方乳	鱼、禽肉	鸡蛋	谷物	果蔬
7～9 月龄	600mL	25g	1 个蛋黄	大于 20g	各 25～100g
10～12 月龄	600mL	25～75g	1 个鸡蛋或蛋黄	20～75g	各 25～100g
13～24 月龄	500mL	50～75g	1 个鸡蛋	50～100g	各 50～150g

17.4　儿童期的膳食营养

17.4.1　儿童营养的意义

在能够自主进食之后，2～5 岁的学龄前儿童逐步由家庭喂养转变为家庭、幼托机构共同喂养。由于吞咽功能和消化功能尚未发育完善，3 岁以下幼儿的进食需要特别用心照顾。由于生长速率较快，且免疫系统发育尚不完善，如果膳食营养不合理，学龄前儿童容易出现生长发育不良和营养缺乏问题，并增大感染性疾病的风险。需要及时预防营养缺乏问题，矫正不良饮食习惯，建立多样化的膳食结构，为一生健康和良好饮食行为奠定基础。

6～17 岁的学龄期是由儿童逐步发育到成年人的过渡时期，其中既包括了 6～12 岁的较大儿童，也涵盖了 13～17 岁的青春期少年。学龄期儿童的体重平均每年增加 3～5kg，身高平均每年增长 5～7cm。青春期生殖器官、性功能、第二性征的发育是性成熟的重要标志。女生的青春期发育通常开始于 10～12 岁；男生通常开始于 12～15 岁。在进入青春期 1～2 年后人体达到生长高峰，高峰时每年体重可增加 8～10kg，身高可增加 10～12cm。人体从出生到青春期前约积累 30%的峰值骨量，而 50%的峰值骨量在青春期形成。青春期的营养状态，在很大程度上决定了人体一生的身高，以及成年期后多年的体型状态，同时也和下一代的健康密切相关。

儿童的饮食习惯在学龄前即已初步形成，在学龄期得到巩固，并很可能持续到成年期。在这个过程中，如果没有建立良好的饮食习惯，没有良好的食育教育，儿童容易养成偏食、挑食、嗜好甜食和甜饮料等问题，不仅可能对其身心健康发展产生不利影响，而且可能增加生命后半程多种慢性疾病和骨质疏松的风险。

17.4.2　学龄前儿童的膳食

在 2～5 岁，儿童对各种营养素需要量相对较高，咀嚼和吞咽能力逐渐提升，食物选择范围进一步加大，但消化系统尚未完全成熟，因此其食物的加工烹调应注意柔软易消化，去核去骨刺，与成年人餐食仍有一定的差异。

资料链接：《学龄前儿童膳食指南（2022）》之核心推荐

1）食物多样，规律就餐，自主进食，培养健康饮食行为。

2）每天饮乳，足量饮水，合理选择零食。

3）合理烹调，少调料，少油炸。

4）参与食物选择与制作，增进对食物的认知和喜爱。

5）经常户外活动，定期体格测量，保障健康成长。

学龄前儿童应每天安排早、中、晚三次正餐和两次加餐，即三餐两点。两正餐之间间隔4～5h，加餐与正餐之间间隔1.5～2h，加餐分别安排在上、下午各一次，若晚餐较早时，可在睡前2h安排一次加餐。从各餐食物安排来说，可安排早餐4～5种食物，午餐5～6种，晚餐4～5种，加餐1～2种。尽量不选择油炸食品、膨化食品、甜点及含糖饮料。

实操方法：怎样让儿童餐做到多样化？

为丰富儿童膳食的食材品种和营养供应，家长安排饮食时可以注意以下细节。

1）制作小份食物。避免让儿童感觉一大份食物吃不完，无法吃到多种食物。

2）在一种食物中融入多种原料。如在发糕、馒头配料中加入乳粉、南瓜泥、土豆泥、山药粉、葡萄干、枣等。

3）同类食物互换。不同日子使用不同的蔬菜、水果食材互相替换，避免长时间使用一种食材。

4）优先供应一些季节性较强的食物，而不是一年四季供应同样的食材。

5）每一餐都做到荤素搭配，鱼、肉、河鲜、海鲜和豆制品经常替换品种。

6）经常变换烹调方式，使用不同的香辛料，使儿童适应多种食物口味。

7）用多种果蔬和酸乳等作为餐间零食，而不是购买高度加工零食。

学龄前儿童的食物选择应遵循多样化营养平衡膳食的要求，平均每天食物种类数达到12种以上，每周达到25种以上，烹调油和调味品不计算在内。谷类、薯类及杂豆类食物平均每天3种以上，每周5种以上；蔬菜、菌藻及水果类食物平均每天4种以上，每周10种以上；鱼、蛋、畜肉及禽肉类食物平均每天3种以上，每周5种以上；乳、大豆及坚果类食物平均每天有2种，每周5种以上。

17.4.3 学龄期儿童少年的膳食

学龄期儿童少年已经具有较好的咀嚼、吞咽和消化吸收能力，可以和成年人吃同样的多样化食材，在烹调方法上也无须像幼儿那样要求质地柔软。但由于其仍然处于生长发育期，单位体重的营养素需求仍然高于成年人。特别需要注意的是，青春发育期是男性一生之中的营养素需求最高峰，也是女性除了孕产时期之外营养素需求最大的时期，因此应重视食物的营养价值，而不能因为食量增加而放任食用低营养价值食品。

资料链接：《中国学龄儿童膳食指南（2022）》之核心推荐

1）主动参与食物选择和制作，提高营养素养。

2）吃好早餐，合理选择零食，培养健康饮食行为。

3）天天喝乳，足量饮水，不喝含糖饮料，禁止饮酒。

4）多户外活动，少视屏时间，每天60min以上的中高强度身体活动。

在食物选择方面，家长可以注意以下问题。

1）在儿童的咀嚼和消化能力达到正常水平的情况下，主食可以引入多种全谷杂粮食材，并逐渐增加比例，最终达到主食总量的1/3以上。

2）控制含较多油、盐、糖的主食，享受食材的天然味道。尽量用原味主食来搭配多种荤素菜肴，保证每一餐的食物多样。

3）纠正蔬菜摄入不足的倾向，尽量做到每一餐都吃蔬菜，蔬菜总量充足，每天都有深绿色和橙黄色的蔬菜。

4）每天都有乳类食物，包括牛乳和酸乳，也可在制作面食时加入乳粉，以便在身高发育期有效增加钙和蛋白质的摄入量。

5）女生在月经来潮之后，铁损失高于男生。要注意摄入足够的红色肉类，其中吸收利用率高的血红素铁有利于预防贫血。

6）控制添加糖的摄入，用水果和水果干替代糖果、蜜饯、甜食和甜饮料。

7）限制含反式脂肪酸和大量饱和脂肪酸食物的摄入，如人造奶油蛋糕、起酥糕点、油炸食品等。

8）使用碘盐以避免碘缺乏，但要避免摄入过多的盐，少吃咸味主食、过咸菜品、腌菜、酱菜和咸味零食。

随着年龄增长，谷薯类、果蔬类、鱼禽肉类食物的摄入量都应逐渐增加。中国营养学会推荐的6～10岁、11～13岁、14～17岁年龄段学生的各类食物摄入合理数量范围见表17.6。

表 17.6　不同年龄段儿童少年的一日食物推荐量比较

食物种类	建议摄入量/（g/d）				
	2～3岁	4～5岁	6～10岁	11～13岁	14～17岁
粮谷类	75～125	100～150	150～200	225～250	250～300
其中全谷杂豆	—	—	30～70	30～70	50～100
其中薯类	适量	适量	25～50	25～50	50～100
蔬菜类	100～200	150～250	300	400～450	450～500
水果类	100～200	150～250	150～200	200～300	300～350
鱼禽肉总量	50～75	50～75	80	100～150	100～150
蛋类	50	50	25～40	40～50	50
乳类	350～500	350～500	300	300	300～500
大豆及豆制品	5～15	15～20	15	15	15～25
坚果和油籽	—	适量	50/周	50～70/周	50～70/周
烹调油	10～20	22～25	20～25	25～30	25～30
加碘盐	＜2	＜3	＜4	＜5	＜5
饮水量	600～700	700～800	800～1000	1100～1300	1200～1400

资料来源：中国营养学会，2022

特别关注：儿童可以吃全谷杂粮吗？

学龄前儿童的咀嚼和消化能力还没有达到成年人水平，不适合用较大比例的全谷杂粮，但已经可以尝试用少量容易消化的全谷物食材与精白米、精白面粉等混合制作食物，如小米粥、小米大米饭、加入少量全麦粉的软煎饼和面包等。

相比于幼儿，学龄儿童的消化能力已经大大增强，可以由少到多地纳入多种全谷杂粮食材。中国居民膳食宝塔中推荐6～13岁的孩子每日摄入30～70g全谷物，14～17岁每日摄入50～100g。要给儿童机会去尝试白米白面以外的各种全谷杂豆食材，如黑米大米饭、绿豆大米粥、红小豆大米饭、藜麦大米饭、莜麦卷、荞麦面、玉米饼等，给孩子增添更多的新鲜口感和饮食乐趣。

合理纳入全谷物食材可以提升食物的营养价值，促进消化吸收能力，并预防儿童出现便干、便秘等问题，并有利于预防肥胖、高血糖、高血压等营养相关疾病。

17.4.4 培养健康饮食行为

17.4.4.1 学龄前儿童的培养

儿童在食物选择方面具有一定的自主性，饮食行为培养应当注意以下几个方面。

1. 培养专注进食和自主进食

1）尽量定时、定量、定位就餐。

2）提供适宜的儿童餐具，鼓励儿童使用筷子、勺子和杯子进食，而不是由成年人喂食。

3）专心吃饭，避免进餐的同时有其他活动。

4）吃饭细嚼慢咽，但不拖延，在30min内完成。

5）家长经常与孩子一起进餐，以身作则，培养儿童健康的饮食行为和就餐礼仪。

2. 形成对饥饱的感知能力，避免挑食、偏食和过量进食

1）容许儿童自主选择食物。应提供尽可能多样化的食材，包括多种果蔬和薯类；经常变换烹调方法和调味品，使儿童逐渐熟悉、接受、习惯各种天然食物的风味，预防对少数熟悉食物产生偏爱，避免形成挑食、偏食的可能性。

2）对于儿童不喜欢吃的食材，可通过变换烹调方式、改变食物调味或质地、改变食物搭配及更新食物容器等方法，鼓励反复尝试含有这种食材的食物，并及时表扬这种尝试。父母带头不挑食、不偏食，并批评其他小朋友挑食、偏食的行为。

3）让儿童自己添加饭菜，许可在感觉饱的时候停止进食，而不是由家长规定食量。如果当餐食量不足，到了规定时间方可加餐。这样可以让儿童形成对饱饿的感知，并逐渐形成每餐稳定的食量。这一点对未来预防超重、肥胖十分重要。

4）不应以食物作为奖励或惩罚措施，不强迫或诱导儿童进食。

3. 预防形成嗜甜口味

1）不给儿童喝含糖饮料，全家都喝白开水、矿泉水、极淡柠檬水等无甜味的饮品。

2）儿童喝绿豆汤、豆浆、牛乳、粥等各种高水分食物时不加糖。

3）糖果、甜点、蛋糕等高糖食物仅限节日、生日提供。

4. 合理选择零食

零食是指一日三餐时间之外吃的所有食物和饮料，但不包括水。零食是正餐之外的营养补充，可以选用，但应注意提升零食的营养价值。选择零食应注意以下几点。

1）优先选择乳制品、水果、蔬菜和坚果为主要原料的零食。

2）少吃高盐、高糖、高脂及可能含反式脂肪酸的食品，如膨化食品、油炸食品、糖果甜点、酥性饼干等。

3）零食应新鲜、卫生、易消化。

4）零食放在两餐之间吃，避免在正餐前和用餐时吃零食，以免影响正餐进食。

5）注意进食安全，幼儿慎食整粒的豆类和坚果，防止食物呛入气管发生意外。

17.4.4.2 学龄期儿童少年的培养

学龄期儿童少年已经进入学校教育阶段，学校教育和家庭教育应当形成合力，给学生提供全面的食育教育，包括营养素的基础知识、食物合理搭配要点、健康饮食设计方法、家常食物制作方法、读懂食品营养标签等，使其形成良好的营养素养，建立对自己身体健康负责的观念。

在培养健康饮食行为方面，应当特别注意以下几个问题。

1. 定时定量用餐，吃高质量的早餐

早餐提供的能量和营养素应占全天的 25%～30%。充足优质的早餐与学生改善认知功能、提升学习效率、减少旷学旷课和改善情绪有关。

实操方法：早餐食物的安排

早餐应包括至少 3 组食材：①提供碳水化合物的谷薯类；②提供优质蛋白质的乳类、鱼肉类、蛋类，亦可用豆制品和坚果油籽部分替代动物性食品；③提供维生素 C 和多种植物化学物的蔬菜、水果。其中第二类食材最好有 2～3 种，而且最好能包含富含钙的乳类。早餐的食物品种要多样，尽量色彩丰富，适当变换口味，提高儿童食欲。要给学龄儿童留出至少 15min 的就餐时间，吃饭时保持愉快放松的心情。

2. 适量选择营养丰富的食物作为零食

过多的不健康零食会增加能量摄入，导致超重、肥胖和微量营养素不足的风险上升。可选择原味坚果、新鲜水果、乳制品等营养价值高的零食，但提供的能量不超过每日总能量的 10%。

3. 吃外餐食物要注意营养质量

在外就餐和订购外卖时要注重食物多样、合理搭配。应避免一餐中只吃淀粉类小吃、只吃大量鱼肉类食物的情况，还要少吃高盐、高糖和油腻煎炸食物，注意吃够新鲜蔬菜。

4. 预防超重、肥胖，避免极端减肥方法

我国目前儿童肥胖问题较为突出。随着青春发育期的来临，对自身形象的关注度日益提升，超重、肥胖可成为影响青少年心理健康的重要因素。由于缺乏减肥相关营养知识，青少年极易受到极端减肥方法的误导，在错误减肥过程中损害健康，造成营养不良、贫血、少女月经不调等问题。因此，要及早让学生形成正确的形体审美观念，引导他们通过健康饮食和体育活动塑造美好体型，避免肥胖问题，也避免极端减肥给身体带来伤害。

资料链接：

1）查阅《学龄前儿童膳食指南（2022）》。

2）查阅《儿童青少年生长迟缓食养指南（2023 年版）》。

3）查阅《儿童青少年肥胖食养指南（2024 年版）》。

4）查阅《中国儿童青少年零食指南（2018）》。

17.5　老年人的膳食营养

2023 版《中国居民 DRIs》将老年人的营养素需求划分为 3 个阶段，即 50～64 岁的老年前期，65～74 岁的一般老年人和 75 岁以上的高龄老年人。随着经济社会的飞速发展和人口预期寿命的延长，到 2020 年，中国 60 岁及以上老年人口已增加到 2.55 亿，其在总人口中所占比例还将进一步增大。老龄化问题给经济社会的全面协调可持续发展和医疗、营养保障系统带来了严峻的挑战。

合理营养有助于延缓衰老，并帮助预防老年人中高发的多种慢性退行性疾病；而营养不合理则可能加速衰老进程，并带来更大的慢性疾病风险，降低个人生活质量，给社会经济造成负担。因此，通过合理营养促进健康老龄化具有重要意义。

17.5.1 衰老变化与营养需求

人体在衰老过程中发生机体多系统机能的衰退，内分泌系统、消化系统、泌尿系统、神经系统、骨关节和肌肉系统、血液循环系统、免疫系统均发生功能下降，慢性退行性疾病整体患病率上升，甚至多种慢性病共存，容易发生并发症。同时，老年期免疫功能降低，对感染性疾病的抵抗力变差，病后恢复能力也变差。和年轻人相比，老年期营养素需求特点有所变化。

1. 能量

人们在60岁之后基础代谢率显著降低，职业活动的体力活动量减少，从而使能量消耗量下降。以轻体力身体活动为例，女性在50～64岁、65～74岁和75岁以上阶段分别比18～29岁成年人的能量参考摄入量降低100kcal、150kcal和200kcal；男性分别降低200kcal、250kcal和350kcal。然而，各营养素需求并非同步减少，故老年期的营养膳食应当更加注重营养素密度。

2. 蛋白质

人体衰老过程中，体内蛋白质的分解代谢超过合成代谢，出现负氮平衡，各组织器官更新修复能力下降，从而影响其功能。而由于消化、吸收功能下降，老年人易发生蛋白质摄入和利用不足的问题，会加快衰老进程，甚至出现肌少症（sarcopenia）。因此，老年期供应足量蛋白质的问题至关重要。我国老年人蛋白质的RNI较18～29岁成年人增加7g/d，并建议优质蛋白质供应达到总蛋白质摄入量的50%。

3. 脂类

除非受到肝胆疾病的影响，老年人对脂肪的消化和吸收能力不低于成年期。脂肪摄入过少会影响必需脂肪酸的摄入和脂溶性维生素的吸收，增加营养不良的风险；而脂肪摄入过高，则会增加饱和脂肪酸、胆固醇和总能量的摄入，继而增加肥胖和心血管疾病的风险。因此，老年人的脂肪供能比例推荐范围仍为20%～30%。但老年人应更加注意均衡摄入各类必需脂肪酸，特别是ω-3脂肪酸，以便延缓认知能力下降和视力衰老，并帮助预防血栓形成，预防心脑血管疾病。

4. 碳水化合物

碳水化合物是老年人膳食能量的主要来源。我国推荐老年人碳水化合物的供能比例为50%～65%，和一般成年人相同。但老年人体内胰岛素对血糖的调节作用减弱，糖耐量降低，因此应注意在消化能力许可前提下调低主食食材的血糖指数，还应把添加糖控制在总能量的10%以内。

膳食纤维不仅能调整消化、吸收速度，防治老年性便秘，而且还有调控血脂和预防结直肠癌的作用。我国建议老年人膳食纤维的适宜摄入量为25～30g/d，和一般成年人相同。

5. 维生素

进入老年期之后，特别是高龄者的食欲和食量往往下降，制作食物和咀嚼食物的能力往往也有所下降；空巢老年人和独居老年人更容易出现食物品种单调的情况，使其微量营养素摄入来源受到限制。故而，老年人是容易发生维生素摄入不足的群体。在2023版《中国居民DRIs》中，老年期大多数维生素摄入量的参考标准并不低于中青年人群。

维生素A在维持老年人的暗光视觉功能、保持黏膜抗感染能力及维持正常免疫功能等方面具有重要作用。维生素D对促进老年人的骨健康具有重要作用。考虑到65岁以上老年人维生素D的活化能力下降，老年人维生素D受体的敏感性降低，易出现维生素D缺乏，因此65岁及以上老年人维生素D的RNI较年轻成年人的10μg/d提升到了15μg/d。

维生素C可促进胶原蛋白合成，保持毛细血管的弹性，帮助预防老年人血管硬化，并有利于降低血胆固醇、抗氧化和增强免疫力。虽然老年人维生素C的RNI仍为100mg/d，但预防非传染性慢性病的建议量为200mg/d。

老年人是 B 族维生素缺乏的高危人群。我国研究发现维生素 B_1 摄入不足时会增加老年人的抑郁风险。对于罹患糖尿病的老年人来说，维生素 B_1 不足会促进其神经系统并发症。同时，维生素 B_1 不足还会增加心律失常和心力衰竭的风险。衰老过程会引起肠道菌群变化，从而影响老年人内源性维生素 B_{12} 的合成。胃病和消化液分泌能力减退造成胃壁细胞内因子分泌不足，也会影响维生素 B_{12} 的吸收能力。动物性食物和绿叶蔬菜摄入不足会降低维生素 B_2、维生素 B_6、叶酸和维生素 B_{12} 的摄入量。维生素 B_2、维生素 B_6、叶酸和维生素 B_{12} 均参与同型半胱氨酸的再甲基化过程，当摄入不足时可能引起高同型半胱氨酸血症，从而增加心血管疾病及其他慢性病的风险。

6. 矿物质

老年人胃肠功能下降、肝肾功能衰退，导致维生素 D 活化能力下降，加上户外活动减少和缺乏日照，使活性维生素 D 的来源减少，钙利用率下降。钙摄入和钙利用不足使老年人出现钙的负平衡，性激素水平下降和体力活动的减少又可增加骨钙的流失，以致普遍存在骨质密度下降问题，尤其老年女性是骨质疏松的高发群体。

老年人中常见高血压问题，需要高钾低钠膳食。钠摄入过多与老年人的心血管疾病、脑卒中有关，并与胃癌风险有关，因此从老年前期开始，为预防慢性疾病的钠建议摄入量有所下降。和 18～64 岁人群的 2000mg/d 相比，65～74 岁和 75 岁以上人群分别降低到 1900mg/d 和 1800mg/d（分别相当于 4.8g 和 4.5g 食盐）。然而，过低的钠摄入量（如低于 1300mg/d）并不会降低心血管疾病风险，甚至可能增加全因死亡风险。与钠相对比的是，钾的适宜摄入量并未随年龄增长下降，而为预防慢性疾病的钾建议摄入量也未变化，仍为 3600mg/d。

老年期造血功能减退，易出现缺铁性贫血，其原因除铁的摄入量不足、吸收利用差外，还可能与蛋白质合成减少，以及维生素 B_{12}、维生素 B_6 及叶酸缺乏有关。女性绝经后不再由于月经丢失铁，因此，50 岁及以上绝经女性铁的推荐摄入量降低到 10mg/d。

7. 水

老年人因肾功能减退，液体平衡恢复较慢，相较于其他年龄组人群，对失水与脱水的反应会迟钝。并且老年人身体对缺水的耐受性下降，在环境温度和湿度升高的情况下，水分摄入不足的风险增加，故老年人的水分适宜摄入量不低于中青年人，仍以 1500～1700mL/d 为宜。

8. 植物化学物

多种植物化学物的抗氧化作用、抗炎作用、调节免疫功能、降血脂、抗凝及激素样作用，对老年人维护健康状态、预防慢性疾病发挥着重要作用。鼓励老年人每天摄入充足的新鲜蔬菜、水果、全谷物、坚果和豆类，以保障植物化学物的摄入。

17.5.2　老年人的食物选择和搭配

老年人的身体状况差异很大，需要个性化的营养指导。其营养膳食的共同要点是：保证食物多样化，保证能量和蛋白质供应，并提高食物的营养素密度。要达到这些目标，需要合理选择并搭配食材，并采用合理的烹调方法。

1. 促进食物多样化

为了促进老年人的食物多样化，可以从各类食材选择入手，参考以下操作方式。

（1）主食食材多样

每天至少要有 3 种主食食材。除常吃的米饭、馒头、面条等精白主食外，还可以再适量加入各色糙米、小米、玉米、燕麦、荞麦、藜麦等各种杂粮谷物，以及马铃薯、甘薯、山药等薯类，与精白米面食物混合食用。

（2）蔬菜品种多样

不同品种的蔬菜所含的植物化学物差异较大，老年人应该尽可能换着吃不同种类的蔬菜，特别注意要每天都吃深绿色和橙黄色蔬菜。

实操方法：增加蔬菜摄入量和品种多样性的措施

1）餐餐有蔬菜，早餐也要吃蔬菜。可以采用凉拌菜、烫煮菜、蒸菜等方法。如在蒸热馒头时同时加入南瓜、胡萝卜、马铃薯、山药等，无须调味即可部分替代主食食用，增加维生素、钾和膳食纤维的来源。

2）一盘蔬菜中可纳入多种蔬菜食材。如炒胡萝卜丝时加入青椒丝和冬笋丝；炒芦笋时加入鲜百合和鲜蘑菇；炒油菜时搭配香菇、口蘑等。

3）在动物性食品中加入蔬菜配料。如炖肉、炖鱼时加入竹笋、蘑菇、海带；炒肉时加入蔬菜丝、蔬菜丁等。

4）在主食中加入蔬菜配料。如蔬菜鸡蛋煎饼、蔬菜包子、玉米菜团子、蔬菜丁蒸饭等含有蔬菜的花色主食；在制作汤面、面片、馄饨等带汤食物中多放些蔬菜。

5）蔬菜烹调得柔软一些。为适应老年人咀嚼力下降和容易塞牙的问题，蔬菜烹调宜制作得柔软些，焯烫时加一点油，焖制时延长时间，但也要避免加热过度损失营养素。

6）喝不加糖的蔬菜汁。对咀嚼能力下降而无法接受过多蔬菜的老人，可以榨汁或打浆。虽然这种方法会损失较多维生素C和抗氧化物质，但仍可保留矿物质营养成分。

（3）水果适量且多样

水果供应的季节性很强，但不宜在一段时间内只吃一种水果，尽可能选择不同种类的水果，每种吃的量少些，种类多一些。如果吃部分生的水果感觉不适，也可以蒸熟、烤熟吃，仍能保留全部的矿物质和大部分抗氧化成分，但要尽量少加或不加糖。

（4）动物性食物换着吃

除乳类外，动物性食物包括鱼虾贝等水产品、畜禽肉（包括动物内脏）、各种禽蛋等。动物性食物富含优质蛋白质，微量营养素的吸收、利用率高，有利于减少老年人贫血、延缓肌肉衰减的发生。肉类和水产品尽可能换样吃，而不是天天吃猪肉。每周要有2次水产品。各餐都应有一定量的动物性食物，食用畜肉时，尽量选择瘦肉，少吃肥肉。

（5）用豆制品替代一部分肉类

例如，蒸蛋羹时加入豆浆或内酯豆腐；炖肉中可加入豆腐、千张、腐竹等；炒肉丝时加入一部分干丝；等等。植物性蛋白质和动物性蛋白质的混合可以增加蛋白质的多样性，降低胆固醇含量，同时提供了大豆异黄酮。

（6）选择容易接受的乳制品

很多老年人没有食用乳制品的习惯，乳糖不耐受比例很高。但乳类的钙和多种维生素是其他食物所难以完全替代的，所以建议老年人尝试选择适合自己身体状况的乳制品。如不能接受普通牛乳，还可选择无乳糖牛乳、酸乳、老年人乳粉等，也可把牛乳和乳粉加入其他食物中，做成牛乳馒头、牛乳软饼、牛乳粥、牛乳土豆泥等。

（7）使用多样化的油脂

优先选择以单不饱和脂肪酸为主的烹调油，如茶子油、橄榄油、低芥酸菜子油、高油酸花生油、高油酸大豆油等，辅以亚麻子油、紫苏子油、核桃油等，兼顾ω-3和ω-6脂肪酸的供应。

（8）和家人、朋友共同进餐

长期一人进餐状态时食欲会下降，食物多样化也受到限制。老年人应积极主动参与家庭和社会活动，积极与人交流；尽可能多与家人或朋友一起进餐，享受多种食物的美味，有利于提升食欲和促进食物多样化。

资料链接：《一般老年人膳食指南（2022）》之核心推荐

1）食物品种丰富，动物性食物充足，常吃大豆制品。

2）鼓励共同进餐，保持良好食欲，享受食物美味。

3）积极户外活动，延缓肌肉衰减，保持适宜体重。

4）定期健康体检，测评营养状况，预防营养缺乏。

2. 保证能量和营养素供应

随着衰老的进程，肌肉量和骨矿物质量逐渐减少，特别是高龄老年人的体重呈现下降趋势；另外，由于骨质疏松导致身高降低，同样体重时的 BMI 数值增大。因此在评判肥胖程度时，老年人的 BMI 适宜范围宜比 18～49 岁成年人上移，为 20.0～26.9kg/m^2。过低的体重与术后住院时间延长、感染性疾病康复能力较差及全因死亡率较高相关联。

高龄、衰弱的老年人往往存在进食受限，味觉、嗅觉、消化和吸收能力降低，能量和蛋白质摄入不足的问题。体重丢失是老年人营养不良和健康状况恶化的信号，会增加患病、衰弱和失能的风险。对体重不足的老年人，应采取多种措施鼓励进食，减少不必要的食物限制，并采取多种饮食营养措施来帮助提升能量和营养素的供应。

实操方法：保证能量和营养素供应的措施

1）烹调食物时注意适应老年人的咀嚼和吞咽能力。为高龄老年人准备食物时可采用如下技巧：①主食做得更松软，如制成软饭、稠粥、发糕等；②粗杂粮可加水浸泡后再用电压力锅蒸煮；③蔬菜切小切碎，如蔬菜可切成小丁、刨成丝，或者制馅包成素馅包子、饺子、馅饼等；④肉类食物制成肉丝、肉糜、肉丸；⑤鱼虾类做成鱼片、鱼丸、鱼羹等；⑥豆类食品可做成嫩豆腐、豆沙、豆蓉，或与面粉掺和，做成点心、小吃等；⑦坚果、杂粮等坚硬食物碾碎成粉末或打成糊食用；⑧质地较硬的果蔬可粉碎、榨汁；⑨多用炖、煮、蒸、烩、焖、烧等烹调方法，少做煎炸、熏烤和生硬的食物。此外，烹调时应注意去骨、去刺、去核，以保证安全性。

2）保证供应能量密度较高的固体食物。以粥、汤面、糊糊等高水分食物为主食会限制总能量摄入量。每一餐都应有固体主食，主食中可以加入鸡蛋、乳粉、乳酪等配料以增加能量、提高营养素密度。

3）每餐都有 1～2 种优质蛋白质丰富的食物。多吃鱼、畜禽肉、蛋类、乳制品及大豆类等营养价值和生物利用率高的食物。

4）先吃主食和蛋白质食物，后吃体积大的蔬菜。

5）少食用低营养素密度食物。尽量避免以凉粉、粉丝、粉条、凉皮等纯淀粉食品作为主食的情况，减少主要由精白淀粉和植物起酥油制成的点心及油炸食品。

6）适度加餐。三餐之间可以增加上午点和下午点。

7）提升食物美味度。在不增加钠摄入的前提下，可以使用增鲜产品和膨松剂，并使用多种香辛料来增加食物的风味。

8）使用营养素补充产品。如果饮食措施不能完全满足营养素供应，可在有资质的医生和营养师指导下，按身体状况补充复合维生素、钙片、蛋白粉、肽粉、全营养粉等。

此外，老年人应积极进行身体活动，特别是户外活动，更多地呼吸新鲜空气、接受阳光，促进体内维生素 D 合成，延缓骨质疏松和肌肉衰减的进程。同时，体力活动也能提升食欲、促进消化和吸收。

老年人应经常监测体重，还应定期到正规医疗机构进行体检，做营养状况测评，并以此为依据，合理选择食物、预防营养缺乏，促进身心健康，快乐生活。

资料链接：《高龄老年人膳食指南（2022）》之核心推荐

1）食物多样，鼓励多种方式进食。
2）选择质地细软、能量和营养素密度高的食物。
3）多吃鱼禽肉蛋乳和豆类，适量蔬菜配水果。
4）关注体重丢失，定期进行营养筛查评估，预防营养不良。
5）适时合理补充营养，提高生活质量。
6）坚持健身与益智活动，促进身心健康。

资料链接：

查阅中国营养学会团体标准《T/CNSS 021—2023 中国高龄老年人体质指数适宜范围与体重管理指南》。

本章热点问题：老年膳食与肌肉衰减

肌少症（sarcopenia）是一种随年龄增加而发生的骨骼肌质量下降，伴有肌肉力量减少和肌肉功能衰退的疾病，也称“少肌症”或肌肉衰减综合征。近年来，我国社区老年人肌少症的患病率为 8.9%～38.8%，且随着年龄增长，肌少症的患病率显著增加，80 岁及以上老年人肌少症患病率可高达 67.1%。

在年轻人中，瘦体重通常占到体重的 50%，而衰老过程中会伴随肌肉量的减少。人体在 40 岁左右开始出现肌肉量的减少，在 70 岁前每 10 年约丢失 8%，70 岁后肌肉丢失速度明显增快，每 10 年丢失可达 15%。在 75～80 岁的时候，由于肌肉量的减少，这个比例降低到 25%。除增龄因素外，身体活动严重不足，营养不良或消化吸收障碍，以及疾病和药物因素，均可能导致继发性肌肉衰减。

肌肉衰减会影响肌肉力量、步态和平衡能力，导致老年人摔倒和虚弱的风险增加。此外，肌肉量和肌肉氧化能力的绝对降低，会使葡萄糖代谢能力下降，肝脏和骨骼肌中脂质沉积，从而导致胰岛素抵抗和糖尿病风险的增加。因此，防止骨骼肌量的下降是促进健康老龄化的主要目标。

为预防和改善肌肉衰减，老年人在日常饮食中可以采取多种措施以满足能量、蛋白质、ω-3 多不饱和脂肪酸、钙及维生素 D 等营养素的摄入。

（1）保障蛋白质的质量与数量

建议老年人每千克体重摄入 1.0～1.2g 蛋白质，肌少症患者和抗阻增肌训练时可增加到 1.2～1.5g。来自鱼、虾、禽肉、猪牛羊肉等动物性食物和大豆类食物的优质蛋白质比例不低于 50%，如每天吃畜肉类 50g，加上鱼虾、禽类 50～100g。蛋白质摄入需平均分布于每日的 3～5 餐中以保证最大的增肌效率。富含亮氨酸的优质蛋白质有利于促进蛋白质合成、减少肌少症的发生，推荐肌少症患者亮氨酸的最低摄入量为 55mg/（kg・d）。

（2）每天摄入乳制品

大量数据支持富含乳制品的饮食对肌肉健康有益。牛乳中的乳清蛋白对促进肌肉合成、预防肌肉衰减很有益处。牛乳中钙的吸收利用率也很高，对维持骨质密度有益。建议每人每天饮 300～400g 鲜牛乳或等量蛋白质的乳制品（如乳粉 35g、酸乳 400g 或乳酪 40g），需控制饱和脂肪者可选脱脂乳。

（3）注重维生素和微量元素的膳食摄入

维生素 D、维生素 C、维生素 E、类胡萝卜素、硒等抗氧化营养素都有益于延缓肌肉衰减。维生素 D 还有利于预防跌倒和骨折。因此，在医嘱许可前提下，应保证每天食用一个带蛋黄的鸡蛋，每周吃 2 次海鱼，吃 1 次动物肝脏。

（4）鼓励摄入抗氧化成分和植物化学物

每天摄入深色的蔬菜和水果，经常摄入豆类等富含抗氧化成分的食物。果蔬中的抗氧化成分有利于降低骨骼肌肉系统的炎症反应，豆类中的大豆异黄酮对绝经女性预防骨质疏松亦有帮助。建议每天摄入相当于 15g 大豆的大豆食物，如 35g 豆腐干、50～100g 水豆腐或 200～300g 豆浆。

（5）适度的营养补充

如天然饮食长期摄入不足，或因消化、吸收能力不足而无法满足营养素需要，可在临床医师或营养师的指导下，酌情补充乳清蛋白粉、支链氨基酸、β-羟基-β-甲基丁酸盐（HMB）、维生素 D、抗氧化营养素（维生素 C、维生素 E、类胡萝卜素、硒等）等有利于增肌的口服营养补充剂产品。营养素产品可以随餐服用。锻炼后可补充含 15～20g 优质蛋白质及约 200kcal 能量的营养补充品，以促进肌肉增长。

（6）适度加强运动

对预防肌肉衰减和骨质疏松来说，加强运动是一个重要措施。建议老年人在身体条件许可下减少静坐、静卧时间，在气象条件适宜时多在阳光下做户外运动。建议每天累计进行 40～60min 中等及以上强度的运动，如快走、慢跑、跳舞、游泳等，每周至少 3d 做 20～30min 的抗阻运动，至少 2d 做 10min 的关节柔韧性训练及平衡训练。日常家务劳动和逛公园、广场舞等休闲活动的日常活动量亦有健康效益。锻炼时运动量和运动强度需要循序渐进、量力而为，避免运动损伤、跌倒或引起疾病发作。

本章深度思考

1. 孕前、孕期和哺乳期，母亲的营养需求和饮食要点上有哪些差异？为什么？

2. 从婴幼儿到青少年，未成年人成长过程中，每个阶段的营养关键点是哪些？为什么从小打下健康饮食的基础对一生健康意义重大？

3. 老年人和中青年人相比，能量需求下降，为何微量营养素建议摄入量并不减少？在制作营养食谱时如何解决这个矛盾？有哪几种思路？

本章课程活动

1. 在自己或同学的亲友中找到1名孕妇，为其评估孕期体重增长情况和血糖状况，并提出相应的膳食营养建议。

2. 在自己或同学的亲友中找到2名近年生育的女性，了解孕期和哺乳期所遇到的问题，评估其体重滞留状况，分析原因，并提出控制体重的饮食和运动建议。

3. 在自己或同学的亲友中找到2名婴幼儿，评估其生长状况，并了解其辅食添加方式，以及目前的挑食、偏食状况，提出相应的改进建议。

4. 回忆自己和2名同学在青春期所遇到的营养相关问题，找出日常饮食中曾有的错误做法，并提出改进计划。

5. 阅读肌少症营养治疗的相关资料，掌握判定标准，为自己或同学的至少2名长辈老人做肌肉衰减风险的评估，并提出膳食营养改善的建议。

关键解读

本章参考文献

崔华，王朝晖，吴剑卿，等. 2023. 老年人肌少症防控干预中国专家共识（2023）. 中华老年医学杂志，42（2）：144-153

国家卫生健康委员会疾病预防控制局. 2021. 中国居民营养与慢性病状况报告（2020）. 北京：人民卫生出版社

孙长颢. 2017. 营养与食品卫生学. 8版. 北京：人民卫生出版社

孙建琴，张坚，常翠青，等. 2015. 肌肉衰减综合征营养与运动干预中国专家共识（2015）（节录）. 营养学报，37（4）：320-324

杨月欣，葛可佑. 2019. 中国营养科学全书. 2版. 北京：人民卫生出版社

中国营养学会. 2014. 中国居民膳食营养素参考摄入量（2013版）. 北京：科学出版社

中国营养学会. 2016. 食物与健康——科学证据共识（2016）. 北京：人民卫生出版社

中国营养学会. 2022. 中国居民膳食指南（2022）. 北京：人民卫生出版社

中国营养学会. 2022. 中国居民膳食指南科学研究报告（2021）. 北京：人民卫生出版社

第 18 章　防控慢性病的食物营养

本章学习目标

1. 掌握控血糖膳食管理要点。
2. 掌握控血脂膳食管理要点。
3. 掌握控血压膳食管理要点。
4. 熟悉控尿酸膳食管理要点。
5. 掌握控体重膳食管理要点。

本章课件

18.1　血糖管理膳食

糖尿病（diabetes mellitus）是一种与遗传易感因素、生活状态和饮食因素关系密切的慢性代谢性疾病，包括 1 型糖尿病、2 型糖尿病、混合型糖尿病、妊娠糖尿病等多种类型，其中绝大多数为 2 型糖尿病（diabetes mellitus type 2，T2D）。据《中国居民营养与慢性病状况报告（2020 年）》发布的数据，我国成年人中 2 型糖尿病患病率达 11.9%，包括空腹血糖异常和餐后血糖异常的糖尿病前期患者比例高达 35%，还有数量庞大的胰岛素抵抗（insulin resistance）人群。科学的膳食管理有助于预防 2 型糖尿病，并帮助患者降低餐后血糖、空腹血糖和血糖波动幅度，并改善胰岛素抵抗。

18.1.1　血糖异常与健康

人体需要维持正常的血糖水平以满足体内各器官和组织的需要，血糖正常范围见表 18.1。长期血糖水平过高将增加心脑血管疾病风险，并可能导致视网膜病变、肾脏损害、神经功能损害和截肢等严重并发症。

表 18.1　常用血糖相关指标

指标	正常范围
空腹血糖（fasting blood glucose，FBG）	3.9～6.1mmol/L
餐后血糖（postprandial blood glucose，PBG）	＜7.8mmol/L（餐后 2h）
糖化血红蛋白（glycosylated hemoglobin，GHb）	4.0%～6.0%
血糖目标范围时间（time in range，TIR）	—

清晨空腹血糖的正常高限是 6.1mmol/L，但有研究提示长期高于 5.6mmol/L 即可促进微血管病变。在进食后血糖浓度升高，餐后 2h 血糖应低于 7.8mmol/L，但也有研究提示餐后 1h 的血糖浓度高于 8.6mmol/L 即提示糖代谢受损。糖化血红蛋白是反映 2～3 个月内血糖平均水平的指标，但它不能指示血糖波动情况，而血糖波动幅度过大与多种慢性疾病风险相关联。对于糖尿病人来说，提升 24h 内葡萄糖水平在目标范围内（通常为 3.9～10.0mmol/L）的时间百分比是一个重要的血糖控制目标。

另外，血糖浓度过低可能导致心慌、手抖、虚弱、饥饿感等低血糖症状。长期低血糖可导致情绪和认知障碍，乃至不可逆的大脑功能受损，严重低血糖甚至有生命危险。低血糖症临床诊断标准为血糖＜2.8mmol/L，而接受药物治疗的糖尿病患者血糖＜3.9mmol/L 则属于低血糖。

18.1.2 血糖管理的营养要点

1. 能量

能量管理是体重管理和血糖管理的关键。糖尿病患者应按年龄、性别、身高、体重目标、体力活动强度等制订个性化的能量供应计划。鉴于大多数糖尿病前期或 2 型糖尿病患者处于超重、肥胖或高体脂率状态，能量摄入目标应在满足营养需求的前提下考虑减脂需求，促进超重、肥胖者的体重降到或接近正常水平。反之，对于体重下降和消瘦的糖尿病患者，应建议增加能量和蛋白质的供应，积极健身增肌，达到正常体重和体脂，预防肌肉衰减。

需要减轻体重的 2 型糖尿病患者宜采用降低能量的营养均衡膳食，同时配合运动，每日制造 300～500kcal 的能量负平衡，具体依个人体重而定（表 18.2）。对于肥胖的 2 型糖尿病患者，建议在 3～6 个月内减重 5%～10%，以便减轻胰岛素抵抗，控制血糖、血脂和血压。但是，不推荐 2 型糖尿病患者长期接受极低能量（＜800kcal/d）的营养治疗。

表 18.2 不同糖尿病患者的每千克体重能量供给建议

体力活动强度	体重过低	体重正常	超重、肥胖
重体力活动	188～209kJ/kg（45～50kcal/kg）	167kJ/kg（40kcal/kg）	146kJ/kg（35kcal/kg）
中体力活动	167kJ/kg（40kcal/kg）	125～146kJ/kg（30～35kcal/kg）	125kJ/kg（30kcal/kg）
轻体力活动	146kJ/kg（35kcal/kg）	104～125kJ/kg（25～30kcal/kg）	84～104kJ/kg（20～25kcal/kg）
大部分时间卧床	104～125kJ/kg（25～30kcal/kg）	84～104kJ/kg（20～25kcal/kg）	62～84kJ/kg（15～20kcal/kg）

资料来源：中国医疗保健国际交流促进会营养与代谢管理分会等，2022

2. 蛋白质

糖尿病患者的糖异生作用加强，蛋白质分解加速，肌肉易流失，因此应保证膳食蛋白质的供应充足。在肾功能正常的前提下，糖尿病患者的蛋白质摄入量以占总能量的 15%～20%为宜。适度增加蛋白质摄入量有利于改善血糖状态，并提升饱腹感。但蛋白质长期摄入过高［＞1.3g/（kg·d）］与蛋白尿、肾功能下降、心血管疾病及死亡风险增加有关。

3. 碳水化合物

在糖尿病患者的膳食中，碳水化合物供能应占总能量的 45%～60%，降低碳水化合物比例未发现长期获益，不推荐使用极低碳水化合物膳食。

碳水化合物的类型、结构、成分、制作方法等均可影响碳水化合物的消化吸收率和餐后血糖反应。碳水化合物的质量对血糖管理意义更大，用全谷物食材部分替换白米白面主食有利于降低体重并降低血糖水平。选择较低血糖指数（glycemic index，GI）和较低血糖负荷（glycemic load，GL）的膳食对控制餐后血糖、空腹血糖和 GHb 均有益，但应同时考虑控制总能量。

膳食纤维有延缓胃排空、降低葡萄糖吸收速度、改善餐后血糖及葡萄糖耐量的作用，故控血糖膳食应采用高膳食纤维设计。糖尿病患者的纤维摄入量应达到 25～36g/d 或每日 12～14g/1000kcal，其中应含有 10～20g/d 的可溶性膳食纤维。

4. 脂类

长期高脂饮食与增加糖尿病风险有关。高脂饮食导致游离脂肪酸浓度较高，肌肉摄取脂肪酸供能作用增强，使机体容易出现胰岛素抵抗。因此，控血糖膳食中应限制膳食脂肪的摄入量，推荐膳食脂肪供能占总能量的 20%～35%。同时，应限制饱和脂肪酸的摄入量不超过总能量的 12%，反式脂肪酸的摄入量不超过总能量的 2%。适度增加单不饱和脂肪酸比例有利于降低脂肪肝风险和预防心血管疾病。膳食胆固醇摄入宜低于 300mg/d，合并高胆固醇血症的糖尿病患者摄入量应＜200mg/d。

5. 微量营养素

糖尿病患者补充维生素或矿物质的制剂可能对摄入不足者有积极作用，但对不缺乏者的作用仍不明确，建议优先通过天然食物和均衡饮食来获得充足的维生素和矿物质。与糖尿病关系最密切的是 B 族维生素，因为 B 族维生素是能量代谢过程中必不可少的辅酶，缺乏时可加重糖尿病的代谢紊乱和神经系统并发症。老年糖尿病患者还应注意摄入充足的叶酸、维生素 B_{12}、维生素 D 和钙。

6. 植物化学物

由于糖尿病患者处于长期低度炎症状态，膳食中应摄入充足的抗氧化和抗炎症食物成分。摄入花青素、类黄酮等多酚类物质可能有利于血糖控制。来源于食物的大豆异黄酮摄入量与较低的 2 型糖尿病风险呈负相关。此外，血浆中抗坏血酸和 β-胡萝卜素水平较高与较低的糖尿病风险相关联。然而，抗氧化补充剂的安全性及潜在效果还需要长期的临床试验来验证。锌、铬等矿物质参与胰岛素和葡萄糖耐量因子的合成，膳食中应充足供应。糖尿病患者更容易罹患骨质疏松，应供应充足的钙、镁和钾元素。此外，糖尿病饮食中应控制钠的供给量。

18.1.3　控血糖的食物选择

根据《中国糖尿病膳食指南（2017）》《中国糖尿病医学营养治疗指南（2022）》和《成人糖尿病食养指南（2023 年版）》，控血糖膳食的食物搭配和选择应遵循以下建议。

1. 主食定量，优先选择全谷杂豆食材

每天摄入谷类食物 200～300g，其中全谷物和杂豆类 50～150g。对于糖尿病患者来说，主食需要定量按照需求摄入，且全谷物和杂豆类食物需占到主食总量的至少 1/3，具体比例可以根据消化能力而定。燕麦（包括莜麦）、大麦、青稞、黑麦、糙米（包括黑米、红米等）、小米、荞麦、藜麦等均为较好选择。未经过度精加工的谷物保留了胚芽、麸皮及其他天然营养成分，具有较低的血糖指数。主食食材 GI 的一般规律是：豆类食物的 GI 低于谷类食物；植物种子结构越完整，GI 越低；精制碾磨程度越高，GI 越高；食物咀嚼性越高，GI 越低；粉糊化程度和烹调柔软度越高，GI 越高。需要注意的是，糯性品种的 GI 高于非糯性品种，如糯玉米 GI 高于普通玉米。

2. 多吃蔬菜，水果适量，种类、颜色要多样。

餐餐都应吃蔬菜，每日蔬菜摄入量应达到 500g。深绿色叶菜和橙黄色蔬菜有利于降低 2 型糖尿病的发病风险，故深色蔬菜应占每日蔬菜的至少一半。除多种维生素和钾、镁等矿物质外，不同颜色的新鲜果蔬中还富含叶黄素、番茄红素、花青素、类黄酮、酚酸等多种有利于抗氧化、抗炎的成分，故应选择多种类、多颜色的果蔬。糖尿病患者可选择低 GI 的水果如樱桃、苹果、梨、蓝莓、草莓等，在两餐中间、用餐时或餐前少量食用。较高 GI 的水果如菠萝、荔枝、西瓜、哈密瓜等应限量。

3. 常吃鱼禽，蛋类和畜肉适量，限制加工肉类

鱼、禽、肉、蛋是优质蛋白质的良好来源，但过高动物性蛋白质的饮食与 2 型糖尿病发病风险呈正相关。控血糖饮食每周可安排两次鱼，或 300～500g 鱼；每周 300～500g 畜禽肉，300～350g 蛋类。应优先选择鱼、禽等白肉，适量吃瘦的畜肉，减少肥肉及腌制、熏制肉等加工肉制品。加工肉类中的高含钠量及*N*-亚硝胺成分都不利于糖尿病患者。

4. 乳类豆类天天有，零食加餐合理选择

乳类食物和豆制品是钙和优质蛋白质的良好来源。糖尿病患者每日可摄入相当于液态乳250～300mL的乳及乳制品，相当于30～50g大豆和果仁的豆制品及坚果类食物。酸乳属于低GI食物，糖尿病患者可以选择添加糖相对较少的酸乳产品。

5. 清淡饮食，控制油盐糖

控血糖饮食应注意控制油盐。烹调油使用量宜在30g以内，食盐不宜超过5g。醋或柠檬汁等酸味调味品可降低食物的GI，适合用在控血糖饮食中。姜、姜黄、花椒、辣椒等各种植物香辛料无碍血糖控制，可正常使用。尽量避免使用添加糖，包括果糖和糖浆。

需要注意的是，果糖虽然GI较低，但大量摄入时可增加甘油三酯和肝脏脂肪积累，不利于改善胰岛素敏感性。使用含甜味剂的无糖食品并不能降低体重和血糖水平。

6. 足量饮水，限制饮酒

推荐足量饮用白开水，也可适量饮用淡茶或不加糖的咖啡，但应远离任何甜饮料。饮酒可增加低血糖风险，故不推荐饮用含酒精饮料。

7. 定时定量，细嚼慢咽，注意进餐顺序

糖尿病患者需定时定量进餐，餐次安排视病情而定（表18.3）。最好把碳水化合物和蛋白质摄入量在正餐之间均匀分配，以尽量保证一日中的血糖稳定性，预防餐前和夜间的低血糖。进食时宜放慢速度，细嚼慢咽。推荐先吃部分蔬菜、再吃部分高蛋白质食物、最后吃主食的进食顺序，可有效降低餐后血糖波动。

表18.3 糖尿病患者减肥控糖食谱一例

餐次	食材	备注
早餐	蛋花牛乳燕麦粥（生燕麦片60g，低脂牛乳250g，鸡蛋半个30g）	需要煮到黏稠状态
	拌笋丝黄豆芽小菜（冬笋丝50g，焯黄豆芽50g，芝麻油3g）	添加少量生抽/盐调味
上午加餐	蓝莓100g，巴旦木10g	可替换为核桃仁或榛仁
午餐	红小豆胚芽米饭（胚芽米50g，红小豆30g）	红小豆先冷藏浸泡48h
	海米豆腐炖小白菜（小白菜150g，卤水豆腐70g，海米5g，茶子油8g）	可替换为其他绿叶菜
	香菇蒸平鱼（干香菇5g，平鱼75g，茶子油3g，葱姜酱油适量）	可替换为其他海鱼
	凉拌紫甘蓝丝（紫甘蓝丝60g，芝麻油3g，白醋适量）	可换成其他蔬菜
下午加餐	猕猴桃1个（带皮120g）	略软，成熟适度的果实
晚餐	蔬菜拌莜面（莜麦面条相当于莜面原料80g，油麦菜丝100g，焯木耳丝30g，香菜碎10g，鸡胸肉丝50g，调料汁含油5g）	可替换为荞麦面条 可替换为其他蔬菜
	麻酱拌蒸豆角（蒸芸豆角100g，芝麻酱8g）	
饮料	白开水、淡柠檬水或淡茶水	

注1：盐总量5g（折算生抽酱油约35mL），除油、盐和咸味调味品外，醋和香辛料可随口味自行添加

注2：一日能量摄入约6945kJ（1659kcal），其中供应碳水化合物216.2g，蛋白质76.8g，脂肪61.1g。各维生素和矿物质供应量均超过轻体力活动成年女性的推荐值

资料链接：

1）查阅《中国2型糖尿病防治指南（2022年版）》。

2）查阅《成人糖尿病食养指南（2023年版）》。

3）查阅《老年2型糖尿病慢病管理指南》。

18.2　血脂管理膳食

近 30 年来，中国人群的血脂水平逐步升高，血脂异常患病率明显增加，且呈现低年龄化趋势。据《中国居民膳食指南科学研究报告（2021）》显示，2002 年、2010 年、2011 年和 2012 年中国≥18 岁人群血脂异常总体患病率分别为 18.6%、34.0%、39.91%和 40.4%。

18.2.1　血脂异常与健康

临床上血脂检测的基本项目包括血浆甘油三酯（triglyceride，TG）、血浆总胆固醇（total cholesterol，TC）、高密度脂蛋白胆固醇（high density lipoprotein-cholesterol，HDL-Ch）和低密度脂蛋白胆固醇（low density lipoprotein-cholesterol，LDL-Ch）等。TG 不仅是心血管疾病的危险因素，还与糖代谢紊乱有关联。TC 是血液中各种脂蛋白所含胆固醇之总和，其病理性升高与高脂蛋白血症、动脉粥样硬化有一定关联。LDL-Ch 浓度升高与动脉硬化和冠心病的危险性相关，特别是氧化型低密度脂蛋白胆固醇（Ox-LDL-Ch）沉积于心、脑等部位血管的动脉壁内会促进形成动脉粥样硬化性斑块。HDL-Ch 可将胆固醇从肝外组织转运到肝脏进行代谢，经胆汁排出体外，其水平与心血管病风险呈负相关。HDL-Ch 和 LDL-Ch 的比值升高有利于降低心血管疾病的风险。其他血脂指标如非低密度脂蛋白胆固醇、载脂蛋白（Apo A1、Apo B 等）、Lp（a）等的临床应用价值也日益受到关注。

血脂异常（dyslipidemia）俗称高脂血症，包括总胆固醇过高、甘油三酯过高、低密度脂蛋白过高和高密度脂蛋白过低等情况。在临床上常分为高胆固醇血症、高甘油三酯血症、混合型高脂血症和低高密度脂蛋白胆固醇血症。血脂指标水平的划分如表 18.4 所示。

表 18.4　中国动脉粥样硬化性心血管疾病一级预防的血脂分层标准　[单位：mmol/L（mg/dL）]

分层	TC	LDL-Ch	HDL-Ch	非 LDL-Ch	TG
理想水平		＜2.6（100）		＜3.4（130）	
合适水平	＜5.2（200）	＜3.4（130）		＜4.1（160）	＜1.7（150）
边缘升高	≥5.2（200）且 ＜6.2（240）	≥3.4（130）且 ＜4.1（160）		≥4.1（160）且 ＜4.9（190）	≥1.7（150）且 ＜2.3（200）
升高	≥6.2（240）	≥4.1（160）		≥4.9（190）	≥2.3（200）
降低			＜1.0（40）		

资料来源：中国成人血脂异常防治指南修订联合委员会，2016

18.2.2　血脂管理的营养要点

注意饮食和改善生活方式是血脂异常治疗的基础措施。有研究显示，在中国成年人的所有膳食因素与估计的心血管代谢性死亡数量有关的归因中，高钠摄入、水果摄入不足、水产类 ω-3 脂肪酸摄入不足、全谷物和豆类摄入不足等均为重要原因。缺少体力活动、总能量和脂肪摄入过多、膳食纤维摄入不足与血脂异常的发生也密切相关。

1. 脂类

膳食中的脂肪摄入总量过高时，血浆甘油三酯水平升高的风险随之上升；膳食中的饱和脂肪酸比例增加时，患高脂血症风险性也随之增加。按我国膳食营养素摄入参考标准，健康人群饱和脂肪酸的摄入量应小于总能量的 10%，而高胆固醇血症者饱和脂肪酸摄入量应小于总能量的 7%，反式脂肪酸摄入量应小于总能量的 1%。摄入单不饱和脂肪酸有益于改善 LDL-Ch 和 HDL-Ch 的比值；ω-3 多不饱和脂肪酸则具有降低血浆 TC 和 LDL-Ch、升高 HDL-Ch 的作用，从而降低高脂血症的风险。当摄入饱和脂肪酸和反式脂肪酸的总量超过规定上限时，应该用不饱和脂肪酸来替代。

建议高脂血症患者摄入脂类占供能比的 20%～25%，每日脂肪摄入总量为 40～55g。饱和脂肪摄入比例应低于总能量的 10%，反式脂肪酸摄入量每天不超过 2g。此外还应避免膳食中胆固醇的过量摄入。高甘油三酯血症患者每日胆固醇摄入量不超过 300mg，高胆固醇血症患者建议每日摄入胆固醇不超过 200mg。

2. 碳水化合物

高脂血症患者每日摄入碳水化合物宜占总能量的 50%～60%，但调整碳水化合物的来源和种类更为重要。精制碳水化合物，尤其是单糖，可使血清 HDL-Ch 下降而 TG、TC、DL 和 LDL-Ch 升高。食用精制碳水化合物会增加患冠心病的风险，食用过多添加糖会导致血压升高，以及血液中 TG、TC 和 LDL-Ch 升高。

膳食纤维摄入量与高脂血症发病率显著负相关。膳食纤维在肠道中可与胆酸结合，携带其从肠道排出体外，从而减少胆固醇类物质的吸收，有利于降低血胆固醇水平。同时，高膳食纤维膳食可降低血胰岛素水平，有利于调节脂代谢。每日饮食应包含 25～40g 膳食纤维，其中含有 7～13g 水溶性膳食纤维。

3. 蛋白质

植物性蛋白质摄入与较低的血浆 TC 水平相关，每日摄入相当于 25g 大豆的豆制品有利于降低心血管疾病风险；摄入坚果有利于改善血脂异常，增加淀粉豆类摄入有利于降低 LDL 水平。而过多动物性蛋白质有升高血浆 TC 的作用，加工肉制品膳食可促进心血管疾病的发病风险。

18.2.3 控血脂的食物选择

食物的选择搭配应遵循食物多样化及平衡膳食的原则，控制总能量，减少饱和脂肪摄入量，限制膳食胆固醇摄入量。

1. 控制总能量摄入，吃动平衡，维持健康体重

超重、肥胖者应积极减肥，每天可酌情减少 1.26～2.09MJ（300～500kcal）的能量摄入，使体重减少至少 10%。体重正常但腰腹脂肪过多者应增加体力活动以降低体脂率。每周中的 5～7d 有至少 30min 的中等强度体力活动，每天运动消耗至少 0.84MJ（200kcal），以降低内脏脂肪含量。运动宜循序渐进，心血管疾病患者应先进行运动能力评估，在专业人员指导下进行运动。

2. 限制脂肪总量，减少高脂食物摄入

日常烹调宜多用蒸、煮、炖、无油烤等少油烹调方式，避免油炸、油煎。选择低脂食材，尽量不用五花肉和肥肉，鸡鸭肉宜去皮。天然状态的坚果、油籽类食物有利于控制血脂水平，可每日适量食用。

3. 限制饱和脂肪、反式脂肪的摄入量，保证 ω-3 脂肪酸的摄入

应注意减少食用肥肉、五花肉、奶油、猪牛羊油、酥点、市售油炸食品等高饱和脂肪酸含量食物。优先选择富含单不饱和脂肪酸的橄榄油、菜子油、茶子油、低芥酸菜子油、高油酸花生油、高油酸大豆油等。可配合使用亚麻子油、紫苏子油和核桃油等含 ω-3 脂肪酸的油脂。尽量不食用动物油、椰子油、棕榈油，少食用或不食用油炸食品及可能含反式脂肪酸的食品，如薯片、酥点、人造黄油、甜奶茶饮品等。

4. 限制胆固醇的摄入量

高甘油三酯血症患者宜避免食用胆固醇含量高的动物脑和动物内脏，但每日可食用 1 个鸡蛋。高胆固醇血症患者每周可摄入不超过 4 个普通鸡蛋的蛋黄。若每日食用 1 个蛋，可选择降低胆固醇含量的鸡蛋产品。

5. 蛋白质食物摄入充足多样

在动物性食品中，应以白肉部分代替红肉，优先选择鱼、虾、去皮禽肉和瘦肉，少吃加工肉制品。提倡每日摄入相当于 25g 大豆的豆制品，包括豆浆、豆腐、豆腐干等，并用非油炸豆制品替代部分肉类食品。在乳类食物中，优先选择脱脂或低脂的牛乳、酸乳，避免脂肪含量过高的产品。

6. 在主食中，应有效增加全谷类、淀粉豆类和薯类，适当减少精白米面的比例

增加全谷类、淀粉豆类和薯类食物的摄入，可降低食物消化速度，增加膳食纤维和抗性淀粉的摄入量，并提供更多的抗氧化成分。

7. 吃充足的新鲜蔬菜、水果

推荐每日摄入 5 种以上的蔬菜，其中有至少一半为深色蔬菜，包括橙黄色、紫黑色和深绿色蔬菜，特别是深绿色叶菜必须每天摄入。选用不同颜色的水果。

8. 少盐控糖，戒烟限酒

减少盐和酱油、鸡精、咸菜、酱料等高钠调味品。可使用低钠盐替代普通盐。少用白糖、冰糖、红糖和各种糖浆，尽量少吃甜食，不喝甜饮料。饮酒会增高甘油三酯水平，因此应严格限制饮酒量，最好不饮酒。

9. 各类食物的每日摄入数量合理范围

谷物原料 200～300g，其中含 50～150g 全谷或淀粉豆类；肉、禽、鱼虾类和蛋类食物总量 120～200g；低脂乳每天 300g；坚果油籽 10g；豆制品摄入量相当于 25g 大豆；每天进食新鲜蔬菜 500g，水果 200～350g；食盐量不超过 5g，烹调油以每天 25g 以内为宜。血脂管理的食物选择建议见表 18.5 所示。

表 18.5　血脂异常患者的各类食物选择建议

食物类别	适宜选择的品种	减少、限制的品种
谷薯类	各种全谷物如糙米、全麦面粉、燕麦、荞麦、青稞、小米、高粱米、荞麦、藜麦、红薯、紫薯、山药等	甜食、饼干、糕点、起酥面包等高脂肪高糖加工食品；油条、油饼、炸糕等油煎油炸小吃；薯条、薯片、芋头条等油炸薯类食品
肉类	鱼虾类、纯瘦肉、去皮禽肉等	加工肉制品、咸肉、肥肉、鱼子、蟹黄、动物内脏等
蛋类	鸡蛋、鸭蛋、鹌鹑蛋等	咸蛋等
乳类	脱脂乳、低脂乳、鲜牛乳、低糖酸乳等	奶油、稀奶油等
大豆及制品	黄豆、黑豆、豆浆、豆腐、豆腐干、豆腐丝、腐竹等	油豆腐皮、豆腐泡等油炸豆制品
蔬菜	各种新鲜蔬菜	高盐腌制蔬菜、低温油炸蔬菜
水果	各种新鲜水果	加入大量添加糖的果脯蜜饯、低温油炸水果
食用油	富含油酸的橄榄油、茶子油、高油酸花生油、低芥酸菜子油等；富含 α-亚麻酸的亚麻子油、紫苏子油等；富含多不饱和脂肪酸而必需脂肪酸比例较合理的核桃油、大豆油等	饱和脂肪含量高的棕榈油、椰子油、牛油、羊油、猪油及氢化植物油产品
调味品	低钠盐	盐和蚝油、豉油、酱类等高钠调味品；白糖、冰糖、糖浆、红糖等高糖调味品

资料来源：国家卫生健康委，2023

资料链接：

1）查阅《血脂异常营养管理医学专家共识（2022 年版）》。

2）查阅《成人高脂血症食养指南（2023 年版）》。

3. 查阅《中国成人 2 型糖尿病及糖尿病前期患者动脉粥样硬化性心血管疾病预防与管理专家共识（2023）》。

表 18.6 中给出了一例高脂血症患者的适宜食谱。

表 18.6 控血脂食谱一例

餐次	食材及用量	烹调和食用备注
早餐	亚麻籽豆浆 1 杯（含亚麻籽 5g，黄豆 10g，燕麦 5g）；全麦馒头 1 个（全麦面粉 50g）；鸡蛋拌菠菜木耳（1 个鸡蛋 55g，菠菜 100g，水发木耳 20g，拌菜油 3g）	菠菜焯烫食用；用降低胆固醇鸡蛋，每个含胆固醇＜150mg；拌菜油为芝麻油+亚麻子油混合
上午加餐	1 个较小苹果 160g，酸乳 100g，午餐前食用	
午餐	红芸豆小米大米饭半碗（红芸豆 10g、小米 10g、大米 30g）；焖豆角（豆角 100g，油 5g）；水油焖小白菜（拌菜油 5g）；甜豌豆炒豆腐（甜豌豆 40g，北豆腐 80g，油 5g）	红芸豆提前用电饭锅煮粥功能煮一遍，汤不弃去。再加入大米小米煮熟即可 使用低钠盐替代普通盐
下午加餐	柑橘 160g，酸乳 100g，晚餐前食用	
晚餐	燕麦甜玉米粒大米饭（燕麦 10g，甜玉米粒 50g，大米 50g）；烤马鲛鱼（马鲛鱼带骨 80g），花椒盐少量；芝麻酱蘸生菜（绿生菜 850g、芝麻酱 8g）；番茄炒茄丁（圆茄子 150g，番茄 80g，油 8g）	使用低钠盐替代普通盐 炒菜油用低芥酸菜子油、高油酸花生油、高油酸大豆油、茶子油或橄榄油
饮品	白开水、淡茶水、淡柠檬水等	

注：本食谱含能量 7075kJ（1690kcal），碳水化合物、蛋白质和脂肪摄入量分别为 230.0g、80.1g 和 55.1g，胆固醇＜300mg。维生素 C 和钾的摄入量达到预防慢性疾病的建议值，ω-3 脂肪酸摄入充足。本食谱适合减肥人士和心脑血管疾病患者使用

18.3 血压管理膳食

高血压（hypertension）是一种以动脉血压持续上升为特征，造成进展性心脑血管损害的慢性疾病，是心脑血管疾病的最主要的危险因素。高血压的高患病率、致残率和死亡率使其成为世界各国的重大公共卫生问题。《中国居民营养与慢性病状况报告（2020 年）》显示，我国 18 岁及以上成年人高血压患病率为 27.5%，65 岁及以上人群的高血压患病率超过 50%，而高血压患者也日益呈现年轻化趋势。不合理的膳食是引起血压水平升高的重要诱因，因此预防和控制高血压需要从日常膳食管理入手。

18.3.1 血压与健康

高血压的发病因素包括遗传、肥胖、胰岛素抵抗、某些营养素的过量或不足、过量饮酒、老龄化等。当收缩压＞140mmHg 和（或）舒张压＞90 mmHg，且非同日 3 次测量均达到上述诊断界值，即可确诊为高血压。

18.3.2　血压管理的营养要点

不健康的饮食习惯是高血压的重要危险因素。高盐、高脂饮食可导致血压升高，不合理的膳食模式也会增加高血压风险。DASH 膳食结构就是一种有利于控制血压的膳食方式，其中充足供应了控血压所需的关键营养物质。下面简述与血压管理有关的主要营养因素。

1. 钠和钾等矿物质

钠摄入量与高血压患病率显著正相关，而限制食盐摄入可改善血压。这是由于钠盐摄入过多导致胞外渗透压增高，细胞外液包括血液总容量增加，血压增高。钾可拮抗钠盐的升压作用，可能与其舒缓血管、促尿钠排泄、抑制肾素-血管紧张素系统和交感神经系统、减少肾素释放有关。降低膳食中的钠/钾比例有利于血压控制，但只建议通过增加摄入全谷、薯类、豆类、果蔬来增加钾摄入，不建议服用钾补充剂。

此外，钙和镁也有利于血压控制。钙和镁摄入不足时，血管壁平滑肌收缩，血管阻力增高，使血压上升。高钙膳食有利于降低血压，还可能与其促进尿钠的排出、调节交感神经活性、扩张血管和增加降钙素的分泌等作用有关。

2. 能量

BMI 与血压水平呈显著正相关，肥胖或超重是引起高血压的重要危险因素。超重、肥胖的高血压患者除增加身体活动外，还应适当减少能量摄入，每日宜有 1.26～2.09MJ（300～500kcal）的能量负平衡，目标是在一年中减少初始体重的 5%～10%。

3. 蛋白质

研究报道部分氨基酸对原发性高血压大鼠和高血压患者有降压作用。来自食品的一些小分子多肽可抑制血管紧张素转换酶（ACE）的活性，有降血压作用。蛋白质的来源和质量也可能对蛋白质的血压效应产生影响。流行病学研究表明植物性蛋白质可能对慢性高血压更有益，摄入含有大豆异黄酮的大豆蛋白食物可以降低患高血压的风险。因此，高血压膳食中应保证优质蛋白质的比例，并遵循蛋白质互补原则。

高血压患者每日摄入水产品、禽畜瘦肉、蛋类、乳类或乳制品、豆类或豆制品等优质蛋白质在总蛋白质中的比例应≥50%。但是，高血压合并肾脏疾病患者需限制蛋白质摄入，每日膳食中蛋白质供给量为每千克体重 0.6～0.8g。

4. 脂肪和胆固醇

不同脂肪组分对血压的影响有所差异。饱和脂肪酸及胆固醇的摄入量与血压呈显著正相关，而不饱和脂肪酸与血压呈负相关。因此，增加不饱和脂肪酸（来自大豆、坚果、油籽及鱼虾贝类），减少饱和脂肪酸（来自猪、牛、羊、油炸和加工食品等）的摄入有利于降低血压。但膳食总脂肪摄入过多引起的超重和肥胖也会促进高血压，因此应控制脂肪摄入总量。伴有血脂异常者，其饱和脂肪和胆固醇摄入量应参照 18.2 血脂管理膳食中的限制标准。

5. 碳水化合物

动物实验发现小分子糖，特别是果糖，在大量摄入时可升高血压。淀粉类食物与血压的关联尚不明晰。膳食纤维与血压呈负相关，其中可溶性纤维的降压作用较强，可能与其减少脂肪吸收、减轻体重等作用有关。

6. 维生素

维生素 C 可改善血管的弹性，降低外周阻力，有一定的降压作用，并可延缓因高血压造成的血管硬化的发生，防止血管破裂出血的发生。伴有高同型半胱氨酸血症的高血压患者可在医生指导下补充包括叶酸在内的多种 B 族维生素。

7. 乙醇

大量乙醇具有收缩血管的作用，长期过量饮酒可增加血压升高的风险。限制饮酒与血压下降显著相关。重度饮酒不仅升高血压，还增加心律不齐、心肌病和脑出血的风险。建议高血压患者避免饮酒。

18.3.3 控血压的食物选择

高血压患者和高危人群应在平衡膳食的基础上限制总能量和总脂肪摄入量，采用得舒膳食、中国心脏健康饮食和江南膳食模式，以帮助控制血压。高血压患者的各类食物选择建议如表 18.7 所示。

表 18.7 高血压患者的食物选择总结表

食物类别	数量	说明
谷薯类主食	谷物和淀粉豆类总量 200～300g，另加薯类 50～100g	以全谷物、淀粉豆类和薯类替代部分精白米面食物。全谷物的膳食纤维和钾含量远高于精白米面，而淀粉豆类和薯类食物的钾含量又远高于全谷物。主食食材中要包括全谷物和淀粉豆类 50～150g（生重），薯类食物如甘薯、山药、马铃薯、芋头等宜原味食用。少用或不用添加食盐、小苏打、油、糖的主食品和小吃，如方便面、咸味面包、烧饼、油条等
大豆及其制品	每日相当于大豆 15～25g	每日食用大豆及其制品，如黄豆、黑豆、豆腐、豆腐干、豆浆、腐竹等。相当于豆浆 220～360g 或南豆腐 84～140g。建议用豆制品替代部分肉类食物，以提供更多的钙和镁
坚果和油籽	每周 50～70g	推荐食用原味坚果、油籽，避免过咸、油炸。超重、肥胖者应注意避免吃过多坚果造成脂肪摄入过量
蔬菜和水果	蔬菜＞300g，水果 200～350g	每天最好有至少 5 种新鲜蔬菜，深色蔬菜占至少一半，多吃富含钾、镁、钙和硝酸盐的深绿色叶菜。蔬菜宜少油少盐烹调。水果最好有至少 2 种。不用果汁替代新鲜水果，但可用少量水果干替代饼干和零食
动物性食物	鱼禽蛋瘦肉每天总量 120～200g，乳类 300g	选择鱼虾和去皮鸡鸭肉作为动物性蛋白质的主要来源，减少高脂肉类和动物内脏，少吃香肠、火腿、培根、咸肉等加工肉制品和油炸熏烤鱼肉制品。推荐每天摄入乳制品如牛乳、酸乳等。蛋类对控血压和预防脑卒中无害，如血浆胆固醇水平正常，每日可食 1 个鸡蛋
油脂	每天 25 g	优先选择富含不饱和脂肪酸的菜子油、亚麻子油、橄榄油、茶子油等。推荐换用不同种类的植物油。避免食用油炸食品和有反式脂肪酸的食品
酒类和饮料	—	不饮酒，不饮用含糖饮料。摄入充足水分，以白水最佳，可饮用淡茶，但不推荐浓茶和咖啡
调味品	钠摄入量换算为食盐≤5g	减少食盐和含钠调味品；肾功能正常者可使用低钠盐替代普通食盐；避免吃咸味零食，少喝咸味汤。少用特别辛辣和刺激的调味品

知识链接：

1）有关钾的膳食来源和钾营养素密度，请参考第 6 章和第 8 章中的相关内容。

2）有关各类食品与疾病预防的关系，请参考第 9 章到第 13 章中的相关内容。

3）有关含钠调味品和减盐措施，请参考第 13 章中的相关内容。

4）有关有益于控血压和预防心脑血管疾病的膳食模式，请参考第 15 章中的相关内容。

资料链接：

1）查阅《成人高血压食养指南（2023 年版）》。

2）查阅《中国高血压防治指南（2018 年修订版）》。

3）查阅《中国老年高血压管理指南2023》。
4）查阅中国营养学会团体标准《T/CNSS 022—2023　家庭减盐行为指南》。

表 18.8 给出了一例高血压患者的适宜食谱。

表 18.8　控血压食谱一例

餐次	食材及用量	烹调和食用备注
早餐	蒸鲜玉米半个（带轴 150g）；煮蛋 1 枚；绿豆百合燕麦小米粥（含绿豆 5g，干百合 5g，燕麦 5g，小米 20g）； 煮花生拌芹菜丁（芹菜丁 50g，可焯烫，花生米 10g，香油 1g，亚麻子油 1g）；烫鸡毛菜 100g	可以头一天煮好，早上加热杀菌后喝 可换成其他凉拌蔬菜+坚果 拌菜油为芝麻油和亚麻子油混合
上午加餐	低脂牛乳 200g，猕猴桃 1 个（120g）	
午餐	土豆豌豆米饭（精白米 40g，嫩豌豆 20g，土豆丁 50g）； 醋拌三丝（水发海带 30g，焯黄豆芽 50g，黄瓜丝 50g，拌菜油 2g，鸡精 1g）； 青椒胡萝卜冬笋炒肉丝（猪里脊肉 50g，青椒、胡萝卜、冬笋丝各 80g，油 8g，酱油 10g）	使用低钠盐替代普通盐 炒菜油用低芥酸菜子油、高油酸花生油、高油酸大豆油、茶子油或橄榄油
下午加餐	低脂牛乳 200g，西瓜 1 块带皮 200g	
晚餐	蒸菜 1 碗（芹菜叶 100g，全麦粉或玉米粉 15g，香油 2g，陈醋 5g）； 玉米馒头（含面粉 30g，玉米粉 20g）多半个； 香干炒小油菜（香豆腐干 50g，小油菜 200g，油 6g）；海米冬瓜汤（海米 5g，冬瓜 200g，油 4g）；	菜叶切碎，拌上全麦粉或玉米粉，喷 1 勺水，装盘中，放蒸锅中蒸熟，拌香油、醋、蒜泥食用。可换成其他绿叶菜 玉米馒头可以换成蒸红薯、蒸土豆、糙米饭等其他主食
夜宵	酸乳 1 小杯（100g）	

注：本食谱含能量 7179kJ（1715kcal），碳水化合物、蛋白质和脂肪摄入量分别为 231.3g、81.5g 和 56.3g。钙、镁供应量均超过推荐摄入量，钾和维生素 C 供应量超过 PI 建议值。本食谱适合男性高血压患者减肥期间食用，也适合体重正常女性或每日有 1h 锻炼的减肥女性食用

除降压治疗和饮食管理外，高血压患者应做规律性适度运动，以中等强度有氧运动为主，每天 30min，每周 5～7d，并结合呼吸训练、抗阻训练和柔韧训练等。同时，还要减轻精神压力，避免熬夜和失眠，提升睡眠质量。

18.4　尿酸管理膳食

近年来，高尿酸血症（hyperuricemia）呈现高发化和年轻化趋势，已逐渐成为威胁人类健康的常见代谢性疾病之一。高尿酸血症的危害不仅仅是痛风（gout），还与糖尿病、心血管疾病、肾脏疾病等多种常见疾病密切相关。

18.4.1　尿酸管理与健康

高尿酸血症是嘌呤代谢紊乱引起的代谢异常综合征。嘌呤是尿酸生成的前体，主要存在于生物体细胞的遗传物质中。内源性尿酸由人体细胞破坏释放出的嘌呤经过机体酶类分解代谢而形成，约占人体尿酸总量的 80%；外源性尿酸来自饮食中含有的含嘌呤化合物及其前体，经消化、吸收及酶的催化形成，约占 20%。健康成年人每天排泄 500～1000mg 尿酸，其中约 2/3 经尿液排泄，另外 1/3 在肠道内被细菌分解、排出。

按临床标准，无论性别，正常膳食状态下，非同日 2 次测定血尿酸水平均超过 420μmol/L，即诊断为高尿酸血症。高尿酸血症患者可能发作痛风，也可能不发作。痛风患者均有高尿酸血症，表现为反复发作的急性关节炎。尿酸盐晶体在关节、软组织和肾脏中沉积会导致炎症和组织损伤。高尿酸血症和痛风是慢性肾病、心脑血管疾病及糖尿病等慢性疾病的独立危险因素，与心血管疾病的发病率和死亡率相关。

进食高嘌呤或高嘌呤前体食物、过量饮酒、核酸代谢亢进、机体嘌呤合成增多等均会使血和尿中尿酸生成增加，随着血清尿酸浓度增高，发展为痛风的风险上升。由于人体尿酸水平与饮食习惯有关，控制尿酸需要从管理膳食入手。

18.4.2 血尿酸管理的营养要点

1. 高嘌呤食物

健康人日常膳食摄入嘌呤为 600～1000mg。在痛风急性发作期，应严格限制膳食嘌呤摄入量在 150mg/d 之内，缓解期间最好不超过 400mg/d。日常膳食中，嘌呤含量较高的食物主要为内脏、肉类和河鲜海鲜（表 18.9）。研究发现，我国福建居民中，饮食模式为动物性食物型膳食模式（摄入大量肉类）和沿海型膳食模式（摄入水产品和饮酒）者更易发生尿酸代谢紊乱，其高尿酸血症患病率较合理饮食者增加 1.35～2.6 倍；而摄入嘌呤含量较高的蔬菜却并不会使血液尿酸浓度显著提高。

表 18.9 常见食物的嘌呤含量

极低嘌呤食物（<30mg/100g）	中低嘌呤食物（30～75mg/100g）	中高嘌呤食物（75～150mg/100g）	极高嘌呤食物（150～1000mg/100g）
大米、小米、大黄米、薏米、小麦（面粉）、燕麦、大麦、玉米、荞麦、高粱等谷物；马铃薯、甘薯、山药、芋头、藕等薯类；大多数蔬菜、水果、水果干	芦笋、菜花、菠菜、嫩豌豆、嫩蚕豆、豆角、各种蘑菇；白鱼、青鱼、鲱鱼、鲑鱼、龙虾等；花生、核桃、开心果、巴旦木等各种坚果	鸡、鸭、鹅、鸽子、鹌鹑肉；猪、牛、羊的瘦肉；鲈鱼、鲤鱼、鳕鱼、大比目鱼、鳗鱼、鳝鱼；贝类；扁豆、干蚕豆、干豌豆、绿豆、红小豆等	动物的脑、肝脏、肾脏、胰脏、牛羊肚；沙丁鱼、凤尾鱼、鱼子；浓肉汁、火锅汤、鸡精、肉精等
各种动物乳、各种禽蛋		较稀的肉汤、鸡汤等	

资料来源：国家卫生健康委，2024

2. 能量

大多数高尿酸血症患者存在超重、肥胖或体脂率过高问题，应限制能量摄入，降低体脂率。但由于酮体会影响尿酸排泄，不应采用生酮减肥等方法，减重速度不宜过快，以免因尿酸水平上升而发作痛风。

3. 碳水化合物

果糖和蔗糖具有升高血尿酸水平、减少尿酸排出的作用。大量摄入果糖可诱发代谢异常，并引起胰岛素抵抗，与高尿酸血症发病机制和痛风风险密切相关。此外，极低碳水化合物饮食也可能因生酮作用而引起血尿酸水平上升。

4. 蛋白质

高蛋白质饮食可抑制尿酸在肾小管的重吸收，故痛风患者要限制蛋白质的摄入量，每日每千克体重应摄取 0.8～1.0g 蛋白质，但消瘦、体力劳动和年龄大的人可以适当增加摄入量。不能从海鲜、动物内脏、肉类获取蛋白质时，可以从鸡蛋和乳制品中获取。乳制品中所含的酪蛋白和乳清蛋白所含嘌呤少，而且可促进尿酸的排泄。

5. 脂肪

高脂肪饮食会抑制人体肾脏排泄尿酸，从而引起血尿酸升高，容易诱发痛风。为促进尿酸正常代谢，应适当限制膳食中的脂肪摄入量。痛风合并高脂血症者应同时限制饱和脂肪和胆固醇摄入。

6. 微量营养素

B 族维生素、维生素 C、维生素 E 缺乏时，容易导致尿酸排出减少，诱发痛风发作；但摄入大剂量的维生素 B_1 和维生素 B_2 可干扰尿酸正常排泄，使尿酸排出减少。充足的钾元素有利于尿酸排泄，钾和钙均有利于降低尿酸带来的体液酸负荷。钙、锌、碘、铁缺乏可引起核酸代谢障碍、嘌呤生成增加，诱发痛风发作。但铁摄入过量或铁在体内过多积蓄也可影响尿酸的合成与排泄，诱发痛风。

7. 植物化学物

多种植物化学物成分如酚酸、类黄酮类、芪类、苷类、生物碱等可以促进肾脏尿酸排泄，以及降低炎症反应，有利于降低尿酸水平和降低痛风发作风险。

8. 乙醇

饮酒是高尿酸血症的重要危险因素和急性痛风发作的诱因。摄入乙醇可抑制肾脏对尿酸的排泄，同时促进嘌呤分解，使内源性尿酸增加。特别是啤酒本身就含有大量嘌呤成分。

18.4.3　控尿酸的食物选择

未引起其他症状的高尿酸血症可通过限制富含嘌呤的饮食来降低血尿酸生成，逐步改善体内嘌呤代谢，防止病情加重和发展，防止并发症。高尿酸血症和痛风人群的食物选择建议大致与表 18.5 相近，并应特别注意以下几个方面。

1. 避免摄入嘌呤含量高的海鲜、河鲜、动物内脏、浓肉汤、浓鱼汤等食物

鱼类和肉类应限量，痛风发作期间暂时不食用鱼和肉。缓解期可将肉类煮后去汤，除掉部分嘌呤，限量食用。可少量多次食用低嘌呤含量的海鱼作为 ω-3 脂肪酸的来源。

2. 避免饮用各种酒类

白酒、啤酒、黄酒均应避免，葡萄酒和果酒也应严格限量。

3. 避免饮用甜饮料，尽量少吃甜食

甜饮料常使用果葡糖浆增甜，是果糖的密集来源。果汁含糖量较高，亦应避免经常饮用。近年来甜食点心也越来越多地使用结晶果糖和果葡糖浆增甜，应引起高度注意。

4. 大量食用蔬菜，正常食用水果

蔬菜和水果是钾和抗氧化物质的来源，有利于促进尿酸排除和改善炎症反应。绝大多数蔬菜为极低嘌呤食物，每日应摄入蔬菜至少 500g。水果可正常食用，宜优先选择果糖含量较低的品种，如草莓、樱桃、桃子、柑橘等，每日 200～350g。目前未发现嘌呤略高的蔬菜如菌类、菠菜、芦笋等增加高尿酸血症风险的证据，但焯烫去掉部分嘌呤之后食用更为安全。

5. 优先采用乳类和蛋类供应优质蛋白质

鼓励每日摄入不加糖的低脂乳 300mL 以上。豆浆可使血尿酸含量短暂上升，痛风发作期应避免饮用。缓解期可少量食用豆腐干和豆腐替代部分肉类，因在加工中需要挤水，除去了大部分

嘌呤和草酸。坚果和油籽可按《中国居民膳食指南（2022）》的建议，每日食用 10g。

6. 正常食用谷物，增加薯类供应，优先选择低血糖指数食材

全麦粉、糙米、燕麦、玉米、小米、大黄米、薏米等均为低嘌呤食品，全谷物应占到主食食材的至少 30%。马铃薯、甘薯、山药等薯类食物不仅嘌呤含量很低，而且富含钾，对排除尿酸有利，宜经常食用。但扁豆、鹰嘴豆、绿豆、红小豆等淀粉豆类食物嘌呤含量较高，应注意限量食用。

7. 避免富含嘌呤的调味品

鸡精、蘑菇精等调味品中往往加入肌苷酸钠、鸟苷酸钠等鲜味核苷酸，是嘌呤的密集来源；植物蛋白水解物、鱼露、蚝油、鲍鱼汁等增鲜调味品中也含有嘌呤成分。故在使用增鲜调味品时应认真查看配料表。

8. 保证足量饮水

每日饮水量 2000mL 以上可促进尿酸排泄。建议饮用白开水，亦可饮用不加糖的淡柠檬水（如 1 片柠檬泡入 300mL 的温水）、淡茶水、原味大麦茶和无糖咖啡、无糖苏打水等，但应避免饮用浓茶和浓咖啡。为防止尿液浓缩，可在睡前或半夜适量饮水，确保尿量，有利于预防痛风发作和尿路结石形成。

汇总分析发现以植物性食物为主的膳食结构有利于降低高尿酸血症的风险，而过多动物性食物增加风险。此外，每个患者对食物的反应有个体差异。有痛风发作史的患者应注意记录食用哪些食物曾经诱发痛风，以后尽量避免食用这些食物。

表 18.10 给出了一例痛风患者的适宜食谱。

表 18.10 痛风缓解期食谱一例

餐次	食材及用量	烹调和食用备注
早餐	白开水 300mL；蒸南瓜百合（南瓜 200g，鲜百合 25g）；蒸蛋羹（蛋 1 枚）；燕麦片小米浓粥（燕麦片 10g，小米 30g，枸杞 2g）；煮花生芹菜丁（芹菜 50g，花生 10g）	早起先喝温水 蒸南瓜百合可以换成蒸马铃薯、山药、藕等
午餐前	低脂牛乳 250g，苹果 1 个（250g）	鸡蛋优先选择降低胆固醇含量的产品
午餐	甘薯土豆米饭（大米 40g，红心甘薯 60g，土豆 60g）；醋拌海带丝（水发海带 80g）；炒三丝（甜椒 80g、胡萝卜 80g、豆腐干 40g，橄榄油 8g）；低脂乳 250g	
下午加餐	草莓 100g	可以换成樱桃、桃子等
晚餐前	极淡无糖柠檬水 250mL	可换成大麦茶等
晚餐	全麦馒头（熟重 70g）；甜玉米粒 50g；煮蛋半个（鸡蛋 30g）；白灼菜心（油菜薹 200g，油 4g）；肉片炖冬瓜（冬瓜 300g，瘦肉片 30g）	蔬菜品种可替换
睡前饮水	极淡无糖柠檬水 250mL	

注：本食谱含能量 7217kJ（1724kcal），碳水化合物、蛋白质和脂肪摄入量分别为 252.0g、74.6g 和 51.2g。维生素 C 和钾的供应量超过预防慢性疾病的推荐值

资料链接：

1）查阅《中国高尿酸血症相关疾病诊疗多学科专家共识（2023 年版）》。

2）查阅《中国高尿酸血症及痛风诊疗指南（2019）》。

3）查阅《成人高尿酸血症与痛风食养指南（2024）》。

18.5　体重管理膳食

伴随居民物质生活水平的提升和生活方式的改变，中国居民超重及肥胖的患病率呈现明显上升趋势。成年人的超重率和肥胖率从 1992 年的 16.4%和 3.6%，增长到 2018 年的 34.3%和 16.4%。据《中国居民营养与慢性病状况报告（2020 年）》，6～17 岁的儿童青少年及 6 岁以下的学龄前儿童中，超重/肥胖率分别高达 20%和 10%。由于肥胖状态与代谢综合征、糖尿病、心脑血管疾病、痛风、骨关节疾病等多种慢性疾病和多种癌症风险相关，预防和控制肥胖的发生发展是国家公共卫生的重要事项。

我国成年人超重和肥胖诊断标准如表 18.11 所示。需要注意的是，老年人的身高随年龄而降低，BMI 的正常范围应上调到 20～26.9kg/m²。研究显示，超重、肥胖者减重 5%～10%可以降低心血管疾病、2 型糖尿病等多种疾病的患病风险。

表 18.11　我国成年人超重、肥胖诊断标准临界值

项目	BMI/（kg/m²）	分类	腰围/cm
超重	24.0～27.9	向心性肥胖前期	男≥85.0 女≥80.0
肥胖	≥28.0	向心性肥胖	男≥90.0 女≥85.0

资料来源：国家卫生健康委，2024. 成人肥胖食养指南（2024 年版）

知识链接：

有关膳食中的能量营养素特点和来源，能量平衡的概念，以及体成分和体脂肪分布的相关指标，请参考第 4 章中的相关内容。

18.5.1　体重管理相关膳食模式

肥胖产生的根本原因在于能量摄入大于机体的能量消耗，从而使多余的能量以脂肪形式储存。通过合理的膳食模式控制能量摄入，保证营养素摄入，同时通过运动增加能量的消耗，可达到减重、抑制体重增长、维持健康体重的目的。除限制能量平衡膳食（calorie restricted balanced diet，CRD）模式和轻断食（intermittent fasting，IF）模式之外，其他治疗性膳食模式均有一定健康风险，需要在专业指导甚至医学监护条件下方可短期实施。在没有医疗监护、没有严重疾病的情况下，轻中度肥胖者减肥时首选 CRD 模式，以最大限度地保障人体营养需要，并做到食物多样化。

对于长期预防肥胖、维持健康体重而言，采纳地中海膳食、DASH 膳食、江南膳食（中国平衡膳食宝塔所推荐的膳食模式）和弹性素食等健康饮食模式均有帮助。

18.5.2　营养素与肥胖

限制能量的营养平衡膳食安排应注意以下方面。

1. 能量

按在减肥期间，膳食中碳水化合物提供的能量应占总能量的 50%～60%；蛋白质供能比占

15%～20%；脂肪供能比不超过30%。安全的减重速度是在6个月内减少当前体重的5%～10%，或每月减2～4kg，可按减重目标和运动量合理安排能量摄入。

2. 碳水化合物

较多研究证据表明，碳水化合物的类型及质量对肥胖起着决定性的作用。和碳水化合物的摄入总量相比，添加糖和精制谷物的摄入与肥胖风险关联度更大。研究表明富含膳食纤维和低血糖反应的膳食对肥胖的预防和治疗有益。可溶性膳食纤维可以延长胃排空时间，增加饱腹感，减少食物摄入量，并通过增加食糜的黏度减少消化酶和食糜的接触，延缓葡萄糖在小肠中的吸收速度。大量膳食纤维还可抑制脂肪酶的作用效率，降低脂肪的消化吸收率。此外，膳食纤维还可通过抗炎和调节肠道菌群等方式预防和改善肥胖。因此，在减肥期间应当着重摄取富含膳食纤维的天然碳水化合物食材，减少精制糖和精制谷物制品。

3. 蛋白质

相对于碳水化合物和脂肪，摄入蛋白质后导致肥胖的风险相对较小。减肥期间总能量摄入大幅度减少，如果蛋白质摄入总量随之下降，易造成瘦体重的降低。研究表明较高的蛋白质供能比例有利于减少减肥后的肌肉损失，故减肥期间应注意保证蛋白质摄入量不低于同体力活动量成年人的膳食推荐量。

4. 矿物质

肥胖人群中普遍存在着多种维生素与矿物质的缺乏，如肥胖人群中钙、镁、铁、锌、铬的摄入不足较之健康人群更为普遍。其中钙摄入不足时有利于脂肪的合成，减肥期间应注意保证钙的充足供应。

5. 维生素

大量研究结果提示维生素D缺乏可能与肥胖发生有关，而补充维生素D能够抑制前脂肪分化过程，进而减少脂肪形成。此外，研究发现肥胖者常伴有甲状腺激素和1, 25-（OH）$_2D_3$的水平改变，而钙与维生素D都与这两种激素的代谢有关，因此减肥期间应注意摄入充足的维生素D，或接受足够的日光照射。B族维生素在体内参与人体物质与能量代谢，包括脂肪代谢，减肥期间应充足供应，以保证脂肪氧化供能过程高效进行。

6. 植物化学物

流行病学研究表明摄入植物化学物有助于超重、肥胖人群的体重控制，其可能机制一方面是由于部分植物化学物具有延缓消化吸收的作用，另一方面可能是由于其抗氧化性降低了机体炎症反应。

18.5.3 各类食物与肥胖

食物、膳食结构与肥胖的研究多为观察性研究，不能确认因果关系，混杂因素难以严格控制，很多研究结果具有一定争议性，但可作为重要参考。

1. 谷薯杂粮

全谷物比精制谷物含有更丰富的维生素、矿物质、膳食纤维、植物化学物，以及较低的餐后血糖反应。流行病学研究结果显示长期摄入全谷物有助于维持正常体重，减少体重增长。全谷物和淀粉豆类可帮助增强咀嚼性，延缓胃排空速度，降低减肥期间的饥饿感，降低血糖负荷，增加微量营养素供应；薯类富含膳食纤维，且有较高的饱腹感。

2. 蔬菜水果

研究显示蔬菜和水果的摄入量与肥胖风险之间无必然联系，但蔬菜较多的膳食结构有助于长期维持合理体重。减肥期间供应充足的蔬菜可延缓食物消化速度，增加饱腹感，增加膳食纤维和多种维生素，帮助控制餐后血糖反应，改善肠道菌群。

3. 动物性食品

流行病学研究显示红肉和加工肉制品摄入与肥胖风险和中心肥胖风险存在显著正相关关系。然而，肉类食物的具体品种、部位、烹饪方式对脂肪含量和促肥效果差异较大。在同样能量和蛋白质摄入水平上，增加乳类食物摄入有利于降低肥胖风险。

4. 大豆与坚果

坚果与大豆中富含膳食纤维和大豆异黄酮、多酚等植物化学物。部分研究显示虽然坚果与大豆的能量较高，但摄入它们并不会增加肥胖风险。在用坚果替代餐间甜食点心，以及用大豆制品替代部分加工肉制品的情况下，摄入这些食物有利于体重控制和慢性疾病预防。但由于坚果的脂肪含量过高，额外大量摄入对体重控制可能是不利的。

18.5.4 减肥食谱的食物选择

减肥膳食中应包括谷薯类、蔬菜和水果、禽畜肉蛋乳、大豆、坚果等，每天至少摄入 12 种食材，每周 25 种以上食材。在满足平衡膳食和营养素供应目标的基础上，对减肥食谱的食物选择、烹调、搭配、用餐方式、三餐比例等方面进行细致设计，可参考以下建议。

1）优先选择天然形态食材和高水分新鲜食材，提升营养素密度，降低能量密度。尽量避免高脂肪、高糖的加工食品。

> **特别关注：食物的能量密度**
>
> 高能量密度食物通常指每 100g 提供 1.67MJ（400kcal）以上能量的食物，如油炸食品、饼干、蛋糕、曲奇、巧克力、五花肉、坚果炒货等。这类食物水分少、脂肪和/或糖含量高，按同样能量比较饱腹感较低，也较难控制食量。高水分、高纤维、低脂肪食物，如全谷杂粮制成的杂粮粥或糊、新鲜蔬菜、新鲜水果，以及低脂乳、豆浆等，则为低能量密度食物。经常摄入高能量密度食物与体重增加及肥胖有关，而减少高能量密度食物有助于控制总能量的摄入。

2）使用至少一半全谷物、淀粉豆类和薯类替代精白米和精白面粉作为主食食材，并尽量避免含油、含糖、含盐的主食。

3）每日应供应至少 500g 的蔬菜，其中至少 250g 为深绿色叶菜。马铃薯、山药、芋头等含淀粉蔬菜最好用来替代主食原味食用，而不建议用来制作含油、含盐的菜肴。

4）蛋白质来源应优先选择低脂品种，可优先选择去皮鸡肉、猪里脊肉、瘦牛肉、鱼、虾等；豆制品可以选择水豆腐、豆腐干、豆腐千张等；乳类可选择脱脂乳或低脂乳；蛋类尽量使用不加入烹调油的煮蛋、蛋羹、蛋花汤等。

5）每天摄入 300～500g 的乳类，并经常用豆制品替代部分肉类，以增加钙的供应。

6）水果优先选择糖含量不过高、血糖反应较低的品种，如苹果、梨、脆桃、橙子、樱桃番茄、草莓、蓝莓、木瓜等。不宜榨汁而应嚼食，以保持饱腹感。最好在餐前、用餐时或两餐间摄入，而不是餐后摄入。

7）每日烹调用油不超过 25g。蔬菜烹调应尽量采用少油方式，如水油焖、白灼、焯烫、蒸食后蘸汁等；鱼类烹调宜选择清蒸、少油煎烤、炖煮等方式，避免油炸；肉类烹调宜选用清炖、隔水炖、粉蒸、少油煎炒等方式，并尽量撇除烹调中分离出来的油脂。

8）所有菜肴尽量少放糖或不放糖。烹调过程中可以用少量糖增强风味，但不应有明显甜味。

食谱中的绿豆汤、杂粮粥、牛乳、豆浆等食物设计为不加糖的食用方式。

9）味精、鸡精、蚝油、鲜味酱油等增鲜调味品无须绝对禁用，但前提是相应减少盐的用量，保持清淡口味。在不增加总钠摄入量前提下，可以使用花椒、辣椒、胡椒、芥末、咖喱等各种香辛料调味。

10）严格控制饮酒，不喝甜饮料，喝咖啡少放糖或不放糖。

11）为预防微量营养素供应不足，减肥期间鼓励摄入剂量合理的营养素增补剂，补充钙、铁、锌等矿物质和B族维生素等。

12）在正确选择食物的基础上，还应调整饮食方式，纠正不良饮食行为。同时加强身体活动，每周中高强度运动150～300min，通过运动消耗能量至少8.35MJ（2000kcal）。

特别关注：有益减肥的饮食行为和生活习惯

1）饮食应定时定量，不忽视早餐，三餐食量均匀，尽量少吃加工零食。

2）减少在外就餐次数，鼓励学习健康烹调方法，自制新鲜天然食物。

3）放慢进餐速度，细嚼慢咽，培养对食量和饱腹感的正确感知能力。

4）调整进食顺序，用餐前先喝1杯水，先吃水果、少油烹调的蔬菜和肉类，然后开始进食主食，有利于预防饮食过量，并降低餐后血糖反应。

5）在生活节奏许可前提下，在晚上7点之前结束进食。适度早吃晚餐有助于获得减肥效果。

6）早睡早起，在晚上11点之前休息就寝，避免夜间因饥饿而进食。

7）餐后半小时不坐下，做轻松的活动。有意识地增加生活中的体力活动。

表18.12给出了一例减肥的适宜食谱。

表18.12　减肥食谱一例

餐次	食材及用量	烹调和食用备注
早餐	全麦馒头三明治（全麦馒头或全麦面包70g，煮蛋1枚，黄瓜50g，千岛酱10g），1杯豆浆200g（含黄豆20g）	豆浆可以替换成低脂牛乳，并建议先喝半杯豆浆/牛乳，再吃三明治
上午加餐	1个苹果200g	建议在午餐前半小时食用
午餐	什锦炒虾仁（海虾仁80g，速冻甜豌豆80g，速冻甜玉米粒80g，胡萝卜丁60g，水煮冬笋50g，姜汁、料酒、淀粉、花椒粉、盐、鸡精少量，茶子油10g）	如果有运动，午餐宜加120g熟重的米饭
下午加餐	全脂酸乳200g	酸乳选择碳水化合物＜12%者
晚餐	燕麦红小豆大米饭（大米生重20g，燕麦粒生重20g，红小豆生重20g）；菠菜肉丸汤（瘦猪肉60g，水发木耳20g，虾皮2g，盐、鸡精、姜末，香油5g，菠菜200g）	

注：本食谱含能量5900kJ（1410kcal），碳水化合物、蛋白质和脂肪摄入量分别为182.6g、78.7g和40.3g。食谱中盐总量5g（折算生抽酱油约35mL）

资料链接：

1）查阅《成人肥胖食养指南（2024年版）》。

2）查阅《中国超重/肥胖医学营养治疗指南（2021）》。

3）查阅《中国居民肥胖防治专家共识》。

4）查阅中国营养学会团体标准《T/CNSS 016—2022　限能量膳食营养干预规范》。

本章热点问题：中国心脏健康膳食

2021 年在医学杂志《中国循环杂志》上发表了一篇研究报道，北京大学临床研究所的营养专家们仅靠一种“中国心脏健康饮食”，不吃任何药物，在一个月中，就让高血压患者的收缩压下降了 10mmHg，舒张压也下降了 3.8mmHg。

在这个研究中，所有菜肴全部使用低钠盐，再加上各种烹调减盐技巧，受试者们每天摄入钠的数量从 6000mg 左右降到了 3000mg 左右，约相当于 8g 盐。虽然还是没有达到不超过 5g 盐的目标，但已经大幅度减少了高钠饮食对血管的危害。

通过多供应蔬菜、水果、豆类和杂粮，每天喝牛乳或酸乳，研究膳食中又将钾和钙元素摄入量增加了近 1 倍，它们都是有利于控制血压的营养素。其中钾摄入量达到了预防慢性疾病的 PI 值 3600mg/d。

同时，通过使用全谷物、淀粉豆类等食材，还有效增加了多种 B 族维生素和膳食纤维的供应，降低了膳食的血糖反应，有利于控制体重。通过减少炒菜油用量、选择低脂乳类和肉类食材，又降低了脂肪总量和饱和脂肪的比例。

研究中纳入了烹饪专家的烹调培训，为受试者设计了鲁菜、粤菜、川菜、淮扬菜 4 种口味的中式食谱，以便适应不同受试者的口味要求。受试者对这些食谱中的饭菜非常满意，给美味程度打了 97 分。

在这项研究中，正因为受试者的整个膳食结构都发生了改变，在连续一个月中，把营养改善措施真正落实在餐桌上，才得到了有效降压的良好效果。它的最大意义是告诉人们，健康膳食可以做成中式风格，可以美味可口。具体菜系不重要，关键是纳入多样化的健康食材，把蔬菜、水果吃够数，把全谷杂粮豆类吃进去，把减油减盐做到位。

只要受试者把这项研究中的膳食模式坚持下去，就能消除引起高血糖、高血压和血脂异常的膳食原因，不仅对控血压有益，对预防和控制其他慢性疾病也同样有益。

本章深度思考

1. 减肥、控血糖、控血脂和控血压的膳食营养管理有哪些共性？为什么？
2. 对于超重和不超重的高血糖、高血脂和高血压患者，在膳食营养管理方面应当如何差异对待？
3. 对减肥、控血糖和控尿酸营养膳食来说，在烹饪处理上分别要注意哪些要点？

本章课程活动

1. 为一位患有 2 型糖尿病的亲友制作一份控血糖食谱。
2. 为一位患有高血脂的亲友制作一份控血脂食谱。

3. 为一位患有高血压的亲友制作一份控血压食谱。
4. 为一位患有痛风的亲友制作一份痛风发作期控尿酸食谱。
5. 为一位患有肥胖症的亲友制作一份减肥食谱。

关键解读

本章参考文献

方宁远，吕力为，吕晓希，等. 2023. 中国高尿酸血症相关疾病诊疗多学科专家共识（2023年版）. 中国实用内科杂志，43（6）：461-480

国家卫生健康委办公厅. 2023. 成人高脂血症食养指南（2023 年版）. http://www.nhc.gov.cn/cms-search/downFiles/252e7bd69d064fc5a00f02fbc64b5e23.pdf

国家卫生健康委办公厅. 2024. 成人高尿酸血症与痛风食养指南（2024）. http://www.nhc.gov.cn/sps/s7887k/202402/4a82f053aa78459bb88e35f812d184c3/files/6c8afb3b8981447c8e96a65143eefedd.pdf

国家卫生健康委疾病预防控制局. 2021. 中国居民营养与慢性病状况报告（2020年）. 北京：人民卫生出版社

国家心血管病中心. 2021. 国家基层高血压防治管理指南2020版. 中国循环杂志，36（3）：209-220

韩尚廷，许梅花. 2019. 膳食营养素与高尿酸血症关系的研究进展. 现代预防医学，46（22）：4070-4072，4088

黄恺，曾天舒，刘刚，等. 2023. 中国成人 2 型糖尿病及糖尿病前期患者动脉粥样硬化性心血管疾病预防与管理专家共识（2023），中国糖尿病杂志，31（9）：641-656

林少凯，赖善榕，黄峥，等. 2018. 福建省居民膳食模式及高尿酸血症影响因素分类树分析. 中国公共卫生，34（6）：798-802

王友发. 2022. 中国居民肥胖防治专家共识. 中国预防医学杂志，23（5）：321-339

中国成人血脂异常防治指南修订联合委员会. 2016. 中国成人血脂异常防治指南（2016年修订版）. 中华心血管病杂志，44（10）：833-853

中国高血压防治指南修订委员会. 2019. 中国高血压防治指南（2018年修订版）. 心脑血管病防治，24（1）：24-56

中国健康管理协会临床营养与健康分会，中国营养学会临床营养分会，《中华健康管理学杂志》编委会. 2023. 血脂异常营养管理医学专家共识（2022）. 中华健康管理学杂志，17（8）：561-573

中国健康管理协会临床营养与健康分会，中国营养学会临床营养分会，中华医学会糖尿病学分会，等. 2021. 中国超重/肥胖医学营养治疗指南（2021）. 中国前沿医学杂志（电子版），13（11）：1-55

中国老年学和老年医学会. 2023. 老年2型糖尿病慢病管理指南. 中西医结合研究，15（4）：239-253

中国老年医学学会高血压分会，北京高血压防治协会，国家老年疾病临床医学研究中心. 2023. 中国老年高血压管理指南2023. 中华高血压杂志，31（6）：508-538

中国医疗保健国际交流促进会营养与代谢管理分会，中国营养学会临床营养分会，中华医学会糖尿病学分会，等. 2022. 中国2型糖尿病医学营养治疗指南（2022）. 中华糖尿病杂志，14（9）：881-933

中国营养学会. 2022. 中国居民膳食指南科学研究报告（2021）. 北京：人民卫生出版社

中华医学会内分泌学会. 2020. 中国高尿酸血症及痛风诊疗指南（2019）. 中华内分泌代谢杂志，36（1）：1-13

American Diabetes Association. 2021. Glycemic targets：Standards of medical care in diabetes—2021.

Diabetes Care，44：73-84

Bergman M，Buysschaert M，Ceriello A，et al. 2023. Current diagnostic criteria identify risk for type 2 diabetes too late. The Lancet Diabetes & Endocrinology，11（4）：224-226

Ceriello A，Monnier L，Owens D. 2019. Glycaemic variability in diabetes：clinical and therapeutic implications. The Lancet Diabetes & Endocrinology，7（3）：221-230

Chalvon-Demersay T，Azzout-Marniche D，Arfsten J，et al. 2017. A systematic review of the effects of plant compared with animal protein sources on features of metabolic syndrome. The Journal of nutrition，147（3）：281-292

Cheng S，Shan L，You Z，et al. 2023. Dietary patterns，uric acid levels，and hyperuricemia：a systematic review and meta-analysis. Food and Function，14（17）：7853-7868

Eckel R H，Jakicic J M，Ard J D，et al. 2014. 2013 AHA/ACC guideline on lifestyle management to reduce cardiovascular risk：a report of the American college of cardiology/American heart association task force on practice guidelines. Journal of the American College of Cardiology，63（25）：2960-2984

Evert A B，Dennison M，Gardner C D，et al. 2019. Nutrition therapy for adults with diabetes or prediabetes：a consensus report. Diabetes Care，42（5）：731-754

He Y，Li Y，Yang X，et al. 2019. The dietary transition and its association with cardiometabolic mortality among Chinese adults，1982-2012：a cross-sectional population-based study. The Lancet Diabetes & Endocrinology，7（7）：540-548

Kubota S，Liu Y，Iizuka K，et al. 2020. A review of recent findings on meal sequence：An attractive dietary approach to prevention and management of type 2 diabetes. Nutrients，12（9）：2502

Mutie P M，Pomares-Millan H，Atabaki-Pasdar N，et al. 2020. An investigation of causal relationships between prediabetes and vascular complication.Nature Communications，11：4592

Te Morenga L A，Howatson A J，Jones R M，et al. 2014. Dietary sugars and cardiometabolic risk：systematic review and meta-analyses of randomized controlled trials of the effects on blood pressure and lipids. The American Journal of Clinical Nutrition，100（1）：65-79

Wang Y，Feng L，Zeng G，et al. 2022. Effects of cuisine-based Chinese heart-healthy diet in lowering blood pressure among adults in China：multi-center，single blind，randomized，parallel controlled feeding trial. Circulation，146（4）：303-315